国家社科基金重大项目"西南少数民族传统
生态文化的文献采辑、研究与利用"
（批准号：16ZDA157）成果之一。

湖南省 2011 协同创新中心武陵山区
民族生态文化研究成果之一。

侗族生计的生态人类学研究

罗康隆　吴寒婵　著

中国社会科学出版社

图书在版编目（CIP）数据

侗族生计的生态人类学研究 / 罗康隆，吴寒婵著. —北京：中国社会
科学出版社，2017.5

ISBN 978-7-5161-9690-8

Ⅰ.①侗… Ⅱ.①罗…②吴… Ⅲ.①侗族－人类生态学－研究－
中国 Ⅳ.①K287.2

中国版本图书馆 CIP 数据核字（2017）第 001101 号

出 版 人	赵剑英
责任编辑	王莎莎
责任校对	张爱华
责任印制	张雪娇

出 版	中国社会科学出版社
社 址	北京鼓楼西大街甲 158 号
邮 编	100720
网 址	http://www.csspw.cn
发 行 部	010－84083685
门 市 部	010－84029450
经 销	新华书店及其他书店

印 刷	北京君升印刷有限公司
装 订	廊坊市广阳区广增装订厂
版 次	2017 年 5 月第 1 版
印 次	2017 年 5 月第 1 次印刷

开 本	710×1000 1/16
印 张	19
插 页	2
字 数	312 千字
定 价	79.00 元

目　录

绪论　人文环境变迁对民族
经济发展的影响

　　人类的经济活动无不渗透着文化的因素。但长期以来，人们在探讨经济发展问题时，往往只注重资源、资金、技术、项目等，而忽视了人文环境的因素。本书旨在探讨侗族地区人文环境与自然环境对经济发展的影响问题，认为人文环境与自然环境变迁对经济发展有着极大的影响，其影响后果的好坏取决于人文环境、自然环境变迁是否与该民族文化运作相协调。民族之间的交往日益频繁，其文化互动和冲突日渐加剧，尤其是强势民族对弱势民族的影响使后者固有的人文环境人为地发生了变迁，这种人为的人文环境变迁对相关各民族的经济生活产生了深远重大的影响。

　　任何一个民族都占有自己特有的自然空间，并且还会与其他民族和其他社会范畴以各种不同的方式共存。这些围绕在一个具体民族周围的自然空间和社会实体就构成了一个民族的人文环境。

　　首先，就自然空间而言，它既是具体文化的生存依托，又是该文化的制约因素，同时还是该种文化的加工对象。民族文化的发生、发展、传播都必须依赖一定的物质条件，其区别仅在于依赖的程度和方式不同。构成民族的个人又必须获取物质而生存，比如食物、衣着材料、居住条件等等。即文化的载体由物质而维持生存，每一个民族的经济发展都框定在特定的自然空间范围内，由于各民族赖以生存的自然条件千差万别，因而影响民族经济发展的因素十分复杂，可以是生态的、地貌的、地质的，也可以是气候的。[①]

---

　　① ［日］石川荣吉、佐佐木高明：《民族地理学的学派及学说》，尹绍亭译，《民族译丛》1986 年第 5 期。

　　一个民族的自然空间是提供民族成员生存的基础。任何一个民族都必须在此基础之上去构建文化，凭借该文化去获取民族成员生存环境，同时避开不利条件。由于文化这种各民族特有的工具必须有专用性和可调适性，是针对自然空间而积累的结果，因而生存背景差异自然地规约了各民族经济生活的一些特点。一个民族生存的自然空间能提供哪些不同种类的动植物资源，以及获取这种资源的代价和数量，在一定程度上规约了该民族经济的发展前景，但是却无力决定该民族利用自然空间的方式，以及经济生活中的消费、交换与生产。

　　一个民族所处的自然条件确实会影响该民族文化的形成和发展，而呈现出自己的一部分特点。不过还应该进一步认识到，这并不表明一切处在同一环境下的所有民族都一定有相同的文化特点。自然不能产生文化，只能模塑和稳定文化。其根本原因在于民族文化特征是各民族社会的产物，自然对文化的作用必须通过社会才能实现其影响力，自然条件对文化的影响力在通过社会时，要经过该社会的三重加工，即汰选、应对和调适。自然条件提供给任何民族的外在因素既是粗朴多样的，又是难以利用的，任何一个民族都无法把所处自然条件的一切因素全部派上用场。在文化生存的能量低耗倾向原则的作用之下，每一个民族都要对其自然环境的众多条件进行选择，仅集中力量加工、对付其中一部分自然条件和自然物，以维持本民族生存，并以此为出发点去模塑文化。一个民族在加工改造自然的主攻方向形成后，还有一个加工方式的形成与发展问题，即面对同一选定的自然条件，各民族要创造自己特有的加工办法。各民族文化对自然条件还有自主的调适作用。各民族改造利用自然条件的一切办法都必须纳入该民族的文化中，成为文化的有机组成部分，进而使有关民族经济生活层次丰富化、复杂化。

　　其次，社会环境对民族经济发展的制约要直接得多，然而却缺乏稳定性。社会环境条件对民族经济的影响，无须通过预先加工就可以直接作用于民族文化。而社会环境的变化速度快，数十年间一个民族的社会环境会大不一样，而自然环境却可延续数百年数千年之久。社会环境的作用还有很大的偶遇性，事事无法以规律预料，但均足以对民族经济的发展造成难以预料的影响。

　　每个民族的社会环境，都蕴含着引导民族经济发展的内动力和破坏力。当一个民族的社会环境比较宽松且与该民族经济运作相一致时，其内动力就具有超越现实生活的创造能力，通过文化的自身协调，把有创造力的新文化因子纳入民族文化之中，就能给该民族带来划时代的进步，推动民族经济的进一步发展。但与此同时，也存在另外一种倾向，即当一个民族的社会环境宽松时，总是力图对外部环境实现最大限度的利用，而不愿在提高内部经济效益上去做出积极的创造性努力，进而使民族经济的发展失去了生机。不仅如此，凡是强大的民族，总是不可避免地要争取外部环境的宽松，有的甚至不惜损害其他民族的利益，其主要表现和后果是，以强势民族的价值体系强加给弱势民族，导致强势民族对弱势民族的挤压和同化，破坏了地球上民族文化多样性并存的局面，对人类经济发展产生重大的影响。

文化，从本质上说是人与环境（自然环境和社会环境）相互作用的结果。随着人类社会的进步与发展，人类生存环境融入了越来越多的社会文化因素。因此，就现代社会中的民族共同体来说，第一位的环境改变是社会文化环境的改变，由于人类的智慧与适应性，我们学会了怎样更新我们的依赖对象，改变依赖对象的地理分布。这种文化环境的改变正如"一个民族的生活方式所发生的任何变迁，无论这种变迁是因为内部的发展所引起，或者是由于不同生活方式的民族间的相互交往而发"，① 这种变迁都是随着人文环境变动而发生的。因为社会性存在包含着多种发展关系，这种发展关系"是由众多的经济因素和非经济因素交织在一起而组成的，任何一组因素都无法决定整个社会的特点，也不能代表整个社会生活"。② 尽管经济学把"经济理性"作为自己最基本的分析手段和最重要的假设，视每一个社会交往和经济过程的参与者，都具有使其价值最大化目的的追求，但这种追求在不同质的文化环境中进行交换时，就可能会产生一系列对立和冲突。因此，不论人们把"经济理性"视为一种心理活动，还是生活原则，它本身就已隐含着族际文化的制约关系。可见，经济过程绝非冷冰冰的计算过程，经济体系总是沉浸在文化环境的汪洋大海之中。

在此文化环境中，每个人都遵守自己所属共同体的文化规则，其习俗

---

① ［美］克莱德·伍兹：《文化变迁》，施惟达译，云南教育出版社1989年版，第1页。

② ［美］尼尔·斯梅尔瑟：《经济社会学》，方明译，华夏出版社1989年版，第40页。

和行为模式，尽管未必完全为这些东西所决定。[①] 但长期以来，经济学家往往只从经济的角度来考虑问题，他们所关注的只限于资金、技术、资源等经济开发的具体问题，很少涉及具体民族的人文环境，其结果往往导致经济开发与经济发展主体的阻隔和背离。可以说，人类社会的进步与其人文环境有着某种必然的联系。但是，由于各发展主体在文化变迁中所处的地位和所起的作用不同，结果文化变迁的模式和功效也不相同，有的起到积极的推动作用，有的则起着抑制作用和破坏作用。

在民族进程中，其文化互动不是以任何一方自己理解的"先进"与"落后"为转移，也不是凭借有关各方人数的多少、分布地域的大小、军事力量的强弱以及财富的多寡为转移，而是凭借代偿力的综合作用力的大小而转移。由于不同民族间的作用凭借的是代偿力，更由于代偿力的作用方式仅止于改变其社会外部环境，因而民族间的文化互动并不必然带来"落后"向"先进"靠拢，也不必然就造成文化的同化，而只能是文化间的相互吸收。任何一个新系统的稳定，也同样要求对环境输入新的物质，以保持新的净损失后的平衡。如果某一人文因素的介入，打破了各种资源的收支平衡就会使其所带来的变化具有高度的不稳定性，在极端情况下会引起长期的衰退，最终导致其系统丧失生产能力。

文化变迁主要表现为制度变迁。制度变迁可分为诱致性变迁和强制性变迁，诱致性变迁是现行制度安排的变更或替代，或者是新制度的创新，是由个人或一群(个)人在响应获利机制时自发创导、组织和实行的制度变迁。[②] 这种诱致性变迁模式具有逐利性、自发性和渐进性，其结果产生了一系列新规则、规范和意识形态等各种非正规规则。这种诱致性变迁模式对社会的作用在于在稳定秩序的基础上节约了交易费用，并有效地补充了正规规则。而强制性制度变迁是由政府命令和法律引入而实行的制度变迁。[③] 这种强制性制度变迁具有追逐社会效益性、强制性和激变性。其结果是按照政府的要求产生了一系列的法律、法规、政策等正规规则。可见，不论是强制性制度变迁还是诱致性制度变迁都与相关共同体所处人文

---

① ［法］弗朗索瓦·佩鲁：《新发展观》，张宁等译，华夏出版社 1987 年版，第 19 页。

② ［美］R. 科斯、A. 阿尔钦、D. 诺斯：《财产权利与制度变迁——产权学派与新制度学派译文集》，刘守英译，上海三联书店 1994 年版，第 384 页。

③ 同上。

环境的变动相关。

　　然而，文化变迁是一个漫长的过程，在文化互动的涵化中，由于强势民族在文化互动中处于绝对优势地位，强势民族为了获得宽松的外部文化运作环境，往往对弱势民族的固有人文环境进行人为干扰，导致弱势民族文化的强制性变迁。在特定的背景下可能会出现文化的歧化和其生态系统的不相适应，对相关民族的经济生活起着抑制和破坏作用。这一现象在我国西南地区各民族近现代的人文环境变迁中表现得十分突出。

　　纵观人类不同类型文明的历史，我们可以为其兴衰变化找到来自外部的冲突和战争，以及来自因人文环境变迁而造成的内部系统失衡与崩溃等各种不同的原因。就西南民族地区而言，明清以后，尤其是近现代的人文环境的变迁对其生态系统的破坏所导致的森林锐减、资源利用失衡、水土流失极为严重、石化山地大面积形成等，对西南地区各民族的经济生活带来极大的影响，造成西南地区各民族经济发展的滞后。

　　我国西南地区是中国三大文化板块延伸、碰撞和交融的地区。从生态环境看，这里有热、温、寒三带景观，生态的多样性有利于"三大文化"的延伸和发展。如滇西北、滇东北、黔西北等地区宜于游牧经济的延伸，高原坝子和河谷盆地则宜于水稻的种植，而广阔的西南山地又宜于旱地作物的生长。这样在西南地区的多重生态环境中可以兼容以北方和西北为代表的游牧兼渔猎文化、以长江及其以南为代表的水稻农业文化和以黄河流域为代表的粟麦旱地文化。从地理环境看，云贵高原是青藏高原到东南丘陵地区的过渡地带，从海拔 4000 米下降到 200 米，其间山谷深切，形成纵贯南北的几条大江，这种独特的地形和地势，使云贵高原呈现出不同的地理环境。这种复杂的地理环境有利于多种文化的共存。从历史上看，青藏高原东南的氏羌人沿着民族走廊南下，与当地民族融合，形成了今天云贵高原的氏羌系族群各民族，包括彝族、藏族、纳西族、哈尼族、拉祜族、傈僳族、基诺族、白族、阿昌族、怒族、景颇族、独龙族、普米族等。而云贵高原东南缘为低山山地、丘陵和平原，地势低、气候湿热，自古以来就是百越及其他族群分布的地区。由此看来，云贵高原的某些生态环境是适宜于百越稻作文化的延伸和发展的，也就是说，在我国西南地区的某些生态环境中百越族群创造了自身的本土文化，并衍生发展成为今天的壮族、侗族、布依族、水族、毛南族、仫佬族、傣族等民族。而古老的苗瑶族群的后裔苗族和瑶族以及古濮族群的后裔布朗族、德昂族和佤族也都共同生息在我国西南地区。中原地区的华夏——汉文化,随着西南地区行政建制的设置,汉移民不断地进入西南地区。到明代中期以后,西南地区的民族结构发生了变化,由"夷多汉少"变为"汉多夷少"。① 可以说,西南地区人文环境的变迁也正是伴随着民族结构的变化而变迁的,这类人文环境的变迁对西南地区各民族的经济生活有着重大的影响。

历代对西南地区的开发,无论其规模大小,也不管所涉及的民族是谁,从中央王朝的角度来看总是具有特定的目标,有的为了政治需要,有的为了军事战略要地的夺取,有的则是为了经济利益。因此,在开发的实际过程中,一般不注意所涉及的民族文化的差异,也不深究达到既定目标可能引发的副作用。这样的目标对西南各民族文化的整体而言,实际上仅能触动其文化的一部分,而开发者实现了既定目标,为中央王朝赢得短期内的实效。这样,有两个方面的必然后果值得深究:一是西南各族的传统文化具有自身的独立完整性,当然不可能简单地向中央王朝主导的文化转移,这是造成历史上乃至今天中原文化与西南地区各民族文化冲突不断的原因之一;二是中央王朝的目标不可能长期一贯、始终如一,这种开发目标的变动,往往导致西南各民族文化调适方向上的混乱,造成难以控制的后果。② 由于这一开发历程从总体上看,是以汉文化的价值取向来实现开发目标的,因此,随之而发生的人文环境变迁也是以汉文化的需要为转移。中原地区积累代偿力的能力强,积累代偿力的手段较为有效,往往会单方面影响西南各民族文化,以满足汉文化延续运作的需要,以汉文化去左右文化互动。这种需要的获取以改变有关民族文化的运作为前提,因此大凡所涉及的民族文化,其运作效率就会自然下降。而汉文化需求目标的达到,必然在该文化所不适应的环境中获取,其汉文化运作效率也会自然下降。这是因为,就一般情况而言,汉文化正常运作所要求的自然环境在西南地区难以具备,为了保证移入汉文化的延续,总是力求在西南地区人为地构建与中原汉文化环境相似的自然环境,这样的努力在局部地区可能

---

① 宋蜀华:《论历史人类学与西南民族研究》,王筑生主编《人类学与西南民族》,云南大学出版社 1998 年版。

② 杨庭硕、罗康隆:《西南与中原》,云南教育出版社 1992 年版,第 31—44 页。

取得有限的成果，如成都平原、云贵高原的坝地可以为汉文化的发展提供生存环境。但是就西南地区总体来看，能满足这一条件的地区是有限的。随着汉文化在广大西南地区的大规模移植，西南地区的财政负担日益加重，生态环境趋于恶化，生产手段长期停滞，民族经济发展受阻。

森林资源的锐减开始于 20 世纪 50 年代，而泛滥于 70 年代。西南地区森林面积的锐减与传统的各民族的人文环境被扰乱和破坏直接相关。新中国成立前，西南地区的森林以及宜林地，基本上为本地各少数民族直接所有、直接经营。产品部分供自己消费，部分则通过族际关系的已有联系转化为商品。新中国成立后，由于不了解西南地区不少林区已是相关少数民族长期经营的人工营林区，政府没有针对森林进行妥善的产权处理，而在法律中规定森林归国家所有，人工林区的产权随之脱控。非人工育林区的森林，虽然明文规定为国家所有，但因国家没有力量直接深入西南边地进行直接经营，实际上也处于脱控状况。这样，人工林原先的业主在国家的法律和政策之下已不可能再行使其经营权，以至于任何人都可以凭借各级行政命令动用森林资源，既不付任何代价，又不承担任何责任，大面积的森林破坏由此开始。国家经营的林场，由于失去了群众的支持，盗砍盗伐、林火毁坏等事件频繁发生，如 1979 年云南省发生的森林火灾就达 1 万多次，毁林 66.7 万公顷，相当于云南省自新中国成立以来造林保存面积的 65%。[①] 更由于林业部门只重视采伐，不重视育林。这样一来，不仅经营的数量无法保证，其所育林区难以保存下来，更难以成材，连维护正常的生态也成了严重的问题。目前，黔东南地区光山秃岭比比皆是，生态环境遭到严重破坏。贵州、四川、云南及整个长江流域植被的破坏已使长江沦为第二条黄河。50 年代长江流域的水土流失面积为 36 万平方公里，到 80 年代翻了一番，增长率达 103%。长江流域的水土流失，不仅在流失土壤总量上超过黄河流域，其后果也较土层深厚的黄土高原更严重，潜在的威胁也更大。有人统计，按每年土壤流失 24 亿吨的速度计算，300 年后，整个长江流域也将土枯岩裸、山穷水尽，而全流域 2 亿多亩山

---

① 黄思铭、顾小昆等编：《刚性约束——生态综合评价考核指标体系研究》，科学出版社 1998 年版，第 32 页。

区丘陵的旱地在 2050 年后一大半将无法耕种。① 西南地区生态环境脆弱，本已成为西南地区各民族经济发展的最大障碍，而经济的快速发展和人口的增加，对西南地区资源和环境产生的压力极大，尤其是粗放型的经济增长方式，消耗了大量的资源，加上盲目地扩大耕地和采用不合理的耕作方式，对森林资源的过度开采和对植被的破坏，导致生态环境的日趋恶化。如云南省 94% 的国土面积为山地，平坝仅占 6%，全省 39.4 万平方公里土地面积中，坡度在 25°以上的土地占 39.28%，在 35°以上的极陡坡地占10.53%。由于在不适宜耕种的地区大肆垦荒，导致植被覆盖率极低，如云南省广南、麻栗坡、西畴、马关、富宁、屏边 6 县所处的滇东南岩溶区总面积为 2.1 万平方公里，其中岩溶面积占总面积的 50%，而在岩溶面积中 78% 以上无森林植被，灌丛覆盖率不足 40%，石山裸露面积大于70%。据统计，云南省水土流失面积已达 14.6 万平方公里，其中元谋县水土流失面积高达 1504 平方公里，占全县总面积的 74.4%。② 在这种十分脆弱的生态环境下，贫困不仅使个体或群体产生出有悖于生态平衡和经济平衡的客观规律的行动，而且一些地方政府或行政管理部门在生态脆弱和经济贫困状况下，一方面由于财力的限制不能全面地考虑生态与经济的协调发展；另一方面由于经济增长的渴求，在实际工作中自觉或不自觉地忽视了生态环境问题，更为重要的是忽视了文化的多样性，对资源进行单向消费。这种行为长期运行的结果必然是生态环境建设与经济增长脱节，使民族经济在生态环境恶化中低效或负效运作。

由于森林破坏，陡坡开荒，1998 年贵州省水土流失面积已占全省总面积的 43%，每年通过主要河流外泄泥沙近 6000 万吨，相当于 38.5 万亩的表土。尤其是占全省总面积 73% 的岩溶地区不仅水土流失面积大，同时石漠化以每年 508 平方公里的速度扩大，石漠化面积已达全省总面积的12%，全省年平均减少耕地在 15 万亩以上。黔南布依族苗族自治州水土流失面积达 1000 万亩，占全州总面积的 25% 以上，岩石裸露率已上升到38%。此外，据对贵州省威宁、赫章、三都等 26 个贫困县调查，25°以上

---

① 参见易纲《沙尘暴与"公共地悲剧"》，《学习时报》2000 年 4 月 17 日。
② 黄思铭、顾小昆等编：《刚性约束——生态综合评价考核指标体系研究》，科学出版社1998 年版，第 33 页。

的陡坡、险坡耕地面积占整个耕地总面积的 33.8%，水土流失最严重的赫章县，水土流失占耕地总面积的 57.6%，每年泥沙流失量达 500 多万吨，相当于每年冲走 1.69 万亩土地的耕作层。紫云苗族布依族自治县跑水、跑土、跑肥的"三跑"土地占耕地总面积的 59%，其中石漠化面积占 50%。而普定县石化面积每年达 8300 亩，石化率平均每平方公里 7.02 亩。[①] 这些大片的裸露石化山地正是人为破坏生态的结果，这种状况在短期内很难得到恢复。黔东南苗族侗族自治州 1995 年末耕地为 284.39 万亩，年内就减少 6.16 万亩；1996 年末耕地面积为 275.36 万亩，年内就减少 2.21 万亩；1997 年末耕地面积为 277.35 万亩，年内就减少 1.20 万亩。[②] 又如贵州省的月亮山是贵州少数民族的聚居区之一，这一地区由于都柳江及其众多支流在变质岩体上长期切割，在地貌上形成地势高峻、山坡陡峭、河谷深切，原是黔东南的大片林区和游牧地带，在"以粮为纲"的运动中，向山地要粮，大肆垦林毁草开荒，开出了一丘丘"斗篷田"。据一项调查显示，月亮山区的坡耕面积达到 95% 以上，其中坡度在 10°—25° 的耕地占 45%，25°—35° 的陡坡耕地和大于 35° 的急陡坡耕地面积分别占 35% 和 16%。在陡坡上开荒种粮，造成的必然结果是毁林毁草—水土流失—生态环境恶化。就贵州省而言，要治理水土流失面积 30002 万亩，其投资需 50 亿元，缓解生态危机，需营造林地 4292 万亩，退耕还林还草 917 万亩。[③] 这一工程是何等的巨大，这对本已相当落后的贵州经济发展来说，又是何等沉重的包袱。

　　西南地区人文环境的人为变迁还直接打乱了西南地区各民族的经济互补关系，使原来较少从事农业生产的彝族和部分苗族被迫改业农耕，不得已在最不宜农耕的地带勉强从事旱地农业。与此同时，为了向"荒山"要粮，又鼓励原来以稻作为业的民族，如汉族、布依族、壮族、傣族等民族纷纷上山开荒，从事他们不甚熟悉的旱地农业。这样各民族的经济关系就不再是农牧互补关系，而是变为各民族共争坡地资源的紧张关系。如苗族和布依族在历史上已结成平行、嵌合经济关系，即苗族以坡地为依托从

① 参见贵州省农业区划委员会办公室编《贵州农业生态建设研究文集》，1999 年。
② 参见贵州大学人口研究中心《贵州清水江干流沿岸人口经济环境协调发展研究》，1999 年。
③ 张北平、覃敏笑：《西部开发与贵州民族地区生态问题》，《民族研究》2000 年第 6 期。

事斯威顿耕作，布依族凭借坝区的稻田从事农业生产，两个民族的经济生活区之间隔着天然的林带，各自按照自己的传统文化发展自己的经济。但在计划经济脱控时期，由于土地所有权的混乱，原先分隔两种生产方式的林带被人为地破坏。在"以粮为纲"的口号下，布依族由于拓展农业，纷纷上山垦荒，逐渐破坏了原有林地和草场，甚至深入到苗族的传统耕作圈内，从而诱发了民族之间的土地之争。随着苗族的外迁和布依族争取山地空间资源的延续，这些地区的屏障林带被破坏殆尽。① 由于这些林带处于坡度较陡、雨水冲刷较厉害的水土保持最脆弱的地段，因而，随着林带的消失，山地石化成为普遍现象。这不仅打乱了西南地区各民族的经济互补关系，在某种程度上甚至动摇了西南各民族经济发展的基础。

西南地区人文环境的变动，还给西南各民族市场经济的发展造成若干障碍，在历史上西南地区的回族和部分汉族长期以来一直是连接西南各少数民族和周边各民族贸易关系的纽带，他们成为西南地区与中原地区商品贸易的中转商，尤其是回族在族际商品贸易中起着重要的作用，西南地区的各种名优特产，如大宗的药材、皮革、生漆、桐油、木棉和牲畜等，都是通过他们远销国内市场和国际市场，而中原地区的商品也有赖于他们带入西南地区。迁居西南地区的汉族移民集团在汉族和西南各民族的经济关系中也充当过贸易的中转商，只是由于所处特定区域民族关系的不同，他们所起的作用也有所区别，如"六甲"汉人主要参与侗族的木材贸易，"屯堡"汉人主要在苗族、布依族和汉族之间充当中介的零售商，"穿青"汉人主要沟通游牧民族和农耕民族之间的有无。② 这些民族构成的贸易关系在计划经济脱控的年代里，也遭到了极大的破坏。如作为中间商的回族群众，在"以粮为纲"的单一生产模式限制下，被迫弃商从农，使固有的中转关系完全脱节。汉民族集团也变为以农为主，放弃了商业贸易。

自 20 世纪 80 年代实行联产承包责任制以来，西南地区各民族的人文环境再一次发生了变迁，这一次变迁使西南各民族的人文环境得到极大改善。始于 70 年代末的家庭联产承包责任制，作为一项农村经济制度创新，

---

① 杨庭硕：《相际经营原理——跨民族经济活动的理论和实践》，贵州民族出版社 1995 年版，第 452—453 页。

② 罗康隆：《族际关系论》，贵州民族出版社 1998 年版，第 100—123 页。

它极大地激发了广大农民的积极性，使农村长期积累的能量迅速地得到了释放，农村经济得到迅猛发展。但是，这一制度变迁在东西部的效果是不一样的。在西南地区的农村经济体制的变革过程中，其制度形成、制度安排并不是在西南各民族经济发展的客观要求中自发创新出来的，而是在政府对东部现有制度的推广和引用下而被动地学习和接受的。这样一来，政府在很大程度上扮演着制度的制定者和执行者的角色，而西南地区各民族发展主体却不具备制度创新的积极性和主动性。所以，在西南民族地区无论是农村股份合作制改革和农村产业化的发展，还是乡镇企业规模效益与东部地区都存在着极大的差异。① 在云南的一些少数民族地区，如独龙族、傈僳族、怒族、佤族、景颇族、拉祜族等民族聚居地区，家庭联产承包责任制并未取得很好效果，甚至出现经济倒退现象。②

有鉴于此，当前的首要任务就是如何使西南各少数民族经济向市场经济转型。这首先要求西南各少数民族主动去认识价值规律，自觉按价值规律办事；其次要求西南各少数民族立足于自身文化特点，充分地、自觉地认识自己的经济特点，同时还要认识其他民族的经济特点，认识全国乃至全球的经济特点，走出封闭的经济模式，积极参与市场竞争；最后要求西南各民族自觉地运用价值规律，择有利时机、以有利的方式与市场接轨。

鉴于我国西南地区人文环境变迁对当地经济发展造成的诸多负面影响一时还难以彻底清除，有些影响还将继续发生作用。因此，在面对新一轮的发展机遇时，我们不得不从历史中吸取经验教训，并结合经济人类学的基本理论，提出以下基本认识。

首先，人文环境是一个严密的系统，人文环境的变迁必然牵涉方方面面，在面对人文环境变迁对经济发展的影响时，必须建立文化互动的整体观。任何一种文化都是一个完整的体系，为了单一目的的需要，不拘以什么样的形式去改变任何一种异文化，都会导致该文化正常运作的阻滞，从而导致该文化运作效率的下降。如前所述，西南各民族的人文环境的变动，从本质上看，是以汉文化的移植而实现的，在其变迁的过程中，被汉

---

① 倪志远：《制度约束与东西部农村差异的成因》，《云南民族学院学报》2000 年第 5 期。

② 施惟达：《民族文化与扶贫》，王筑生主编《人类学与西南民族》，云南大学出版社 1998 年版。

文化的势力地位所迷惑，而没有看到汉文化在人为地触动西南各民族文化的运作，实质上也牵制了汉文化自身的运作。这种汉文化人为地对西南各民族文化的触动，以及为维持汉文化移植到西南地区的新生存环境而追加的代偿力，是汉文化的额外负担，这样的因素只会使汉文化的运作在新生存环境内进行低效运作或处于依附地位。这种人文环境的改变对西南各民族来说，意味着原来有效的协调的人文环境被打乱，造成族内定向适应力方向上的紊乱，那就是阻碍了有关各民族的进一步发展；一旦这些民族丧失其文化的整体运作，则必然变为依赖外部补给养分的附属品，进而牢牢地把自己绑在汉文化的战车上，这就意味着失去了自己的自立发展能力。西南各民族文化的并存是长期历史发展的结果。任何一种西南民族文化在西南地区都具有一定的生存能力，对西南地区的经济发展来说，都有一定的利用价值，如要达到西南地区各民族的共同繁荣和西南地区各民族生存环境的有效利用，无论遗忘或抛弃任何一种西南各民族文化都是一大损失。西南地区多种文化并存为西南地区经济发展的手段选择提供了多种可能，也为西南地区各民族经济发展的模式选择提供了多种可能。

其次，由于西南地区民族构成复杂，多种文化并存已是客观事实，因此在西南各民族经济发展的进程中，既要强调各种文化的整体性，又要兼顾与各民族的族际交流，以求均衡推进。这就要求深化对西南各民族的文化和生存环境整体的了解，在此基础上针对具体的民族找到制约其发展的关键所在，以选择既适合于本民族文化发展的需要又是力所能及的主攻项目。这一项目一旦获得成功，接下来就可以凭借西南地区各民族自身的力量把它运转起来，造成滚动效应，从而带动整个民族社会经济的发展。选择最有代表性也最有力的环节与相关各民族达成在具体项目上的合作关系，这既不是打断相关各民族的经济生活，也不是为了操作上的方便，而是因为这些项目在西南各民族中有较好的生长点。这种做法也就是 20 世纪 60 年代以来人类学家提出的"指导性变迁"。① 人文环境变迁既然是无可避免的，我们就应该对人文环境的变迁因势利导，也正因为如此，许多人类学家把他们的研究集中到不发达国家的人民所面临的如何使他们过渡

---

① ［美］克莱德·伍兹：《文化变迁》，施惟达译，云南教育出版社 1989 年版，第 69—81 页。

到现代化的生活方式上来的问题。有一部分人类学家已在指导性变迁的过程中发挥了积极的作用，取得了一定的成效。

再次，有机的大自然是按相互依赖原则来运转的。没有其他物种的帮助，任何有机物或物种都没有机会生存下来。但是，很多人忽略了这一真理，甚至开始想象，他们完全可以单凭他们高度发达的技术来生存，使我们的生态依赖的全部含义渗透到经济界和政治家的头脑里，雄心勃勃地征服自然、改造自然。其结果遭到了大自然的报复，并且在很大程度上动摇了人类可持续发展的基础。现在已经很清楚，我们在现代文明中发现的所有变化都仅仅只是那种相互依赖模式中的变化。在这一点上，历史发展并没有使我们的处境同最遥远的古人有什么区别。只是由于人类的智慧与适应性，我们学会了怎样更新我们的依赖对象，改变依赖对象的地理分布，但是，我们还没有学会怎样在地球上生存。① 有鉴于此，最为重要的是我们要从中吸取教训，应用于人类所选择的价值观念。在西南地区各民族固有的人文环境中，不管是狩猎采集技术、斯威顿耕作技术，还是农业技术，他们都创造了各种规则来约束自己的行动。其中，很多规则，有时是完全有意识地制定出来的，有时则是体现在民间习俗中的，但都是基于熟悉的局部经验而形成的。他们并不想摆脱自然界或社会团体而独立存在，也不怨恨那些对个人创造性的限制，他们接受了很多针对自己的限制，并且彼此坚持执行。通观历史可以发现，拥有这些规则并加以强有力地执行，乃是人类社会可持续发展的基础和必要条件。

最后，我们必须承认，不仅人文环境变迁是真实存在的，而且变迁的形式是多种多样的，人类社会所经历的人文环境变迁不是相同的，也是不均等的。有的变迁是周期性的，有的则不是；有的变迁是直线的，有的则不是；有的变迁在短时间内就完成，有的则要上千年。由于世界是一个多元文化并存的世界，各民族对人文环境变迁的调适不能把某一特定的变迁类型看作绝对的标准，就如同不能把特定的平衡状态看作标准一样。这样，在全球范围内民族文化多样化的背景下，各民族经济发展的模式，乃至现代化道路的选择，必须是多途径的、互不雷同的、立足于自身文化特

---

① ［美］唐纳德·沃斯特：《自然的经济体系——生态思想史》，侯文蕙译，商务印书馆1999年版，第494—495页。

点的行动。各民族现代化的实现，必须立足于对自身文化的全面认识，立足于对并存其他文化的有选择的系统认识，从中找到自身文化与并存文化联动运作的切入口，以此作为实现本民族现代化的突破口。各民族不计大小与强弱、先进与落后，现代化是本民族自己的事，其他民族虽然可以给予有效的支持，但不能代替本民族的努力和创造。各民族在现代化的道路上，应该自立、自尊、自强、自信，既不能等待，又不能依靠，这才是各民族跻身于世界先进民族之林所应具备的最根本的精神。

第一章　侗族传统生计的技术体系

山地泽生生态系统的文化构筑—传统生计经验的积累与传统糯稻的保存—侗族梯田经营与气候风险的化解—黄岗糯稻品种的特化与生态环境的适应—侗族社会的"鱼"及其文化—黄岗侗族生计资源配置与生态环境的保护

第一节　山地泽生生态系统的文化构筑

我国的侗族分布在贵州省的黎平、从江、榕江、天柱、锦屏、三穗、镇远、剑河、玉屏，湖南省的新晃、靖县、通道，广西壮族自治区的三江、龙胜、融水等县。根据 2000 年第五次全国人口普查统计，侗族人口数为 2960293。使用侗语，属汉藏语系壮侗语族侗水语支，分南、北部两个方言。处于都柳江和清水江中上游，是历史上百越民族扩散之地，形成单一民族——侗族。这里处于湘西、广西丘陵向云贵高原的过渡地带，海拔最高部超过 2000 米，最低在 100 米左右，其间重峦叠嶂，此起彼伏，河谷深切，森林茂密，其间也不乏有些山间坝子。这样的生态环境，使侗族在延续百越时代固有生计范式外，针对环境的特殊性进行改性，形成"稻—鱼—鸭生计模式"。

稻、鱼、鸭传统生计是侗族乡民从百越传承而来具有了数百年的立体复合产业。他们的整个耕作期，从自然环境的角度看，完全是一个山地泽生生态系统的缩版。从产业项目看，农、牧、渔在这儿密不可分，是一种真正意义上的立体复合产业；从生产节律看，稻、鱼、鸭在这儿既相克又相生。通过操作节律的调整，使其间的"克"降到了最低限度，其间的"生"放大到人们最满意的程度；从物质与能量的循环看，整个生产系统构成了一个多渠道、自相循环的网络，除了为人类提供食品和其他生活原料外，人对耕作区从不过分榨取，整个生产环节不会出现任何形态的废物，可能导致的环境污染在整个循环回路中消除于未然；从整个村寨的自然布局来看，耕作区又与周边已有的各类生态系统相生相克。农田可以和森林兼容并存，鱼塘可以和稻田连通，就连整个村寨的成员，也能顺其自然地参与到这一循环之中，所有的生活废物都可以在耕作区降解掉。人们在获取产品的同时，又对整个耕作区加以宏观的调控，务使其比例协调，生长有序。因而，他们的耕作区从人类感观出发，就像是一首生物物种多样性并存的田园诗；从人类的调控职能出发，又是一整套韵律回旋的谋生艺术。

生息在云贵高原向广西丘陵过渡地带的侗族，以自己独特的生存理念，在数百上千年的与所处生态环境相适应的历史过程中，构建起了人类农业的另类文明——"稻—鱼—鸭"的共生系统。这类农业文明体系在当今现代化的过程中，已经被视为人类的农业遗产。经过我们的田野调查，侗族社区的这类农业耕作范式不仅对侗族社会的和谐发展具有重大的现实价值，对我国南方的生态安全也具有不可替代的价值。

侗族地区能长期维持这种生物多样性的高层次水平，不仅得力于自然环境，更得力于侗族的传统生存理念。在侗族文化的传统理念中，人类只是大自然中的一部分。大自然是主，人是大自然的客。人类必须仰仗大自然中提供的其他生物为食才能得以生存。因而，人们对于生物资源的利用必须有节制，人类首先得控制自己不能使人欲无限制膨胀。侗族传统文化对生物资源的利用，一贯坚持均衡消费和多样化消费的原则。正是人地关系长期保持和谐，才使侗族地区的生物多样性水平长盛不衰。在这样的背景下，并衍生出了具有侗族特色的生态适应方式和举措。经过长期的磨合，确立起了"稻—鱼—鸭"的共生系统，该系统有效地实现了与所处生态环境的和谐共存。

侗族社区的"稻—鱼—鸭"的共生系统，并不是单一的农耕，而是执行多产业复合经营的和谐生计方式。每一个侗族社区，不仅经营农田、鱼塘，还要喂养各类家禽。执行稻、鱼、鸭复合经营方式。稻、鱼、鸭在耕地中并存的传统生计，是侗族乡民传承了数百年的多项目复合谋生艺术。侗族传统复合生计方式，使社区民众的生活物质的获取渠道更加宽阔，从而获得了抗拒自然风险的适应能力。

"饭稻羹鱼"是侗族先民从滨水的河网平坝传承下来的生计遗产，但是要在崇山峻岭的山区侗乡延续这一遗产却要遭受到重重的自然挑战。最为关键的是要将山区的水截留住，建构起山区"稻—鱼—鸭"的共生系统的水域环境。俗话有言："易涨易落山溪水"，山区的水资源补给变动幅度极大，是其本性使然。但稻鱼共存的生态背景，必须是水面相对平稳的浅水沼泽，这就意味着要延续这一遗产必须对山区的水域环境，实施人为改性，使易涨易落的山溪水变成水面相对稳定的高山沼泽。经过侗族乡民的世代努力，就积累成了今天在山区侗乡所见的塘、田、渠、河、沟错落有致的人为固定水域环境。

在山区侗乡，塘田相通，水渠与水枧槽纵横交错，井泉与筒车提灌并用。这一切虽说是人工所为，却能做到与平原上的河网沼泽在结构上别无二致。其差异之处仅在于，由于地表落差较大，才使塘、田、渠、河、沟的配置，多了一重立体布局的雄浑，而不像平原沼泽那样单调与刻板。

侗族乡民在耕作区段的水域建构上，目标虽然坚定不移，必须让沼泽上山，但对这类可控的人为沼泽却始终注意到尽其可能地效仿山区水域固有的特征，那就是"沼泽"底部的深浅不一，水流的走向更富于变化。这样的效仿落实到稻田中，则体现为在稻田中对"鱼汪""汪道""鱼棚"的挖掘、预留和搭建。这样建成的稻田，底部崎岖不平，从功用的角度看，有利于喂养的鲤鱼和其他伴生的多种动植物都能找到自己顺利着生和理想的栖息环境。从建构的思路上讲，就是要效仿山涧水域的基底多变，以利于更多不同的生物物种在有限的地域内稳定并存，以此来缩小人工建构物与同类自然生态系统之间的偏离，由此来维护这些人工水域的超长期稳定延续，保持人类社会与所处自然生态系统的和谐并存。

从鱼塘的建构而言，也具有多层次的考虑，它们既是汇集涓涓细流的微型水库，又是洪涝季节的分洪区，还是干旱季节的水源补给地。从生物多样性并存的角度看，除了大量放养草鱼外，这些鱼塘还养育着众多能够在山地水域生长的各类野生动植物，更是候鸟季节性栖息的天堂。应当看到，在纯天然的环境中，也会自然形成类似的高山深水水域，而人工挖掘或垒坝构筑的鱼塘，则是仿效自然又贴近自然的杰作。

遍布侗族社区那纵横交错的水渠、水枧、筒车提灌沟，以及与之相匹配的井泉出水口与鱼塘、稻田连为一个整体后，跬步之遥的狭小范围内，水流的方向、水温的高低、水质的明澈度都会发生意想不到的差异，更可贵的还在于这样的差异全部掌握在人的调控范围之内。从师化自然的角度看，反映的是山涧水域水流系统的复杂多变，因而能支撑千姿百态的生物物种和谐并存。从满足人类利用的功利目的看，这样的人为水域水流系统最大限度地消减了水位的暴涨暴落，使人类从水域系统中迫切需要获取的三种主导产品稻、鱼、鸭的种群规模和产出量得以最大限度地扩充。

与此同时，人类的调控却尽可能保持了山涧水域流水系统的复杂多变的固有特性，而且这种"变"又掌控在人的手中。那些不胜枚举的分水器、水枧和各类过水系统，无一不在支持人类完成这种宏观的调控。正因为师化自然，又加入了人类的理性管理，这才使除了稻、鱼、鸭三项主导产品外，山涧水域原先已有的生物多样性在山区侗乡的田塘系统中同样可以着生和稳定地繁衍后代，只不过种群规模相对缩小而已。

在侗族社区，经过侗族民众的创造，就使河流、鱼塘、稻田三者之间好像一个连通器，从而为养鱼、养鸭及稻作生产所需的水源提供了保障。鱼塘和稻田这样匹配可以根据不同的季节对不同的鱼种进行交叉饲养，方便适时取用。例如，在春耕插秧之际，为防止越冬的成鱼破坏秧苗，这时有经验的侗族居民可以将这些鱼儿"赶往"鱼塘，在稻田中再放养鱼苗，而等到稻谷收割完毕后，又将鱼塘中的成鱼及食草的鱼儿（如草鱼）"赶往"稻田中，对残存的杂草进行清除，从而避免了来年杂草的生长对禾稻造成影响。除此之外，还方便人们适时对成鱼进行捕捞，以满足日常生活的需要，侗民形象地将其称为"水上畜牧"。

人工水域的建构仅是满足了稻、鱼、鸭在同一耕作带和谐并存的基础，要实现三者之间相生而不至于相克，则需要仰仗和谐高超的节制艺术。众所周知，水稻是一种喜欢高温、高湿和直接日照的泽生农作物，这样的生物习性在平原坝区，随地都可以得到充分的满足，但在高海拔的山地丛林地带，就难以兼顾了。而且其间的湿、热、光三要素匹配又会出现千差万别的变数，这对于水稻的稳定种植极端不利。在阳烂，稻田中就分为冷水田、向阳田、过水田、阴冷田、高榜田等众多的类型，有的冷水田整天的阳光直接日照时间还达不到 4 小时，有些冷水田的最高水温不可能超过 25℃，最低也不会低过 11℃，对一般稻种而言，几乎无法生长。有的高榜田，保水能力极差，在水稻生长季经常脱水，一般的水稻品种在这样的稻田中，产量还达不到普通稻田的一半。而这样的差异，又远远超出了人力调控范围，为了确保水稻的正常生长，侗族乡民不得不另辟蹊径，从水稻特异品种的培育入手，去化解这一矛盾。

在阳烂和黄岗侗族社区，据统计原有 30 多个糯稻品种，而今尚存 20 多个品种，综观这些现存的糯稻品种，它们中的每一个品种都不同程度地具备如下 3 项带共性的特征。

其一，这些糯稻都属于高秆型不怕水淹的稻种。大致而言，其中 70% 以上的出土高度都在 1.5—2.5 米之间，而且植株粗壮，成熟期秆粗直径接近 1 厘米，而且它们的分蘖能力很强，插秧时的每株稻秧，在以后成长中都能形成 7—11 个有效分蘖，这样的生物秉性，正好是稻、鱼、鸭和谐生计最需要的特点。由于稻秧出水很高，结穗时放养的鸭群不至于损害稻穗，却可以为水稻灭虫除害、除草施肥，可以为人类免除中耕之劳。再就是由于分蘖能力强，拔节快，插秧时株高已超过 20 厘米，最长时已超过 40 厘米，以至于乡民不得不截断稻叶的尖端，以便插秧操作。插秧后，不仅返青很快，而且郁蔽也快，插秧结束才 15 天，就可以确保水面被郁蔽，从外面不能直接看到水面，这更有利于稻、鱼、鸭和谐生计的运行。一方面，郁蔽快，田中放养的鱼，在稻秧的庇护下可以完全免受浮禽目、涉禽目鸟类的损伤，不仅水稻获利，田中放养的鱼苗也可保证万无一失。另一方面，返青快，鸭群可以提早进入稻田放养。一般在插秧后的 10 天就可以放养雏鸭了，这就使稻、鱼、鸭可以和谐共生的时间最长可以达到 110 天。随着稻、鱼、鸭共存时间的拉长，至少可以放养三批鸭，放养的鱼花当年每条可以超过 8 两，确保了稻、鱼、鸭三丰收。再一方面，由于稻秆高，因而很容易接收到更多的直接日照，能够提高糯稻本身的产量，同时又可以收获大量的稻草做饲料、工艺品使用，稻草本身就具有很高的经济价值。这些稻种不怕水淹，对稻、鱼、鸭和谐生计发挥着积极作用。通过我们对田块的实测和老乡的历年种植回忆，同时证明这些稻种的绝大部分即使田中的水持续三天到五天达到 50 厘米，稻秧都不会受到损害，原因在于，这些糯稻品种的稻秆中都有通气孔结构，在受深水浸泡的情况下，稻根仍然可以正常呼吸不会腐烂，因而也不会影响糯稻的产量。我们实测的田块表明，这里的田块都可以储水 50 厘米以上，而直接目击观察的结果证实，稻秧被深水淹没时，被淹部分的稻叶会在 3 天左右自然萎缩，但不会枯死。而出水部分的稻秧反而会快速生长，以便相互替代。因此乡民们都说，他们的稻田在正常情况下，一般都要储水 35 厘米左右，而这样储水不仅对稻秧无害，反而可以刺激稻秧的拔节长高。这样的生物属性，与平原坝区种植的糯稻很不相同，但这样的生物属性恰好适宜在黄岗那样的山区梯田中种植。俗话说："易涨易落山溪水"，山区的水资源补给不稳定是其常态，为了确保田块水源不断，下雨时节尽可能多储水，以备遇上伏旱也不至于很快缺水，如果糯稻品种不具备这样的生物属性，在黄岗这样的地区就很难确保糯稻稳产、高产。

不怕水淹对稻、鱼、鸭和谐生计运行也有特殊的意义，储水深就意味着田鱼的生存空间扩大，每亩不仅可以放养较多的鱼苗，而且每具鱼苗收获时，单条田鱼的重量也有明显的提高。与此同时，深水对于鸭的放养也有利，因为水深了，鸭的饵料就更为充足，鸭损害鱼的可能性就会更小，而鸭游动撞击稻秆，更会使水稻害虫掉入水中成鱼鸭的饵料。可见，这样的品种属性，几乎可以说是针对稻、鱼、鸭共生的需要而选育出来的。

其二，这些糯稻品种的 90% 以上普遍具有耐阴性，并具有耐低温的特殊禀赋。这些生物特性，很明显是针对黄岗特有的生态背景培育出来的。在黄岗，80% 的土地丛林密布，所有的稻田都镶嵌在深山丛林之中，加上山脉的耸立、山谷的开口取向不同等地理因素的综合限制，这里的稻田直接日照时数明显偏低，实测结果表明，相当一部分田块，夏季每天的实际日照时数不超过 6 小时，最短的阴冷田直接日照时数，甚至不到 4 个半小时。然而，这些糯稻品种，即使在这样的环境下也能稳产、高产。在极端阴冷的田块中，仅是产量降低 15% 而已。这一生物属性在今天具有特殊意义，因为凭借这样的品种可以实现林粮兼容并存，而互不干扰。对侗族乡民的传统生计而言，其价值更大。这是因为侗族的传统生计要实行林粮兼营，如果不具有这样的生物属性，林粮并存不损害林就要损害田。因而可以说，这是侗族传统生计育种目标理想结果。

镶嵌在深山丛林中的稻田，由于日照不足，灌溉用又来自井泉，这就使稻田中的水温和土温都普遍偏低，对一般的稻种而言，很难在这样的地带正常生长。我们的实测表明，夏季气温最高时期，不少稻田水温还滞留在 23℃—25℃，有的过水田水温还不到 20℃，但它们中的很多品种，并未观察到明显的生长受阻状况。值得一提的是，这儿稻田的水温波动幅度不大，在插秧时节，平均气温偶尔可以低到9℃以下，然而稻田的水温和土温由于来自于井泉水，因而反而比气温偏高，可以平均超过15℃，个别田块可以长期维持17℃。在当地，这样的一种特殊环境对稻鱼鸭和谐生计也具有积极作用。对鱼苗放养而言，由于鲤鱼在12℃以上就可以进入正常觅食快速生长的状态，因而这儿的鱼苗放养，可以比平坝地区提前半个月以上，而且可以一直放养到初冬水稻收割完毕为止，整个放养时段最长可以达到9个月，难怪这儿每亩田鱼的收获量比平坝地区还要高。同样的道理，这儿的放鸭时段更长。据观察，在撒秧时候已经有侗族乡民在放养雏鸭了，而且即使稻谷收割完毕后，鸭的生长也不会明显放慢。

不仅插秧后的稻苗能抵御阴冷，连育秧期段的幼苗也具备抗阴冷的禀赋。我们实际参加过的撒秧操作实践表明，撒秧时，气温仅有12℃。侗族乡民已经在正常撒秧，撒秧时的水深从8厘米到15厘米不等，撒秧后，多次急剧降温，最低时气温低到8℃，我们外出都披上了棉衣，但田中的水温没有低过15℃，结果撒下的稻秧全部出苗，无一粒烂秧。这些糯稻品种的特异性，由此可见一斑。

其三，这些糯稻品种中的绝大多数对当地气象波动具有很强的抗逆能力，抗虫害、病害的能力也很强，规避鼠雀危害的能力也十分可观。黄岗是山区，气候多变，常见的倒春寒、早霜每年都会碰到，更为麻烦的是，黄岗地处冷暖气流交汇的锋面带，因而常年多雾，有浓雾的天气每年都超过210天。特别是在糯稻扬花时节，多雨、多雾，对一般稻种而言往往会导致无法正常授粉，造成严重减产。但这里的糯稻品种，却不会明显受害，只要正午时有1—3个小时雾散雨止，正常结实完全没有问题。这些糯稻品种秆叶表面都着生茸毛，晚秋的寒露和早霜只能在茸毛表面凝结不会造成水稻受冻害。黄岗早春倒春寒严重，某些年份还会遭遇冰雹袭击，但这儿的糯稻品种由于可以实施深水撒播，而当地的水温由于出自井泉灌溉者多，倒春寒时水温比气温高，因而能有效抵制倒春寒，一般不会造成烂秧。这些糯稻品种由于秆高秆硬，表面附有茸毛，水稻常见的害虫难以侵害稻秆，只有卷叶虫能够造成明显危害，但在稻田中放养的鸭群能有效地杀灭卷叶虫。各种水稻病害中只有稻瘟病会造成局部危害，但由于当地侗族乡民往往实行多品种混合插秧，以至于稻瘟病虽偶有发生但不会蔓延。这里的稻田由于常年储有深水，而稻秆又特别高，老鼠在田水中很难对稻秆构成威胁。据乡民反映田中的稻谷极少发生鼠害。

上述各糯稻品种，稻谷尖端都长有长芒，谷芒最长的品种可长达12厘米以上而且尖端锋利，谷壳表面又长有倒刺，而且在生长状态下不会掉离，以至于飞行中的鸟雀无法直接啄食谷粒，这就有效地规避了鸟类的危害。据乡民反映哪怕是收到禾晾上的谷穗一般的鸟雀也不能直接危害，只有掉到地上的谷粒鸟雀才得以啄食。

除了上述3个共性的特性外，每个稻种又各有其特异性，能够从不同的方面有针对性地适应于当地各种性质特殊的稻田。比如森林糯、万年糯、老列株糯，抗阴抗低温能力特强，即使每天直接日照时数不到4小时也能正常生长结实，因而最适宜种植在深山丛林间的稻田中，这是十分可贵的特有林粮兼容品种。又如六十天糯，从插秧到收割只需60天，生长期特别短又不怕干旱，即使稻田完全脱水，也不会明显减产，因而这是一种最适宜在山顶望天田种植的糯稻。特别是遇上严重伏旱，其他稻种的稻秧枯死后再行补种这个品种也能有收获，因而这是一种非常好的救灾专用稻种。再如红禾糯，这个品种的芒短、稻壳薄、没有倒刺，因而对秋露和早霜的抵抗力较弱，连天雾以后容易出芽减产，但这个品种是最耐肥的糯稻品种，比较适合在村寨周围的田块中种植，以便对它的生物属性扬长避短。森林糯是最耐阴冷的糯稻品种，由井泉灌溉的稻田甚至是过水田必须种植这个品种才能确保稳产高产。列株糯是当地乡民近30年才培育出的新糯稻品种，也是黄岗村的主种品种，这个品种的特异性在于最适宜种植在次生林背景下的稻田中，它是黄岗近年来生态背景蜕变后最能适应新环境的当家品种。小牛毛糯和老牛毛糯则是适宜在低海拔稻田种植的品种，所种田块的海拔位置不能超过550米，否则产量会明显下降，这样的品种收割期晚，种植这样的品种有利于调整劳动力。万年糯是当地种植历史最悠久的糯稻品种，在黄岗千姿百态的生存环境中具有较强的普适能力，不管种在哪种稻田中产量都可以相对稳定，但相比之下产量较低。至于高茎朝糯和矮茎朝糯则是从汉族地区引进的变种，引进的目的是便于配合其他糯稻的种植，此外，杉树皮糯、黄芒糯与得五糯和三叉戟糯经常混合种植，是为了提高抗病能力和抗灾能力而特意选育的匹配品种。最值得一提的是，当地还有一种称为鹅血红的糯稻品种，得名的原因是它的谷壳呈血红色，其特异性在于即使糯谷收割后长在地中的稻苗也不会枯黄，可以在两个月内一直保持青绿，能为牲畜越冬提供难得的新鲜饲料，是极为珍贵的农牧兼容品种。

上述琳琅满目的糯稻品种并行传承，才使当地侗族乡民能够高效地利用各种不同的稻田，从而提高了稻鱼鸭和谐生计对所处生态环境的总体适应水平。它们中的每一个品种在当地都具有不可替代的价值，每一个品种的失传都会带来难以补救的损失。因而，稳定地传承这些珍稀糯稻品种是当地非物质文化保护中的重要内容之一。

野鸭本来就是侗族地区习见的生物物种，侗族乡民在早年长期靠猎获野鸭为食，并用鸭绒制作衣被，但要把鸭纳入稻田生产系统，却必须通过一系列创造性的劳动，首先得将鸭选育成个体小、育成快、产卵期长、食性杂的特化鸭种。个体小才能顺利穿行于高秆糯稻夹缝之间，觅食各种动植物饵料，又不至于伤及水稻的植株和根系，反而能为水稻猎虫除草。育成快也是必备的特性，这是因为水稻有自己的生长期，连片种植后，肯定会在某些时段，比如在育秧和刚插秧的时期，容易遭到成年鸭的伤害。育成快才能确保在水稻定根后，连续放养2—3批雏鸭，而在育秧和插秧时段，则靠人为压缩鸭群规模，或者实施舍食，或者转移到鱼塘放养，以免鸭克稻。

野生状况的鸭，产卵期极短极稳定，仅是在春夏之交产卵，一年只产卵一次，这就会使在水稻生长期，多批次放养受到障碍。为此，侗族乡民一方面得选育出产卵期长的鸭种；另一方面还得对鸭蛋实行人工孵化，早年时靠母鸡代孵或谷糠加热代孵，而今开始使用电力的孵化箱，其目的都在于确保鸭群放养可以多批次实施，确保在水稻的整个生长期都可以有鸭群放养，这样一来，既可以提高鸭肉、鸭蛋的产出水平，又能替稻田增肥，除虫除草，代替人类对稻田实施中耕。鸭群的存在还对田中的鱼起到了有益刺激作用，驱动鱼的游动和增肥，并替鱼类清除水蜈蚣一类的有害生物，直接或间接地支持田鱼的高产。当然，为了避免鸭克鱼，鱼苗的放养季节必须提早到插秧前，以便在水稻封闭前，鱼苗已经长到了2寸长，以至于放养雏鸭对鱼苗无碍，然后鱼鸭齐头成长，鱼苗始终大于鸭子捕食范围之内，鱼鸭才能在稻田中和谐兼容。

稻田中放养的鱼是专门驯化的鲤鱼，鲤鱼是以浮游动植物为食，不会攻击稻根和稻秧，也不会攻击对人类有经济价值的其他野生动植物，因而不会影响稻田的整体产出水平，只会自身形成产出能力。上文已经提到，稻田建构中有鱼汪、汪道和鱼棚的设置，这就使不同生长期的鲤鱼，都可以在田中找到理想的栖生地，同时又可以穿行于稻田各处，捕食浮游生物，为稻田增肥，降低稻田虫害，和鸭子一道代替人类完成中耕作业。这就使鱼本身不仅可以直接形成产品，还能支持水稻提高产量。加之鱼的生长期长过水稻，甚至可以跨年放养，这就是乡民所称的"放老口"，能放养一二斤重的大鲤鱼，专门供作腌鱼的原料。而鱼窝的设置，正是为了确保鱼类在越冬季节也能生长。

从以上的分析可以看出，在侗族社区的"稻—鱼—鸭"共生系统中，最关键的环节是需要把本来具有相克禀赋的稻鸭鱼 3 个主要生物物种编织进同一个人为泽生生态系统之中，要求它们主要体现为相生而尽力避免其相克。聪明的侗族乡民在这个难题面前，巧妙地利用了不同生物物种生长季的时间差，在人为的调控下能动地支配稻鸭鱼这 3 个主要生物物种的生长时间，从而实现以相生抑制相克的经营目标。而要做到这一步，挑战的不是来自于生物物种本身，而是来自于不同家户个人的生计劳作如何协调一致。

如当年的鱼花（刚刚孵化的鱼苗）由于个体很小，不具备扰动稻秧的体力，因而不管是撒秧还是整地完成后就可以放养鱼花了。此后的田间操作既不会影响鱼苗的生长，鱼苗又不会扰动稻秧的定根。而鸭的放养则不同，即使是雏鸭，由于体能较大，能扰动稻秧的定根，因而雏鸭的放养要分段进行。备耕前，所有的田块都可以自由放养，而秧田撒秧后必须禁止鸭的放养。稻秧插秧返青后，田中放养的鱼花已经度过了一个多月且体长超过了一寸半，已经具备逃避雏鸭的能力，因而才开禁允许放养雏鸭。此后，雏鸭与稻鱼齐头长大，就可以三者之间相生而不相克了。稻秧郁蔽后，鱼苗已经超过了两寸半，即便是成鸭也没有能力主动攻击田鱼了，而这时候稻秧也需要中耕了，相应的款规则宣布对成鸭开禁。在以后的两个月时间内，稻、鱼、鸭的共生完全处于开放状态，充分发挥了三者之间的相生相护功能。直到收获前夕，出于防范鸭群干扰收割的考虑，再次禁止成年鸭群的放养，但这仅是针对收割中的田块而言，等到收割完毕，长成的田鱼已经捕捞，未成年的田鱼已经转移入鱼塘，除了鱼塘和有鱼棚的越冬田，所有田块都对各种畜群开放。

事实上，在山区侗乡的塘、田人为水域系统中，稻、鱼、鸭仅是主导产品而不是仅有的产品，其他的野生动植物也是侗族乡民的收获对象。在稻田中，他们不仅要种水稻，当然主要是种高秆糯稻，但稻田中同时还要放养鱼、放养鸭子。除此之外，稻田中还生息着不胜枚举的野生动植物，如茭白、水芹菜、莲藕等植物，螺、蚌、泥鳅、黄鳝等动物。根据我们近年的调查，一块稻田中，并生的动植物多达一百多种。值得一提的是，稻田中除了水稻、鱼、鸭归耕种者收获以外，稻田中自然长出的所有生物资源，村寨中的所有侗族乡民都有权获取和分享。由于这些半驯化的动植物都有特定的使用价值，其中一半以上可以做食物，另一半可以做饲料。因而这些生物，不会像在汉族的稻田中那样，作为杂草除去，或是作为害虫清除，而是精心地维护下来，并加以利用。因而，每一块侗族稻田都是生物多样性并存的乐园。人在其间的角色，仅止于均衡地获取，适度地利用，以便确保这些生物物种都能够在稻田中繁衍生息，并长期延续，从而实现人类可持续的长期利用。

举例说，水稻很容易染上钻心虫、螟虫、卷叶虫等虫害，侗族乡民从来不乱施农药将害虫杀死，而是将这些害虫捕捉起来作为美味菜肴加以享用。特别是青年男女行歌坐月时，作为游戏性的夜宵去加以分享。既控制了害虫，但却不让害虫绝种，因为来年还可以吃上它。他们的这一利用方式，客观上起到了生物多样性维护的实效。当然，那些人不能吃的或者不好吃的害虫，则留给鸭子或田鱼作为饵料。尽管在侗族的稻田中也会有害虫，但从来不至于成灾。因为除了人的控制外，天敌也在发挥着控制的效益。这样一来，不仅人工能够使用的生物多样性水平得以维持，连人不加使用的害虫天敌，不管是鸟是兽，还是虫也可以得到物种多样化的并行延续。

在"稻—鱼—鸭"的共生系统中，乡民认为这些对人十分有用的生物是自然长出的，人只是进行管护而已。管护的目的是为了利用，除了管护之外无须特殊照顾，它们也活得很好。对水生动物物种也是如此，除了鲤鱼和草鱼因为用量较大，需要人工辅助繁殖外，其他水生的软体动物、两栖动物和鱼类，都是实行半驯化放养。田里的黄鳝多了，就加强捕捉，少了，则将其他稻田中的黄鳝转放到稀缺的田块中。水蜈蚣对幼年期的鲤鱼有害，他们在放养鱼苗时，发现水蜈蚣太多，就捞捕水蜈蚣食用。但田里没有水蜈蚣时，又得人工放养。也就是说，除了鲤鱼和草鱼外，其他水生动物，既可以理解为野生的，也可以理解为人工放养的，这就是他们所说的管护的含义。

就其实质而言，在"稻—鱼—鸭"的共生系统中，他们是把人作为生物多样性的终极调节和制约力，只是控制其数量，并不会打乱生物的生活习性和破坏它的生存空间。这种以管护代替放牧和种植的文化适应手段，就实质而言，全部属于半驯化耕牧。人的存在可以确保已有各种生物的物种延续，长期执行这样的生计方式也不会危及任何一种生物物种在侗族社区的正常生息繁衍。而且野生与人管护的物种并存，可以使多元并存的生物物种基因复壮，人的利用并不会导致这些物种独立生存能力的下降。

在"稻—鱼—鸭"的共生系统中，乡民所种养的生物物种，无一不具有可贵的兼容性，这是侗族乡民长期选育取得的成果。他们选育的糯稻品种，与习见的糯稻品种迥别。这里的各种糯稻品种，不仅可以在高温高湿和强日照的空阔平原生长，还有能够在丛林中正常生长，具备耐阴、耐低温的特殊生物秉性，致使稻田能够与茂密的森林完全兼容。他们还拥有在水温低于 23℃ 的稻田中可以正常结实的耐低温糯稻品种，还有结实后，水稻秸秆和稻叶不会枯萎的糯稻品种。这是国内罕见的农牧兼容稻种，能够在冬季草枯时，还能为牲畜提供青绿饲料。他们驯养的本地鸭，个体小、出肉率和产蛋率都很高。这种鸭出壳时，刚刚是鲤鱼的放养季节。鱼和鸭放养可以同时进行，鸭也不会伤害鲤鱼和草鱼。鸭和鱼同步长大，由于鸭的个体较小，可以穿行在整个稻田中，无遮无碍，又不会伤害稻秧，仅是以浮游生物和昆虫、虾类为食。致使稻田中的 3 种优势生物，稻、鱼、鸭都能相安无事，而且围绕稻、鱼、鸭，各自形成了一个食物链网络，维系着更多的生物物种和谐并存。由此我们可以看出，侗族的传统稻田，事实上是一个天然泽生生态系统的缩版。

可见，山区侗族的田、塘、水域虽属人工建构，但其间生物物种多样性却因为建构得贴近自然，而得以稳定延续，并纳入了侗族乡民的利用对象。生物多样性水平的偏离程度小，乃是他们的稻、鱼、鸭三项主导产品很少遭受生物性灾害的根本原因，也是和谐生计总体特征的一个侧面，更是他们巧用自然力的生存艺术。因而，在侗族社区，即使是一块稻田，也是一个生物多样性并存的乐土。准确地说，稻、鱼、鸭在稻田中共生，不仅是消化自然的结晶，更是人类宏观调控的生存谋略。单种水稻产量并不理想，但是稻谷与鱼鸭的年均产出总和却远远高出平原坝区的单纯水稻种植水平，这种在不利环境下获得的高产、稳产正好是和谐生计的高额报偿。

这种隐藏在大山中的农业遗产——"稻—鱼—鸭"的共生系统对生物多样性的保护具有多重功效。一是对已有的动植物物种，尽可能确保其生存条件的稳定。二是对人类可以利用的生物物种，仅适度放大其生存规模，并确保其规模放大不干扰其他生物物种的存在。三是人工的适度环境控制，仅止于在有限的空间内，也就是在每一个侗寨尽可能实现多种生态系统的浓缩并存，而绝不实施纯粹人力控制的生态改性。这才使已有的生物多样性水平长期稳定延续。四是人类利用的生物物种也能保持较高的兼容能力，能够与野生动植物长期和睦相安。侗族社区生物物种多样化高水平的延续，不仅是大自然的恩赐，更是侗族文化能动适应于所处生态系统的成果总汇。

此外，侗族地区"稻—鱼—鸭"的共生系统，其实质是建构起了人为湿地生态系统，在山区建造了一个巨大的没有堤坝的"水坝"，每一丘稻田、每一个鱼塘都是一个微型水库，这将大气降水和水平降水截留在高海拔区位，以缓解中国珠江、长江下游旱季和缺雨年份淡水资源的短缺，同时削减暴雨时节的洪峰。依靠"稻—鱼—鸭"共生系统的水域系统，它能够直接拉平自然界水资源再生的波动幅度，将丰水季节的水资源转化为储存态的水资源，从而缓解对江河下游的洪水压力；在枯水季节又可以凭借储集的水资源缓解江河中下游地区的供水短缺。这是一个以丰补歉的水资源配置对策，这是侗族用文化重构与文化惯力的手段能动拉平中国南方淡水资源分布不均衡的自然格局，营建一个有利于高效利用淡水资源的多元文化互补的社会和谐体制，这不能不被视为是侗族对人类的巨大贡献。

第二节　传统生计经验的积累与传统糯稻的保存

对侗族传统生计方式而言，不言而喻的事实在于，要获得对所处生态系统挑战的适应显然不存在现代意义上的科学技术可以依赖，只能仰仗经验的积累。所谓"经验积累"必然体现为一个过程，一方面是不断地获取经验，另一方面是在时间的流逝中，把各式各样的经验通过文化的运作，在社会个人中不断地丰富完备起来。顾名思义，"经验"是立足于经历不断地加以实践验证去无限接近追求的目标。具体到本节而言，正体现为不断地通过实践去选育出适宜于山地丛林种植的糯稻品种来，以满足侗族居民在山地丛林定居和沿袭侗族传统文化的需要。所谓"积累"则是指将个人获得的经验，传播到整个社区，进入社会个人的记忆而得以不断地丰富与完善，并通过社会教育、仪式、习俗、语言等文化事项而代代相传，并日趋精巧和健全。具体到本节而言，最终使原先不利于种植水稻的山地丛林区不仅种上了水稻，而且实现稳产、高产，使迁入黄岗的侗族居民在沿袭侗族传统文化的前提下在这里安居乐业。

经验积累与现代意义上的科学研究有所不同。现代意义上的科学研究总是从公认的概念出发，立足于自然和社会的具体事实去提出符合逻辑的研究假设，然后通过实验手段去验证假设。假设一旦获得验证后，只要上述概念适应的范畴，其结论都具有普适性，因而现代科学研究的过程是一个启动与结论完整的有始有终的具体过程。而经验积累则不同，它是一个可以无限延伸的文化运作过程，是一个立足于传统文化的具体探索验证过程，是一个不断丰富、不断完备的过程，它还是社会所有成员共同参与的过程，而不是少数人专业从事的过程。在经验积累的过程中，也需要作逻辑推断，也需要立足于实践验证，但这些内容都具有一定程度的可变性，这才使经验积累可以成为文化获得适应能力的源泉。在现代科学技术产生之前，只要有民族文化存在，经验积累都可以使传统文化不断获得适应的能力，是可以依赖的源泉。即使在现代科学技术定型后，一切现代科学技术成果要引进不同民族社区，相关民族文化也会将这样的成果通过经验积累这一过程去加以消化吸收，并因此获得新的适应能力，就这个意义上说，经验积累是文化获得能动适应能力的源泉。现代科学技术在适应环境过程中，必然处于从属地位，当然这样的从属地位并不意味着对现代科学价值的贬低，反而是对它价值的如实肯定。因为通过消化吸收科学成果而获得的新适应能力可以大大地缩小经验积累必须经历的漫长过程，还可以大大地提高适应的成效，更可以使这种适应获得理性的解读，也就更利于推广，传统文化也会因此而获得现代社会的认同，而增加其生命力和当世人群的自尊和自信。由此可见，现代科学技术和经验积累应该相互兼容、相互推进，而决不应当相互排斥，仅仅因为本文受研究主题的规约，只能将侧重点放在经验积累上，但绝不意味着对现代科学技术有所轻视和贬低。

经验积累绝不能凭空而来，它必然得立足于特定传统文化中的知识储备、思维习惯、相应的技术和技能作为出发点，去展开新一轮的实践和验证。因而可以说，只要有传统文化就自然存在着进行新一轮经验积累的基础。对黄岗侗族而言，启动新一轮经验积累的基础正来自于侗族在坝区生活建构起来的侗族文化。维护新文化在新生态背景的延续正是文化适应具有能动性的表现。黄岗是山地丛林区，由于海拔高，积温必然比坝区低，水资源又容易流失。大面积原始森林的存在，又会导致日照不足，连带着导致水温偏低、生长季缩短，这一切对水稻种植极其不利。侗族居民要延续侗族传统文化，自然遇到了严峻的生态挑战，这正是黄岗侗族乡民必须启动适应机制的原因所在。而适应的成果正体现为他们能在山地丛林不利生态背景下，确保糯稻的稳产和高产，能有效消解生态不利因素，也体现了文化适应的能动性。纵观黄岗侗族居民对山地丛林适应的方式不难看出，侗族文化对新环境的适应采用了成本最低化的适应途径。侗族定居黄岗之前，这里早有苗族居民世代生息，这里的苗族居民是靠旱地游耕和狩猎采集为生，这显然不符合侗族传统文化的需要。侗族传统文化的食物结构是"饭稻羹鱼"，要在黄岗定居，首先得保证稻和鱼都能够在黄岗生根。要做到这一点，方法当然很多，但不一定具有可行性。例如，提高气温、铲平地表、焚毁森林等等。然而这些做法，不仅成本极高，而且即使做到后，所处的生态系统都万难稳定延续也就不能确保侗族传统文化的稳态延续。为此，黄岗侗族乡民在这新一轮的适应过程中，遵循了最小改性原则，抓住水稻品种的可塑性，通过社会文化手段，选育出可以在山地丛林环境正常生长的糯稻品种来，以最小的代价，将糯稻种植搬到了丛林中，搬到阴冷潮湿的水土环境中去，既确保了传统文化的延续，又确保所处生态环境的稳态延续。能筛选出最优化的适应途径，同样可以显示文化适应的能动性来。只要选取糯稻品种的选育和糯稻品种种植结构加以分析，自然便于揭示经验积累的潜力，也便于探明文化适应的能动禀赋。

我国学术界经过多年的研究确认，侗族是一个低山河网坝区的滨水民族。而我们的田野调查点之一的黄岗村却处于典型的山地丛林地带，原生固定水域不到总面积的 0.5%，90% 的土地都是茂密的丛林，不到 8% 的土地也是山脊地段，在这里零星分布着疏树草坡。可见这里并不是侗族的传统分布区，而是近几个世纪以来的新拓展栖息地，这一推测在我们的田野调查中获得了实证。黄岗村的侗族乡民对祖先的来历有如下一个传说，很久以前，在四寨村（今属双江乡）有吴姓的兄弟两人，一次上山打猎时来到了黄岗，猎狗追逐猎物返回时，毛上沾着浮萍。兄弟俩据此猜测，这里一定有池塘，可以开辟稻田定居，于是顺着猎狗的脚印来到了今黄岗村寨址所在地，看见这里长满了鲜嫩的野韭菜。侗族居民自来喜欢吃韭菜，于是决定迁往这里定居，可兄弟俩各不相让，结果只好约定在同一块田的两畔，分别撒播稻种，谁的稻种先发芽，谁就到这儿定居。弟弟为人狡猾，将哥哥准备撒播的稻种用甑子蒸过，结果弟弟撒播的稻种很快发芽，而哥哥撒播的稻种很快霉烂了。结果弟弟迁到了这里，娶了一个侗族妻子，又娶了一个苗族姑娘做妻子，这就繁衍出了两大房族，形成了一个新的侗族村寨，这个村寨就是今天的黄岗。尔后，这两个房族随着人口的增加再次分化，这就构成了今天黄岗的五个鼓楼所辖的五个房族。尽管这个弟弟迁入黄岗的具体时间，谁也说不清楚，这个故事的真实性当地侗民却无人质疑。他们一直承认自己的祖先是迁入者，迁到这儿后已经繁衍了十多代人，在 20 世纪初，五大房族已经定型。而且他们都承认自己的祖先在迁到黄岗前，当地早有苗族居住。他们的先辈也有多次与苗族互婚的事例，以至于他们今天的服装和头饰，除了侗族传统外，还保留着苗族的某些特征。考证这个传说的可靠性和真实性既不可能，也没有必要，但以此为依据认定黄岗是新起的侗族村寨却是当地侗族居民和我们的共识。

查阅涉及黄岗这一地带的历代典籍，我们注意到凡属雍正改土归流前的典籍，竟然没有一处提到黄岗这一地名，不仅如此，就连与黄岗毗邻的 3 个侗族村寨，如小黄、占里、平天等，也都没有提及。而改土归流以后的汉文典籍却分明记载着黄岗及周边村寨合称"七百生山苗寨"，而且这"七百生山苗寨"都由黎平府直辖的潭溪石姓长官司掌管统领。而这个潭溪长官司的治所却远在黎平府城之东，而黄岗却在黎平府城之西 50 余公里。很显然，黄岗对潭溪长官司而言，是一块下辖的"飞地"，这样的格局，可以间接佐证黄岗对该长官司而言，不可能是传统领地，而只能新获得的领地。鉴于潭溪长官司长官是侗族，清政府让他统辖这块"飞地"，其前提显然这里已经有了侗族居民，而且侗族居民已经占据了主导地位，仅由于称谓的沿袭，才继续将这里称为"七百生山苗寨"。考虑到雍正改土归流时代的官方文书，都是将新开辟的新领地都一概称为"苗疆"，因而此地沿用"七百深山苗寨"这一称谓，足证潭溪获得这块"飞地"的时间只能是在雍正改土归流之后。如果上述传说可以局部反映史实的话，那么吴姓侗族定居黄岗的时间应该在雍正改土归流之前。

在调查中，由于得到了黄岗村 5 个寨老的支持，我们发掘出了他们埋藏在地下的七块汉文碑刻，并逐一做了拓片。研读这些碑文后发现，用词惯例与雍正改土归流后的汉文典籍相符，都是将黄岗所在的地区称为"七百生山苗寨"，而且确认黄岗和占里是这"七百生山苗寨"中的首寨，与潭溪长官司的行政联系都由这两寨做主。其中碑文有的是记载按照"侗款"议定的黄岗地界，有的是对黄岗与下游各侗族村寨土地产权归属的官方判决，有的则是记载潭溪长官司给黄岗和周边各寨摊派劳役的官方文书。立碑时间最早为乾隆四十一年（1776），而且碑文中明确提到，摊派劳役的依据出自前代的官方决议。这一记载间接佐证了黄岗等地划归潭溪长官司只能是雍正改土归流后的事情。最后的一块碑文刻于 1985 年，是由黄岗的五位寨老以上述各种碑刻为依据有偿转让本村的一片山地给从江县龙图寨的侗族居民植树造林。

统观这七块碑文，不仅能间接佐证上述传说和文献记载，坐实我们的推断，而且还证明黄岗村的侗族居民确实是移民而来，而且移民后与当地苗族有过密切的通婚关系与和谐的民族关系，将黄岗村作为侗族传统文化适应新生态环境的研究对象，完全有充分的历史根据，也有牢固的现实基础。因为这里的生态环境与侗族传统的生态环境很不相同，启动新一轮的适应，不仅应当而且必需。适应的历程也极为明晰，大致经历近三个世纪，即雍正改土归流前不久直到今天。适应的成果在今天的田野调查中已经获得了实证。因此，以黄岗为研究对象，探讨经验积累的机制和具体过程不仅合适而且可靠。

黄岗村侗民在长期的经验积累中，针对黄岗村所处山地丛林生态系统选育出了大批适宜不同海拔、不同田块类型的地方性优良糯稻品种（详见表 1）。

表 1   黄岗村优良糯稻品种

侗语名称	汉语名称	成熟期	适宜种植田块类型	特异性
kgoux liogc xebx maenl	六十天糯	60 天左右	高海拔地带的缺水田	所有品种中成熟期最短的品种
kgoux jiml saos tae-mk	矮茎朝糯	70 天左右	高、低海拔中的岭上田，不宜种植在冷、烂、锈水田中	可摘可打
kgoux jiml saos pangp	高茎朝糯	80 天左右	适应面广，高、低海拔的山冲田、岭上田，但最适应于岭上田	可摘可打
kgoux kgouc	金洞糯	90 天左右	高海拔中的岭上田	引进品种
kgoux weenh	万年糯	110 天左右	高海拔中的锈水田和冷水田	传承时间最长
kgoux yak	红禾糯	115 天左右	高、低海拔的肥田	适应面最广
lieec jul	列株糯	120 天左右	高、低海拔的山冲田，岭上田	抗病虫害能力最强
kgoux bieengh liongc douc	龙图糯	120 天左右	高海拔中的锈水田和冷水田	引进品种
kgoux yangc longl	森林糯	120 天左右	高、低海拔的山冲田，尤其适宜光照不足的田块中种植	最耐阴的品种
kgoux bienl guic laox	老牛毛糯	130 天左右	低海拔中的山岭、山冲、冷、烂、锈水田	对肥力要求不高
kgoux bic pagt	杉树皮糯	130 天左右	低海拔中的坝子田或岭上田	需要肥力充足
kgoux bieengh mant	黄芒糯	135 天左右	低海拔中的岭上田	优势品种

侗语名称	汉语名称	成熟期	适宜种植田块类型	特异性
kgoux bienl guic lagx	小牛毛糯	140 天左右	低海拔中的肥田	所有品种中成熟最晚的一种

表 1 中仅列举了 13 个糯稻品种，这 13 个糯稻品种我们都收集到了稻秧标本可资佐证。调查结束时，据我们粗略统计，记录在案的糯稻品种已达 24 个，此外还有 8 个品种有线索可寻，但要等两年后换种实种时才能收集标本并作相应的观察记录。通过表 1 不难看出，黄岗侗族乡民不仅以他们拥有琳琅满目的糯稻品种而自豪，也可以凭借他们对这些糯稻品种的选育成功和保种可靠，展示他们的聪明才智，还可以通过这些糯稻品种的生物适应能力，揭示黄岗侗族文化能动适应的源泉也正是来自长期的经验积累。

在黄岗侗族乡民所拥有的众多糯稻品种中，最能适应森林环境中阴、冷、短日照的特殊糯稻品种，首推"kgoux yangc longl"①，侗语的原意是，密林深处的糯稻，汉语意译为"森林糯"。单从这一名称就可以看出它的特异生长习性。黄岗村村主任吴成龙和他的兄弟、亲家在自己的承包地上，连续种植"森林糯"已超过 5 年。当我们问吴成龙为何选种这一品种时，他笑笑说："这是祖辈流传下来的经验，只有种'森林糯'才长得好，产量才稳定。"当我们实地勘测吴成龙家的田块时，发现他家的稻田全部掩映在森林中，海拔高度均在 800 米左右。周围的树林距离田坎最近处不到 1 米，最远处也不到 4 米。农田的开口，虽然朝向山谷，但开口偏北，稻田的东、南、西三面都被森林环抱，林相高度超过 15 米，阳光能够直接照射整个田块的时间不会超过 1 小时，稻田的日照明显不足。面对这样的生态背景，我们调查小组的成员都有这样的疑问，在这样的稻田中，稻谷能够稳定产出吗？但吴成龙告诉我们，他家的稻田，在近 5 年来，产量一直稳定，从未减产过。为了证实吴成龙所说的话是否具有可靠性，我们对他家的一块田块进行了实测。我们根据这块田块残存的稻桩密

---

①　本文中涉及的侗语均采用侗语记音。

度、平均有效分蘖数，每穗平均粒数以及千粒重这四项测量结果推算出，他家这块地的产量约合每亩 800 市斤。实测结果和他所说的可以收获 20 把左右相符。①

吴成龙亲家的稻田更为特异，稻田位于一个洼地上，稻田四面环山，稻田近似于椭圆形，四周均无毗邻稻田，完全是一块孤立于森林中的稻田。整个水田全凭浸出的泉水灌溉。实测结果表明，进水口的水温和稻田的平均水温均比该村的其他农田偏低 2℃—3℃。但据他的亲家回忆，这片稻田产出禾把数 5 年来一直稳定在 35 把到 40 把之间（1400—1700斤），而且即使不施肥也不会减产。这片稻田还有一个特异之处，它并不像该村的其他稻田那样，为了控制水土流失，在稻田的周边都人工设置有浅草带，以起到减缓径流流速、固土保水、并兼具控制鼠雀为害的作用。但这块田没有这样的浅草带。这位老乡解释说，他的这块田四周都是森林，犯不着浪费人力去设置草带。一旦设置草带，田块接受阳光直接照射的时间将会更短。从四周森林又高又密可以推知，即使在夏季的正午，阳光也不可能同时照射到整个稻田。但庆幸的是，这块稻田的产量虽然比上一块稻田稍低，但产量却极为稳定，充分表明了"森林糯"这一品种对丛林生态环境的适应能力。普查结果表明，"森林糯"现在在黄岗村的种植面积虽说不到 5%，但种植该品种的乡民都说，在他们承包的田块中，若换用其他品种都不能确保产量的稳定。又据乡民回忆，他们的上一辈，在 20 世纪 60 年代以前，"森林糯"的种植面积要大得多，原因是当时的森林更多更密，因而适合于种植"森林糯"的稻田面积比现在更广，估计当时种植"森林糯"的面积达全村稻田总面积的 15% 左右。

连片森林的存在，不仅直接荫蔽了水稻生长特别需要的阳光直射，而且会导致山涧的溪流和井泉水温降低。在黄岗除了林中田外，还大量存在着冷水田和锈水田。一般的水稻品种即使能在这样的田中存活，但产量都要减到一半以下，因为在这样的水田中，一般的水稻品种不容易分蘖，稻秆细弱容易倒伏，为了对付当地的这一自然生态背景，黄岗人的先辈在培育出"森林

---

① 黄岗侗族乡民是以"把"计算产量，从来不过秤称量，一把约合 40—50 斤稻谷。我们是凭借插秧密度，每个稻苑的有效分蘖数，该稻种的每穗粒数和千粒重，推测出上述产量，推算的偏差值正负不超过 3%。

糯"的同时，还选育出另一个森林水稻品种，称为"kgoux weenh"。这个糯稻品种得名的依据是，它是老祖宗传下来的看家品种，"weenh"的含义是一万，因而"kgoux weenh"这个糯稻品种名称也可以意译为"万年糯"或"古糯"。这个糯稻品种适合于种植在冷水田和锈水田中，在这样的劣质稻田中"万年糯"照样可以正常的分蘖和结实，而且籽粒饱满。

"lieec jul"，汉语音译为"列株"是黄岗村民公认的普适性糯稻品种，这个品种在黄岗村近两年得到了最大限度的推广，2007 年的种植面积突破了全村稻田面积的 65%，该村 80% 的农户都种植有"列株"。与"森林糯"和"万年糯"不同，它是近年来才选育成功的优势新品种，不仅在黄岗普遍种植，而且传播到了周边侗族村寨，周边村寨的侗族乡民都将这个品种称为"苟黄岗"，意思是说，是黄岗人选育出来的好品种。黄岗人之所以把它称为"lieec jul"，是因为这个品种是农历九月成熟，用汉语又可以意译为"九月糯"。在黄岗村，我们还找到了"列株"的原本，也就是当地人所称的"老列株"，新、老列株的区别在于，"老列株"的芒很长，与"森林糯""万年糯"相似，植株比"新列株"更高，全株可高达 140 厘米以上，但产量较"新列株"为低，适合种植的范围与"万年糯"相同。随着黄岗地区森林的蜕变，"老列株"与"森林糯""万年糯"一样种植面积正逐年萎缩。

因此，这三个品种种植面积的大小还可以作为黄岗地区森林生态环境恢复程度的度量指标之一，从种植面积的逐年萎缩可以间接地告诉我们，黄岗地区的森林生态系统正处于快速蜕变之中，若不采取紧急措施后果将极为严重。调查中我们深感遗憾的是"新列株"选育成功的具体年代，乡民们无法说准，这与黄岗村选种、保种的社会机制相关联。在黄岗，新品种的引进和育成，都必须等到大规模推广后才最后定名，乡民知道这个品种的时间比品种育成和引种的时间往往要推迟几年，甚至几十年。在田野调查中，要认定育成的时间，用通常的调查办法根本无从确定。但整个黄岗村民都知道，"新列株"在黄岗村被大家知道，是在 20 世纪的 80 年代末的事情。从 20 世纪的 80 年代到 90 年代，是新老列株同时势均力敌并存的时期。进入 21 世纪后"新列株"才开始逐步取代"老列株"。

除了上述 4 个品种外，黄岗乡民还拥有生长期最短的"kgoux liogc xebx maenl"，汉语可意译为"六十天糯"，这个品种从插秧到收割只需要 60 天。

还有极为耐旱的"kgoux kgouc",这是从广西三江县金洞村引进的品种,所以汉语称为"金洞糯"。这个品种插秧后即使碰上天旱,稻田完全脱水甚至稻田开裂也不会减产,其生物特性接近于云南拉祜族、基诺族所种植的旱稻,"金洞糯"的收割期比"列株"可以提前一个月。黄岗乡民按一定比率长期稳定种植着"六十天糯"和"金洞糯"两个品种,其目的是为了弥补当地自然生态背景的不足,这也是黄岗人长期经验积累的结果。这是因为,在黄岗大概有2%的稻田修建在高海拔的山顶上,四周仅有疏树草坡环绕,完全没有水源补给,稻田用水全靠下雨,黄岗人将这种田称为"望天田"。而黄岗的主雨季要到农历四、五月才发生,主雨季过后一般都有伏旱,这类稻田一场伏旱就会完全脱水。若种植其他糯稻品种,要么根本不结实,要么大幅度减产,但种植"六十天糯""金洞糯"却可以稳产高产。原因在于只要在主雨季前能够插上秧,那么即使遇上伏旱,"六十天糯"已经进入了扬花季节,需水量较少,因而不会影响产量。至于"金洞糯"由于它本身就耐旱,即使旱地移栽也能成活,伏旱对它的威胁也就几乎接近于零了。据此可知,这两个品种的育成和引种,完全是针对高山稻田缺水这一脆弱生态背景而采取的能动适应措施,这一适应成效凭借的正是长期的经验积累。

黄岗村北部的稻田全部位于平天河、黄岗河和芩秋河三条河流交汇点处的河滩地上,这些稻田所在地的高度处在海拔420—500米之间。这一海拔高度的稻田若是处在宽谷坝区,那将是中上等的好稻田。可惜的是,黄岗的这些稻田四面环山而且森林密布,因而即使在夏季,太阳光能直射稻田的时间平均也不会超过5小时。加上这三条河流都从林区流来,水温偏低。上述几个因素致使这里的土温、水温、气温在春夏之交的升温过程中都会比同纬度的坝区稻田推迟半个月到一个月,而秋冬之交"三温"(土温、水温、气温)降温的时间又会比同纬度的坝区稻田推迟一个月到一个半月。即使到了隆冬季节土温还维持在10℃左右,终年不会有霜雪。我们在踏勘的过程中发现,这些稻田和周边地区的土壤颜色,不像同纬度和同海拔的坝区稻田那样呈现砖红色,而是仅略带红色。这表明这些稻田的基温普遍偏低,再加上热季推迟,以至于一般性的水稻品种很难正常生长和结实,为了对付基温偏低这一脆弱生态背景,黄岗乡民在长期的经验积累中选育出了专供此类稻田使用的特异糯稻品种。它们是"kgoux bienl guic laox""kgoux bienl guic lagx""kgoux bic pagt"。

"kgoux bienl guic laox"得名于它的谷穗像老牛的毛那样稀疏而长，因而可以用汉语意译为"老牛毛糯"，这是一种秆高、秆硬，稻穗粗短密集，谷芒又直又硬并略带灰褐色的糯稻，这种糯稻产量高而且稳定，美中不足的是不耐寒，因而海拔超过500米的稻田如果种植"老牛毛糯"产量就会明显降低。

"kgoux bienl guic lagx"的得名是因这个品种的稻穗由于谷芒较长而软，谷粒又非常紧密，因而从外观上看，整个稻穗只见浓密的茸毛不见谷粒，形同小牛犊，若用汉语意译可以与上一个品种对举称为"小牛毛糯"，它的生长习性与"老牛毛糯"相近，但米粒细质柔软口感很好，当地侗族乡民都很偏爱它。

"kgoux bic pagt"这个糯稻得名的依据是稻穗成熟后呈现较浓的灰褐色并略带红色和成年杉树的树皮颜色极为相似，因此可以用汉语意译为"杉树皮糯"，它的生长习性也与"老牛毛糯"相近，不同之处仅在于它可以种植到海拔550米左右的稻田中。

这三个品种的共性特征在于，谷穗中谷粒排列较为紧密，谷芒较长，大致在8—12厘米之间，而且颜色偏深。这些形状特征与上文提到的"森林糯""老列株""金洞糯"的谷穗形状相似，但前三个品种谷穗的颜色偏浅，谷粒排列疏松，谷穗偏长。因此，笔者怀疑"老牛毛糯""小牛毛糯""杉树皮糯"三个品种是黄岗先民定居黄岗时从坝区众多的糯稻品种中精选后最先带到黄岗的糯稻品种。同时，黄岗北部的这些河谷稻田也应当是黄岗先民最先开辟的稻田。笔者做出这样的猜测，其原因在于：一方面这一地带距离他们迁出的故乡（四寨）最近，另一方面这一地带的自然背景与他们的故乡也最为接近。从故乡的已有糯稻品种中精选出适合于这一地带种植的糯稻品种难度也不大，由此可见"老牛毛糯""小牛毛糯""杉树皮糯"三个糯稻品种引入黄岗，其目的正在于补救这片河滩自然资源配置上的短缺，这是黄岗侗族文化经验积累取得成功的第一步。接下来经验积累取得成功的第二步应当是从这三个品种的自然杂交中先后选育出"万年糯""森林糯""老列株"三个品种。经验积累的这一步成功，才使黄岗人把稻田修进了深山密林，并因此避开了深山密林不适宜稻作生产的脆弱生态背景，发挥了文化适应的能动性。

随着"列株"的选育成功，"老牛毛糯"等三个老品种在北部河滩稻田的独尊地位受到了挑战，这些稻田的主人陆续换种"列株"，因为"列株"产量可以稍有提高，然而这三个老品种的传承仍然无须忧虑。一则"列株"芒太短，只有1.5厘米左右，因而不能忍受突发寒露的袭击；二则也是因为芒太短，加上谷穗容易脱粒，不能抵御害鸟的偷食；三则"列株"抗水淹能力较弱，而这片稻田恰好处在季节性的洪泛区，因而很难保证稳定产出。上述三种情况只要碰上一种，稻田的主人理所当然得改种"老牛毛糯"等三个老糯稻品种中的一个，以便对付自然灾害。因此，"列株"种植面积的增加和这三个老糯稻品种种植面积的萎缩同样是黄岗侗族文化能动适应的结果。

就总体而言，整个黄岗地区森林密布，镶嵌在密林中的稻田一般不会缺肥，即使连农家肥不使用也不会明显减产，反倒是那些寨脚田和河滩田往往是因为过于肥沃，其他品种的糯稻容易倒伏而无法正常种植水稻，针对这一生态背景，黄岗乡民成功的选育出了"kgoux yak"，按字面意义汉语应称为"红禾"，得名的依据是该品种成熟时的谷壳偏红。"红禾"是一种壳薄、芒短、米粒较圆的糯稻品种，其耐肥性特强，耐阴性能与"万年糯"相近，但稻秆矮而弱不抗倒伏，因而成熟季节遇到连天阴雨和寒露就容易出芽减产，以至于"红禾"的种植范围仅限于村寨的周围和交通沿线。目前"红禾"的种植面积仅次于"列株"，但今后它的种植面积只会缩小不容易扩大。这是因为黄岗林区的林木生长迅速，只要退耕还林政策继续执行下去，"万年糯""森林糯""老列株"等老品种的种植面积就会挤占当前的"红禾"和"列株"的种植面积。文化适应本身就具备能动性的禀赋，各品种种植比例的变迁可以随时补救自然与生态环境变迁造成的资源配置短缺。

在黄岗地区随着森林的蜕变，原先掩映在丛林中的稻田开始暴露在阳光之下。这种具有新性能的稻田，黄岗侗族原先没有与之匹配的稻种，于是通过"吃乡思"从临近的从江县龙图乡引进了一个新的糯稻品种，名字叫"kgoux bieengh liongc douc"，侗语得名的依据是这个品种的稻穗谷芒长而软，但排列较为稀疏，当风吹过时，谷芒会在空中摇曳，很像是侗族妇女裙边的流苏，因而将它称作"龙图流苏糯"，用汉语称呼时最好简称为"龙图糯"，不言自明的事实在于，黄岗人引进这个品种的目的仅是为了应对环境蜕变的挑战。一旦森林生态系统全面恢复，这个品种的种植面积会大幅度萎缩。

"黄芒糯"是从侗语的原名意译而来，侗语原名称作"kgoux bieenghmant"，这个糯稻品种虽然秆高秆硬但分蘖弱，因而即使接近成熟期，少许阳光还可以直射水面，它不能像其他糯稻品种那样抑制水生杂草的蔓延，以至于中耕除草等田间管理必不可少，但却有利于稻、鱼、鸭共生，据此推测"黄芒糯"应当是坝区侗族传统的优势稻种，显然不是黄岗侗族乡民独立选育出来的稻种。当地侗族乡民引进这一糯稻品种目的虽说不能补救生态背景的短缺，但是错开了农忙季节，调节了雏鸭的放养场，却另有社会功能。

至于"高茎朝糯"和"矮茎朝糯"侗语名称分别是"kgoux jiml saos pangp"和"kgoux jiml saos taemk"，汉语名称是从侗语的原名音译兼意译而来，这两个糯稻品种都是从汉族地区引进的糯稻品种，其生物特性迥别于上述各个品种。芒短容易掉粒并容易遭到鸟害偷食和寒露侵袭，收割时得用打抖脱粒，打抖过于笨重在黄岗搬运极为困难。这两个品种本来不适合于黄岗地区种植，但20世纪60年代政府强行推广"糯改粘"，因而这两个糯稻品种夹带着传进了黄岗。黄岗人至今保留这两个品种，不仅可以在劳动投入上得到有效的调剂，还可以通过这两个品种与其他糯稻品种杂交，而选育出适合于当地生态背景的新糯稻品种来。

回顾黄岗侗族乡民的这一能动性适应过程，虽然我们无法明晰这一过程的细节，但从上文的分析中，我们不难看出这是一个有起点而不可能有终点的过程。起点在于黄岗侗族先民定居，并立即面对新的环境挑战，而这时他们带进黄岗的糯稻品种显然只能是适应于坝区的类似于"老牛毛"和"小牛毛"这样的糯稻品种，只能在黄岗的低海拔边沿河地区种植，而在黄岗这样的高海拔丛林山区种植这些糯稻品种，其产量极不稳定，这就必然刺激黄岗侗族先民不断地引进新品种，不断地选育新品种，传承新品种，保存老品种。这个过程显然是一个持续不断的经验积累过程，不仅过去是这样，直至今天仍然如此，这是一个永无终结的经验积累过程。

综上所述，尽管侗族发达地区已只少量种植传统糯稻，稻田养鱼的范围也在急剧萎缩，单就表面现象而言，传统糯稻的传承确实存在着重大的困难，但就黄岗及其周边地带而言，传统糯稻的种植仍然占据主导地位。传统糯稻品种的育种、保种、耕作技术、技能以及社会知识体系依然发挥着作用。从而使在这些侗族分布的边缘地区，传统糯稻品种的多元并存及稳定延续至今不成问题，即使不施加外力作用，也可以稳定延续。黄岗村糯稻品种之所以能多样并存，乃是由自然和文化能动适应综合作用的结果。在海拔 800 米以上的山脊地带，为疏树草地。既有高大乔木，又有坡顶浅草，还有次生幼林或茅草坡，这就使该村的稻田分别位于各不相同的原生和次生森林生态系统背景之下，使这些农田所处的自然生态背景千差万别，以至于没有任何一个水稻品种可以高效适应于该村的所有农田。在长期的经验积累中，黄岗村民充分认识到，要适应生态环境的错综复杂性必须拥有多样化的糯稻品种，才能满足糯稻正常稳定生产的需要。针对黄岗山地丛林生物群落千姿百态的特殊生态背景，单一的稻作品种无法适应千姿百态的生长背景，这里的侗族居民，通过不同品种混合种植、轮换种植，圈行、块错位种植，辅以激励老年人尽可能保留种子田和村寨间的品种互换机制，成功地选育出了十多个糯稻品种，确保了山地丛林中的任何一种环境中都有足够最佳良种避险，实现了不同生态背景下稻、鱼、鸭综合产出水平的稳定高产，并获得了抵御各种自然灾害的抗风险适应能力。这样的能力既可以从容地应对外界冲击，又能够在没有其他外力支持的情况下，独立地完成维护糯稻品种多样并存利用的稳定格局。

侗族社区传统糯稻的保存。在贵州黎平黄岗村，我们系统地鉴定和记录了 13 个处于规模应用状态的糯稻品种，还发现了另外 6 个零星种植的珍稀糯稻品种。鉴于侗族的传统种植体制，糯稻品种也需要休闲和复种。通过访谈和入户查证，我们又发现了 5 个当年没有种植、拟于三年后栽种的种子。黄岗村总计现存珍稀糯稻品种 24 个，凭借这一数据，不仅是在我国的传统的稻作区，就是在广大的侗族地区，都称得上是琳琅满目了。然而，这仅是侗族地区历史上曾经拥有过的糯稻品种极其有限的部分，是真正意义上的绝后余生侗族传统农作精髓，留住这样的精髓是当前保护非物质传统文化重要组成选项之一。

黄岗寨当然不是绝对的例外，在整个侗族分布区，像黄岗那样的侗寨还有很多，这些侗寨也分别传承了一些珍稀糯稻品种，比如，阳烂和高秀至今还有十多个糯稻品种在传承。因而，凭借粗略的估算，珍稀糯稻品种可能还有一两百种，要抢救、传承还来得及。但不管怎么说，黄岗能传承下这 24 个品种，确实堪称部分留住了侗族传统农艺的精髓。

　　黄岗村现存的各种糯稻品种，其来历各不相同，现有多种糯稻品种并存的格局是当地侗族社区耕作制度运行的产物。侗族的传统社会则为这些品种的传承提供了制度支持。大致而言，这些珍贵的糯稻品种的来源有四个渠道：其一是这里的侗族乡民从他们的原住地随着乡民的迁徙而带进来的；其二是黄岗侗族乡民通过与各款区侗寨的具体社交活动，从其他侗族地区引进的糯稻品种；其三是通过集市商贸引进的糯稻品种；其四也是最重要的则是黄岗侗族乡民以上述三种来历的糯稻品种为亲本，在黄岗针对当地需要独立选育成功的新品种。

　　上文提到的老牛毛糯、万年糯与小牛毛糯就是黄岗乡民所种糯稻的先祖。从坝区迁到黄岗定居时，从坝区带来的早期糯稻品种，并在黄岗完成了成功的驯化使之适应于黄岗的特定自然环境。这样的品种数量虽不多，但却是很多新品种的培育亲本。因而在当地的品种构成中具有特殊的价值。

　　侗族地区的基层社会组织是家族村社，通过各家族村社的合款后，各家族村社间结成了亲密融洽的互惠关系。家族村社间每年都要举行多种多样的集体做客社交活动，比如，"吃乡思""月地瓦"和跨家族村社的集体过侗年、共度"吃新节"等。这样的跨家族的社交活动，从社会功能的角度看，是为了增进各家族村社之间的和睦与相互了解。但对于传统生计而言，却能提供交流生产经验，相互引进稻种的积极作用。值得一提的是，侗族社会中的这种糯稻品种引进，在某种意义上，已经具有了署名权。通常是用该品种的育成村寨名作为被引进品种的名称，比如，金洞糯就是从广西三江县金洞村引进的。又如，得五糯则是从与黄岗近邻的得五寨引进的糯稻品种。这种引种工作在整个侗族地区历史悠久而且一直传承至今。黄岗村的乡民至今还在延续这一传统，不断地从各个侗族村寨引进新品种。这样引种的品种在黄岗被成功驯化后又会作为亲本使用，从中培育出更适应于当地的新糯稻品种来。

　　不管通过什么样的渠道引进糯稻品种，都很难完全适应黄岗的特殊生态环境，因而，引种从终极意义上说，只是丰富品种结构的手段而不是带根本性的品种结构健全的依赖方式。要确保糯稻品种完全适应于黄岗的特殊环境，只能依赖自己的力量选育出本地的特优品种来。这个工作是一个世代积累的过程，黄岗侗族乡民的先辈们一直在从事着这一艰巨的育种工作。上文提到的新列株糯、老列株糯、森林糯、万年糯可以基本肯定是在黄岗这一片区成功培育出的当地特优糯稻品种。

　　侗族乡民培育新糯稻品种的办法一般是通过自然杂交人工选育逐步培育出来的。上文已经提及，为了抵御自然灾害，抗御病虫害的侵袭，侗族乡民早就形成了多品种糯稻在同一地块混合种植的传统农艺。执行这种传统农艺，客观上为不同糯稻品种之间的异花授粉创造了条件，因而在糯稻的实际种植过程中，总会很自然地出现一些变种。而侗族乡民则会有意识地将这样的变种保留下来进行试种，如果试种的过程中证明了新的变种更具有当地的适应性能，就会扩大种植，经世代培育后，就能培育出新的糯稻品种来。要使自然杂交的变种驯化为具有推广价值的新品种，成功的关键在于，要有一套健全的制度性保证，而这样的制度性保证早年普遍存在于整个侗族社区，这样的制度性保证在黄岗还可以看到。原来，侗族社会是一个十分尊重老人的社会，老人在社会运行中扮演着特殊的角色。就育种而言，侗族社会背景可以为他们提供诸多的方便和支持，他们可以在家族村社内自立经营种植小块土地，为整个社区育种和保种。乡民们出于公益的目的会给他们提供各种各样的服务。不管通过什么渠道引进的新品种，试种阶段都是由这些老人带头。新品种的选育更多的是靠他们持之以恒的艰辛劳动，不过，侗族乡民对他们也有特殊的回报方式，一方面，不管是成功引进的品种还是选育出的新品种，这个品种的命名就可以用这些做出贡献的老人的名字去给新稻种命名。这样的命名已经通过老人们的艰辛劳动，得到了社会的承认，享受到社会永远纪念的荣耀，老人们也因此而得到精神上的满足。另一方面，老人们无论给其他乡民提供什么样的好品种，提供时都是用等量的糯谷禾把与老人交换。但种植后如果获得丰收，这些受惠了的乡民都会以各种各样的方式回报传种的老人。比如为他们砍柴、做家务，甚至替老人们修建房屋等，乡民们都以能够为这些老人做贡献才感到心安理得。正是因为这样一种制度性的保障一直在发挥着推动作用，才使社会中新的糯稻品种不断地涌现，而侗族文化对所处生态环境的适应也因此而得到稳步提高。

　　这里，仅以列株糯育种为例，揭示制度保障对新品种产生的推动作用。20 世纪 50 年代以前，黄岗地区还拥有大片的原生丛林，当时的生态环境比今天看到的还要好得多，然而，当时那些镶嵌在丛林中的稻田直接日照的时间比今天还要短，稻田的水温和土温比今天还稍低，丛林间的雾比今天的更浓，因而在当时主种的糯稻品种是森林糯、龙图糯、万年糯和老列株糯。20世纪60年代起，黄岗当地的原生丛林相继被砍伐，砍伐后，自然形成的次生中幼林对地表的荫蔽度很低，这就使稻田中的水温和土温有所升高，每天的直接日照时间延长，上述四个品种原有适应能力有所下降，在这时候，黄岗寨的老人们在种植老列株的田块中发现了一个新变种，特征是谷芒变短，米粒变短，在次生林环境下种植，产量明显高于上述四个品种，而且米质好，口味芬芳。于是，开始将这个变种在特定地块扩大试种，结果取得了非常满意的成效。遗憾的是，当时正值"文化大革命"，传统的命名体制无法实行才使这个新品种的培育者不被外界所知。这个新品种的命名只能根据它的成熟期，在农历九月而称为"列株糯"。上文已提到，为了保存这个新品种经历了很多风险，培育这个品种的老人已经不在人世了，但这个品种却成了黄岗村的主种品种。因为，随着丛林蜕变为次生林，原有的老品种因为不适应改变了的生态环境，而种植面积不得不压缩，列株糯则填补这一空缺。20世纪80年代后，传统糯稻的种植开始在黄岗全面复苏，列株糯的扩大种植立刻引起了周边侗寨的浓厚兴趣，纷纷与黄岗乡民换种，最终使列株糯这个新品种推广到了黄岗周边地区。目前，黎平、从江、榕江地带毗连的很多侗族和苗族村寨都种植有这个新品种。为了感激黄岗人的贡献，他们都把这个品种名字改称"黄岗糯"，而不像黄岗人那样称为列株糯，这样的局面当然为黄岗人赢得了崇高的声誉和荣耀。应当看到，黄岗糯稻品种琳琅满目，是一个流动的过程，是一个不断演化的无休止过程。在这个过程中，糯稻品种总是在不断地新陈代谢，并因此而推动了侗族文化对所处生态环境的能力不断地提高。人地和谐关系不断地得到强化，这是一潭活水，它可以生生不息。但在实践的长河中，总是在不断地创新，不断地在完善自我。这就是和谐生计的可持续发展的命脉所在。

第三节　侗族梯田经营与气候风险的化解

传统的评估方法习惯性认为，梯田脱水、育秧时节的烂秧比例和收割时的秕谷比例超过20%都可以作为梯田种植抗拒气候风险失败的标志。然而，通过对黔东南侗族稻作梯田的综合调查后发现，上述习惯性的评估指标存在很大的局限。首先，在这里的侗族稻作梯田中，并行种植着的多个糯稻品种的生长期和抗旱能力互有区别，因而无须担忧稻田会脱水。此外，这里的梯田大多使用井泉水灌溉，大气降温对稻田水温的影响很小，因而种植传统的糯稻不会出现烂秧。同时，这些糯稻品种都能适应阴冷丛林生态环境，不管气候如何变化，其稗谷所占比例都不会超过 5%。因此侗族梯田的传统糯稻种植抗拒气候风险的潜力极高。对于长期稳定延续的稻作梯田而言，其抗气候风险的能力必然成为它的文化适应性禀赋之一，简单的指标认证很难正确地揭示其抗风险能力的大小，因而直接的数据测量意义并不明显。水稻的原产地是低海拔低纬度的河网湿地生态系统，① 这就注定了水稻的生物属性必然是一种耐高温、高湿，惧怕干旱、低温、阴雨的农作物。低温、阴雨和脱水都是水稻难以抗拒的气候风险。自从 10 世纪以来，水稻在我国东南河网平原地带得到了大面积推广种植。其拓展很快就导致了耕地的不足，随即爆发了严重的耕地资源短缺，② 就在这个时候，梯田开始见诸古代农书的记载。梯田的出现对缓解稻田耕地的不足发挥了重大的积极作用，但同时也诱发了一系列的气候风险。③ 由于水是从高处向低处流动，因而梯田首先要严防脱水。

其次，梯田由于所处海拔区位较高，气温必然比低海拔稻田偏低，相对湿度偏大、阴冷又会成为制约水稻正常萌发的重要气候因素，因而梯田在播种期的烂秧比例偏高又是梯田水稻种植的另一个气候副作用。另外，水稻在扬花时节需要较强的日照，切忌阴雨的干扰，否则会使稗谷比例上升而直接导致水稻减产。我国东南部的低山丘陵地区，由于处于冷暖季风频繁拉锯式袭击的地带，播种期的烂秧更是需要严密防范。

对梯田种植而言，抗拒上述三项气候副作用④能力的高低是种植成败的标志。⑤ 这三项指标对我国东南的丘陵山区而言，显然具有较高的实用

① 杨庭硕、王楠：《民族文化与生态环境之间的水资源供求优化》，《吉首大学学报》（社会科学版）2011 年第 1 期，第 34 页。
② 夏如兵：《中国近代水稻育种科技发展研究》，南京农业大学出版社 2009 年版，第 168 页。
③ 赖纯佳、千怀遂等：《基于数据处理及图件的小麦——水稻种植制度的气候风险评估》，《农业工程学报》2011 年第 2 期，第 231 页。
④ 周曙东、朱红根：《气候变化对中国南方水稻产量的经济影响及其适应策略》，《中国人口·资源与环境》2010 年第 10 期，第 152 页。
⑤ 贺天博：《对梯田抵御气候风险习惯性认证的质疑》，《原生态民族文化学刊》2010 年第 4 期，第 11 页。

价值。然而，笔者通过调查我国云贵高原东南缘的梯田水稻种植后，却发现了例外。这就迫使笔者不得不思考：梯田的水稻种植是否真像传统理解的那样必然具有其不利性；或者即使存在这样的不利气候因素，人类是不是有能力加以化解。带着这样的思考，笔者将自己的研究成果简述如下，以求证于海内外诸贤达。

笔者的调查点位于贵州省黔东南苗族侗族自治州的黎平县双江乡黄岗村。黄岗是一个典型的侗族村寨，全村350多户，1700余人。该村的10个组全部聚居在黄岗寨内，只有第6组位于岑秋村，是一个苗族村寨。黄岗村土地有将近3万多亩为次生森林，稻田面积2100多亩，固定水域1000亩左右。黄岗村位于分水岭的山脊地带，最低海拔点为420米，最高海拔点为1050米。境内地势南高北低，境内有3条小河，小河之间有4条山岭阻隔。3条河流出黄岗村后汇合为归密河，最后汇入都柳江。由于境内地表崎岖不平、落差极大，因而境内的所有小河都有瀑布相连。全村境内找不到超过20亩以上的平坝地带，所有的2000多亩稻田几乎全部是梯田。这些梯田的最低海拔区位是450米左右，最高海拔稻田区位将近1000米。所有的稻田都沿着坡面层层建构，每一块稻田大致都呈现为条带状，以至于该村第4组和第8组的耕地号称"千丘田"。经过实际调查统计后，这两组梯田的块数确实都超过了1000块，但实际可利用的耕地面积却还不到300亩。像这样落差极大的梯田，稻田脱水的风险可想而知。黄岗村不仅地表崎岖不平，而且山高林密，土地资源的同质性极低。所有的稻田都掩映在丛林之中，还要受到山岭的阻隔，大约有超过20%的梯田在一天中能够接受阳光直射的时间低于5小时，个别稻田每天只能接受1~2个小时的日照。因此梯田的气温偏低，不少稻田的气温即使到了盛夏也不会超过28℃，而水温则只能达到23℃左右。至于在撒秧季节，瞬时的气温甚至可以低至0℃左右，倒春寒很自然成了这些梯田育秧的大敌。更由于黄岗所处的区位与南岭西段相接，从孟加拉湾和东京湾吹来的暖湿气流可以直接抵达这里，而北方的干冷气流也可以顺着河谷直达。这种冷暖气流在秋季的频繁交汇，再加上地势偏高，致使在这里的水稻成熟季节总会碰上连天的阴雨和浓雾天气。其时，空气的相对湿度将近饱和，牛毛细雨可以一连好几天不止，即使是晴天能够直接接受阳光的时段也仅止于正午时段。综合以上因素，在这样的背景下所开辟的梯田，显然具有诸多的不利因素，种植水稻应当是一种不合时宜的错误选择。然而，相关的文献记载、乡民们的回忆以及考古学所能提供的物证都证明，这里的梯田水稻种植至少稳定延续了 3 个多世纪，而且产量高，受自然灾害的影响极小。换言之，黄岗村的梯田水稻种植是化解不利气候因素的成功例证，因此，探究侗族乡民化解自然风险的适应对策就显得意义重大了。

1. 规避梯田脱水的对策。黄岗村侗族乡民首先是通过多样化的糯稻品种来规避梯田脱水风险的，其传统种植的水稻都属于糯稻品系[①]。他们至今在当地还在种植的及其邻近地区培育出来的，包括乡民记忆当中的糯稻品种总计达 23 个。由于一些品种已有多年没有种植，因而笔者在调查的过程当中，仅仅获得了当前他们仍然在广泛种植的 10 个品种，并将这10 个品种的相关生物属性整理成表见表 2。

表 2　　　　　　　黄岗村糯稻品种的穗、谷、米测量统计表

（单位：除注明的以外都为厘米）

编号	品种		穗						谷粒			米粒		
	侗文名称	汉语名称	颗粒（粒）	分枝（行）	芒长	长茎	短茎	横茎	长茎	短茎	横茎	长茎	短茎	横茎
01	lieec jul	列株糯	247.3	12.3	2.17	29.5	1.67	2.33	0.769	0.227	0.138	0.56	0.188	0.268
02	kgoux liong xebc	六十天糯	151.67	9.67	1.87	22.17	1.5	2.83	0.753	0.242	0.355	0.555	0.231	0.313
03	kgoux jiml saos taemk	矮茎朝糯							0.869	0.213	0.326	0.576	0.187	0.261
04	kgoux jiml saos pangp	高茎朝糯							0.77	0.225	0.34	0.567	1.191	0.285
05	kgoux bienl guic laox	老牛毛糯	290.3	15.33	4.1	28.17	1.83	3.67	0.717	0.239	0.362	0.509	0.207	0.301
06	kgoux bic pagt	杉树皮糯	175.33	12.3	4.07	29.87	1.93	2.33	0.74	0.246	0.376	0.557	0.224	0.35
07	kgoux bieengh mant	黄芒糯	217.67	14.67	6.97	29.33	2.87	3.13	0.713	0.229	0.329	0.515	0.194	0.293
08	kgoux weenh	万年糯	166.67	9.67	6.33	27.83	1.83	2.93	0.767	0.221	0.331	0.553	0.199	0.274
09	kgoux kgouc	金洞糯	154.67	11.33	3.77	24.17	2.1	3.17	0.727	0.232	0.347	0.509	0.205	0.285
10	kgoux yak	红禾糯	165	10	3.8	25	1.6	2.7	0.6	0.2	0.356	0.508	0.204	3.305

---

① 崔海洋：《论侗族制度文化对传统生计的维护——以黄岗侗族的糯稻保种、育种、传种机制为例》，《广西民族大学学报》（哲学社会科学版）2009 年第 5 期。

这 13 个糯稻品种共同的特点在于它们都属于高秆类型，成熟时稻株的立地高度可以高达 110 厘米到 130 厘米，而且有些品种分蘖能力极强，一般都在 5—10 株之间。更重要的特性在于，这些糯稻品种不怕水淹，在生长季节即使水深超过 50 厘米，只要稻尖能够露出水面就不会被淹死，而仅仅是稻株水下部分的叶子萎缩，稻秆则会迅速拔节生长。① 正因为如此，这里每年只需下一次暴雨，稻田中储积的水就可以满足水稻全年生长的需要，而当地的夏季一般都要发生 4—6 次持续 24 小时、降雨量达 100 毫米左右的大暴雨。这样一来，乡民们只需要把田埂加高加固，确保稻田储水达到 50 厘米以上，这里的梯田就不会发生稻田脱水之虞。实测的结果也表明，这里的梯田田埂都超过了 40 厘米。特异的糯稻品种，再加上人工培修的田埂结构，基本上能化解稻田脱水的风险。

更值得一提的是，这里的稻田还通过侗族乡民的制度性保证做好了配套水利建设。乡民将鱼塘与稻田联网，河流与鱼塘串通，人工的饮水设施明渠、暗沟和涧槽交错设置在稻田和鱼塘之间，确保每一块稻田都能做到排灌自如。再加上沿山设置的拦山沟和引水渠，坡面只要出现地表径流，绝大多数稻田就可以获得有效灌溉。与此同时，当地社区还通过协商方式建立了稳定沿用的用水规章，在所有的河渠上都设置有分水坝，可以精确控制每一块稻田的水位高低。这就意味着当地侗族文化对环境的适应能力，已部分地化解了客观存在的不利自然因素，确保梯田水稻种植的稳产和高产。②

2. 化解烂秧风险的举措。尽管如前文所述，黄岗当地的气候极易导致稻田烂秧，但实际其比例却非常低，主要基于以下几个原因：首先，前文所述的 13 个糯稻品种的种子萌发也与众不同。它们在 10 厘米到 18 厘米的深水下也可以正常发芽、生长，而且能够迅速拔节，使稻尖迅速露出水面。在幼苗期，稻叶即使处于水面以下也依然能够正常完成光合作用，但等到稻尖露出水面后，水下的稻叶又会迅速萎缩，露出

---

① 崔海洋：《从糯稻品种的多样并存看侗族传统文化的生态适应成效》，《学术探索》2009 年第 4 期。

② 杜荣民、刘心禹译：《稻作为主的耕作制下土壤管理的物理学问题》，*Soil Physiesand Rice* 1989 年第 1 期。

水面的稻叶又会快速生长。[①] 也就是说，即使在萌芽期，这里的糯稻也具有抗拒水淹的特殊禀赋。其次，由于黄岗地区山高坡陡，基岩又主要是由砂岩构成，基岩风化后形成的土壤含沙量很重，整个黄岗地区地下水涵养量极高，导致在黄岗的坡面处处有泉水，到处可以挖井取水，因而这里的稻田几乎全部是靠泉水供水。由于有土壤发挥保温作用，所以井泉出水口的水温极为稳定。一年当中水温的波动都在 10℃—15℃ 之间，靠井泉灌溉的秧田只要储水深度超过 10 厘米，即使遭逢倒春寒，哪怕气温降到了 0℃ 左右，而且持续一两天，秧田水温还是可以维持到10℃ 左右。这正好是防范水稻烂秧的有力保障之一。[②] 另一个保障措施则在于，当地侗族乡民对稻田的供水还有特别的讲究。他们会在井泉的出水口修建配套的通水渠和过水渠，稻田的排水口也有多个，可以相互替换开启和关闭，能够准确地控制稻田内供水的流向和流速。需要对秧田升温时，则让井泉直接流入秧田，并加快排水，使较为温暖的泉水流遍整个秧田；当不需要保温时，又可以让泉水从过水沟流过，使稻田的水温不会过快地升高。正是凭借这种看似粗陋的保温设置，可以让这里的稻田水温在育秧季节的大部分时间可以维持在 12℃ 上下，这就已经能使当地特有糯稻品种正常发育。[③] 与此相印证的是，近两年来，有关部门为了提高粮食产量，在黄岗也推广了杂交稻种植，而且还派去了专业的水稻技术人员指导当地的乡民育秧，而育秧时由于经常遭逢倒春寒，技术人员要求乡民实施旱地育秧，抓紧晴天让秧田暴晒，以便提高土温。尽管采取了这样的措施，不管哪个杂交水稻品种的烂秧比例仍高达 20% 以上。乡民们总结说，旱地育秧不行，白天虽然可以提高土温，但杂交稻不耐旱，迟早都得灌水。由于水温和土温反差太大，杂交稻受不了这个"气"，不烂秧才怪。从乡民的这一总结中，不难看出，乡民的传统是靠井水和泉水去实现秧田的保温，而这样的保温要有效又必须

---

① 傅志强、秦淑萍等：《灌水方式对湘南丘岗区水稻生长发育及产量的影响》，《湖南农业科学》2010 年第 21 期。

② 贺天博：《对梯田抵御气候风险习惯性认证的质疑》，《原生态民族文化学刊》2010 年第 4 期。

③ 崔海洋：《论侗族制度文化对传统生计的维护——以黄岗侗族的糯稻保种、育种、传种机制为例》，《广西民族大学学报》（哲学社会科学版）2009 年第 5 期。

以糯稻品种的特异性为依托，还要以乡民对气候的变化做出针对性的调控，才能收到良好功效。上述条件缺一不可，而技术人员却只注意到了气温的满足，却忽略了杂交稻本身不能耐受深水环境的缺氧、也耐受不住水温的剧烈波动，还忽略了当地水温恒定而气温却易于波动的特点，因此收效不大。近年来，侗族乡民也会种植少量的杂交稻，他们的育秧办法则与传统的办法不同。他们将秧田设置在海拔较低、向阳的背风坡，有时还围起挡风的栅栏，以此达到稳定水温的目的。他们的杂交稻育秧烂秧比例可以减少到 10% 左右，但依然比传统的糯稻品种高，以至于乡民们认为从其他地方买进杂交稻的秧苗来栽插更为实惠。

规避秕谷的措施。如前所述，黄岗地区在从仲秋到深秋这一段时间内，阴雨天气占到整个时段的 70% 左右，而这一时段正好是水稻的扬花季节。按照常理，在这样的地区种植水稻肯定会出现大比例的秕谷，但调查的结果却恰好相反。其中的原因如下：这里的侗族乡民早就注意到了当地的气候对水稻扬花不利，因而在水稻插秧时就采取了积极的防范措施。他们将不同的糯稻品种实施混合栽插，而且混合栽插的方式也是多种多样，有的是将不同糯稻品种进行条带状混合栽插，一个品种只栽插 1 行到 3 行就换另外一个品种；有的是块面混种，将一块田分成 3 块到 5 块，每一块种一个糯稻品种；有的则是实行同心圆混插，不同的糯稻品种沿着田坎插成圈状，3—5 个糯稻品种围绕同心圆插 3 圈到 5 圈。这样做的优势在于，由于不同的糯稻品种扬花季节有早有迟，这就会使整个稻田的扬花期拉得很长，水稻可以等待最佳时期获得授粉，以此确保在不利条件下授粉的比例也能很高，进而使糯稻很少出现秕谷。此外，由于这里糯稻品种的分蘖能力很强，[1] 分蘖时间不同的植株的扬花时间也会拉出较长的时间差来，这也会提高授粉率。还有一个不容易引起关注的措施也有助于水稻授粉率的提高，这就是乡民在稻田中喂养的鸭子。成群的鸭子在觅食过程中要不断地撞击稻秆，使稻穗间频繁碰撞，这对提高水稻的授粉率也有很大的帮助。[2] 通过分析乡民规避秕谷

---

① 任翔、翁清妹等：《水稻分蘖能力 QTL 的定位》，《武汉大学学报》（理学版）2003 年第 4 期。

② 徐旺生：《从间作套种到稻田养鱼、养鸭——中国环境历史演变过程中两个不计成本下的生态应对》，《农业考古》2007 年第 4 期。

的方法，我们同样可以看到他们实施的手段也具有多样性和复合性，而且成效比较显著。这与现代技术对策存在着很大的不同，这应该是值得学习和借鉴的风险防范思路。

其他保持梯田高产稳产的措施。黄岗侗族社区的梯田为了保证稳产和高产，需要应对的不利因素还远不止上述三项，其他如病虫的危害、鼠雀的危害、暴雨的袭击、山体的滑坡等都可能会对梯田的水稻种植构成潜在威胁。[①] 侗族乡民的应对措施同样表现得具有复合性和多样性。如应对虫害和病害就与他们实施多品种复合插秧有关联。因为不同品种的糯稻由于稻秆的硬度、茸毛的密度等都互有差别，因而对不同的病虫害也具有不同的抵抗能力。实施了多品种的复合种植后，尽管也会遭受病害和虫害的袭击，但不会大面积蔓延，仅止于个别植株。一旦出现病害，乡民会将病害稻秧植株拔掉做牛的饲草使用；而如果是虫害，那么他们就将害虫捕捉起来，制作成美味佳肴食用。当然，他们的稻田中大量放养鲤鱼和小麻鸭也可以收到抗拒虫害的功效，因为很多害虫在鸭子和鱼撞击稻秆时，都会吐丝悬挂于空中避害，这些害虫恰好会成为鱼和鸭子的捕食对象。[②] 应对降雨量的频繁波动，他们也有良方。一方面，他们所种植的糯稻品种生长期差异极大，生长期最短的"六十天糯"，从下种到收割只要 60 天到 70 天左右。稻田储满水后，即使连续一个半月不下雨，这样的糯稻也能够获得丰收，因而这是当地侗族乡民的一个应对偶然发生的春夏连旱的备用品种。生长期最长的是"苟羊弄"和"鹅血红"。[③] 这两个品种在插秧后，可以在田中持续生长 150 天左右，有的年份下雪结冰后还可以慢慢地收割，因而对于防范某些年份的提早降温具有独特的功效。特别值得一提的是，这两个品种即使在稻谷成熟后，稻叶也不会随之迅速转黄，而是长期保持鲜嫩状态，因而是牛、马等牲畜越冬的鲜嫩饲草。正因为有这两个特殊的糯稻品种，所以当地饲养的牛、马不少，每户约有 3 头牛、3 匹马。

---

① 朱志成、吴素琴等：《直播稻田病虫草鼠害的发生特点及药控措施》，《上海农业科技》2009 年第 5 期。

② 罗康智：《论侗族稻田养鱼传统的生态价值——以湖南通道阳烂村为例》，《怀化学院学报》2007 年第 1 期。

③ 贺天博：《对梯田抵御气候风险习惯性认证的质疑》，《原生态民族文化学刊》2010 年第 4 期。

同样因为并存的糯稻品种很多，生长期和收割期都拉得很长，这使当地的侗族乡民一年中几乎有半年的时间都可以吃上刚刚收割的新鲜糯米，这在其他地区的人们看来几乎不可思议。

鼠雀危害是稻田种植区需要认真对待的生物灾害，在黄岗野生的鸟类和鼠类虽然很多，但对糯稻的影响都很小，这也与乡民所种植的糯稻品种生物属性、田间管理和收割方式有关。当地的糯稻品种都属于长芒型，在上述 13 个糯稻品种中，谷芒最长的可以达到 13 厘米，最短的也有 1 厘米到 2 厘米。糯谷成熟时，整个谷穗就像一条大毛虫，鸟类不能直接啄到谷粒，就算是啄到了谷粒，长长的谷芒很容易卡在鸟类的喉管中，使其无法直接吞咽。更何况这里的糯稻谷穗极为坚韧，而且不会掉粒，鸟类很难将整穗的稻谷啄下来叼走。鸟类在飞翔中撞击稻谷，谷粒也不会随意掉落，以至于鸟类很难从生长中的谷穗上获取谷粒充饥，而必须得等到稻谷掉落水中发芽后才有机会取食。当然，也因为这里的稻穗太独特，因而收割的办法也与外地迥然不同。乡民们是用摘刀将谷穗一穗一穗地割下来，捆成禾把，晒在禾晾上，等到这些禾把彻底干透以后才收入粮仓储藏。在整个晾晒的过程中，尽管是悬挂于露天，鸟类同样因为这些谷芒太长而无法偷食。当然，也因为有谷芒的保护，这样的稻穗也不怕被雨水淋湿，或者是被雨雪冻伤，因为这些长长的谷芒犹如给稻谷穿上了一层厚厚的外衣。而禾把则是珍贵的编织材料，当地乡民称之为"米芯草"，其市场价格几乎等同于同样重量的糯米价格，因而这里的糯米亩产虽然仅有 300 斤到 600 斤左右，但是实际经济收入却可以翻番，乡民因此认定种植传统糯稻比种植现代的籼稻更为划算。侗族乡民在田中终年灌水，除在田中进行鱼和鸭的放养①外，还有其他功效。水稻在整个生长期都是浸泡在水中，老鼠就很难接近稻根，也不可能爬上稻秆，或者是咬断稻根。所以即使在糯稻成熟后推迟 1—2 个月不予收割，老鼠也无法偷食稻谷，而必须等到乡民收割完毕后，才有可能偷食被鸭子捡食后存留下来的少量谷粒。稻谷收割后由于是晾在禾晾上，禾晾的下端又设置有防止老鼠攀爬的机关，老鼠也几乎不可能偷食。这种防范方式还是一种网络式的配置，能够充分利用各种

---

① 罗康智：《侗族美丽生存中的稻鱼鸭共生模式——以贵州黎平黄岗侗族为例》，《湖北民族学院学报》（哲学社会科学版）2011 年第 1 期。

生物之间的匹配关系，将防范与维护相结合。这样的防范思路可以称得上是一种有助于生物多样性并存[1]、与自然和谐的防范手段，值得学习和借鉴。

在深入探讨黄岗的梯田糯稻种植的内在技术细节后，我们深感其间的复杂程度远远超出了预先的估计，传统的研究方法表现出一定局限性。从表面上看，这里的梯田糯稻种植，几乎没有表现出任何明显的气候性灾害，但当地的常规自然要素又明显地对水稻种植极为不利。如果用民族学的术语表述，只能说是这里的侗族传统文化对所处的自然环境达到了高度的适应。不过，这样的表述将会使人感到十分空泛而难以相信，但当试图抛开民族学的表述方式和丢开度量指标后，我们立刻感到要把其间能够规避各种气候风险的技术细节、制度保障和土地资源配置一一交代清楚，并揭示其防灾、减灾的原理，有些力不从心。笔者尽管做了尽可能周详、准确的介绍，然而回头一看，仍然感到自己是挂一漏万，因为这里侗族居民的梯田水稻种植，事实上是一张无所不包、无所不有的立体网络，可以把各种有害的因素都控制在成灾之前。乡民们偏好自己的传统糯稻有他们自己的考虑，他们思考的比其他人理解的要周全得多，也有效得多。[2] 这可以从一个侧面揭示出民族文化对环境的适应，其实是一项系统性的社会配置。一旦取得了较高的适应成效，各自然要素和人为要素之间，必然会相互穿插和相互嵌合，形成一个自成体系的网络才得以发挥抗拒风险的成效，因而引导传统创新时，决不能单就一个要素去下结论和采取措施，而必须通盘考虑整个适应机制的相关内容。此前很多急于求成的技术推广，正好在这一点上出现了偏差，因而难以收到很好的技术推广成效。[3] 民族学所讲的文化适应显然是就整个设置和结果而言的，因为它是靠长期积累的经验建构起来的社会规则和生存方式，正像天网恢恢那样，不易觉察，但却疏而不漏。也正因为如此，要凭借有限的指标去评估这里的梯田糯稻种植，肯定会显得苍白

---

① 朱志成、吴素琴等：《直播稻田病虫草鼠害的发生特点及药控措施》，《上海农业科技》2009年第5期。

② 崔海洋：《论侗族制度文化对传统生计的维护——以黄岗侗族的糯稻保种、育种、传种机制为例》，《广西民族大学学报》（哲学社会科学版）2009年第5期。

③ 同上。

无力。

第四节　黄岗糯稻品种的特化与生态环境的适应

贵州黎平黄岗村现在还保存着珍稀糯稻品种 24 个。近 50 年来，虽然在侗区强制推行"糯改籼""籼改杂"的科技、经济、政治运动，曾使乡民付出了惨重的代价，但黄岗侗族乡民仍然保留了众多的糯稻品种。这些品种是侗族乡民长期以来对所处水温、日照、肥力、地块等自然环境适应的结果。而这种文化对自然的适应，已经达成了文化与环境的融合关系。这样的融合关系一旦确立，即其驯化糯稻品种的高度特化对其所处生态环境的适应，其持续的能力就已获得，而不会因为某种外来力量的干预就中断其生命，这就是文化生命与文化策略。

笔者在贵州黎平县黄岗村侗族进行田野调查时，系统地鉴定和记录了 13 个当地处于规模种植状态的糯稻品种，还发现了另外 6 个零星种植的珍稀糯稻品种（鉴于侗族的传统种植体制，糯稻品种也需要休闲和复种）。通过访谈和入户稻种查证，笔者又发现了 5 个当年没有种植、拟以后复种的品种。因此，黄岗村总计现存珍稀糯稻品种 24 个。这一数目，不仅在我国的传统的稻作区，就是在广大的侗族地区，都称得上是多样性且非常丰富了。然而，这仅是侗族地区历史上曾经拥有过的糯稻品种极其有限的部分，是真正意义上的侗族传统农作精髓，留住这样的精髓是当前保护非物质传统文化重要组成选项之一。

侗乡地域辽阔，所处的生态系统千姿百态，有限的水稻品种很难满足精巧耕作的需要，因而在历史上，几乎每一个侗寨都像今天的黄岗那样拥有好几十个糯稻品种，才能确保稻、鱼、鸭和谐共生生计的稳态延续，也才能具有抗灾防灾的高效适应能力，并且在一定程度上补救了特定生态背景对水稻种植的不利因素。在那样的时代，整个侗族地区，排除了重复命名之外，很可能还种植着成百上千种糯稻品种。在新中国成立后政府推行"糯改籼""籼改杂"的社会过程中，平坝地区，特别是交通沿线和中心城市附近的侗寨，传统的糯稻品种大部分绝传，这当然是一项难以挽回的非物质传统文化传承的损失,[①] 因而,黄岗现存的 24 个珍稀糯稻品种更显得弥足珍贵。

通过访谈获知,这 24 个品种得到传承确实不易。在侗区强制推行"糯改籼""籼改杂"的年代里,黄岗侗族乡民和平坝地区的乡民一样承受着巨大的政治压力。当时,因私下种植糯稻品种而被免职的公社和大队干部就有六七位,个别人还因此被判刑。然而,由于收割后的糯谷,第二年播种出芽率超过 95%,但存放一年后再播种的出芽率就会降到 50%,三年后再播种出芽率就不到 20% 了。因而在黄岗这样高度潮湿的地带,光收藏稻种达不到保种的目的,要保种就必须年年种植,至少也需要隔年种植,才可以确保糯稻品种的有效传承。

有幸的是,黄岗村位于贵州省黎平和从江两县的跨境地带,当年两县派出的督察人员不可能同时查遍所有的田块,再加上黄岗村山高林立,地形崎岖,那些隐藏在丛林深处的零星田块,外来人员很难发现,这才使当地的部分珍稀糯稻品种侥幸传承至今。当然,遗憾的事情总是不可避免的。早年,当地曾精心种植过一种特异的珍稀糯稻品种,侗语的名称叫"kgoux yangc dangl"(音译为"苟羊当",kgoux 为饭,稻的意思;dangl 为香的意思),含义是气味最芬芳的糯稻,这一糯稻品种适宜生长在丛林深处,水温、土温偏低,土壤贫瘠的烂泥田中,而且生长季特别长,在田中需种植 200 多天,而且在田中的生长时间越长,米质更芬芳。当地老乡说,这种糯稻只要有一家人蒸煮,全寨人都可以闻到它的香味。正因为这种糯稻品质太优秀、太好。这容易被外来的监察干部发现,于是,整个黄岗村查了个遍,结果怕事的乡民只好把谷种老老实实地全数上交,并指引监察人把种有"苟羊当"全数铲除,平息了事端,就这样"苟羊当"在黄岗完全失传了。[②] 不幸之中的大幸在于"苟羊当"并没有真正失传,在距离黄岗一百公里外的雷公山苗族地区,这一品种目前还有传承,获知这一信息后,黄岗的乡民正准备着手引种。

黎平县黄岗村吴生连在解释为什么侗族喜欢糯稻时说:"我们村为什

---

① 刘景慧、范小青:《侗族传统文化的变迁——以杂交水稻的传入所引发的文化变迁为例》,《怀化学院学报》2004 年第 6 期。

② 崔海洋:《人与稻田——贵州黎平黄冈侗族传统生计研究》,云南大学出版社 2009 年版。

么一直种糯稻，主要是我们吃不惯那些粘米饭，加上粘米饭还要很多下饭菜，非要有油和肉才吃得下；而糯饭用酸菜送食或空吃都行。并且我们这些做农活的人，不吃糯饭哪有力气干活，况且我们的山这么大，田这么远，不同人家平坝人干活不费劲。此外，在集体时期我们种出的籼稻还未必如传统上种植的糯稻产量高，干部不知，常骂我们黄岗人思想保守、观念落后、不善于接受新技术，或懒惰等。其实不是这样，自古以来周边侗寨都称赞我们黄岗人活路做得好、种田有技术。依我们看，我们这地方本身就不适应种籼稻，因为我们这地方山高谷深，水很冰凉，只适合种植耐阴冷的传统糯稻品种。现在我们常听到县乡干部介绍我们黄岗时说'黄岗那地方至今仍种植糯稻，你说落后不落后？'但他们逢年过节时又多开车到我们这里购买糯米去打粑粑或送礼，还说我们这米不施化肥、农药，对身体有好处。糯饭不仅好吃、耐饥、不易变硬、上山劳动好携带，而且送礼、祭祀必不可少。"

从江县平江村石世会（66岁）也说："我们村像我这一代人，从小都是吃糯饭长大的。我们小时候也看到老人们种少量的粘稻，由于当时老品种的籼稻还比不上糯稻产量高，老人们种粘稻的目的不是用来做主食，而是专门用来喂马和鸭，所以粘稻在我们地方又有'马谷'和'鸭谷'之称，一户种植面积仅占水田面积的10%左右，人们吃的都是糯饭，喝的都是糯米酒。新中国成立之初，即50年代，政府大力推广良种，而良种又全是籼稻，我们吃不惯籼稻，仍坚持种糯稻，糯稻种植面积占60%—70%左右。到60年代糯稻种植面积降到40%左右。到70年代，由于我们村偷偷地把田分到户，搞单干，从表面上看还是以生产队的形式劳作，其实田已分到户，人们以生产队出工实际是一种互助的关系，这一阶段，糯稻的种植面积又上升到60%—70%。我们村糯稻种植面积的急剧萎缩，应该说是80年代以后推广这些高产的杂交水稻以来才起的变化。我们是靠食用糯饭长大的，是典型的'糯娃'，我们肌肉比村里年轻人紧的原因，就是我们是食糯食长大的，现在年轻人肌肉松弛、无力，与食粘米饭有关，是典型的'粘米娃'。我们侗族传统观念中，唯有糯饭才养人，唯有糯米酒才醉人，现在科学这么发达，科学家怎么不培育出高产的糯稻来给我们种植呢？若有高产杂交的糯稻，我想我们这一带肯定选择种糯稻。这也可免去政府官员和农推站工作人员年年号召和推广种植杂交水稻之苦。"

　　黄岗村的 24 个品种得以传承，最应该感谢的是寨老和那些不怕获罪的可敬的老人们。他们在那个年代，不仅要出工抢工分，违心地种植籼稻，还随时得做好准备，上级一有调令就得到外面去义务投工，劳累还在其次，关键是他们难以照看偷偷种植的糯稻品种，为此，他们就得付出额外的艰辛，夜晚投宿在窝棚中，天亮前得赶紧种、管、收这些宝贝，以便赶在集体出工前赶回寨里和大家一道出工，以免引起怀疑。至于要承担政治风险，那就不用说了。好在黄岗寨乡民十分齐心，寨老又很有感召力，他们才得以应付上方的检查，最终把这 24 个糯稻品种成功地传承下来。

　　黄岗寨当然不是绝对的例外，在整个侗族分布区，像黄岗那样的侗寨还有很多，这些侗寨也传承了很多珍稀糯稻品种，比如，阳烂和高秀至今还有十多个糯稻品种在传承。因而，凭借粗略的估算，侗族地区现存的珍稀糯稻品种可能还有一两百种，要抢救、传承还来得及。但不管怎么说，黄岗能传承下这 24 个品种，确实堪称留住了侗族传统农艺的精髓。①

　　黄岗村现有糯稻品种的特点。由于我们调查组的人力有限，无法对这 24 个品种同时做出生物特性鉴定。这里只能将我们做过生物特性鉴定的 13 个糯稻品种如表 3 所示，至于未经鉴定过的其他 11 个糯稻品种（所有品种的标本存放在吉首大学人类学与民族学研究所的生态人类学标本室），则到涉及时再另加说明。

表 3　　　　　　　　　　黄岗糯稻品种习性特征

汉名	侗文名	生长习性
列株糯	lieec jul	适应性广，高海拔、低海拔各种田都可以种，久种也不厌田，抗病虫害能力极强，因此当地侗族居民广泛种植。
六十天糯	kgoux liogc xebx maenl	适应性高，可以在低海拔缺水田中种植，抗旱能力强，有水插秧即可保证收成。
矮茎朝糯	kgoux jiml saos taemk	收割方便，又快又省时（用镰刀割，用打谷机脱粒后晒干，即可放入打米机脱壳）。

① 罗康智、罗康隆：《传统文化中的生计策略：以侗族为例案》，民族出版社 2010 年版。

汉名	侗文名	生长习性
高茎朝糯	kgoux jiml saos pangp	适应面广, 高低海拔山、岭上田都可种植, 但最适合岭上田。施肥不当容易造成倒伏和不饱米现象。芒虽然不长, 但用打谷桶或打谷机脱粒时, 身上发痒难受, 故不喜欢种植。抗病虫害比杂交稻强。
老牛毛糯	kgoux bienl guic laox	适合低海拔的岭上田、溪边田等。
杉树皮糯	kgoux bic pagt	适应低海拔的坝子田或岭上田, 晚熟, 比"列株"晚10—15天左右, 秆硬, 抗病虫能力强。
黄芒糯	kgoux bieengh mant	适应低海拔的岭上田, 比"列株"晚熟15天左右, 这种糯禾须薅得好, 薅得好就长得好。抗病虫能力不算强, 易受钻心虫的侵害。稻秆坚硬且不易腐烂, 不便耙田。
万年糯	kgoux weenh	适应高海拔的锈水田和冷水田, 比"列株"早熟4—5天, 禾草硬, 成熟后久放田中也不易枯坏, 但芒太长, 不方便脱粒, 脱壳。尤其放入打米机最易卡住, 故很少人种植。
金洞糯	kgoux kgouc	适应高海拔的岭上田, 比"列株"早熟10天左右, 所以种植在离村庄较远的地方, 尤其是与其他村交界的地方, 早收割不会被他人放牛损坏。
红禾糯	kgoux yak	适应面广, 高、低海拔什么田都可以种, 特耐肥, 喜肥, 禾秆硬, 不易倒伏, 只是壳太薄, 不能承受长时间的淋雨, 否则不管在田中或禾晾上都容易生芽。比列株早熟10天左右。
森林糯	kgoux yangc longl	适合高低海拔山冲田, 尤其种在缺阳光的田, 比任何糯稻都好。9月成熟, 与列株、红禾同收割。用碓脱粒, 较其他糯容易脱落。

汉名	侗文名	生长习性
小牛毛糯	kgoux bienl guic langx	适合于低海拔中的田，但坝子田产量最高。适合肥田，不易倒伏。比列株晚熟一个星期。抗病力比列株强。
龙图糯	kgoux Bieengh liongc douc	适合高低海拔岭上田，禾秆硬，不易倒伏，与列株同熟。

应当诚挚感谢黄岗村寨老吴国治、吴老董，还有和我们亲密无间的乡民吴生连、吴全生、吴全有、吴成龙、吴光英等等，他们不仅挨家挨户地帮我们收集不同品种的稻穗标本，还和我们一道制作了不同生长季的各品种稻秧标本，带领我们逐丘查验和测量了田块，最后还手把手向我们介绍他们所认知的各糯稻品种的生物属性。对这些珍稀糯稻品种的认识，知识产权属于他们，笔者只不过是替他们代笔以资酬谢而已，通过他们的讲解，笔者才得以全面地把握了这些珍稀糯稻品种的共性特征。

侗族地区早期传承的糯稻品种大多具有秆高、秆硬、耐水淹的特征，而且谷穗上的谷粒不容易脱落，这是从平原河网地带洪泛区野生稻种直接选育出来的糯稻品种。除了耐阴冷性能外，黄岗村现有的很多品种都不同程度地具有上述特征，获得耐阴冷的适应要求则是黄岗乡民世代培育的结果。与此相反，如上文提到的高茎朝糯和矮茎朝糯两个品种，其稻秆较软，株高较矮，米粒呈椭圆形，谷粒容易脱落，谷粒的尖端芒短甚至无芒，这样的生物特性比较适宜于种植在水位稳定、阳光充足的平原河网地带，而不适应于黄岗那样的丛林山区种植。而且生物属性与黄岗其他糯稻品种差距较大，可见这两个品种不仅不是黄岗的传统品种，甚至不是侗族社区传统的糯稻品种，而是从汉族地区从商贸渠道引进的糯稻品种，黄岗乡民引进这两种糯稻品种的目的是因为这两种品种容易脱粒，可以用打抖收割，而无须使用摘刀。小范围种植这两个品种，可以调剂收割季节的劳动力分配。农忙时，碾米操作也比较方便，可以减轻农忙时的家务劳动，因此它们虽有种植，却没有成为当地的主种品种。

不过通过什么样的渠道引进糯稻品种，都很难完全适应黄岗的特殊生态环境，因而，引种从终极意义上说，只是丰富品种结构的手段。要确保糯稻品种完全适应于黄岗的特殊环境只能依赖自己的力量选育出本地的特优品种来。这个工作是一个世代积累的过程，黄岗侗族乡民的先辈们一直在从事着这一艰巨的育种工作。上文提到的新列株糯、老列株糯、森林糯、龙图糯可以基本肯定是在黄岗这一片区成功培育出的当地特优糯稻品种。

　　黄岗的糯稻品种结构是一潭活水，在现代化背景下，中国的生态建设也是一潭活水，既然都是活水，那么，随着时间的推移，它们肯定要不断地演化，不断地创新，不断地完善。其结果就必然是随着时间的推移，一些以往认为无用或是价值不大的东西，到后来反而会变成无价的珍宝。在与黄岗乡民分享这些糯稻品种时，我们都不自觉地萌生了各种念头。举例说，我国正在执行退耕还林政策，不久后，我国的森林生态系统必将稳步扩大，山地丛林将会越来越茂密，到那时候，像森林糯、龙图糯、老列株糯那样能够与丛林兼容的特异糯稻品种肯定能重新焕发生机。因为推广这样的品种不会与森林争地，加上它们既有耐水淹和不怕荫蔽的特性，种这样的糯稻品种，稻田可以储积大量的水资源。洪水季节，为江河下游分洪；枯水季节，又可以给江河下游补给紧缺的水资源。① 因而，这样的品种在未来具有无限光明的前途。再如，列株糯目前非常适宜于在黄岗种植，但随着黄岗丛林的进一步茂密，列株糯的种植面积肯定要压缩。不过，在广大侗族地区的森林边缘的稻田中，恰好需要这样的品种，列株糯在未来同样具有广阔的使用空间。就是老牛毛糯、小牛毛糯、杉树皮糯那样的目前罕见的糯稻品种也肯定不会退出历史舞台。随着人民生活水平的提高，这些具有特殊口感的优质糯稻不仅侗族人民喜爱，其他各族人民也会喜爱。市场需求必定增加，价格必然攀升。尽管它们的产量低于杂交稻，但由此获得的市场收入肯定会高于杂交稻。这就会使目前不再种植糯稻的广阔平坝地带，为了获得更高的经济收入，也会很自然地扩大这些糯稻品种的种植，因而它们同样有无法替代的保种价值。同样的道理，随着人民生活水平的提高，肉、奶等高质量的食品的消费量必然与日俱增，单

---

① 罗康隆、王秀：《论侗族民间生态智慧对维护区域生态安全的价值》，《广西民族研究》2008 年第 4 期。

靠北方草原,显然不能满足人们高质量食品需求增长的需要。我国的大西南肯定需要形成新的畜牧基地,在这样的形势下,像鹅血红糯那样的糯稻品种肯定会成为难得的珍宝。因为它可以支持南方山区畜牧业的基地建设,确保农牧业高效兼容。

它同样具有广阔的推广种植空间。再有,那种气味特别芬芳的"苟羊当"糯,凭借它那优异的品质肯定会赢得消费者的一致青睐。更由于这种特异的糯稻,适宜种植在特别阴冷的烂泥田中,它不会与其他水稻品种争地,产量虽低,生长季虽长,只要市场价格适宜,它同样会成为值得推广的传统糯稻品种。特别是在生态环境改善后,阴冷烂泥田将会扩大,它的价值更加重要。

总而言之,对待黄岗琳琅满目的糯稻品种,我们需要以一种发展的眼光去审视,需要一种创新的意识去做出评估,我们必须牢记,片面追求单位面积产量的时代在中国已经逐步成了历史,再用老眼光看这些不可替代的糯稻珍奇品种,我们在研究思路上必然落伍于我们所处的这个新时代。而且,黄岗现成的糯稻品种对整个侗族社区而言仅仅是九鼎一脔,发掘、传承、推广、利用各民族本土生态知识和技术技能的研究任务还十分艰巨,需要更多的研究者和各族人民一道参与,但愿本文提供的资料能唤起更多的生态人类学工作者和相关专业的学者更多的关注,以便大家共同来完成这一艰巨的使命。

第五节　侗族社会的"鱼"及其文化

侗族的鱼是与稻连在一起的,稻田里的收入是稻鱼并重。侗族民间流传的谚语:"内喃眉巴,内那眉考",意为"水里有鱼,田里有稻",这种稻田养鱼的方法就是侗族的传统生活方式。侗族认为有鱼才有稻,养不住鱼的地方稻谷长得也不好。侗族还认为鱼是水稻的保护神,现在侗族仍把鱼当作禾魂来敬。侗族把粮食,主要是稻谷称为"苟能"(kgoux namx),意为"谷水"。稻田里蓄水较深,而且终年蓄水,主要目的就是在田中养鱼,在准备稻田时,村民要在稻田里做一个"汪",汪就是鱼的房屋。在插秧时,要留下专门的"汪道"。侗族的稻在中耕时,是不用人力薅秧,靠的是鱼去吃水草和松动泥土,使秧苗苗壮成长。因此,鱼不仅是村民的主要食物之一，它还成为侗族稻田农作的"工具"。在侗族文化中形成了整套养鱼、捕鱼、保存鱼制品、食鱼的技术体系，由此展现出了侗族社会一系列特有的文化事实。

侗族的"养鱼"。侗族养鱼之俗由来已久，旧时鱼种均徒步到湖南衡阳去要，来回需要半个月。刚放进鱼盆时很细很细，一路行来一路喂咸蛋，一路换水，换水时要把用棕毛或竹篾做成的滤器，放到盆里慢慢地把水舀出去。喂咸蛋换新水，都要很细心才行，到家时，鱼花已有半寸以上长了。在去买鱼花以前，养主早已将养鱼塘晒好、清除塘池中的烂草朽木和污泥。鱼花放入塘中十天半月，便开始用细浮萍喂养。一个塘，开始喂时，一担浮萍可供好几天，因为投入塘中的浮萍自己可以繁殖，以后每天都要投放两三担，一个月了，当鱼花长到两三寸左右，便开始卖鱼花。

侗族村民对鲤鱼花的孵化是十分讲究的，鱼塘先要晒好，保持清洁，在塘中打上若干木桩，木桩上各捆上一束细蕨草，水满塘时，蕨草叶子大多淹没于水中。鱼种的选择也是有讲究的，雌鱼要挑选腹大的，并且用手就能挤出子来的雌鱼为最上等。而雄鱼宜小，但也要腹大能出蛋的。雄雌鱼种的匹配要求在1∶3的比例。种鱼产卵后不宜长期放在种塘，有的在产子后，即开塘放水把种鱼移到深水或水流畅通的鱼塘里，以防种鱼死掉。在正常情况下，孵出后的鲤鱼花不需要另外喂养。鱼花视密度而定，即鱼子的成活率而定，密度大的就早出卖鱼苗，鱼子密度低则出卖晚些。但是，若气候反常，到三月份，天气较冷，不宜鱼花成活时，就要对鱼花进行特殊的照料。

笔者的田野调查合作人报告说，在侗族地区的山高水寒的村寨，或是气候反常的年景，侗族有搞"云雾鱼"的习惯。在杜鹃和桐子开花的时节，也就是在农历三月，如果天气还较冷，让鲤鱼自行繁殖，千千万万的鱼卵都会被冻死，为了防止鱼卵被冻死，侗家人便不得不来操心布置鱼塘里的新"洞房"，把带茸毛的藤子和竹根做被褥，这种被褥，侗语叫"逊"，是让鱼在上面产卵用的；等待天气晴朗稍微暖和的"吉日"，就让"新郎"和"新娘"团聚，在让"新郎"和"新娘"团圆的日子里，谁也不准吃鱼，也不准说要吃鱼，否则的话，要是让鱼婆听进了的话，鱼婆就不产卵了。一旦鱼卵沾满了"逊"后，就把"逊"从鱼的"洞房"中捞出来小心翼翼地挑回家，在家里又用青青的枫叶做被褥铺成温床，再把

"逊"安放在温床中,每隔半天要用嘴喷上一次水,以保持适当的温度和湿度。喷水时,必须先漱口或者刷牙,说是给生灵接生的活命水,容不得任何气味,但又必须用嘴含水均匀地轻轻地喷洒,决不可用手弄,水滴过大会淋破鱼卵。最关键的是要掌握孵卵的火候,火候不到,放进田里,出不了鱼子;过了火候或晚了,鱼卵就会生霉。这几天,深更半夜都要起来照料,看是否到火候了。把几粒鱼卵放进装有清水的碗里,一旦发现头发般细的鱼子马上破壳而出,在水碗里乱窜了,便可以把"温床"拆掉,及时把"逊"送到田里或鱼塘里放养。这些鱼子要是"落"得好,一把"逊"就是几千几万条,到那时,鱼苗在稻田里或是在鱼塘里游动起来,就像一团云一团雾,这就侗民们所称的"云雾鱼"了。

侗家养鱼主要有鱼塘养鱼和稻田养鱼两种。鱼塘养鱼以养草鱼为主,兼放鲤鱼和鲢鱼,其他鱼随其自然繁殖。草鱼花喜欢吃细浮萍,侗族俗称"白萍"。待草鱼花长到二三两时,对小草鱼进行一一清点,移入鱼塘进行喂养。小草鱼一旦移入鱼塘进行喂养后,每天都要去割新鲜细嫩的饲料撒入鱼塘,在我所调查的侗族村寨中,能用于喂草鱼的野生草料有几十种,而已经驯化的作物饲料有苦麻菜叶、玉米叶、红薯叶、白菜叶、青菜叶、莴苣叶等。草鱼一般养三年,每尾最小的也有三四斤,大的有十来斤,若养上五年、七年大的可以达二十来斤。

稻田养鱼以养鲤鱼为主,草鱼为辅,杂鱼随其自生。养鲤鱼有当年养当年收的,也有当年养次年收的。稻田养鱼一定要把好稻田水的深浅和进水及出水,田坎要夯实夯厚和加高,以防止盛夏雨季冲垮田坎和秋冬水源不大时田水漏掉。为了防止所养之鱼从进水口和出水口跑掉,还必须在稻田的进出水口的地方做好排水和拦鱼的设备,多用细竹编制,稳置于出水口。除此以外,还要在稻田的中央围一个小塘,有的还在小塘上方建一个小棚,以供鱼儿栖息和避敌。

侗族的"捕鱼"。侗族地区的捕鱼分两种情况,一是在属于私人的鱼塘和稻田里捕捉喂养的草鱼、鲤鱼、鲢鱼等。二是在公共水域里捕捉非人工喂养的鱼类。笔者在调查中发现,侗民捕捉自己喂养的鱼多集中在稻谷成熟的秋收季节。他们在开塘捕鱼前,都要到山地里割一些青草,尤其是要挑选一些让鱼吃后容易泻肚子的青草,鱼吃后,大泻肚子,侗民看到鱼泻肚子后,便在两天内停止喂草,以清扫鱼肚里的各种废物。到第三天,他们便开塘取鱼了。

能够反映侗族人民智慧和乐趣的要算在公共水域里的捕鱼了。侗族在公共水域里捕鱼的方式多种多样，据笔者所观察便作有记录的和笔者的报告人讲述的捕鱼方法有如下数种。

一是钓鱼。钓鱼的方法多种多样，清水有清水的钓法，浑水有浑水的钓法；枯水期有枯水期的钓法，洪水期有洪水期的钓法；白天有白天的钓法，晚上有晚上的钓法；不同季节有不同的钓法，针对不同种类的鱼有不同的钓法。在枯水期的清水溪河里，常有小鱼在浅水滩上或河边浅水处觅食，这时，侗民常用钓竿在浅水滩进行"滩钓"[1]。

在春夏雨季，溪流涨水，河水变浑时，侗民便使用"浑钓"法。"浑钓"又叫"潭钓"[2]。夜晚钓主要是钓鲇鱼等那些有须无鳞鱼。其方法有"短排钓"和"长排钓"两种[3]。

侗族除了有多种多样的钓鱼方法外，还有较多的网鱼方法。网鱼之法

[1]　"滩钓"自有其特点：诱饵就是在溪河边石块下面的小虫子，"滩钓"用不着在家里准备诱饵，一旦到了自己选定的钓鱼地点，只要翻开周围的岩石，随意取其小虫子挂于钓钩上，这就是钓鱼用的诱饵。浮标多系在离钓钩一尺左右，浮标有两种，一种是就地采取的生长于溪河边的芦苇，取其芦苇秆一节一寸许为浮标；另一种则是用鸭或鹅的翅膀长羽，把毛和外皮刮掉，取其一节一寸许为浮标。然后投入水中，一旦看到浮标上下沉浮，说明有鱼前来觅食，侗民很是能沉得住气，他们不是看到浮标一沉，就马上起钓。他们很清楚鱼要试探几次才真正吞食，若起钓过早，鱼还没有上钩；起钓过迟，鱼吃掉诱饵后便溜之大吉，逃之夭夭。什么时候起钓才能钓到鱼，在侗民的脑海里是很清楚的，所以侗民出去钓鱼往往都是满载而归。

[2]　"潭钓"之法乃是：竿要选长且粗又弹性极佳的整根竹竿制作，竹尖系吊线，粗大的一端要削尖。吊线也较长，钓钩粗大，不使用浮标，而是用"沉子"，"沉子"系于钓钩上方，以蚯蚓作为诱饵。"潭钓"的对象主要是鲤鱼。因为春夏涨水，不少鲤鱼从稻田和鱼塘里逃跑出来，流入溪河。蚯蚓对这类鱼极具诱惑力，因此往往上钩者多为鲤鱼。投钓后，要把钓竿插于河岸，钓者要全神贯注地注视竿尾，一旦发现竿尾上下晃动时，必须即时起钓，而不能像前面的"滩钓"那样，要静思观察，等待时机起钓。因为在深潭的鲤鱼比浅滩的鱼要大得多，它们对食物不是吞食，而是从旁边或者从一端拉食，这样若起钓不快，这些精刁的鱼便会把诱饵吃光而逃掉。起钓神速就有可能在鱼拉吃诱饵的一刹那，钩住鱼的外唇，有时甚至可以钩住鱼的背鳍或鳃帮。

[3]　"短排钓"是在一米左右长的杆子上并排等距地系上钓钩，并在每个钓钩按上诱饵，诱饵多是活青蛙，把这种并排钓放在河边水位较深的地方，还得用绳索固定起来，当天晚上投放次日清晨去收，往往都有所获。长排钓即在一根较粗的长绳上系上十几个到几十个的钓钩横江而放。钓钩数量的多少、排列距离的疏密，都要视河面的宽窄而定，其诱饵也多是青蛙，也是当天晚上投放次日清晨去收。长排钓的效果比短排钓的效果要好得多，有时可多达几十斤。

有撒滩、围网、堂网、喂网、产卵网等。侗民的捕鱼之法，除了钓鱼、网鱼外，还有装鱼、捞鱼和闹鱼等方法。装鱼之法又可分为装梁、装筛、装筌、装筒等。捞鱼有拉捞、板罾、罩捞、拖捞、叶丛捞虾等几种。捕鱼的方法还有分水捕鱼、河汉围鱼、以石砸鱼、封洞捕鱼、以箭射鱼等。

由于侗族的稻田常年蓄水，实行稻田养鱼，田里除了有喂养的鱼类外，还有一些自生自长的鱼，如鳅鱼、黄鳝等，这些鱼是不属于哪家所有，村民可以随意去抓取的。村民们获取这类鱼的方法也多种多样。根据笔者的观察记录侗族村民捉鳅鱼的方法有十种："去时一路通，回来路不通，搭帮水姐姐，关在竹篓冲"用罾关泥鳅和罩泥鳅、撮泥鳅、闹泥鳅、赶泥鳅、捧泥鳅、抓泥鳅、摸泥鳅、翻泥鳅、踩泥鳅。

在侗族所有捕鱼的方法中，最为有趣也最能反映侗族捕鱼文化的要算村民们的"闹鱼"了。"闹鱼"，即毒鱼。毒鱼的方法有三种，铜钱草闹鱼、默药草闹鱼和茶麸闹鱼。在小溪小沟水量小处，村民常用铜钱草闹鱼，要把铜钱草捶烂混入黄泥，在入水口处放入溪沟里，一个人放药，其余的人脚或用筲箕在药水下方把溪水搅浑，数分钟或十来分钟后，溪里的鱼饮药水后中毒，纷纷浮于水面，一个个要死不活，这时村民便可用手或用罩捞、捉鱼了。有的还把药塞进岩洞里，把栖息在深洞里的鱼也憋出来，这类鱼往往较大，村民们是不会放过的。用铜钱草闹，其药水容易过趟，必须在药水效用期抓紧时间捕捞，否则药水过趟，被毒得晕头转向的鱼又像活神仙一样，那就难以捕捞了。

村民还认识一种长在深山的树，其树叶也可以用来闹鱼，这种树叶他们叫"默药"。这种树叶是村民上山劳动时看到后采回家，陈放在家中，要去闹鱼时取来捣烂。有的村民在山上看到"默药"也不立即采取，而是到要去闹鱼时再临时到山上去采，采来后也要捣烂。把捣烂的"默药"放进溪河里，不到一个小时，溪河的大鱼小鱼便被闹得晕头转向，只要一见鱼头露出水面，村民就用手或各种渔具捕捞。捕捞"默药"闹的鱼，动作更要快，因为"默药"的有效期比铜钱草还要短，有的还来不及完全捕捞，药效就过了。

茶麸闹鱼，是村民最常用的一种方法，其规模最大，场景也最热闹。使用茶麸的多少，是由河段的长短、水流的大小而定。若水大，河段又长，则要用的茶麸就多，有的多达几百饼，若是水流小，河段又短，只需几饼茶麸也就够了。在田野调查中笔者目睹村民用茶麸"闹鱼",算是规模大的,没有外出打工的村民包括男女老少几乎都参加了。这次茶麸"闹鱼"的时间是在1998年的农历七月初五。在"闹鱼"的前三天,即七月初二日,村里的寨老在鼓楼里开了一次会,在会上决定的。寨老做出"闹鱼"的理由有两个:第一个理由是本村所属的河段已有五年没有大规模地闹鱼了,河里的鱼繁殖较多,加之前几年连年涨水,稻田里的鲤鱼和鱼塘里的草鱼也多有跑到河里,这样河里的鱼已是较多了。如果不闹的话,在河里的鱼也难以再长大了,还有就是这些鱼过多以后,它们自然会游到别的村寨所属的河段,这对本村来说也是一个无形的损失。第二个理由是,当地从六月初下过几场雨后,到七月初一直没有下雨,山里的庄稼被晒枯了,苞谷叶、豆角叶都被晒得卷起来了,大部分田都被晒开了踩子缝,即人的脚都可以踩进所开的裂缝里,田里的禾苗多奄奄一息。他们按传统或旧例,在这种天旱之期要进行闹鱼,把河里的鱼毒死后,老龙王为挽救被毒害的鱼虾,而会立马跑到老天爷那里去禀告"毒鱼"之事,老天爷得知情况后,即降倾盆大雨来解救中毒的鱼虾,于是村民地里的庄稼和田里的禾苗也就得救了。

有了这两个理由,村民同意寨老的决定。村里决定闹河后,村里的寨老到本村所属的河段进行了勘察,了解了哪些地方有水流入和流出,哪些河潭的鱼较多等情况。在侗族社区里,其河段是分段管理的,各村所辖的范围是很清楚的,也是约定俗成的。其范围是由上寨寨脚到本寨寨脚,阳烂寨有两条小河,一条是从高团寨流下来的,属阳烂村的河段大约有4华里;另一条是从紫檀寨方向流来经过本村的一个自然寨,于本寨寨脚与前一条河流交汇,这条小河长约6华里。

村民吃过早饭,已是10点过了,各家都在准备"茶麸"。先要把茶麸进行烤焦,使之发热,以捶击烂,盛入水桶或脚盆里,然后倒入适量热水,有的还加进了一种"辣辣草",使茶麸的药力更大。这次使用的茶麸在一百饼左右。村民准备好了茶麸和渔具后,中午时分,在一寨老也叫"引头人"的带领下,来到闹鱼的地点,设祭坛烧香化纸祭祀水神、溪神、河神。祭词的含义是:鱼在诸神上上下下为害,使诸神不安,今天众人特意来为诸神除害,难免惊动诸位神灵,乞请恕罪,赐富平安,切莫作怪。祭毕,村民便把茶麸投入水中,"闹鱼"便开始了。

一寨闹河，上下左右四邻的村民都可以来捕鱼，但里面的规矩是清楚的，比如外寨人该什么时候去，拿什么样的渔具，在什么样的河滩和河塘捕鱼等大家心里都明白。因此，一般在本村的男女老少都到河边号定位子以后，他寨村民再进入闹河地段。因为在闹河的河段里，有些河潭的鱼较多，村民都争先恐后地去那些地方号定位子。有的在那里放下渔具，或者在那里打一个草标，后来者就只能在其上下或左右，或到其他地方捕鱼了。这种号地的方法称为"定罾基"，定罾基一定要定得恰当，即上下左右都互不影响板起和放下，太挤了会影响操作，相互产生怨气，距离远了，中间宽阔地带又恐怕外寨村民插进来。在深潭处，两岸板罾一个紧挨一个，时而同时起板，时而你起我落，还有在小船或在小木排上的人用网捕鱼，有的在两岸，趁人家在起板取鱼之机撒下一网，人人的动作都很麻利，个个都眼明手快。如哪里捉得一条大鱼，就高兴得叫起"前——啦——哎呼！"的欢呼声，而哪里的板罾或网上挂起杂树枝等也会引起大伙的一阵阵"前——啦——哎呼！"的嘲笑声，要是有人的板罾和网里有一条蛇的话，那这种嘲笑声更是叫得厉害。这时长达4华里的河段人山人海，喊声此起彼伏，热闹非凡。

闹鱼这天，村里的少妇们都要穿上较新的衣服，就是上了年纪的老年妇女也要尽量穿上干净漂亮的服装，姑娘们不仅要穿上崭新漂亮的衣服，还要佩戴各种银制饰品，有的还要头包侗帕。她们不同于妇女，一般不在深水处捞鱼，而多在浅水滩上装捞，如是得了大鱼，她们会不好意思，因为她们一旦捞到大鱼都会引起男人们的阵阵大笑。还有就是在闹鱼这天，往往有很多临村男青年来看热闹。他们也是经过一番打扮的，专门来看姑娘们捕鱼的，有的站在河岸高处，有的则来到姑娘们的身边，甚至帮姑娘们背竹篓、提鱼篮，跟在姑娘们的后面，有说有笑，谈笑风生，随着姑娘们从这一滩走到下一滩，他们与其说是来捞鱼，倒不如说是来谈情说爱看热闹的。

夜幕降临时，村民们收起自己的渔具，不论得大鱼的得小鱼的，得多鱼的还是得少鱼的，都高高兴兴地回家。而只有"引头人"在最后还要向水神、溪神和河神进行祷告打搅了诸神，但帮诸神除了害，就像帮人捏去了虱子跳蚤，从此诸神得到安逸，睡得好、吃得香。

侗族的"储鱼"。村民保存鱼方法甚多，侗家有很多的保存鱼制品方法，最独特要数侗家制腌鱼。腌鱼有腌草鱼、腌鲤鱼、腌小鱼和腌鱼蛋等。腌鱼的方法在不同的村寨中其办法大同小异，有的放有大量的佐料，有的放得少，但都要以盐和拌。腌草鱼的方法是先将草鱼洗净，用菜刀在离鱼尾两寸处开一个口子，依着草鱼的背脊开刀直到把鱼脑壳破开，使其肚边相连，取出其内脏，还要用筷子在鱼壳的内侧均匀地戳上几个洞，便在每个洞里放入一些盐，此外还要将盐均匀地搓在草鱼上。搓盐不仅要及时，而且里里外外都要搓到，把搓好盐的草鱼一一地放在小缸内或较大的盆子里，使盐分浸入鱼体中。若是草鱼较大，在十来斤以上的话，这种浸泡的时间就要长一些，有的要浸泡五六天；若是鱼不大，在三四斤上下的话，浸泡两三天也就够了。待盐溶化后，再以蒸熟的糯米饭待温度减低后把糯米饭捏散，加以干辣面和适当的盐粉与极少量的火硝拌匀，制成腌鱼糟。村民说放少量的火硝是为了保持鱼色的鲜红。把制成的腌鱼糟与已浸好盐的鱼一同拌匀，置于特制的木质"腌鱼桶"内。"腌鱼桶"在放入腌鱼之前，在桶底要先垫放一层腌鱼糟，糟上放一层鱼，鱼上又放一层糟。如此层层叠加，直到快装满腌鱼桶。最上面一层是腌鱼糟，接着加盖毛桐阔叶，叶上加禾草卷成的圈，有的还要加内盖，在内盖上压大而圆的鹅卵石或大石块，要把桶里的鱼和糟压得紧紧的。要使桶里的盐水漫在内盖上，以隔绝空气。其次，还要以外盖密封。这样，只要木桶不漏水，可腌上二三十年或更长时间，到时取出食用，仍然能够保持草鱼肉色红润，醇香扑鼻，是侗家珍品。

　　腌鲤鱼有两种方法：一种方法类似于腌草鱼的方法，即盐水泡腌法；另一种方法就是干腌法。干腌法只是"鱼糟"不同，不是用糯饭，而是将苞谷或糯米炒干，磨成粉，用干粉来拌。拌前先要将鲤鱼搓盐，然后要把盐水晒干，在放入木桶或土坛前，须在桶底或坛底放一个支架。鱼放在支架上，也是一层层压紧，若是用木桶腌鱼也要在桶盖上以大石头压实，不让外面的空气进入。若是用土坛腌鱼，则要坛沿里的水常年不干，避免空气进入，否则腌鱼就要变质。

　　村民对笔者说，草鱼和鲤鱼分开腌有两个道理：一是草鱼和鲤鱼的用途不同，价值不同。腌鲤鱼是用来招待平常的来客和家庭日常的菜肴，腌草鱼则是专备红、白喜事之用或招待贵宾的。他们说，有时上级干部来基层检查工作，乡里食堂想到村民家里买一两条酸草鱼来招待领导，哪怕他们出二十元一斤，村民也舍不得卖。酸草鱼平时决不轻易动用。二是为了保证酸草鱼的质量。因为腌鱼桶不宜多次翻动，若翻动多了腌鱼就容易变质。所以除非是贵宾来到，非要动用腌鱼不可，这时村民才会小心翼翼地打开自己的腌鱼桶，取出一两条腌鱼来招待客人。

侗族的"食鱼"。由于侗族地处亚热带潮湿地区，为了应对高温潮湿气候，村民在保存食物方面除了腌制酸鱼外，对其他食物的储存也采用了以制酸的方法。不论是猪、鸭、鱼，还是白菜、萝卜、芋头、生姜、辣椒，统统都可以制成酸菜，因此也就有了"侗不离酸"的说法。

侗族村民食鱼的方法多种多样。在阳烂村，村民还有一个特别的节日叫"鱼节"。节前，村民到鱼塘、稻田或溪河里捕捞鲜鱼，剖腹洗净，放在火上烤干，再用糯饭填塞鱼腹，用禾秆草把鱼颈扎紧，蒸熟后祭祀祖先神灵，然后才用来佐餐。以饭粒充满鱼腹，表示冬季鱼腹多蛋，意味着明年鱼儿会丰收。

"烧鱼"是侗家人喜食的一种菜肴。"烧鱼"多在山上田间地角所制的即取即食的食品，尤其在秋季收禾的时节最盛行吃烧鱼。其制法有两种：一种是以竹签穿活鱼在暗火上慢慢地烘烤，以内脏熟透外鳞深黄为佳；一种是将鱼儿置于茅草中，以火烧到一定程度取出，有股茅草香味。烤鱼烧烤后有两种吃法：一是辣蘸吃法，即以烤椒和盐捣蓉，加葱蒜、芫须以及山中一些可食用的山野菜，参水拌成辣酱，然后以鱼蘸辣酱食之。二是拌食方法，拌食法又分辣拌食和酸拌食两种。辣拌食是将烧鱼捣碎拌入"辣蘸吃法"中的辣酱即成。酸拌食是用酸广菜（一种芋头秆）汤加上各种佐料制成酸酱，然后把鱼捣碎，置于酸酱拌和而成。

煮酸鱼，侗语称为"霸抗"。煮酸鱼用的是侗家特制的一种酸水，即是酸青菜水，再加进一些西红柿、辣酱等。用这种酸水煮的酸鱼特别可口。如果把用这种酸汤煮过的鱼，再拿来烤干制成干鱼，到吃的时候再放到锅里加佐料爆炒，其味道更佳。吃这种煮酸鱼，可增加食欲，促进消化，尤其是胃口不好的病人，最喜欢吃这种酸鱼。笔者的报告人的母亲年逾八十，在一年的病重期，就是用糯米饭蘸着酸鱼汤和着酸鱼度过的，因此在村民里流传有"家有万担，莫拿酸鱼来下饭"的谚语。说是煮酸鱼送饭，口味特别好，饭量大增，即使有很多田地人家，这样吃下去，也会把粮食吃光的。

由于酸鱼成为侗族村民的上等菜肴，每每都以家里自酿的糯米酒相伴。饮到醋时，人们不禁要唱赞美"酸鱼"的酒歌。

"怎样砌得好鱼塘？哪里买来好鱼秧？怎样养得肥又大？怎样腌得醇又香？"

答唱："两手勤好鱼塘两肩勤挑走衡阳嫩草勤割鱼肥大糯米腌来醇又香。"

吃"生鱼"，侗语叫"霸兔"，通常也叫"打生鱼"。打生鱼一般是用草鱼或两斤以上的鲤鱼。每年农历八月十五，阳烂侗寨家家户户开塘收草鱼时，要选最大的一尾至二尾，每尾六七斤或十来斤的草鱼来做"生鱼"。先将活草鱼洗净，刮去鱼鳞，破腹取出内脏，用钳子夹去鱼刺，去除鱼头和鱼尾，将鱼身之肉切成薄片，然后一片一片地放在簸箕或筛子里。食用时，先用细盐把鱼片拌匀，再加上香草、生姜、辣蓼粉等，然后放入酸青菜炮制的酸水或家酿的米醋拌匀，再放入炒熟了的玉米粉、黄豆粉、芝麻粉等拌和而成。"生鱼"的味道微酸、清香，多吃不腻，是宴请宾客的上等菜肴。

"煎鱼汤"，侗语叫"占更霸"。这是处理鱼肠和鱼蛋的办法。因为在侗寨每年秋收季节，都要开塘取草鱼和放田捉鲤鱼。每户要收上百斤的鱼，除用一两条草鱼打生鱼外，其余的都要一次性制成酸草鱼和酸鲤鱼。由于一次性处理这么多的鱼，自然就有大量的鱼肠和鱼蛋要处理。为了处理好鱼肠，村民在开塘前一两天，割一些使鱼拉肚子的青草去喂鱼，以使鱼把沉积在鱼肠里的废物排除，以清理鱼肠。在清理鱼肠时，在鱼肠的上端插上一根小竹管，从管内灌水，用口吹气，就可以把鱼肠里的废物吹洗干净。处理鱼肠有两种办法，其一是把吹洗干净的鱼肠放到油锅里炸，这样鱼肠里的鱼油也被炸出来了，把锅里的油舀出，放入鱼香、生姜等佐料干炒，香味四溢，使嘴馋；其二是将鱼肠和鱼蛋切碎，放入大锅里焖炒，待鱼油炸出后，加入大量的水进行焖煮，边焖边放入糯米粉，同时还要不断地搅拌，以防粘锅底烧煳，这就制成了"鱼肠蛋稀饭"。在食用时再放上一些香草等佐料，喝起来味道极佳，难于留嘴。

河水煮活鱼，一般是排工的食鱼方法。先将活鲜鲜的鱼如青鱼、崖鱼、箭鱼、鳜鱼等洗净切块，倒进三脚架上的铁锅里，然后舀进几瓢河水和一些盐巴，烧上一把火，滚上几滚，不需什么佐料，味道也是很鲜美的。因为这些鱼质上乘，鱼肉鲜嫩，加上河水没有污染，水甜水清。坐在长长的木排上任其河水漂流，边吃边饮，其味无穷，其乐无穷。

侗族的"鱼文化"。鱼在侗族的生活中起着举足轻重的作用，以至于在侗族社会中有"无鱼不成礼""无鱼不成祭""识鱼来认族"的说法。每逢过年过节，或是操办红白喜事，侗家招待客人的第一道菜就是酸鱼或炖鱼。进餐后，主人敬客人的第一轮菜也是鱼制品，让客人慢慢地品尝，以表示对客人的尊敬。人情往来，互赠礼品，鱼品视为最体面了。如给小孩办满月酒，外婆家送来的诸多礼品中，鲜鱼和酸鱼是必备的；男女青年订婚，男方要托一位中年妇女带上腌酸鱼以及鸡鸭到女方家去下聘礼；办结婚喜酒，除了宴席上有鱼制品外，在新娘回门那天，新郎要给新娘家以及其家族各户送大片腌酸鱼、大团糯米饭；办老人寿酒，女婿要给岳父或岳母送几条腌酸鱼和若干糯米酒；造房进新屋吃酒，亲戚朋友都要带腌鱼、禾把前来祝贺；男女青年社交活动的开宴也要有酸鱼，侗族大型的约会土王节坡会，四月八坡会；小型的约会有正、二月上山砍绞纱细竹，三月摘茶泡，五月摘杨梅，六月吃李子，七月吃梨子，十月吃板栗，有挖"众地"等活动。这些活动都是青年男女上山谈情说爱的大好时光。一般是男的邀约，女的备足晌午饭。在这种场合，饭包里有龙肝凤肉也比不上腌味得体，而腌味中又是酸草鱼最为体面。这是勤劳、富有、巧的标志。

侗家人从呱呱坠地的婴儿到古稀过世的老人都以鱼作为头等祭品。婴儿满六个月那天，婴儿的母亲要在炉火正旺的火塘边，摆上盛有几条活鱼子的一盆清水、一团糯米饭祭拜保佑幼儿的"奶奶"（侗族女神），然后要给婴儿灌一匙鱼汤来开荤，以祝愿小宝宝日后像小鱼儿那样活泼可爱。

若是小孩夭折，家人也要给死者手里捏着或口里含着一块包有酸鱼的糯米饭，以示不做饿鬼，不来捉弄家人。

给老人办丧事，要求更为严格、更为讲究。丧葬期间，死者亲属可以吃鱼，但是禁食其他肉类；儿孙守孝，一定要在死者灵牌前供上酸草鱼或新鲜鱼、猪肉、糯米饭团，以慰亡灵；送殡出葬，儿子儿孙女婿要在棺木前摆上酸鱼、酸肉、糯米饭，以作为告别亡灵的供品。祭祖活动如祭萨、祭神、还愿等祭祀活动都少不了鱼。

大年初一必吃鱼。大年初一早餐，户户都要吃鱼，预兆新的一年里喜庆有余、五谷丰登、鱼类肥大。大年初一吃鱼要先由家里的长辈先尝，然后依辈分年龄大小逐一而食，年纪小的最后吃，必须人人都能吃到。倘若哪个顽皮的小孩不吃鱼，全家人都会为此感到不高兴。

识鱼来认族，侗族认亲或认族，先要问对方知不知"一脚踩三鲤"。如果答得对便认你为同族亲人，如果答不出来，便被认为其中有诈。那何谓"一脚踩三鲤"呢？这还得从唐末宋初侗族的祖先"飞山蛮"的三鲤鱼共头的图腾说起，这是侗族祖先为不忘鱼的养育之恩和对鱼神的尊敬以及象征民族团结的图腾。侗家村民把这个图腾画或刻在鼓楼、风雨桥、门楼、住房等建筑物上，还有绣在枕头被单或背带上，特别是刻在每座桥头铺路的青石板上，行人踏石过桥进村，谁个不"一脚踩三鲤"呢，若不知道其中的奥秘，就不会认你为亲人。[①]

可见，"鱼"与侗族祖先有着某种深刻的内在联系，在侗家人的眼中，"鱼"就不同于一般意义上的鱼。它总是在侗族社会中获得并具有了更加神秘的意义。

更令人吃惊的是，在作为侗族民间"自治条例"的"侗款"中对偷鱼者的处罚常常比其他罪行者更重。凡偷鱼者，轻的被捉罩沉塘，重的处以极刑。

在侗族村寨的鼓楼和风雨桥中央的掾木上，多绘有一个"太极图"。不过这里的太极图不是道家所理解的黑白更替、阴阳对转，而是两鱼相交、生命繁衍，象征万物萌生，所以，侗家人把它绘在神圣的鼓楼、风雨桥的掾木上，是让后人时时瞻望和供奉。

在语言上，侗族村民把"始祖母"与"鱼"都称为"萨"，为同一称呼。"萨"在侗语里，除了有"鱼"和"始祖母"的含义外，还用来指称已婚的妇女，诸如"老奶奶""婆婆""妻子"之类。[②] 在侗族社会中是把"鱼"与已婚的妇女联系起来，这便使鱼在侗族社会中被赋予了深层的文化意义。

首先，"鱼"即"萨"，即妇女，即生殖的象征。闻一多在《说鱼》中对以鱼喻性、喻偶、喻婚、喻生殖等有过精辟的论述，"为什么用鱼来象征配偶呢？这除了它的繁殖功能，似乎没有更好的解释，大家都知道，

---

① 肖尊田：《乡鱼俗趣闻》，《风》1987 年第 1 期。

② 潘年英：《民间民俗民族》，民族出版社 1994 年版，第 247—248 页。

在原始人类的观念里，婚姻是人生第一大事，而传种是婚姻的唯一目的，这在我国古代的礼俗中，表现得非常清楚，不必赘述。种族的繁殖既如此被重视，而鱼是繁殖力最强的一种生物，所以在古代，把一个人比作鱼，在某一意义上，差不多就等于恭维他是最好的人"。①

其次，鱼，象征着侗族的"团聚"。侗家人好养鱼，每家每户都有一个或几个鱼塘，在鱼塘中多要建一个鱼窝，供鱼类生殖、聚合、防范天敌。这种鱼窝使鱼得以生息繁衍，侗家人要得以生息繁衍，也要建造自己的"窝"，以至在侗族社会中有建寨要先建鼓楼的习俗。鼓楼的造型颇有点像鱼塘里的"鱼窝"，鼓楼从某一意义上来说，它就是侗家人集体的一个"窝"，是侗家人的一个聚合的场所。这在侗族《古歌》里有很明确的说明："鲤鱼要找塘中间做窝，人们要找好地方落脚；我们祖先开拓了路团寨，建起鼓楼就像大鱼窝。"② 鼓楼用于人们节日聚会，平时小憩和娱乐，老人们在此闲坐摆古，年轻人在此聚会学歌唱歌，听老年人传播各种知识等。鼓楼就像鱼窝把鱼聚合起来一样把侗家人聚合起来，也正如侗歌里所唱的那样："鱼儿团聚在鱼窝里，我们侗家团聚在鼓楼里。""我们侗家人要像鱼儿团聚在鱼窝里一样，团聚在鼓楼里。"这种"鱼"与"侗家人"，"鱼窝"与"鼓楼"的象征不仅反映出了侗族社会与其生活环境的关系，同时也更进一步地获得了侗族心理素质和心理特征的表达。

最后，侗家的"鱼"还反映出侗族社会的历史进程。鱼是最先养活侗族先民的食物之一。在水稻还没有得到发展之前，侗族先民以食鱼为主，从侗族的诸多传说也得到不同程度的说明。最初，鱼仅仅是作为一种最基本的生活资料而备受侗族先民厚爱并加以崇拜，在漫长的历史过程中对鱼的特性有了更深的了解和认识，以后在不同的历史时期便渐渐地输入了生殖崇拜和图腾崇拜的观念和文化内涵。时至今日，人们对"鱼"所赋予的不同历史时期的各种观念和文化象征在侗族社会中还有不同方式不同程度的反映。由于历史的变迁，有的村落保存得比较多，有的村落保存得比较少，有的保存在生活方式中，有的保存在文学艺术中，有的保存在宗教活动中，有的保存在服饰图案中，有的保存在各类建筑中。总之，我

---

① 闻一多：《说鱼》，《闻一多全集》，湖南人民出版社1993年版。

② 贵州民间文学研究会：《侗族祖先哪里来》，人民出版社1981年版，第169页。

们可以通过对保存在不同村落不同载体的现象的研究，通过"鱼"在侗族社会中的意义，可以反映侗族的历史进程。

我们通过对侗族村落"鱼"及其文化的田野调查，认为文化不只是一种传承，它还是一种方案，是一套生存机制。亦如陶尔所言："作为（精英的）少数领袖自愿忘记了文化就是一种生活哲学，文化就是一种对世界的挑战做出反应的无穷无尽的宝藏。而且，正是因为他们漠视了这个意义上的文化，他们才不能够既依照发展的目标来具有洞见地运思，又深藏一种价值尺度、为人标准或者能从一个社会传播到另一个社会中去的行为模式！"① "文化是人们用来包装其政治—经济利益和动机以便表达它们，掩饰它们，在时空中扩大它们并牢记它们的领域。我们的文化就是我们的生命，我们最主要的内涵，而且也是我们最多的外在表现，我们个体和群体的特性。"②

作为人类发展的统一性的本质要求在整体性的进步过程，迄今已展示创造日益扩大和丰富的经济统一及其相适应的社会组织的基本方向，在经济一体化的支配下，尽管不同的人类共同体在经济发展中，无疑存在着种种重大的差别甚至对立，仍然不能否定人们在最终的经济基础方面，形成一种"共同语言"的趋势。今天，这种"共同语言"已经凭借货币、世界市场等交换体系的普通工具，导致了人类统一的实践。它在国家一体化的形式上创造出社会统一体，并展现出这种现实一体化超越国家限制的前景。然而费尔南、布罗代尔首先明智地警告说："对当代世界感兴趣的人来说，尤其对那些不仅对当代世界感兴趣，而且还想有所作为的人来说，值得了解怎样在一幅世界地图上发现今天存在着文明，了解怎样能界定它们的边界、它们的中心和它们的外围，它们的范围和人们在哪儿呼吸的空气，它们内部一般的和特殊的存在形式和结构形式。否则，可能会产生怎样的灾难性的观点错误啊！"③

---

① 马戎、周星：《十一世纪：文化自觉与跨文化对话（一）》，北京大学出版社 2001 年版，第 118 页。

② ［美］伊曼纽尔·沃勒斯坦：《近代世界体系》（第 2 卷），吕丹等译，高等教育出版社 1998 年版，第 68 页。

③ Fermand Brandel, *On History*, Chicago：University of Chicago Press, 1980, pp. 210—211.

第六节　黄岗侗族生计资源配置与生态环境的保护

长期以来，贵州黎平黄岗侗族社区一直保持着持续稳定发展，呈现出文化与生态环境的有机融合。其生计资源配置中的特殊举措及文化策略，对当地生态环境的保护有着重要意义。真正的生态保护在于，选用最适用的文化对特定生态系统施加影响，为人类的可持续发展服务。

生态保护是当代社会的热门话题，也是不同学科深入探讨的重大课题。然而，学界对生态保护的认识却存在较大分歧。一部分学者坚持"自然中心主义"，认为人类是自然的对立物，人类的活动是生态维护的大敌。相反的观点则在于，人类社会具有无穷的创造力，随着科学技术的发展，人类完全有能力掌控自然，表现为"人类中心主义"。事实上，人类是依靠自己创造出来的"文化"在地球上求生存求发展的。人类因文化而聚合成社会，通过文化而认知和利用自然，并在偏离自然和回归自然中创新自己的文化和演替自己的社会。正如美国生态人类学家斯图尔德在其《文化变迁论》中所论及的，在生态环境模塑人类文化的同时，人类的文化也在能动地适应环境，只有将人类的文化与生态环境结成耦合体，人类的生存发展与资源利用才具备可持续性。①

近10年以来，吉首大学人类学与民族学研究所师生组成的调查团队一直在贵州省黎平县双江乡黄岗侗族社区进行生态环境与文化适应方面的田野调查。② 调查结果显示，黄岗侗族群众在向自然界获取生存资料、配置生计资源时，体现出文化与生态环境的适应性，"人类"与"自然"之间达成了有机耦合关系。这应该是黄岗侗族社区能够长期延续稳定发展而没有出现明显生态蜕变和灾变的关键所在。本文的研究，以具体案例来验

---

① 参见 Julian H. Steward, *The Theory of Cultural Change：The Methodology of Multilinear Evolution*, University of Illinois Press, Ur‑bana 1955, p.650.

② 调查主要以参与观察和访谈为主，也进行了相关的问卷调查。在对耕地、山林鱼塘等社区生计资源进行调查时还采用 GPS 进行了逐一定位。共收集到100多万字的田野调查资料和5000余幅照片。这些田野资料汇集为《黄岗村田野调查资料》和《黄岗村田野照片》，保存在吉首大学人类学与民族学研究所资料室。文中凡未明确注明出处的材料，均来自上述田野调查所得的资料汇集。

证斯图尔德有关"文化—生态环境耦合体"的理念，从黄岗侗族生计资源配置的文化策略中透视特定文化对区域生态环境保护的价值与意义。

首先，最小改动生态环境的生计资源配置。黄岗村是一个温湿的高海拔山地丛林社区，全村共有耕地面积1607.06亩，其中田面积1547.84亩，土面积59.22亩，有林地面积28656.6亩，无林地荒地1013.5亩，森林覆盖率为68.4%。黄岗村的田分为如下五类：坝田，约占5%—6%；山冲里的田，约占50%；岭上田或岭上向阳的田，约占30%；望天田，约占10%；山塘水库田，约占4%—5%。在这种自然环境下，当地侗族群众往往通过最小改动生态环境的方式来配置和利用生计资源，体现出文化与环境的适应性。

黄岗侗族社区的稻田、鱼塘、水塘、灌溉渠等累加起来的湿地面积占整个社区总面积的8%，林地占85%，草坡占7%。可以说，正是这8%的湿地为当地社区提供了80%以上的生计资源。用GPS对黄岗的每一块稻田、每一口鱼塘进行定位和面积测定后，可以发现，这些稻田与鱼塘都是依着山势与水流修筑起来的，每一块稻田和鱼塘的面积都十分有限，面积最宽的稻田不到一亩，最大的鱼塘不到三分。面积最小的稻田只有半分，按照当地乡民的说法，就是牛犁田也转不了身，仅能收获几把糯稻而已；大多数鱼塘也只有零点几分，能够养十几尾鱼。稻田和鱼塘的构筑，没有对生态系统进行大规模的"人工化"，只是顺势稍加改变而已。当地一个寨老这样讲："我们修筑稻田主要有三种方式：筑坝、填埋土石；将缓坡拉平；在山间出水口筑田埂。都是就地取材。所有的坝埂都由石块砌成，人为填入沙土和黏土。没有动用水泥和石灰，田埂和水坝也很牢固。"其实，这样修筑的稻田是靠土石多年自然沉降和紧密后形成的。构筑稻田所花费的时间虽多，但对原生生态环境的改动却很小，修成的水坝都能透水、透气，而且有足够的承受能力，不会轻易倒塌。"这样修筑的稻田，只要依山引水就能保证稻田用水了。"

在黄岗地区，除暴雨时节地表径流的水量较大之外，其他时候，尤其是无雨季节，都得仰仗井泉灌溉。在丛林环境中，林下温度很低，泉水和井水的温度更低。在盛夏季节，泉水和井水出水口的水温也才20℃左右。对种植水稻而言，这样的水是很难用于灌溉的。当地侗族群众通过多种方式加以调节：在山泉出水口修筑水塘来养鱼，让山泉水在鱼塘里停留一段时间，使水温有所提高；在泉眼处安设水筒（用竹子或木槽接水的工具），让泉水暴露在阳光下，流经相当距离后再灌入稻田；在稻田里开掘深而大的升温沟，让井泉流出的低温水绕着稻田流一圈，待温度提高后进入稻田。这样做，不仅可以满足稻田灌溉所需之水，同时保证稻谷能够在林间栽种。换言之，他们不是依靠砍伐林木，让充足的阳光照射进来而提升水温的。

笔者在与当地侗族群众进行访谈中了解到，1992年以前，整个黄岗村每户都有一口专用的鱼塘，鱼塘总面积超过了住房总面积的3倍。这些鱼塘都是沿着黄岗河挖泥取土而形成的，常年都有河水穿塘而过，因此鱼塘不需要引水和排水。这样构筑起来的鱼塘，不仅形成了鱼种的繁殖基地，村寨用水的自洁问题也得到了妥善解决。遗憾之处在于，2000年以来在实施村落改造及建设新农村时，修建了大量硬化路面，部分鱼塘被占用了。这不仅降低了水资源的涵养和自洁能力，也影响到了鱼的产量。

为了将海拔高度参差不齐的稻田和鱼塘连接起来，同时储积水资源，当地侗族群众在稻田和鱼塘之间修建了各式各样的灌溉渠、渡槽和水筒。连为一体的稻田和鱼塘，形成了一个立体的河网湿地，成为黄岗侗族乡民赖以生存的"稻、鱼、鸭"共生湿地生态系统。[1] 由于这些蓄水塘和输水渠道都是就地取材，顺着山势设置了分水闸，因而能够做到对鱼塘和稻田水位的精确控制。这样的资源配置，使当地的自然景观没有出现大的改变，稻田和鱼塘掩映在森林之中（只是在特殊区段才能在村寨中直接看到稻田和鱼塘），整个村落与当地环境自然融为一体。

在黄岗，修筑梯田和鱼塘时遵循了环境最小改动原则，对森林、草地的使用和配置也是如此。林地和稻田之间设置的浅草带，足见一斑。在森林与稻田之间的过渡地段，人为预留了6米到8米不等的浅草带。这样的浅草带可以发挥多重生态功效，既可以降低地表径流的速度，使流水携带的泥沙就地沉积，又可监控森林中的食草动物危害稻谷，还给耕牛、甚至羊和马提供了放牧场所，同时增加了稻田周围的通光、通气程度，有利于

---

① 崔海洋：《人与稻田——贵州黎平黄岗侗族传统生计研究》，云南人民出版社2009年版，第202—207页。

稻谷的正常生长。最为重要的是，浅草带给那些草地类型生物留下了生存空间。诸如锥形目和鸡形目的禽类，都需要以草本植物的种子为主食。不少禽类已在草地安家落户。这些浅草带的存在，确保了草地动植物的多样性。当地群众每年要做的维护工作很简单，即仅需将自然长出的灌丛和乔木砍掉，由此就可保持浅草带的稳定。

当地一个寨老说："我们在山地草坡的周围栽种林木，让林木围起来在山顶形成草场。我们建设草场，要人工铲除杂树，有时也放火烧山，在山脊地带形成草坡。这样的草坡就能满足村民的放牧需要了。这样的高山牧草四周都是林木，有大树也有小树。我们老百姓在下山的必经路口设置障碍，村里的牛马等大型牲畜就可以留在山顶的牧场过夜了。农闲时，我们一两个月都不去看护，这些牲畜也不会跑掉。"这样的高山草场每年只需维护一次，即给路口设置障碍。只要设好了路障，就可以终年使用了。

在当地群众的观念中，十分看重作为建材使用的杉树和作为烧炭原料的栗木树。而在整个黄岗却看不到连片的纯粹杉树林或者栗木林。当地群众告诉笔者，植树时他们将人工种植的杉树和栗木树苗直接种在丛林中，让其与野生树种一起生长。这样一来，森林的树种结构就不会被打乱，种下的杉树和栗木树就不会染上病害和虫害，其管护费用也可降到最低。在砍伐树木时，他们把树墩留得很高，而且规定只允许用斧头砍，为的是确保树墩能够再生。这样的营林方式，在最小改变原有生态系统的同时，有效维护了当地生物物种的多样化，保持了生态系统的自我更新能力和稳定延续能力。

其次，荣誉命名制下的生计资源配置。在黄岗，生态环境得以维护，还得力于社区生计资源配置过程中的荣誉命名制。这一社区制度，体现出社区生计资源配置的持续性与稳定性。在黄岗，只要是为集体做了公益事业，即使是修建了一块稻田、一座水坝，开了一口鱼塘，设置了一个凉亭，这样的稻田、水坝、鱼塘、凉亭都会用修建者的名字来命名。虽然稻田数以千计，但每一块稻田都有自己的名字，这些稻田的名称都被称为"某某公的田"。当地一寨老这样说："在黄岗，用我曾祖父命名的稻田就有十多块。我的曾祖父叫'奈'，由他开出来的那些田都叫'奈'。为了区分每一块田，我们在叫这些稻田时，就在前面再加上一个代表方位的名称。"黄岗社区的鱼塘也如此。比如，以"闷劳"命名的鱼塘，意为这口鱼塘是一位叫"劳"的祖先开创出来的。

黄岗社区内的河网、稻田和鱼塘，修成已经好几百年了。时至今日，人们依然在不断增修和改善。山间梯田也是在修建、维护中逐步定型下来的。"我们村里所修筑的堤坝，并不是一次修成的，而是一次就修一两尺高，让流水带着泥沙，慢慢积累在堤坝边，日积月累，水坝就修成了。"在黄岗，修筑堤坝都留有较长的时间，靠土石在重力作用下逐步坚固。由于修筑堤坝是一个漫长的过程，被人为改造了的环境可以得到较好修复，修成的堤坝像自然界已有的坡面一样坚实。这样坚固的堤坝，是靠一代代人在社区荣誉力量的驱使下积累完成的。"这些堤坝的名称，以修筑者来命名，还可以用后世维修者、改建者的人来命名，这些名称是可以继承的。我们村南边一个较大的堤坝，有四个名称：一个叫'闷武'，一个叫'嘎莱'，另外两个分别叫'劳雷'和'劳夏'。'闷武'是修筑水坝的人，'嘎莱'是改造水坝的人。'嘎莱'为水坝增加了一个出水口，'劳雷'和'劳夏'也为水坝维修出了不少力。他们的劳动，使这个水库的积水量增加了。我们把这些人的名字都放在了这个水坝上，这也是我们对他们的纪念。"在当地，以人名来命名人造物已成为一种社会习俗。这些名称与其公益价值与时俱进，不断促进资源配置的实现与更新。在某种意义上讲，它体现了历史过程中认识与利用生态环境的经验总结，反映了对所处生态环境的文化适应。换言之，在社区荣誉得到满足的同时，实现了对生态环境的保护。

20世纪80年代，由于推行山林"三定"政策，[①] 黄岗已有的森林一度遭到了严重破坏，以至于此前很多专门适用于丛林间生长的糯稻品种，随着生态环境的改变而不再适合耕种了。黄岗乡民吴老董通过祖上传下来的经验，将多品种的糯稻混合种植在同一田块中，调整了它们的扬花期，引导糯稻品种进行杂交，培育出了能适应变化的生态环境的新品种。乡民便把这一糯稻品种叫作"列株"，意为吴老董的驯化的品种，以此纪念吴老董老人。该品种不仅产量高，而且不怕太阳暴晒，谷芒较短，米粒具有特殊的香味。由于这个品种特别适合在次生幼林间种植，很快就得到了黄

---

① 参见《关于保护森林发展林业若干问题的决定》（1981年3月12日）。资料来源：ht-tp://www.people.com.cn/item/flfgk/gwy/zyhb/zy810312.html。

岗各家各户的欢迎，在全村范围内得到了迅速推广。目前"列株"在黄岗的种植面积，已经占到了半数。"列株"这一品种又通过社区与社区之间的"吃乡思""集体做客""歌会"等集体活动，被引种到周边的村寨。其他村寨引种后，改称"苟黄岗"。即是用"黄岗村"去命名这个品种。这样的命名变化，是将一个人的荣誉提升为村寨的荣誉。黄岗人十分自豪，因为他们在各种公共场合都能得到其他侗族村寨群众的赞誉。

同一糯稻品种在不同的村寨往往有不同的名称。不管名称怎么变化，这些糯稻品种都是选育人的名字，或者是选育村寨的名字，或者是传种人的名字。如黄岗栽种的"金洞糯"，是从邻村金洞村引种的。笔者到金洞村追踪调查时发现，黄岗种植的"金洞糯"，在金洞村不叫"金洞糯"，而叫"坑糯"，即表示是金洞村一个名叫"坑"的老人驯化出来的。村里为了纪念这位老人，以他的名字来命名稻种。黄岗目前仍在种植的"得五糯"，是从近邻得五寨引进的糯稻品种。在得五寨人们把它称作"耿糯"，意思是得五寨一个叫"耿"的老人流传下来的种子。黄岗村乡民不断地从周边各个侗族村寨引进新品种。这样引进的品种，在黄岗被驯化后又被作为亲本来使用，从中培育出更适应于当地生态环境的新品种。

荣誉命名制度，刺激和推动了生计资源的配置，推动了作物品种的多样化，对所在地区生态环境的保护具有重要意义。除了命名制度外，情感的联络与回报，在生计资源配置中也发挥重要作用。在黄岗社区，不管是为亲戚朋友做了什么好事，都会得到感情上的回报。黄岗乡民始终存在着一种自觉的歉疚感和回报心理，即一旦得到好处都要随时记住给予回报。能够回报和获得回报都是一种荣誉。这种知恩图报的社会氛围，从社会层面上看，奠定了社会和谐的基础，对生态保护而言，则成了劳动力组织的一种手段。黄岗的高山稻田，潜藏着重力和流水侵蚀的双重风险，不管他们在修建时多么认真，多么尊重自然规律，突发性的地质灾害和暴雨还是会将高山梯田和鱼塘冲毁。一旦遇到这样的情况，需要乡民协力排解才能修复稻田和鱼塘。这样的情况每年都会遇到一两次。在修复这些稻田与鱼塘时，根本不需要寨老出面动员和组织人力，村里的老百姓，尤其是年轻男子只要看到险情，就会有人自愿组织，参与抢修。每个乡民都希望能够借助这样的机会多给别人留下好处，以便日后自己有事时多一些帮手。在黄岗，每个人都会自觉地尽心尽力地为别人做好事。这样的行为有助于化解各种生态灾变，及时抑制生态灾变的蔓延。

最后，复合生态系统下的生计资源配置。在我国中原地区，建设农田意味着单位面积内生物物种数量的锐减，众多物种被排除在农田之外。这使农田中物质和能量循环的效益会比原生生态系统大大降低，风险因而加大。不管是病虫害的爆发，干旱、水涝的袭击，强烈的风蚀，无机养分的欠缺等，都得依靠人力去加以弥补和救治。这样的弥补与救治，极大增加了生产与管理成本。在贵州黎平的黄岗社区，却是另一番景象：不仅投入少，产出多，还兼顾到了生态环境的保护。这主要归因于该地区实行的是复合生态系统下的生计资源配置方式：稻田实施"稻、鱼、鸭"复合种养，农事操作过程中尽量减少对野生动植物及稻田水域系统的干扰。

"稻、鱼、鸭"复合种养，是指在同一块稻田中，既种植水稻，还在适当的时候在稻田水域中放养鲤鱼和小麻鸭，稻田里并存着稻、鱼、鸭。与这三种生物存在食物链关系的其他更多植物和动物的共同生长，使稻田成为可以人为控制的复合生态系统。[1] 稻田里的高等动植物多达几十种，其他伴生微生物、低等动植物更是多得难于统计。[2] 这里的稻田与纯天然的泽生生态系统十分相近，即稻田物质能量的流动，都能实现所有物种的自我修复、自我壮大、自我维持。乡民需要做的工作仅是节制其间的种群规模和物种进入稻田的时间而已。[3]

为了使稻、鱼、鸭能共生在一起，当地群众需要防范鸭子对秧苗和鱼苗的损害。农田耕作中，他们在稻田里放养一寸大小的鲤鱼苗，待稻秧苗返青、秧苗根系已定，鱼苗长到两寸左右的时候，才把鸭子放入稻田。这样一来，稻、鱼、鸭三者相安无事。为了帮助鱼苗躲过鸭子的追捕，乡民还在稻田中挖掘了小片的深水区，当地人称为"鱼汪"和"鱼路"。在"鱼汪"的水面上放置树枝，为鱼苗提供避难所。"我们这样做，劳动力投入不多，放养鱼苗所得的收获却很多。"

要实现稻、鱼、鸭共生，以及稻、鱼、鸭的收获最大化，当地寨老告

---

① 杨海龙等：《稻鱼共生系统与水稻单作系统的能值对比——以贵州省从江县小黄村为例》，《资源科学》2009年第1期。

② 罗康智、罗康隆：《传统文化中的生计策略：以侗族为例案》，民族出版社2010年版，第24页。

③ 同上书，第71页。

诉笔者，还有如下几件事情需要去做。

其一，精心选育水稻品种。水稻是喜温、喜湿的农作物。黄岗稻田大多穿插在山谷和丛林之中，太阳能够直接照到这里的时间很短。这里的稻田主要靠山泉水浇灌，而从泉眼冒出来的水温很低。"我们祖先培训出来的糯稻不怕冷，不怕水淹，在温度不高和水淹的情况下也可以生长。"适应"低温"和"水淹"的环境，就成为驯化水稻所要解决的关键问题。针对这样的情况，黄岗乡民的祖先选育出秆高、秆硬、分蘖力强、不怕水淹、不怕阴冷、在短日照下就能够正常生长的水稻。稻田分布在丛林中，浓雾天气太多，水稻扬花时得要有抗击浓雾阴湿的能力，这就需要培育出能够自花传粉的糯稻品种来。今天，黄岗乡民至少拥有 23 个优质糯稻品种。这些糯稻品种均具有秆高、秆硬的生物属性，放养的鸭子可以在稻丛间自由穿行。这些糯稻品种都具有极强的分蘖能力，栽插下去每一株稻秧都可以分蘖出有效稻穗 6—12 株。另外，这些糯稻品种还具有极强的抗低温、抗阴冷的能力。老百姓都喜欢这样的水稻。尤其是黄岗的三个特异品种"苟羊弄""苟羊当"和"老列株"，即使在每天只有两个小时日照的丛林环境下，也能够正常生长、结实。黄岗的稻田不中耕除草，而是凭借糯稻品种的超强分蘖能力和秆高的优势去控制其他水生植物的生长。稻秧里生长的各式各样的水生植物，被乡民当作牲畜饲料来使用。稻田不需要人工施肥、除草，不需要打农药除虫，糯稻也都生长得很好。黄岗社区依靠复合生态系统去支撑水稻的生长，稻田的生物多样性水平由此得到稳定保持。

其二，修建深水稻田。黄岗的稻田主要依靠山泉和雨季的降水来灌溉。为了留住流失很快的雨水，修建了深水稻田。黄岗的山区稻田，其田埂一般都要高出耕作面 50 厘米左右，以确保在洪泛季节储水面可以大量储水。稻田一经储满水后，稻田中的水就能够确保稻田中的水稻和鱼的成长。稻田储水的深度，因稻谷品种而异。黄岗的稻谷品种几乎都具有耐水性，不怕水深。加高稻田田坎，积储水量，让水能够长时间地存留在山塘里。如长时间不下雨、而稻田需要用水时，储存在山塘里的水就可以分配到稻田里，由此解决稻田用水问题。此外，深水稻田还可为其他水生动植物提供生存环境，确保稻、鱼、鸭的共生。这样构筑起来的每一块稻田都是一个微型水库——自储自用的水库，有效扩大了稻田中生物物种的承载数量和整体规模。由于实施稻田养鱼,稻田正常蓄水不低于12—18厘米,暴雨季节最大的蓄洪深度可以达到50厘米。在丰水季节,每亩稻田可以储水340吨以上,每亩塘堰至少可以储水500吨以上。

其三,对稻田实施"泡冬"。即,冬季水稻收割完后,稻田中的水不用排干。泡冬田一般要持续10—12年才"炕冬"一次。"炕冬"就是把田水彻底排干,改种旱地作物(主要是萝卜和其他蔬菜类作物)。泡冬田的产物仅有少量用于人类的日常消费,大部分作为牲畜饲料或者肥料。在泡冬的稻田里,乡民可以在别人家的稻田中获取任何非种养的野生动植物。泡冬田的水生植物是可以收获的好饲料。冬季虽不种小季,[①] 但稻田仍然处于可收获的状态。实施"炕冬",加速了有机物的降解,提高了土壤的肥力,增加了稻田的活性,有效控制了水生有害生物的生长,确保其他水生动植物可以利用稻田中的水在冬季继续生长繁殖。这样操作的目的,最终也是为了保持稻田中水生动植物的多样化。

其四,极少翻耕稻田土壤。乡民在农田耕作中都是以耙代犁,极少翻耕。不翻耕,可以节省劳力,有利于农田储水,稻田里各种免受翻耕影响的动植物都可以成为社区百姓和家畜生活资料的来源;翻耕后,稻田就会跑水,需要花时间去堵缺口和夯实田基。黄岗的土壤以沙质土壤为主。这样的土壤经过强烈翻耕后,沙砾会因为重力作用而下沉,导致沙和土分层,从而影响到水生动植物和需要氧气的微生物的正常生长。以耙代犁可以避免土壤分层,可以稳定稻田生物的多样性,发挥其自我调节功能。

黄岗社区生计资源配置的复合种养机制,从资源利用的角度看,能够提高单位面积的产出水平,节约劳动力;从生态保护的角度看,这样经营的稻田能够起到一个小的泽生生态系统的作用。每一块稻田都已成为当地水生生物的乐园,每一块稻田都是一个具有自我修复能力的小的生物保护区。

在黄岗广袤的森林,层层的梯田,分布在森林和稻田之间的浅草带、纵横交错的灌溉渠、星罗棋布的储水塘和鱼塘等,构成了一幅生态和谐的图景。黄岗能够保存有这样的生态环境,在特定意义上应当归功于当地侗族群众在生计资源配置中所采取的多种特殊举措及文化策略。这种生计资

---

① 在南方,小季即指种植水稻以外的冬季作物。

源配置，经历了世世代代的经验积累，借助社区荣誉等方式传承至今。它既做到了资源的高效利用，又实现了生态环境的精心维护，即达成了资源利用与生态保护的有机耦合。对已有的动植物物种，尽可能确保其生存条件的稳定；对人类可以利用的生态资源，仅适度放大其生存规模，并确保不干扰其他生物物种的正常延续；对人工环境实施适度控制，仅在有限的空间内营造复合生态系统，而不实施彻底的人为生态改性。这样一来，其生计资源配置在满足社区成员生存需要的同时，有力维护了生物多样性水平的稳定。这种稳定，不仅仅是大自然的恩赐，更是侗族文化能动适应于所处生态系统的成果总汇。

从黄岗社区生计资源配置与生态环境保护的个案中可以看出，文化对环境的适应具有特定的能动性，一种文化在应对特定环境时会做出种种调适，一旦这样的调适达成了文化与环境的耦合，即斯图尔德所说的文化与生态成了耦合体，该种文化与生态环境就处于相互适应的状态。① 文化与所处环境的耦合一旦达成，如无外力的干扰，就可稳定延续很长时间。而真正的生态保护在于，选用最适用的文化对特定生态系统施加影响，为人类的可持续发展服务。

---

① Julian H. Steward, *The Theory of Cultural Change: The Methodology of Multilinear Evolution*, p. 67.

第二章 侗族传统生计方式的制度体系

侗族空间聚落与资源的有序配置—侗款对侗族传统生计方式的保障—侗族传统生计的制度保障研究：稻作梯田建构为例—侗族"栽岩"的神圣性与社区"资源边界"的稳定—侗族四季律法与生计秩序安排—侗族社区的时空规序与资源配置

第一节 侗族空间聚落与资源的有序配置

一个民族的聚落就是特定的文化空间。聚落总是以特定民族的文化逻辑进行配置的。从我们对阳烂村的田野调查发现，村落是以家族为载体，村落中的鼓楼是家族成员活动的中心，形成以鼓楼为中心的家族—村寨；而围绕家族—村寨的四周的住屋、坟山、水井、水田、鱼塘、凉亭、溪流、神林、山地等构成要素，则是按照侗族的文化逻辑而有序化的配置，将自然资源、地方性制度和信仰体系一体化，通过它们有效地维护并实现了社区的发展。

阳烂村地处湘桂交界处，是一个传统的侗族村寨。新中国成立前属广西三江县，新中国成立后归属湖南通道侗族自治县坪坦乡。阳烂村东邻陇城乡坪稳村，南毗广西壮族自治区三江县林溪乡高秀村，北接坪坦村，西与高团村隔河相望。阳烂村背靠山，前临水，方圆4平方公里左右。境内山连着山，山上有杉树、松树、油茶树，村前是一片开阔水田，流经村内的溪水发源于广西三江县高秀村。阳烂村有三个寨门，一座风雨桥和一座水泥桥，寨内一排排独具风韵的吊脚木楼间，穿插着光滑的石板路，乾隆鼓楼、嘉庆古井、戏台、宗祠、飞山庙、雷祖庙、南岳庙、满全庙等点缀其中，组成了一幅浓郁侗族风味的风景画。全村分为三个自然村落，即中心寨、黄岩、高秀,有 152 户 676 人,皆由龙、杨二姓组成,其中龙姓 98 户,杨姓 54 户。龙姓宗麻支在明末清初时,从绥宁东山移居到通道阳烂。杨姓先后从三个地方迁来,分别是今独坡乡老寨村、独坡乡上岩村、坪坦乡坪坦村,皆后于龙姓迁来。龙、杨二姓在此居住后,截涧造地,和睦相处,经过二十多代的繁衍,人口从原先的十多人发展到现在的 676 人。

从阳烂村侗族社会对自然环境利用的状况看,一般表现为家族的鼓楼是家族成员活动的中心,家族内各个家庭的住屋围绕着鼓楼而修建,形成以鼓楼为中心的家族—村寨;家族—村寨的四周则是家族成员共享的神林、坟山、水井、水田、鱼塘、凉亭和溪流等公共设施和自然物;往外就是家族成员的经济林带,大多为油茶林和桐油林;再往外就是家族成员成片的杉木林带和松树林带;最外一圈就是野生杂木林带,这是家族成员砍柴烧荒,采集草药、山果,打猎以及放牧的场所。侗族社会对资源利用的状况形成了一个以家族鼓楼为中心不断往外推移的环境资源利用圈。如图 1 所示。

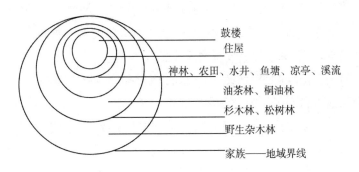

鼓楼
住屋
神林、农田、水井、鱼塘、凉亭、溪流
油茶林、桐油林
杉木林、松树林
野生杂木林
家族——地域界线

图 1

该示意图只是从大体上反映了单个家族或村寨共同体对其所处环境的利用状况而形成的资源利用圈,这便形成了侗族社会对其周围自然环境的利用格局。其间的农田、鱼塘、水井、溪流作为侗族社会的基本生存资源,得到充分的开发与利用,形成了侗族特有的资源利用方式与生计模式。该示意图中各个层圈之间的界线也并不总是那么泾渭分明,有的可能是相互交错的,如家族成员的油茶林、桐油林、杉木林和松树林之间的界域就会出现交错的现象。但从整体上看,这一示意图可以反映出侗族社会对其所处环境资源利用的基本状况。也正是无数个这样的家族—村寨共同体对其所处环境资源利用圈的连接，就构成了阳烂侗族社会对自然环境的利用状况。当然，需要说明的是，阳烂侗族社会对自然环境的利用并不是简单的单个家族—村寨共同体对其所处自然环境利用圈的相加，而更多的是表现为相互之间的联合与互动，这种山地资源的利用方式，以利保持水土，并获得很高的经济收益。

一个民族的经济活动方式在对其所处生境获取生存物质时，即其特定的文化对相关的自然事实进行了选择，经济活动方式体现为一种文化的方式。因此，特定民族的经济活动在利用生境时，是通过文化而展开的，是作为文化意义的形而出现的。文化决定了其经济活动方式选择的力量究竟会具有怎样的形式和强度。作为特定民族的文化，其本身就包含和体现了经济活动的特征。文化作为一套生存机制，① 在历史长河中，随着文化的不断积累与丰富，其经济活动方式也获得了丰富的内涵，并呈现出了侗族利用资源与生计方式的特异性。

侗族社会习惯法——侗款的突出特点在于它的法律单元不是个人，而是整个家族村社。所谓侗族家族村社是指侗族社会公认的、由共同的父系原祖繁衍而来的男性个人及其家庭成员共同结成的血缘群体（包含拟血缘关系的群体），并拥有一片专属于本群体的地域空间，由此而结成的稳定社群结构。随着时间的推移，家族村社领有的地域空间基本保持稳定，但所凝聚的人口和家户却可以自然增长，以至于在家族村社内，还会衍生出不同的房族来。然而，不管如何衍化，按照侗族文化的道德理念都沿袭"老树护寨，老人管寨"的规定。② 因而整个家族村社的自然领袖，习惯上称为"寨老"。随着房族分化的形成，家族村社的寨老逐步由一个衍化为几个房族的头人共同形成的寨老会，负责管理家族村社内的各种事务。寨老会根据形势的需要，并尽可能在沿袭传统的基础上，制定各式各样的族规。这些族规往往是立规、发布、审理、执行合为一体，全由寨老会统管，这些族规也就是"款"的基础，但这样的族规仅适用于家族村社内部，对其他家族成员无效。

---

① ［美］罗伯特·F. 墨菲：《文化与社会人类学引论》，商务印书馆1991年版，第20页。
② 杨玉林：《侗乡风情》，贵州民族出版社2005年版。

侗款以神的名义来体现集体意识而立法和执行，使侗款具有了神圣性。侗族的传统信仰带有万物有灵色彩，但因家族村社是由父系血缘后裔结成，因而在并存众神中，对祖宗神灵的信仰和崇拜具有独特的意义。这种意义具体体现在每个家族村社内都有本家族的公共墓地，早年还有本家族共建的停枢待葬家祠。随着停枢待葬丧仪的废止，这样的公共建筑就转化为仅具有象征意义的本家族标识物证（现在仍然是存放棺材的地方，在侗族社区，凡 40 岁以上的村民就开始备办棺材），其实物在侗族的各村寨都还可以看到。对祖宗神灵的崇拜，并不是抽象的信仰，而是具有明确社会功能的集体社会行为，其目的在于牢固地凝聚本家族的成员，形成一个强大而有力的社会合力，去共同应对来自自然和社会的挑战，以谋求本家族村社的稳态延续。

而侗族社区的寨老，正是以替祖宗神灵代言的身份，组织族规的制定和执行，并代表本家族村社参与跨家族的合约（制定乡规民约，在 20 世纪 50 年代以前叫"合款"）来规范社区民众的行为。然而，在实际的社会生活中，不仅需要在人与人之间保持和谐，还需要在人与自然之间建立起稳定的和谐关系。因为单凭祖宗神灵的名义制定和执行族规还远远不够，还必须与各式各样的自然神灵打交道，求得他们的合作与庇护，以至于在族规的制定中，无论涉及哪一位自然神都得对他表达崇敬之意。具体礼仪在于以"歃血"的方式将牺牲物的鲜血和在酒中与神灵分享，达成人神之间的相互谅解和宽容。这样的血酒喝进肚内，标志着相关自然神的意志植入到了人体。一旦违规，相关的自然神即可感知，并归咎于整个家族村社，以至于个人在精神上处于对自然神的敬畏而遵守族规，每一个家族村社成员也为了本家族的集体利益而监督所有成员执行族规。因而可以说，家族村社的族规以及建立在家族村社之上的跨家族村社合约，都是植根于每一个侗族成员心田深处的人神契约，具体的款约则是发自心田的行为指挥。

要使侗族社区和谐运行，这就要求族规的制定和执行能够非常准确地规约每一个家族成员行为。因而，教化是族规的常态，对违规者的处罚则是终极手段，但不管是常态还是终极手段，都是以祖宗神灵及自然神的名义，务必使每一个家族成员发自内心的认同并严格律己，从而实现集体意识的全面体现。侗款不仅要将神的意志植根于每个乡民的心中，而且还要通过神的意志在所有社会成员中建构起本家族的集体意识来。只有这种集体意识的巩固延续社会合力才能有效，因而在具体的款规款约外都需要营建体现其集体意识的社会氛围，并辅以相应的物化形式去不断地强化集体意识。

从营建社会氛围的角度看，家族村社内部寨老和各房族头人责无旁贷，都要自觉地教育下一代，教育每个成员，领悟集体意识的重要性，使他们从小就习惯于为公益事业做出贡献并在其中感受生命的价值和生存的意义，将个人有限的生命融入家族村社无限的生命当中以求得生命的永生。人们都知道在面对更大的自然系统时，单个的生命显得微不足道，只有在相互的依存中才能实现生命的价值与意义。通过类似的教化，在家族村社内集体意识得到了最大限度的彰显，甚至那些有心作弊的成员也会惮于舆论的谴责而不得不遵纪守法。

正心需要教化，正行则需要规劝。为了确保每一个家族成员的行为一致，还需要营建本家族村社的公共空间，使每一个家族村社成员拥有尽可能大的公共活动场所和尽可能多的时间，为他们提供相互交流和沟通的机会，使家族村社成员之间对每个人的行为方式和行为特点都心知肚明。不管是相互协调行为还是相互规劝都能落到实处。家族村社的公共空间包括"萨岁"（sax siis，也称"萨玛" sax mags，意为"大祖母"；"萨"在侗语中，指已故的祖母，也是社会上对老妇的尊称）祭坛、鼓楼、芦笙坪、风雨桥、村落住屋的过道等等。营建上述各项公共空间的设施是每个家族成员责无旁贷的义务，在寨老的规划下，每个家族成员都要竭尽全力地做出人力、物力的支持，并在这样的投入中树立个人的声望和地位以赢得尊重和爱戴。至于与家族村社有直接合款的友邻村社也会把此作为一项义务去认真对待，他们都以本家族的名誉给予人力和物力的支持。① 因此可以说，公共设施的建成是集体意识的体现，同时也是强化集体意识的物化形式，而"老人"就是在社区公共空间强化集体意识的载体，老人本身就是社区资源的聚合和权利的象征。

阳烂寨坐落在一个低山峡谷中，背靠山脉，面朝河流，是一个典型的

---

① 钟立跃：《试论侗族农村社区老人协会与村民自治的关系——以通道侗族自治县阳烂村为例》，内部调查报告。

山脚河岸型侗族村落。河流自西南向东北围绕村寨蜿蜒流过，其入寨处为寨头，出寨处为寨尾，寨头有石墩水泥桥，寨尾风雨桥守护村落"福气"。寨中吊脚楼层层叠叠、鳞次栉比，鼓楼、戏台点缀其间，显得十分庄重，古井、芦笙坪更具特色，房前屋后瓜豆、果木满园，花黄绿果，香气怡人。水流之处，稻禾青青，鱼塘布满，塘上葡萄、瓜豆沿架而垂，白鹅水鸭在池中嬉戏。这样的村落布局结构并非天然偶成，它蕴含着侗族独特的民族信仰和审美原则。

侗族人民讲究"风水""龙脉"。人们相信一个村寨的"风水""龙脉"与村寨的兴衰有着直接的关系：风水好、合龙脉，村寨就能够人丁兴旺、风调雨顺、生产发达；风水漏、龙脉阻的寨子则会人丁不发、民不殷实、六畜不旺。按照自己的信仰和审美原则，对地形地貌进行选择，使之更趋于理想中的村落布局。在风水漏、龙脉阻的地方，村民总是千方百计地采取人为的方式进行修补，诸如修桥、立亭、建寨门、栽树、改道、引水等方式，使村落成为风水好、合龙脉的地方。侗族民众无论是建村立寨，还是起房建屋都严格遵守这一原则。

阳烂寨选择依山傍水的地方作为聚居村落的地址，正是这种"风水""龙脉"观念的体现。他们将这种村落格局解释为"座龙嘴"。村民认为，龙脉顺山脊到坝地或溪流边戛然而止，所止之处就是"龙头"。龙头后面必然是蜿蜒起伏的山脉，在这样的水边划地建寨，就叫作"座龙嘴"。"座龙嘴"的村寨才世世繁荣、代代昌盛。村民相信只有根据龙脉来落寨，并根据龙脉的走势来规划村落的各类建筑以及建筑规模，才能达到既可以降伏龙脉而又不伤害龙脉，从而使村寨受龙的庇护而福祉不断。

东方甲乙木。祖先把寨子东边的林木作为禁山，也作为村寨的风景林，不许任何人砍伐，就连干枝残株也不能随意惊动，人们相信风水树是村寨守护神藏身和显身之所，是村寨宁静的象征。村寨的风景林就如同绿色的围墙，紧紧将村落包围其中，不受外界的祸害干扰。风景林下有行善者设置石凳或木凳，可以供过往来人休息，在有岔道的地方还设置了若干的指路碑，以告示行人的正确去向。有的还在道路边建有土地祠。在古树上和地下还常可以见到人们祭祀神树留下的红布、鸡血鸡毛和香纸。这是村民在乞求家中小孩易养成人，老人健康长寿，六畜兴旺，生产发达，风调雨顺。

南方丙丁火。村民在南方的溪流上建造路桥时就特别讲究，桥体是绝对不能与南岸相连接的。一旦连接，里的公鸡就会半夜起叫，寨子就会有火灾降临。村民为了镇住南方的"火"，还特意在南边的山脚下挖了三个大坑，埋下了三个大水缸，意为南方的火秧到此就熄灭，寨头的南边的风雨桥就是依据这一原则修建的。此桥于 1986 年被一场洪水冲垮，1987 年村民集资在原址修建了钢筋水泥"同心桥"。建桥时，村里的"太史"（了解侗族文化的老人）龙怀亮在设计"同心桥"时，按照村寨的"古训"，也没有将桥体与南岸连接，而是特意留出了 20 厘米的空隙。

西方庚辛金。在寨子的西边，有两座大山，一座是海拔 800 米的大容山，但也有村民把它叫"剑山"。另一座是海拔 600 米君山坡，村民把它叫"虎山"。"剑山"其意是该山的形状像一把利剑，从西边向村寨刺来，这把利剑将会给阳烂带来不断的灾难。阳烂村的祖先为了克服这种灾难，在修建鼓楼时费尽了心机。首先是祖先在村寨的西头修建了一座厚重磴实的鼓楼。这座鼓楼建于清乾隆五十二年（1787），只有两层，在主楼的正东方（也即鼓楼的后部）还特意修造一座楼亭，基地高出主鼓楼 70 厘米，以稳稳地支撑主鼓楼，而在主鼓楼的正西方又有意建造一座龙头式的建筑物，这一龙头式建筑的龙口全部涂上了红色，意为祥龙时刻张开着大嘴，一旦剑山的剑发射来侵害村落时，龙嘴就可以把来剑咬住，而保住村寨平安。西边的"虎山"也会对村落构成威胁，认为这座虎山对阳烂寨虎视眈眈，虎山的"老虎"会下山来伤害阳烂寨的人畜。为了镇住虎山，阳烂寨的先民在修造鼓楼时，就在鼓楼的正西方设置了两墩石狮，若虎山的老虎下山作恶，这两头雄狮便可以制服恶虎，而保全寨子安全。

北方壬癸水。水对村民来说具有特殊的意义，水被认为是财源、吉利、干净的象征。若是能够把北方的水引入村寨，村寨就获得了财源、吉利、干净。阳烂村为了获得北方的水流入村内，其先民在村落的北边修建了一口大水井和连片的鱼塘，人工地挖掘出了一条水渠引水入寨。这样一来，就使北方的水源源不断地流入村落。在村落里本身就有 14 处天然水井，加上来自北面的流水，村落里形成了 17 个鱼塘，错落有致地散布在村落里，使阳烂村落成了一个水域的世界，这被称为侗族地区的"威尼斯"。

中方戊己土。土在村民的观念中是万事万物生长的依靠，不仅是植物庄稼生长的基础，也是社会关系建立的基础。在阳烂村，其先民在规划村落布局时，就在寨子的中央专门拓出一块坪地，作为村寨活动的公共场所——芦笙坪。这不仅是阳烂村村民祭祀"司火南岳"的场所，也是村民接待外地客人进行交谊活动的场所，村寨每年两次的"行年"（春节和吃冬）的集体互访活动的芦笙盛会在这里举行。在芦笙坪里还专门嵌有石刻的鼠、马图案，这是考验前来客访的芦笙队在黑夜跳芦笙时，芦笙客的脚要踩到鼠、马的图案，这叫"跳子午"或"踩子午"，凡是能够踩到"子午"的后生，就会被姑娘看中，因此，这不仅是后生展示自己跳芦笙技巧与智慧的考验，也是是否能够博取姑娘爱心的机会。男女爱情就是在这村落中心的"土"中萌芽成长，由此获得人丁的兴旺、民族的延续。

资源管理与生计模式。水对村民来说有着特殊的重要意义。水被认为是村落财富、吉祥、平安的负载物，但村边的河水却在源源不断地流出村落，村民又认为这种日夜不停的水流将会把村落的财富、吉祥、平安带走。为了阻止这种随河水而流走的财富、吉祥、平安，村民便在村落的下方河流下游的水口处建造村落的风雨桥把水口封住，以留住属于村落的财富、吉祥、平安。所以风雨桥又被村民称为"福桥"，它就成为阳烂村风调雨顺、吉祥平安、乐业富足的象征。

然而，一个村落的协调发展，单靠风雨桥设置的象征意义是难以奏效的，村民在日长月久的生存方式探寻过程中，在风雨桥象征意义的流布中，形成了对水资源利用与管理的整套规则，以此来实现村落的协调发展。

水田是村民的主要生存资源。村民对水资源的分配是形成了特定的规则，以此避免在水资源紧缺时所发生的争端。村民是按照水资源可利用状况对水田进行分类，水田按水源可靠度与水田产出量分为平坝田、土旁上田、冲头田和高坡田四类。在阳烂村按照水资源利用性质又可以分为鱼稻共用田、稻作田和鱼塘三类，在水资源紧缺时，首先要确保鱼稻共用田，再灌溉单纯的稻作田，若水资源有富足时，也要确保鱼塘的用水；按照水资源利用惯例又可以分为老田与新开田两类，老田属于首批进入村寨的祖先所开辟的水田，也多是鱼稻共用的水田，新田是后来逐步开辟的水田，对水资源的分配利用是按照水田所开辟历史的长远来界定的。在水资源紧缺，水田用水出现争端时，村民自觉地遵守这一规则，哪怕新开辟的水田接近水源，按照水流的自然流向可以先灌溉新开的水田，但村民只是从新开田借道而过，去灌溉老田，确保老田的产出。

"远田变近田，远山变近山"，是阳烂村村民对水资源的充分利用而做出的重大举措。侗族村寨的高度聚居，使村民对现有资源掌握管理的难度加大，农田是村民的重要生存资源，而农田的水又是确保水田产出的关键，观察农田水位是村民每天必做的功课，暴雨过后排水是村民焦虑的家事，而农田与住宅之间的距离遥远成为村民正常生产管理的一大阻碍。另外，随着人口密度的不断增大，而水资源空间分布的不可变性，使水资源的人均占有量减少。为解决生活用水、农田生产管理的诸多困难，实现对水资源的有效管理，阳烂村在生产队的组织下有 30 多户村民搬迁到离村落有 5—6 公里的地方居住。这种从村落析离出去，在特定意义上说是村民在生存要求下的一种本能反应，也正因为如此，社区空间才获得了拓展，从而使村寨的资源也获得了有效的管理与使用，推动了社区的发展。

修筑水坝，提高水位。在阳烂村，村民通过人工改造天然河道，使整个社区的每一片耕地均有水渠灌溉，每一个鱼塘均有流水通过，每一栋住宅都是临居于鱼塘或河流上方。阳烂村的水田 80% 是靠阳烂河的水灌溉的。为了确保河水的有效灌溉，村落与村落之间对水位的控制是严格限制的，村民在河道水网设置水门，准确控制水位，使社区对水资源的分配与利用在有序中进行，以避免对水资源的争端。

在河道上修筑水坝，分流河水是根据村落建寨的历史确定，村落历史越悠久，其获得水资源的机会就越多，获得资源的数量也就越多。但是绝对不能对水资源有半点浪费。在此基础上，如果水资源丰富时，也考虑各村落需要灌溉的水田面积，分配水资源，以确保各村落民众的生存需求。就是在村落共享的河段内，村民也是根据家族—家庭所属水田的历史而对水资源进行分配。社区水网有水门准确控制水位，务使进入社区的水资源均在被利用后才留出社区。与此同时，村民在构筑水田时，总是以栽培高秆稻种来积蓄水量，由此还可以在稻田养鱼，以求鱼稻双丰收。

在河段急流处架设水车，将河水提灌农田。水车是阳烂村民稻田生产中不可或缺的农事工具。在村寨前的河流边，沿溪流而下随处可见随水而动的竹制水车。雨水季节分配的不均，导致从山入田水量的季节变化，少雨时节水量的减少促使村民利用水车将溪中之水引入田中，在河流急流处架设水车，将水从溪流提往农田之中，灌溉农田。河流成为农田水量的有效调节器，维护着田中水位的整体平衡。村寨对河流水资源的极度重视与利用也就在于此。对村落资源有效管理的重要方面就是要确保村落财产的安全。从阳烂侗族来看，对人们生命财产安全的最大威胁就是火灾。从家庭—家族—村寨的所有建筑看，不论是家族—村寨的公共建筑，还是个体家庭的私有建筑，其所用原料都是源于山林里的树木；从每个家庭所使用的日常生活用具、交通工具和生产工具，除了少量铁器外，绝大部分是由木质制成。阳烂侗寨俨然就是一个由林木构成的生活世界。在这样的世界里生活，火就成为影响村寨安全的最重要的因素。村民在防范火灾方面付出了最多的心血。

从前面村寨布局的信仰看，在很大程度上，就是为了防范村里的火灾发生，保护村落居民财产生命安全。阳烂村在选择寨址时，就以水源为基础。阳烂寨有 14 口长流不断的天然水井，村民又从村落的北面挖渠引水入寨，造就村落 17 个水塘，还特意修筑了人工蓄水防火池。这些都成为村落防止火灾的水资源，再加上村民的防火意识和信仰，确保了村落的平安。从现有的实物记载来看，阳烂村至少从清乾隆二十七年（1762）以来没有发生过一次火灾，根据村民的口述历史，阳烂村从建寨以来的 400余年间就没有发生过火灾，这在以木质为基础所构筑的侗族村落来说是一个奇迹。

在这里，我们必须强调的是，村民的防火意识与信仰，对防范村落火灾所起到的作用是不可低估的。火是水的对立物，村民相信水可以给村民带来财富、吉祥与平安，但火却能够销毁村民的财富，给村落造成灾难与不幸。于是村民对水的管理中也加强了对火的管理。阳烂寨有一老人，到吃完晚饭，村民入睡前，就拿起铛锣沿着石板路到各家各户门前高声叫喊，请各家各户在入睡前，注意防火。在冬季用火频繁季节，寨里将村落的所有的成年男丁编成 30 个组，每组负责 1 天，轮流值班，轮值之日负责当天在鼓楼里烧火，给前来闲聊的村民取暖，并通宵守护村落的火灾安全。

最为有意思的是，村民到鼓楼里总要唱起村民自己编就的《防火安全歌》："大家静听我来唱，防火工作要加紧，全年劳动辛苦不能忘。今天晚上来听戏，出门之前先灭火，先让全家来放心，再到戏场来看戏，莫忘家里水桶装满水，莫忘防火安全是第一，这对我们很重要。家里若有灶，要放锅在上，锅里放满水，灶上有锅水，不怕火生起。"这种防火安全歌，是所有村民都熟知尽晓的，是村民进鼓楼的必修功课。村民的防火安全意识就这样在村民的意识中生了根。

第二节　侗款对侗族传统生计方式的保障

作为一种世代沿袭的习惯法，学术界对侗款（"款"，为侗语记汉字，侗语称"kuanx"，按侗语的含义，一是指交谈或座谈；二是指村寨自治订立的约法。）早已达成了共识。但侗款对当今侗族社区影响问题的研究仍欠深入。人们认为侗款为侗族历史上的产物，早在 20 世纪 50 年代就被废止了，就不再在侗族社区发挥作用了。[①] 但经过笔者从 1995 年以来 13 年在侗族社区做田野调查的发现，侗款在侗族社区仍然起着重大的作用，具有深远的影响。

今天的田野调查中所能感知的侗款，已经是它的变形残留形式，其形式与内容都被分解到当今侗族社区运行的各种社会组织之中，有的进入社区的老人协会，有的融入社区的乡规民约之中，有的被融入社区的家族组织之中，有的其至被村民委员会所接受，或者更大范围内的被地方行政机构所利用。从某种意义上说，形式完整的"侗款"组织没有了，但在侗族心目中的"侗款"依然存在。因此，本文仍然沿用以往的惯例，将这些变形残留形式仍以"侗款"来表达。

在学术界，一提到侗款，他们都无不追溯到南宋人朱辅所著的《溪蛮丛笑》。《溪蛮丛笑》门款条这样说，"歃血结盟"，遇上外人的侵犯，相互约定互相支援，这就叫"门款"。[②] 由于这一记载中的"门款"一词在尔后的记载和研究中，都用去翻译和记录侗族的习惯法体制，因而当代的学人都一致认定，侗款就是从上述记载延伸发展而来。按照这样的结论，侗族的传统习惯法至少沿袭了 800 年以上，不过朱辅的记载绝不是"源"而仅是"流"，而且这还是侗族社区的局外人所做的印象概说，更

---

① 石开忠：《侗族习惯法的文本及内容、语言特点》，《贵州民族学院学报》2001 年第 1 期。

② 参见（宋）朱辅：《溪蛮丛笑》。

不能作为侗族习惯法起源的证据来使用。侗族的这种习惯法，其起因应当更早。因为这种习惯法的施法单元并不是个人，而是家族村社，所以侗族习惯法的起点应该与侗族家族村社的形成有关，那么相似的习惯法很可能已经延续两千年以上。直到今天仍然在侗族社区以不同的形式在发挥作用。这里仅以侗款对维护稻田农业的和谐生计运行为例加以分析。

习惯法只是一个极其含混的概念，在不同的民族中，各自执行的习惯法，无论是立法的依据，施法的手段，还是具体的法律条文都各不相同。但从总体上看，与成文法相比较，除了是否写成定型文本，是否拥有职业化的执法队伍以外，成文法与习惯法并不存在实质性的区别，习惯法同样具有立法、发布、审理、执行等环节。不同习惯法的特点也就自然要在这四个环节中得到体现。侗款作为侗族专有的习惯法，自然具有自己的特点，而且这些特点都是侗族其他文化事实共同模塑的产物。

侗族社区的生计方式由稻作农业和山地林业组成，稻作农业属于"稻—鱼—鸭"共生结构体系，山地林业属于"林粮间作"的以粮为食、以林为用的复合结构体系。[①] 在这种生计方式中，稻作农业的稻鱼鸭和山地林业的林与粮是侗族乡民安身立命的基础来源，也是家族村社得以存在和延续的基础。因而这样的族规，对于这种复合计生的和谐运行，有极其明细的款约，对本家族成员的行为进行有效的规约，对违规者都要按规约加以严惩。早年，最严重的惩处手段包括驱逐出本家族村社，乃至处死。但20世纪50年代以后，人民政权在侗族地区正式设置后，这种重刑裁决才被废止，但其他的惩处条例还基本相沿未改。对维护侗族地区的传统生计仍在发挥作用。

侗族稻作农业生计中的稻、鱼、鸭共生系统，是一种效法自然的泽生生态系统的缩版。若要效法得惟妙惟肖，对家族村社社会合力的宏观调控则必不可少。只有这样，才能有效地调控稻、鱼、鸭三个生物物种在它们的人为泽生环境中相生而尽可能避免相克。这就需要每一个家族村社成员在生计劳作中相互协调，保证劳作的有序，以便形成统一的社会合力去维护田塘水渠人为泽生生态系统的稳态延续，同时获得最稳定的高额物质报偿。山地林业的林粮间作系统也不例外。这就要求族规的制定和执行能够

① 参见罗康隆博士论文《清水江流域人工营林业的人类学研究》，云南大学，2003年。

非常准确地规约每一个家族成员的各项生计劳作。因而，教化是族规的常态，对违规者的处罚则是终极手段，但不管是常态还是终极手段，都是以祖宗神灵及自然神的名义，务必使每一个家族成员发自内心地认同，并严格律己，从而实现集体意识的全面体现。

侗款不仅要将神的意志植根于每个乡民的心中，而且还要通过神的意志在所有社会成员中建构起本家族的集体意识来。只有这种集体意识的巩固延续，社会合力才能有效，因而在具体的款规款约外都需要营建体现其集体意识的社会氛围，并辅以相应的物化形式去不断地强化集体意识。

在侗乡留宿，最令人感到它的独特之处在于，不管是冬天还是夏天，农忙还是农闲，每个家族公社的男性成员，只要有闲暇都会不约而同地聚集到芦笙坪、鼓楼或风雨桥上谈天说地，相互交换生产经验或是自己对社会生产生活的理解和认识；对不同个人的褒扬和批评也无所不谈，在完全没有隐私顾及的交流与沟通中，使每一个成员做到相识和相知，在个人的行为中达到了高度的协调和一致。妇女们由于家务劳作的关系，到公共空间闲坐时间不多，她们采取另一种形式的集体活动。她们总是成群结伴地从事劳作，在劳作中互诉衷肠，达到相识相知的共同目标。在通道的阳烂侗寨还专门设有一个妇女聚会的鼓楼，与村落的男性一样在鼓楼里谈论她们的所见所闻所想。这种几乎没有个人和家户隐私的集体生活氛围也会在无意中感染了青少年，使他们在成长的过程中感受到集体意识的无所不在，从而奠定了一生行为符合族规要求的精神基础。

强化集体意识的另一种形式是参与寨老组织下的各项祭祀和年节集会活动。由于侗族社区稻作农业与山地林业的和谐生计在生活中具有特殊的地位，因而，在生活中绝大多数的各种祭祀和年节活动都是以协调农事活动为目的。一次这样的集会就是一次对集体意识的强化教育。在集会的欢乐中，每个成员都为集体氛围所感染，在潜移默化中把自己的行为融入集体的行为之中。祭祀不是纯粹的礼仪，集会不全是为了娱乐，通过仪式与娱乐达到了灌输集体意识的功能，规范个人行为这才是十分重要的。因而这样的年节聚会和祭祀活动是侗族社区和谐生计的指挥中心。

集体意识在家族村社内的心行合一，主要是通过教化和强化，不断地得到巩固和发展，同时也不断地得到完善与健全，最终使每个人遵守族规，无一不成为自觉的意愿，这样本家族的行为协调也就顺理成章了。真正要实施处罚，仅是极其个别的例外，这才使社区和谐生计成了各家族族规的具体化，两者互为表里，相辅相成，并能够在相互的磨合过程中，不断地得到完善和健全，侗族村社与环境的和谐也就成为必然的归宿。然而，家族村社并不能孤立地存在，还必须得到相邻村社的理解与宽容。为此，侗族文化建构起了自己共有的始祖神灵形象，这就是侗族乡民无不崇敬的"萨岁"。[①] 在侗族地区每个家族村社都有自己的"萨岁"祭坛，每个家族村社的"萨岁"祭坛祭祀的是同一位女性始祖，这就为跨家族村社的习惯法建构提供了精神依托，这种跨家族的习惯法就是侗族社区的"合约"。

侗族习惯法在各家族村社族规之上，还可以通过共同协商的方式建构一套适用于调解跨家族村社事务的款约，依据款约调解家族间的纠纷，这同样具有立规、发布、审理、实施等具体环节。这些活动的总和就是习惯所称的"侗款"。[②] 实质上，这就是一种维系整个侗区社会安定和谐的习惯法。这种跨家族的款约，是由相关家族村社的寨老成员共同参与制定。款约的制定与修订都需要正式举行跨家族的议事会负责审议，每次这样的议事会都称为一次合款。所谓"合"是联合各家族村社寨老，在寨老的意志下聚集社区乡民的意思，所谓"款"则是指商定各家族共同遵守的款规和款约。最基础的合款是乡邻各家族村社举行的"合小款"。如果有需要，各小款之间还可以派出参与议事的成员共同参与举行"合大款"，最高形式的合款则是涉及整个侗族地区的"合总款"。[③] 事实上，在侗族社区通过这种多层次的"合款"后，整个侗区都能做到生息相通，认识和理解与行动协同一致，对外抵御外来侵犯，对内则维护不同地区和不同家族村社之间社会和谐与安定。

合款的地点有固定的场所，这样的场所通称为"款场"。以至于在整个侗族地区被称为"款场""款坪"的地名遍及各地。当然，在合款的层次差异上，以款场为地名自然也会有大小之别。按照侗族家族村社之间相互交往习惯于通过水路联系的特点，款场的所在地往往位于河流的交汇

---

① 石佳能：《侗族文化研究笔记》，华夏文化艺术出版社 2000 年版，第 65 页。

② 吴浩：《善良的民族、和蔼的社会》，载洗光位主编《侗族通览》，广西人民出版社 1995 年版，第 86—87 页。

③ 邓敏文、吴浩：《没有国王的王国——侗款的研究》，中国社会科学出版社 1995 年版，第 32 页。

处，比如，阳烂所在的第六款区，其款场就位于阳烂河与东湾河的交汇处，这是一个小款款场。参加这一小款款场的家族村社包括阳烂、黄土、坪坦、高友、高秀、高团、都天等等。① 从第六款区这个编号可以看出，在其上还有更高层次的总款。而贵州省黎平县的黄岗村，则属于"千三款"，这个小款的款场设在黎平县双江乡的四寨，其款场位置同样位于四寨河和归密河的交汇处。黄岗所在的小款包括黄岗、归密、四寨、双江、平天等等家族村社，这也是一个小款。不同之处在于，这个小款是以家户数去命名，而上面提及的"千三款"意在表明参加这个小款的家户数为1300 户。值得注意的是，这一家户数既是参与合总款的总家户数，也是总款款约认定的稳定延续家户数。当然，人口总是要自然增长的，要长期稳定的家户数，这就意味着要实行严厉的计划生育，强制限定家户的增长，这一点也是款约规定的具体内容，也是一直严格执行的款规。以黄岗为例，黄岗又称"百五黄岗"，这就意味着黄岗这个家族村社只允许拥有150 户家户。款规一旦形成，尽管黄岗是周边地区的首寨，但该家族村社从来不敢于违反款规，以至于直到 20 世纪初，仍然只有恒定的 150 户家户。进入民国时期后，由于外来人口的入驻，而该寨又急于引进有一技之长的人才，这才稍事突破 150 户。直到 1949 年以后，新的合款不再举行，而当时的国家政策又鼓励人口增长，这才导致了今天黄岗拥有了 305 个家户，也就是说，比款约的规定超过了一倍多，但这不是款规的失灵，而是国家政策所使然。因而在侗族地区交往，他们还一直称作"百五黄岗"。②需要注意的是，阳烂的"第六款区"和黄岗的"千三款"在称谓上是可以互换的。编号是合总款时赋定的序号，各小款拥有的家户数则是款约定的限额，两种称谓的含义不同，但却会落实到同一个小款内。

　　无论是合小款、合大款还是合总款，尽管其间存在着层次和范围的差异，但其对内职能却是一致的，都是为了协调和规范参与合款各家族村社之间的社会协调和资源分享上的稳定。有关调解各家族村社之间冲突和纠纷的款规，各小款都是靠历史的积淀逐步积累完善和健全起来的，每处理一次纠纷就形成一套新的款规。这样形成的款规只要不在合款会上一致通

①　《侗款》（第一集），通道侗族自治县少数民族古籍整理办公室 1985 年编印。
②　黎平县志编纂委员会编：《黎平县志·民族》，巴蜀书社 1989 年版。

过作废，就可以一直沿用下去，因而具体的款规内容极为丰富和复杂，需要花费巨大的精力去记忆和背诵。在侗款正常执行的年代里，每个家族村社的寨老都能熟练地背诵上千行的款规，以便在合款时和处理纠纷时，能够脱口而出引经据典的处理跨家族村社的各种纠纷。明白了这一点后，需要郑重提醒之处仅在于目前翻译出版的各种侗款，其实仅是特定小款的款规总汇①。事实上，不同的小款有不同的款规，一个小款的款规不能代表所有侗款的全部内容。

合款制定款规的关键职能并不仅止于就事论事地具体处理各种纠纷，更重要的还在于，合理地分享整个小款所涉及的地域空间范围内各家族村社之间的自然资源。说直白一点，就是先行预订各家族村社的地缘范围，其具体表现为明辨疆界，这是最基础、最关键的款规。其特异性在于，所有家族村社之间的疆界都是尽可能沿山脊而划定，因水路而分段，以此确保每个家族村社的生存空间都连成一片，杜绝了一切形式的"插花"和"瓯脱"，更不允许有所谓的"飞地"，以致造成资源利用上的不必要的纠纷。这样一来，每个家族村社的生存空间都是配套的，山林、草地、河流、沼泽、坝子一应俱全，以确保每个家族村社都能独立存活，独立运行，能够充分地满足各个方面的生活所需。在侗族社区，寨老和长辈们至今还沿袭教导晚辈背诵本家族村社疆界的传统，阳烂村（中国湖南省通道侗族自治县）是如此，高秀村（中国广西壮族自治区三江县）也是如此，小黄村、占里村（中国贵州省从江县）也不例外，其中最有幸获知的物证在于，我们在黄岗调查期间，得到当地寨老的支持，发掘并拓制和记录了黄岗寨疆界碑文，② 这是目前少见的家族村

---

① 湖南省少数民族古籍办公室主编，杨锡光、张家桢整理注校：《侗垒》，岳麓书社1989年版。

② 附碑文："立议条规为七百大小村寨齐集开会誓盟，公议合志同心事，为因山垅上抵自□□，出岑告寨，中过岭来彭落登脉，上扒店与四寨公山界，下抵自石鼓庶山、纪天出水滩上、弄述下纪棚子过流破过口俞出□楠与小黄、占里交界，自公议公山之后，不得生端。七百大小村寨不拘谁人埋葬，不得买卖之故随心所葬，后倘有谁私买私卖与别人，七百查处罚钱五十二串。如有名私买私卖者，一经查出，罚钱十二串，有倘有别人占我等公山，六百小寨必要报明示，我等七百首人务要同心协力、有福同享、有祸同当。今当天地誓盟公议，以免后患，永保无虞。所立此碑永垂不朽。

道光二年七月初十日 立

七百首人 老三老翻老到 龙林老第老良"

此碑文立于今贵州黎平黄岗村。

社疆界文本资料，它足以佐证合款最基本职能在具体家族村社的表现形式。

各家族村社之间的自然资源分享通过合款这一形式，才得以习惯法的形式实现了长期稳定领有并世代传袭使用。依此去制定习惯法条文，最大的优势在于每个家族村社都能够世世代代地不断积累认知成果，以至于所领有的这份自然资源，为每一个家族村社成员恰如其分地认知和熟悉。这才能在彻底认知的基础上实现人地关系的高度和谐。侗族社区的稻作农业与山地林业和谐生计的制度保证正来源于合款的这一最关键的职能，为了确保这一最关键职能的兑现，与此相辅的款规其立法的法律思想正在于杜绝一切形式的家族村社之间的争夺与争议。具体而言，除了本家族村社成员外，外家族村社的任何成员损害甚至侵占家族村社疆界内任何一项自然资源，在相应的款规中都视为违规，都需要进行调解，议定致歉和补偿办法。但需要注意的是，在侗族的这种习惯法中，即使要追究个人的责任，也首先是要追究该个人所属家族村社的责任。因为，只有家族村社才是立法、施法的单元。当然，当事的个人回到本家族村社后，肯定要受到族规的制裁，但这一制裁是下一层次的问题，而不是合款这一层次的问题，对此下文将有具体的说明。

资源领有的超长期稳定是侗族社区和谐生计得以稳态延续的基础之基础，因为在稻作农业与山地林业的和谐生计中必然牵连到的自然资源种类繁多，各种自然资源的变数又很大，而且不可能孤立地存在。因而在执行这种生计的同时，尽管合款款规作了周密细致的规定，但意外的事件总会不断地发生。一旦发生，案例又得重新合款制定新的款规，这样的过程有开始，而不可能有终结，这必须经历一个长期的磨合过程，也是侗款不断健全完善的过程，和谐是靠磨合出来。这里仅以阳烂和高团的水源纠纷为例，略见一斑。1930年，阳烂与高团两个家族村社互争水源。双方在争执之中，阳烂一村民在无意中被打死。合款议定的调解办法是，因为阳烂的田多一些而得到2/3的水源；而高团的田少了一些，理亏只得到1/3的水源。这一调解办法得到所有参会各家族的一致认同，这就形成了一条新的定规，也就是成了新增的款规。今后出现类似事件时，就可以援引这次审理的过程和结果，比照执行，结果两村从此相安无事，水源分享的规则一直执行到今天仍然有效。通过这一具体案例，我们可以看到在合款中，立法植根于审理，审理的结果就形成了新的款规。款规形成时，各家族村社的寨老都在场，他们的一致通过就意味着新的款规完成了发布任务。而款约一经发布，法律条文也就完成了立法程序，可以说，侗款中的合款议事会乃是立法、发布、审理三合一的习惯法，这也是侗族习惯法的一个显性特征，它是合款这种立法形式的派生产物，而实质却在于，各家族村社在合款过程中，完全处于平等地位，在其上并没有固定的行政建制，因而也不存在强制执法的制度基础，这就使不管是立法、发布还是审理，其基本精神都在于调解，而不是靠行政力量去强制推行。

在上述案例中，之所以会引起相关家族的重视并形成新的款规，其重要性在于侗族社区和谐生计的最基本的资源分享内容。在稻作农业生计中，明确界定跨界水资源分享的重要性并不亚于疆界的划定，而其划定的难度又超过了疆界的划定。这是因为水资源是最富于变数的资源，凭借人力对河道稍事引流就足以干扰乡邻村社的稻作农业和谐生计的正常运行；而这样的引流改道又是侗族传统文化的专长，每个家族都能轻车熟路的做好并加以改变，而结果却会影响到相邻村社的和睦与安定，等到事发后要追究肇事者的责任。由于涉及跨界问题，取证和要肇事者服罪都具有很大的难度。因此，凡涉及水源争执，合款议事会都会引起高度重视，并立即做出反馈。山地林业生计也一样，林地边界的稳定也是影响社区和谐生计的主要因素，对林地边界问题的及时处理也是如此。务必使类似事件得到及时审理，让当事人双方坐到一起，在相互的沟通和交流中明确事件的原委，确保取证准确，然后再做出调解，以便双方在公平公正的基础上共同制定水资源的合适办法。可见，侗款立法、审理和发布的精神实质都聚焦于侗族社区和谐生计的稳定运行。就这个意义上说，合款立法的关键使命就在于为侗族社区生计方式稳定运行提供制度化的保证。

合款形成的款规，其具体执法有赖于各个家族村社去具体处理，合款形成的款规仅具有指导性，而不具有操作性。上文提到的两个村寨，具体如何处置死亡者的赔偿、伤者的安抚，如何共同设置分水器和引水渠等等具体事项，就与合款无关了，而是由相关的两个家族村社根据此前已经有的各项款规去具体实施，兑现款规的要求，凡涉及当事个人的事宜，全部回到本家族村社执行处置。

各家族村社之间如果出现"刑事"纠纷，尽管这样的事例在侗族地区十分罕见，但一旦出现必须实施惩处时，按照侗款的规则都得一律回到本家族执行处置。黄岗寨二组、八组的稻田与龙图寨仅一条山脊之隔。20世纪70年代，侗区粮食还十分紧缺，龙图寨的个别乡民违规翻过山脊从黄岗二组、八组（过去是生产队）的禾晾上偷盗禾把，被二组的乡民发现，但二组、八组的乡民并不扣留人质索赔，而是将此事的原委汇报给本家族村社的寨老吴治国。吴治国则邀约了5个寨老成员，从大路绕道20多公里，从龙图寨的寨门进寨，邀约龙图寨的所有寨老集聚一起，援引此前所有的各项款规，明白事情的曲直，然后敦请龙图寨的寨老们处置偷盗者，这一次案例要重新举行合款，慎重处理。但当时国内正处于"文化大革命"期间，不允许这么处置，因而只能采取相关家族村社商议的办法了却此事。吴治国等人说明完来意后，受到了龙图寨的盛情款待，然后离去。几天后，龙图寨把偷盗者按族规重处，罚款12倍，也就是把他的偷盗禾把数乘以12，按所得数交禾把予以充公，从中留出需要赔偿黄岗的被盗禾把数，其余禾谷集体烹食，并责成偷盗者在全家族面前认错与悔过，就此结束家族内部的执法处置。事后，再由龙图寨的寨老亲自将赔偿黄岗的禾把从正路绕道送达黄岗，交给吴治国等寨老，最后兑现对二组、八组被盗禾把的赔偿。

在这个案例中，突出的特点在于被盗与盗窃双方，虽然发生在个人之间，但在侗款的款规中却被视家族之间的侵犯，因而必须通过双方的寨老来处置。然而，具体惩处家族村社成员只能属于本家族的内部事务，因而还得交由所属的家族村社去处置。这是因为，如果黄岗寨直接扣留人质索赔甚至在无意中伤害其人身，那么又构成了新的案件，其实质意味着黄岗侵犯了龙图寨。因此，被盗窃的人不能出面制止这样的事，必须交由寨老去调解。总之，合款的所有款规仅具有调解职能，而不具有强制执行的权力。因此，对当事个人的惩处全部得回到本家族去具体实施惩处。

在上述案例中，被盗赃物虽然只是区区几个禾把，但对于稻作农业的和谐生计而言，却具有致命性的威胁。原因在于稻作农业的和谐生计是为了与所处的自然系统相互渗透、相互兼容，以至于所有的农事操作不仅十分琐细而且具有全方位的开放性。稻作农业生计中的鸭群需要不分昼夜地全天候放养；鱼放入田中后，经营者不可能全天候守护，只要排干田水就可以唾手抓鱼；收割的禾把来不及运回家中，往往都长时间地在田边的禾晾上开放式地放置着。经营中的这种开放性必然会给居心叵测的偷盗者大开方便之门。由于侗族社区生计方式的开放性不能更改，任何微不足道的偷盗都足以损害经营者的安全感，动摇经营者的精神，这不仅增加了经营成本和管理成本，而且还会威胁到这一生计模式的稳定运行。因此，在侗款的族规中无不具有重处偷盗行为的严厉条款。黄岗就是以 12 倍罚款重处的。据乡民介绍，在 20 世纪 50 年代以前，是 4 个 12 并罚，即 12 吊铜钱、120 斤酒、120 斤猪肉和 120 斤糯米；而现今执行的是 4 个 100：100元钱、100 斤酒、100 斤肉、100 斤米，所罚之物要在家族村社内集体分享。① 正是这些条款的严厉执行，才使侗乡成为夜不闭户的太平盛景。但涉及跨家族偷盗时，由于牵涉各家族村社之间的和睦，波及各家族村社生计方式的和谐稳定延续，因而在遵循调解下，对肇事者的处置也得遵循按家族村社执行惩处的准则。这才出现上述案例中看似烦琐但却十分有效的执法现象，而执法的终极目标同样是为社区和谐生计的运行提供坚实的制度支持。

侗族社区款规的发布形式，以公开宣讲为主并附以多种形式的警戒相配合。公开宣讲是指在家族村社的公共空间，利用各种集会创造机遇，由各家族村社和寨老结合当前的生产作业需要针对性地反复重申已经议订的各项款规。这样的宣讲表面上具有很大的随意性，但实际的宣讲活动总是紧扣当前生产的急需，在侗族社区稻作农业和山地林业的和谐生计运行的各个时段，各家族的寨老们总是选取最紧迫的款约条规，向所有家族村社的男性成员选择性公开宣讲。由于这样的宣讲在世代传承中已经形成了定规，因而在侗族社区有"三月约青""九月约黄"这样的俗谚。所谓"三月约青"是指在春耕前夕，集中宣讲有关春种、林木栽培、鱼鸭放养、中耕管理等方面的款约条规，以便发挥警戒作用。所谓"九月约黄"则是集中宣讲有关收割、田鱼越冬、牲畜放牧、林木砍伐、运输与外销等款约条例，这同样起到事先警示，起防患于未然的功效。② 通过这样的反复宣讲，务必使每一个乡民都熟知社区和谐生计的各种款规，使个人的行为也有所遵循，有所禁忌。这样的宣讲，从习惯法的立法角度来看，主要属

① 笔者田野调查资料，存于吉首大学人类学与民族学资料室。
② 侗族简史编写组编：《侗族简史》，贵州民族出版社 1985 年版。

于法律条文的发布与普及的环节。但从传统生计的角度来看，它却超出了现代法学意义上的监管范畴，直接介入了生产组织的功能领域。

不难看出，在侗族社区的整个生产周期中，侗款的相关款约，特别是各家族的族规，不仅仅体现为执法管理，更重要的是体现为一种在侗款原则内的能动防范。从约束个人和生产作业入手，协调统一所有乡民的生产作业行为，以人的能动调控，确保生计中的经营对象相生而不相克，农事活动的节律与侗款款规的具体规定完全合拍，相互支持，事实上，直接发挥了生产组织功能。在这一范围内，侗款与现代意义的成文法截然不同，侗款不是在事发后明辨罪与非罪，而是通过侗款款约发布与宣讲，使款约深入人心，家喻户晓，从而收到了防患于未然的作用。侗款款约发布宣讲的作用不是定罪与治罪，而在于在事发前杜绝过失发生的可能，这才是具有人性化的法理典范。

除了在家族村社的公共空间重申款规外，侗款还拥有多形式、多渠道的款规发布方式，比如喊寨、社会教化、长辈教化、发布告示等等。

所谓"喊寨"，就是每到晚上，由寨老安排专人敲锣，挨家挨户地进行巡逻。"喊寨"的内容就是重申寨老规范社区生计活动中生产节律的各项规约。当然常规性的提醒乡民注意安全，防火防盗也是必备的常规警示。通过"喊寨"起到宣讲发布款约条例的效用，有效地规约了生计方式的劳作节律。

所谓"社会教化"则是利用休闲时间，由长辈在家族村社的公共空间内向青年人叙说有关农事操作的各种款规款约，并以自己的经历现身说法，感化青年人自觉地遵守款规和款约。既能维护公众利益，又能确保自己稻、鱼、鸭劳作的有序，同时避免了人为的干扰。

所谓"长辈教化"则是在家户范围内，父母、祖父母都有责任管束自己的子孙，遵守款规和款约，在内心深处种下了款规款约和各项细节，从而在实际的行为中，能够与整个家族村社的生产节律相合拍。在不少侗族村社，为了使社区生计活动中生产节律的控制更有效，还将款规和款约由寨老责成公众选出的专人，或世袭的专人去具体落实有关劳作节制的款规与款约。这样的专人称为"nyenc qit ongl"，他们在汉文文本中往往被翻译为"活路头"（侗语音译，指某村寨从事某项农活的带头人）。"活路头"在侗族社区还在发挥着积极的作用，"活路头"坐实款规款约的手段主要体现为礼仪性的活动，比如组织"开秧门""关秧门"，开启"吃新节"等等。① 就实质而言，"活路头"在执行款约中，扮演的是寨老助手的角色。

综观侗款的发布环节，始终隐含着一个基本的法律原则，那就是教化为先，惩处仅是补救；警戒为先，防范过失为目的。这是充满人性化的法规发布形式。这与合款中调解为先的执法思想如出一辙，因为它们都与侗款不具备行政强制权直接关联，也与侗款实施中不拥有专业执法队伍相依存，也正因为如此，才使侗款能在生计劳作的组织中可以发挥直接的规约作用，这与成文法以定罪为先的法律原则截然不同。

由于教化与警戒都需要反复重申，因而侗款的发布必须拥有更具持续性的信息系统，这样的信息系统在侗款中形式多样，但最具特色的形式就是"多标"。

"多标"（dos bius）是侗语加汉语复合书写形式，其中"多"（dos）出自侗语，含义是"放置"或"设置"的意思；"标"（bius）则出自汉语，含义是"标示"或"标记"。② 在侗族乡民中，这一语词的含义在于设置标记，节制不同种类的生产与生活活动。由于合款形成的款规和各家族村社的族规，几乎无所不包，涉及生产和生活的方方面面，而要求任何一位乡民全部熟记如此丰富而琐细的款规款约，几乎是办不到，就是那些半专业化的寨老们，也不可能全部熟记。在合款时都得互相提醒，这样一来，即使通过了精心安排的教化，仍然不可能使每一位侗族乡民在当事时准确地把握到底该按哪一条侗款侗规行事，这就要求在具体的场景中设置常识性的提示标记，使相应的款约和款规的关键内容具体化，这就是必须"多标"的原因。因而可以说，多标是一套物化了的信息系统，设置多标是要发送特定的信息，看到多标的人经过解读，从中明白了设置人要传达的信息，结合相关的款规款约后，再采取符合款规款约的行动，这才使款规款约的执行能真正深入到每一个侗族乡民的每一项生产生活行动中。

侗家的"多标"，名目繁多，用途很广。人们往往用一件用具，一个

---

① 石佳能：《侗族节日文化简论》，《中南民族学院学报》1992 年第 3 期。

② 韦明耀、郑光松：《多标》，载于杨通山、蒙光朝、过伟、郑光松、周东培编《侗乡风情录》，四川民族出版社 1983 年版，第 21 页。

细小的物件，一种或多种植物作为"多标"的标记。有用生产工具置于寨门的"寨标"，有用柚子叶挂在门口的"门标"，有用青草扭成田螺形状，放在青年男女约会地点的"约标"，而与稻、鱼、鸭生产最直接相关的有"田标""水标"等，这些"多标"对乡民行为节制的内容极其复杂。若不是长期生活在侗乡，人们往往会不经意忽略这些标记的存在，即令碰上了这样的标记，也往往无法准确地理解其间要传达的信息，原因在于这些标记获载的信息是在社会生活中长期磨合积累起来的。其获载的信息，与标记所用的材质、形状、放置的位置紧密相关。因而需身临其境，并熟悉当地侗族乡民的生产生活规律，并经过指点才能准确地把握标记需要传达的信息。

多标所用的材质，往往都是就地取材，而且与要传达的信息有较大的关联性。比如，"田标"是在号定的地块上，随手捡起三根茅草，挽成一个空心结，茅草的秆和穗在同一个方向，茅草秆的中部形成一个圆环，然后在地上插上一根树枝，将草环挂在枝丫上，其他乡民看到茅草穗朝下，就可以从中明白，这块地需要启用了。"多标"的形状也是传达信息的重要载体，比如青年男女约会的"约标"就是要用茅草挽成田螺壳形状，放置在岔路口，被约会的情人看到这样的"多标"后，就可以从形状中明白有人单独约会，不要从直路去，要绕道去会面。而田螺壳尖端的指向则是约会的地点。"多标"放置的位置也有讲究。为了使多标更加显眼，禁止通行一类的多标，在设置点的安排上都有章法可依。大致而言，总是在不该出现的位置出现了特定的事物，就能很自然地形成一种多标。举例说，将农具放在大路口，其含义就可以理解为，今天不在田间劳作，而在寨中休息。又如，将青绿柚子树叶插在寨门口或某个家户的大门口，由于所处位置偏离了自然状况，因而这样的多标就获得了禁止通行的含义。另一种与农业直接相关的禁止性"多标"，则是用小树枝做成，做法是将小树枝横着固定在两个木桩上，横杆离地仅有50厘米。这是一种禁标，意味着人可以通行，但禁止像牛这样的大牲畜通行。原来在岔路口设置的这种"多标"，标志着这条岔路通向农田，农田里的庄稼已经长高，牛通行时会损害庄稼，因而禁止牛通行。放牛的人看到这样的"多标"就得改道放牧，直到收割完毕，这样的多标也就随着时期而异。

上文已经提到稻作农业生计中稻、鱼、鸭的共生系统，就必须准确地把握三种生物物种的生长节律，实施精确的调控，但要做到精确调控却存在着诸多的困难。原来侗族实施的稻、鱼、鸭共生系统中，出于精确利用好每一田块特性的考虑，他们所种植的糯稻其品种构成极其纷繁复杂，不同的糯稻品种，不仅生长样态有别，种植期、生长期、收割期也各不相同。种植的实践表明，由于插秧时期参差不齐，不管是在阳烂，还是黄岗、占里和小黄等，整个插秧的区段前后长达一个半月到两个月，插秧的田块与等待插秧的田块乃至早已插秧秧苗已经返青的田块都毗邻存在。其中，只有秧田，或者是刚刚插秧的田块不能放鸭。那么，需要放养鸭群的乡民，如果没有明确的标示，就不能采取正确的行动。在这种情况下，"多标"的应用就显得至关重要了。

在我们的调查中，仔细分辨了与此相关的三种"多标"。其一，在田中插一根 1.5 米左右的木棍，木棍的尖端捆上青草和鸡毛扎成的实心结，这就是禁鸭标记。"鸡毛"意在提示禁止放养的类别是禽类，"青草"意在提示已经有农作物正生长。放养鸭群的乡民看到这样的标记，就会把鸭放到其他田块，既不影响放鸭，又不扰乱秧田。乡民的劳作由此获得了和谐与兼容。其二，"多标"若设置在刚刚插秧完的田块边上，其做法是有意将插秧后没有用完的稻秧 20 多根捆成一束，放置在靠近田坎入口处的田角上，这就提示放鸭的人注意，稻秧没有返青不要放养鸭群。放养的乡民就可以把鸭群赶到没有这一标记，秧苗已经返青的稻田中去放养。其三，稻秧需要"多标"去提示生长季，鱼苗放养也要借助"多标"。由于鱼苗放养的时间比插秧要超前，已经放养鱼苗的田块与没有放养鱼苗的田块也会在相当时间内毗邻存在，而哪怕是雏鸭群也会对刚刚放养的鱼花有危害，这就需要在放养鱼花的田中插上一个草人，表明鱼苗已经进田，放鸭的人不得把鸭群赶往这一田块。

上述三种"多标"是由每个乡民根据需要在春种季节而设置的，每到秋收时节，由于各个田块的收割进度也会拉长到两个月左右，已收的田块与未收的田块并存，已捕鱼的田块与尚未捕鱼的田块也会并存。为了协调放鸭、放牧与收割的关系也需要设置"多标"。最常见的一种多标是，在稻鱼已经收割完的田块中，特意留下三穗稻谷不予收割，使这三穗稻谷呈三角形排列，高高地耸立在田块中，看到这样的"多标"后，意在通知其他乡民，这块田不仅可以放鸭而且还可以放牛。至于田鱼越冬的泡冬田块，则要靠双重"多标"警示，一是要将越冬的鱼窝修葺一新；二是要插上草人，表明在这块田已经转移入了鱼苗，不能放鸭了。

除了乡民自己设置"多标"外，还有一些"多标"是为整个社区设置的。在黄岗，"活路头"至今还直接发挥着组织生产的功能，而"开秧门"是他必须主持的一项关键性礼仪。礼仪完成后，就必须在举行礼仪的那块田块，也就是"活路头"自家的田块中特意选定的一块田块中象征性地插上呈三角形排列的三株秧。这样的三角秧标，既是开秧门礼仪结束的标记，更是乡民陆续开始插秧的信号。看到这样的多标后，所有的乡民都会注意在放鱼、放鸭、插秧时观察各个田块中的其他多标，以确保每个乡民的每一项劳作都不会妨碍他人的劳作。除了在田中需要设置三角秧标外，由于这些活路头是分属不同房族的，而各个房族开秧门的时间又有差异（可以提前或者推后12天），而各个房族的田块又是毗邻分布的，鸭群却可以跨房族放养。因而，开秧门礼仪结束后，"活路头"还要将一束稻秧挂在自己家的大门口，这也构成了另一种"多标"，意在提示其他房族的成员，在放鸭时进入该家族田块必须留意，不要干扰该房族的生产作业。

当然，多标要行之有效，全赖寨老领导下的教化之功，通过教化使所有的乡民心正，一心为公益事业做贡献。但光有心正还不行，社区和谐生计必须追求精确化。在稻田中各田块、各糯稻品种、稻鱼鸭三个生物物种的有节制匹配，在林地中林木、间作作物也需要有序配置，使整个社区的生计劳作变得复杂化，致使任何一个乡民都不可能全知尽晓。即使是正了心，由于知之不全，行未必能都完全"正"，这正是必须仰仗"多标"去传达精确的具体信息，引导所有乡民行正，以此维护社区和谐生计模式的有序运行。由此可见，"多标"是教化的必然延伸部分，也是必需的辅助手段，最终确保所有乡民能够心行一致。

侗款的处罚绝对透明，惩处的执行回归于教化。侗款建构的立足点在于，家族村社内部血浓于水，亲情重于管理。因而非到迫不得已，决不会轻易处置任何一个人。诚如上文分析的那样，家族村社内部无不相知相识，在这样的社会氛围中，任何人的个人劣迹很难逃出群众的监督。这样一来，现代司法过程中极端烦琐的取证和法庭辩论，在这儿都变得无足轻重了。真正需要认真对待的倒在于，得由合适的人选来避开亲情秉公执法。为了解决这一难题，必须责成一个合适的人选，由他带领乡民按照款规款约，以公益的名义去执法实施处治。可以说，寨老或者今天已经演化成的老人协会是最好不过的人选群体。而寨老从身份上看，也是民众，因而他也不能单独发布处治命令，得由他充当召集人带领乡民共同对肇事者实施惩处。光凭这一惩处程序，我们就不难看出，在侗族社区执行过的任何一项惩处肯定是绝对透明的，包括被惩处对象也不得不心悦诚服，甘愿受罚。据于上述理解，不管在哪一个侗族村落，要收集到符合统计规范的案例数，事实上都办不到。有幸之处在于，在侗乡只要惩处过一次的案例，这一次惩处的所有细节，不仅当事人，而且人人都知晓，并且会形成代代相传、比照执行的典型审理案例，并成为侗款款规中的有机组成部分。这样一来，能到手的案例虽然不多，但无须统计也足以代表侗款"司法"处治的全貌。如下一个案例就具有这样的性质。

2002 年夏天，通道阳烂村民杨××，11 岁，上山偷摘了村里另一村民地里的西瓜，被西瓜主人当场抓获，但他不仅不承认错误，还动手打人，态度十分恶劣。老人协会知道后，跟村主任、书记商量，本着教育孩子的原则，更为了使村内其他孩子引以为戒，他们按照乡规民约决定对他罚款 300 元。由老人协会的负责人和村主任、书记一起到他家宣布处置办法，按惯例将所得的罚款买来食物让村民会餐食用，并在会餐上公布了杨××的所作所为及其处治决定。事后，他和他的父母都当众承认了错误。此后，杨××像变了一个人似的，在校认真学习，在家勤做家务，不再做偷盗之事。2006 年 6 月，他在初中毕业考试中以全校第一的优异成绩被湖南省长沙第一师范学校录取。但他准备报考重点大学而进入通道一中学习。他的事迹被乡民公认为是"金瓜育好人"。

在这个案例中，不少审理和处置的细节，显然是侗款审理不能正常进行后，才派生出来的新现象。比如，要村主任和支书参与就是一例，由于他未成年，传统的侗规不是责罚他，而是要惩处他的父母，这也与传统做法有别。还有在传统的侗族社区，乡民之间田中地里的产品，只要向主人说明，完全可以大大方方地取用，毕竟血浓于水嘛。因而单单为了一个瓜而偷盗，在传统的侗款制度下，这样的事情也不可能出现，更不要说要动手打人了，而且这样的罪名在当时也不能成立。然而，惩处不是目的，通过惩处发挥教化的作用才是侗款的本意，而上述案例恰好在这一点上得到了集中的反映。此外，他的父母陪同认错，老人协会在审理中发挥了关键作用。罚款所得由集体分享，在分享中大家接受教化，却是侗款传统审理方式的本来面目，而这一点恰好成了惩处为了教化的注解。

综上所述，侗款是侗族社区和谐生计的制度支持。无论是侗款的立法原则、款规发布方式、审理程序还是施法手段，都是为侗族社区生计和谐而设，因此，在具体的执行中常常与社区生计的运行息息相关。就这个意义上说，要维护侗族社区的和谐与稳定，有必要保护和传承侗款制度的某些精华，这也是建构和谐社会必须考虑的一个重要方面。

第三节 侗族传统生计的制度保障
研究：稻作梯田建构为例

任何一种生计方式都有其特定的制度体系来支撑，侗族地区的稻作梯田建构是一项劳神费时的社会工程。如果没有可持续运行的制度性保障，梯田的建设是不可能完成的，即使建成了也很难稳定运行，贵州省黔东南自治州的侗族集聚区的梯田建设就突出地表现出这一特点。当地的梯田建设制度，不仅维护了稻作梯田的规范使用，避免了使用权、所有权的纠纷，而且彰显了社区公益合作的人生价值，以为己利他的方式来保障区域的社会经济文化发展。

稻作梯田的建构是一项劳神费时的社会工程。尽管在不同的自然与生态背景下，其劳动力的投入与收获之间的比例会有所差异，但就总体而言，稻作梯田的建构都需要持续漫长的历史岁月，并付出艰巨的劳动，同时还需要知识和技术方面的支撑。因而，如果没有可持续运行的制度性保障，梯田的建设是不可能完成的，即使建成了也很难稳定运行。于此仅以贵州省黔东南自治州黎平县双江乡黄岗村为例，着重剖析侗族梯田建设的制度性保障。

社区命名制度与梯田水资源的保障。地名是人类历史活动的产物，具有丰富的文化内涵。这些地名是当地居民在长期的生产生活中不断积累传承下来的宝贵地方性知识。黄岗村寨内小地名多如牛毛，这些小地名不仅反映了当地侗族居民对所处生态环境的认知，而且命名制度也独具特色，其中隐含着严密而极其有效的社会激励机制，推动和维护着公益事业顺利运行。

　　黄岗村是一个边远的侗族山寨，全村有 41 平方公里。在这个不小的范围内，令人惊讶的是，每一块田都有自己的专用名称。这些名称的来源极其复杂，有的是以开田的祖公的人名来命名，有的是以田块的生态背景来命名，有的是以该田块适合种植的作物来命名，有的是以该田块上发生过的重大事件来命名，等等。以拓荒者的名字命名的田块尤其多，如"贵公田"传说是贵公开此田；"亚班"传说为"班"所造，故名"班公田"；"亚磅"相传为"磅公"所造，故名"磅公田"。黄岗人只要一听到某个田块的名称，就能联想出一连串生动的故事，并对其走向、生态背景、供水线路和水温高低、向阳情况都一清二楚。

　　不仅田块如此，黄岗的每一口鱼塘，甚至小到不足 0.1 亩的，都有自己的名称。其中，以人名命名的鱼塘也分两种，一种是以造塘人的名字命名，另一种是以后来长期拥有此塘的人名命名。另外，每条水路、每个洞槽、每条道路也同样有自己的名称。人造的石级和桥梁都有自己的名称，这些石级和桥梁大多并非修建者的名字，而是出资者或组织修建者的姓名。此外，自然生态环境也有自己的特殊的名称，一个侗族居民在丛林中什么地方抓到了蛇，什么地方发现了马蜂窝，都能通过这样的小地名做出准确的定位。

　　这些地名的密度大得惊人。尤其是 40 岁以上的老农，通过这些密集的小地名，可以对其从事生计活动所涉及的范围做到了如指掌。笔者利用 GPS 定位系统进行踏勘时，在黄岗一处南北长 32 米、东西宽 30 米有奇的狭小范围内，发现竟然同时并存着 40 多个小地名，而且都是村民历代祖先的名字，以至于根据当地侗族乡民提供的空间信息，能够在完全不知情的情况下，找到一件随意放置的小农具，甚至是捕捉黄鳝用的小须笼。

　　事实上，这样的小地名不仅是他们精确应对社会与自然的可靠工具，而且也是他们丰富多彩精神生活的具体写照。这些命名对黄岗人而言，是引导他们热心公益事业、为集体做好事的社会公德的载体。有了这样的载体，每个侗族居民都会不遗余力地参与社会公益活动以换取永生的小地名命名权，给后世子孙留下永久的记忆。遗憾的是，此前的研究比较关注这一层次荣誉建构对社区凝聚力提升的作用，却很少有人关注这样的荣誉建构对资源的再配置所能发挥的作用。

　　黄岗每一个空间地名命名的背后，都隐含着一段对资源实施再配置的佳话，记录着每一次资源的人为改造。从和黄岗侗族乡民对地名的闲谈中，可以准确地知道哪一丘田、哪一口鱼塘缺水，可以从哪一个渠道配水，以至于错落有致的稻田和鱼塘在整个生态区不管是下雨，还是天旱，水位都能够保持适中。在黄岗，荣誉属于家户和个人，但资源再配置的成效却由所有黄岗人共享，甚至还可以惠及江河下游的居民。

众所周知，侗族的原有生息地主要密集分布在山间河网坝区，而黄岗村却位于低山丘陵山区，地表的崎岖不平与河网平川截然不同。要将河网平川的自然生态背景搬到崎岖不平的丘陵山区，其难度和工程的浩繁可想而知。在这里，稻田、鱼塘、灌溉渠、渡槽、暗渠等不是统统布置在一个反差不大的平原上，而是建构在相对海拔差距高于 500 米的崎岖山区。① 有人将云南元阳哈尼族的高山梯田赞誉为"对大地的雕塑"，这样的赞誉同样适用于黄岗。

如此浩繁的资源再配置工程，不仅需要不断兴建，更需要持续维护。维护的驱动力也来自于家户和个人荣誉的建构。笔者的实地调查表明，人造物的命名并非永恒不变，组织工程维修的家户和个人也具有命名权，而且如果维修的公益价值超过了兴建者的，维修者的命名还可以取代兴建者的命名。所以在黄岗人造建筑的实际地名中有 3 种类型：一是以兴建者命名；二是以兴建者和重修者双重命名；三是以维修者命名，甚至是两次维修者命名。可见，黄岗的地名还能与时俱进，与其公益价值和社区的紧迫需要相适应，从而形成资源再配置的可持续推进和不断地创新、不断地改写。正因为有这样的社会驱动合力，才出现黄岗村"立体河网"的宏伟建构。如果只看到这一资源配置的现有功绩，而看不到荣誉建构的作用，显然是对黄岗命名习俗功能评估的缺失。今天看到的大地"雕塑"，正是荣誉建构超长期积累的总和，而且它还要无限地延伸下去，使黄岗的资源再配置变得越来越好。

侗族乡民的制度性保证，还为稻田做好了配套水利建设。乡民将鱼塘与稻田联网，河流与鱼塘串通，人工的饮水设施明渠、暗沟和涧槽交错设置在稻田和鱼塘之间，确保每一块田都能够做到排灌自如。再加上沿山设置的拦山沟和引水渠，坡而只要出现地表径流，绝大多数稻田都可以获得有效灌溉。

---

① 罗康智、罗康隆：《传统文化中的生计策略：以侗族为例案》，民族出版社 2010 年版。

　　与此同时，当地社区还通过协商方式建立了稳定沿用的用水规章，在所有的河渠上都设置有分水坝，可以精确控制每一块稻田的水位高低，对地表水面高度的控制，精确到以"厘米"计。水稻品种特异的生物属性，加上社区的制度性保障和配套的水利设施相互结合的成效体现为，每一块稻田在生长期都不会遭遇脱水的风险。这就意味着当地侗族文化对环境的适应能力，已经化解了客观存在的不利自然因素，确保在不利于水稻种植的地区实现了梯田水稻种植的稳产和高产。

　　社区的密切合作与梯田风险的化解。确认并持续稳定社区内外资源的疆界，得仰仗"侗款"。这是以习惯法建构起来的资源配置规范，结果仅仅起到稳定资源权属的作用，而落实到社区、家族、家户和个人 4 个层次上的资源又不可避免地具有多重性和复杂性，因而也自然具有多重利用的可能，也需要对这样的资源实施多元化的利用。这就意味着让资源的再配置获得运行的动力，仅仰仗"侗款"是远远不够的，必须拥有另一套建立在习俗之上的资源利用规范。对所有权明晰的所有资源实施人为的再配置，以便获得符合侗文化需要的资源再配置。黄岗侗族社区在完成后一项任务时，主要是通过荣誉的建构去完成的。

　　黄岗村的每一个侗族乡民都表现出令人惊讶的荣誉感，具体到黄岗村与友邻的村寨而言，每一个乡民都十分珍视黄岗的荣誉，并竭力增加黄岗村的荣誉，而增加这种荣誉的途径，除了村寨之间的"吃乡思""月地瓦"①"千三款"等内部的节日聚会之外，黄岗人和其他友邻村寨之间的私人交往也能够发挥这样的功能。举例说，黄岗人在近 30 年来培育出了一个新型的优良糯稻品种，黄岗人称之为"苟列株"。其侗语含义是"九月糯"。由于这个糯稻品种不仅产量高，对自然环境的适应性强，而且非常适合在次生林背景下生长，而这一品质恰好符合近年来黄岗生态背景变化的趋势，因而这个品种深受黄岗人的喜爱，差不多占到整个黄岗糯稻种植面积的 54%。此外，这个新品种不仅在黄岗十分适宜，在友邻村寨也十分适宜。于是，友邻村寨的侗族乡民纷纷通过各种社区渠道引进这一新品种。引进以后，按照当地荣誉建构的习惯，将这一新品种改称为"苟

---

　　① 杨正功：《侗族青年月地瓦活动及其源流试述》，《中南民族学院学报》（哲学社会科学版）1989 年第 2 期。

黄岗"，其含义是黄岗村人培育成功的糯稻。看上去好像仅是一个品种名称的改动，但这个改动会被所有人很自然地理解为是对黄岗人的一种赞誉，提高了黄岗在这一地区的社会地位，黄岗人也因此感到无比的自豪。在荣誉的背后，还驱动了当地作物品种、鱼以及采集等的再配置，务使这样的生产活动与"苟列株"的生产节律相吻合。从这个实例中不难看出，在当地侗族文化适应的机制中，拥有应对环境变迁的灵活调控机制，也有可以应对社区之间和谐关系建构的因素。

黄岗村5个鼓楼的房族之间既是竞争的对手，又是相互支持的伙伴。竞争与合作的驱动力也来自于房族之间荣誉的建构。每年的农闲季节，黄岗村寨内部的上、下片区之间，也就是黄岗村的南面3个鼓楼和北面的2个鼓楼之间，都要相互集体做客，举行盛大的"抬官人"和"多耶"等活动。做客照例是不送礼的，但接待对方时都具有"夸富宴"的性质。村民们都会竭尽全力去提高接待的规模和食物的丰盛程度，还要展示自己的慷慨无私和热情周到，为的是赢得对方的赞誉，并进而形成生活中的谈资。得到对方称赞的食品、礼仪乃至是歌手的出色表演等都会成为来年驱动资源再配置的动力，也引导了资源利用的新取向，从而使产权明晰后的资源在利用时，可以根据需要做出灵活的调整，积累成新的资源再配置格局。上文提到的"苟列株"在这一地区的推广也与这一荣誉感的建构直接关联。

再比如，最南端的"禾晾鼓楼"拥有一口集体公有的大鱼塘，鱼塘产出的鲤鱼分配到该鼓楼的各家户后，他们都将之制成腌鱼，成为过年时招待北部片区2个鼓楼成员的佳肴，并在整个黄岗获得了众口一词的赞誉。于是，该鼓楼成员精心维修、扩大、管护这口鱼塘成了半个多世纪以来的集体行动。尽管在这半个世纪中，外部政策和社区管理发生了各式各样的巨变，但这口鱼塘的集体"公有"性质却能够稳定地延续到今天，几乎没有受到任何冲击，而且鱼塘的规模还得到了扩大。笔者的调查表明，这口鱼塘不仅是一个鲤鱼的生产基地，还是一个梯田水资源的调节枢纽。正是因为这口鱼塘的存在，该鼓楼海拔较高的所有稻田都不会缺水，甚至是在极度干旱的2008年春季，秧田也还能够正常地育秧。水资源的再配置需要能够免遭外界的冲击和个人利益诉求的肢解，荣誉感在这一层次的建构中发挥了无法替代的作用。集体的、鼓楼的荣誉感实质上节制了个人短期的私欲膨胀。

　　侗族地区梯田良性运行得力于侗族社区的制度保障。社区制度的设置、执行、监督和再调整都是侗族文化规约下的产物，而对人口容量、资源和民族生境的节制，又以社区规则为调节枢纽，因而侗族地区梯田的运行无论其内容、运行方式，还是运行的目标都与社区的规则紧密联系在一起。在人类社会的一切生产活动中，不论是小农经济，还是手工作坊生产，甚至大机器生产，都要求人们在生产过程中必须进行广泛的合作，也正是在这种广泛的合作与互惠关系中，潜藏着人与人之间在利益分配基础上的冲突与纠纷的可能性。因此，不仅合作需要有规范，而且调解各种利益分配基础上的冲突与纠纷也需要规范。在这些规范中有些规范只是约定俗成，不牵涉人们之间的利益关系，而有些规范就特别涉及人们的利益分配问题，梁治平将前者称为普通习惯，将后者称为习惯法，"普通习惯很少表现为利益之间的冲突与调和，单纯之道德问题也不大可能招致'自力救济'一类反应，习惯法则不同，它总涉及一些彼此对应的关系，且常常以利益冲突的形式表现出来，更确切地说，习惯法乃由此种种冲突中产生"。[①] 然而不论是普通习惯还是习惯法，其实都是一种人们在劳动和生活中达成的默契或共识，又是一种公认的行为规范或惯例——"社区制度"，所有这些规范或惯例就构成了特定共同体社区的制度。

　　在任何经济活动中，制度是一个基本要素。制度和土地、机器一样，也是社会生产方式的一部分，如果不运行，土地、机器就一文不值。没有生产、交换和分配的某种制度秩序，机器就不能生产，不能从生产者手中转移到使用者手中，不能被使用，其使用成本和收益也得不到价值体现。这种制度秩序本身就是一种资本形式。[②] 然而，传统的主流经济学家们往往忽视了法律与经济关系之间的联系，其实，所有的经济主体都是在法律或具有同等效力的规则所规定的条件下从事活动。这一社区制度建设具体到对生态环境的维护而言，使侗族地区的梯田运行不仅获得了制度保障，也达到在梯田经营中对资源的高效利用与生态环境的精心维护。

---

① 梁治平：《清代习惯法：社会与国家》，中国政法大学出版社 1996 年版。
② Berman, Harold J., *Law and Revolution: The Formation of the Western Legal Tradition*, Cambridge, Mass: Harvard University Press, 1983.

第四节　侗族"栽岩"的神圣性与社区"资源边界"的稳定

人类社会的一切生产活动，都要求人们必须进行广泛的合作，也正是在这种广泛的合作与互惠关系中，可能潜藏着利益分配上的冲突与纠纷。此前的研究者总是凭借推理，放大了人与人之间的冲突与纠纷。人们都很自然地认定，在单位面积内，在单位时间内，资源的产出是一个定数，而且人类没有力量去改变这一定数。然而，考虑到资源构成的极端复杂性和民族文化适应的高度能动性，上述结论显然大有修正的必要。本文正是以来自黄岗侗族社区的调查资料为基础，借以证明社区规序的建立和执行，可以在一定限度内提高单位时间和单位面积内的资源产出水平。同时，还能够兼顾到对生态环境的维护。这样的社区规序可以妥善解决资源有效配置的难题，维护个人资源分享上的和谐和稳态延续，以及人际关系的协调。

人类得仰仗资源为生，而解决资源稀缺的办法——"战争"绝非唯一途径。人类拥有文化，可以依赖文化去解决好生存资源的高效配置难题。不同民族面对着不同的生态背景，都有自己独特的历史过程。同时，不同民族立足于本民族特殊的历史过程，及其对所处环境所做出的适应，共同模塑出各不相同的手段和方法来，以此妥善地解决人口与资源之间的各种难题。作为一个既没有经受过毁灭性战争，又没有经受过重大自然灾难的民族，侗族的历史过程长期处于不断扩散之中。由于天灾人祸胁迫而发生的民族迁徙，在侗族历史中几乎找不到踪影。① 独特的历史和成功的适应积淀起了一系列文化策略，并成为侗族社区化解人口与资源矛盾的优良传统。在资源配置中，不仅合作需要有规范，排解各种利益分配上的冲突与纠纷更需要规范。② 这些规范的总和可以合称为"社区规序"。社区规序是约定俗成的，它既是特定社区在劳动和生活中达成的一种默契或共识，又是一种公认的行为规则和惯例。

在任何经济活动中，制度保障是一个基本的文化要素聚合。制度与社区资源一样，也是社会生产方式的一部分，如果制度不能对资源的领有和稳定使用提供保障，资源的再配置就将无效，社会的运行也必然随之而出现紊乱。

---

① 罗康隆：《这是一个最爱他人的民族》，《中国国家地理杂志》2011 年第 5 期，第 128 页。

② 梁治平：《清代习惯法：社会与国家》，中国政法大学出版社 1996 年版，第 165 页。

因此，制度是资源有效运行的有机组成部分。也就是说，一个国家、一个社区，如果没有稳定的资源保障制度，没有明确的资源责任和权利，那么其经济活动将是无序而低效的，[①] 因为所有的经济主体都是在法律，或具有同等效力的规则所规定的条件下才得以正常运行的。这也正如在经济运行中，如果"没有生产、交换和分配的某种法律秩序，机器就得不到生产，不能从生产者手中转移到使用者手中，不能被使用，其使用成本和收益也得不到价值。这种法律秩序本身就是一种资本形式"。[②] 然而，不论是传统的主流经济学家们，还是人类学民族学的研究者们，往往对草根社会的制度体系与资源有效配置之间的联系缺乏积极的关照，对具体社区仍然有效的传统资源配置方式的个案更是缺乏探究的激情。本文仅以贵州省黎平县黄岗侗族村落的"栽岩"为例，意在揭示蕴含在侗族文化中的生存智慧，及其所表现出来的社区规序，阐明侗族的文化建构正在于将社区生计资源的丰沛与匮乏在文化的制衡下得到有序配置，达成侗族文化与环境的耦合，建构和谐的人地关系。

村落的"栽岩"与资源边界的确定。不论是传统社区，还是当代社会，资源边界的稳定都是资源配置有效的前提，也是社会有序运行的基本保障，更是人们能够安居乐业的制度性支持。然而，不同文化的社区对稳定资源边界的策略是不尽相同的。在侗族乡村社会中，为了稳定资源边界所采用的文化策略就是在边界"栽岩"与"埋碑"。

"栽岩"也称为"埋岩""竖岩"。它是确认侗族社区范围的一种认同仪式，又是习惯法确认的资源边界标识。在黄岗，不论是村落与村落之间、家族与家族之间，还是家户与家户之间的地界都是通过"栽岩"加以确认并得以稳定延续的。要使"栽岩"定界有效，前提是必须得到当事各方的公认，这就需要举行庄严的公认仪式。实现其公认性的手段是神圣而庄严的仪式过程，即是在举行隆重的合款仪式时，埋下一块石头代表大家订立的各条"款规"生效。这一标志一般是一块长条形的石块，尺寸并无具体规定，可以大小不一。它是在参加合款的各村寨、家族、家户代表同意后竖立的见证物。

"栽岩"是神圣的社区行为。一位寨老告诉我们说："栽岩时，不仅

---

① [美] 吉利斯等：《发展经济学》，黄卫平等译，中国人民大学出版社 1998 年版，第 157—158 页。

② Berman, Harold J., *Law and Revolution: The Formation of the Western Legal Tradition*, Cambridge Mass: Harvard University Press, 1983, p. 557.

要请与之相关的寨老参加，更要请侗族社区里能够通神的'祭司'，去邀请历届的祖先前来参与。在活动中最为重要的环节是，经过寨老们，或者款首们商议所达成的'款规'，要由社区'祭司'禀告祖先（灵魂）。然后宰杀公鸡，将鸡血浇淋在准备埋下的石头上。最后将淋有鸡血的石头，埋到当事各方公认的山林、田土等的分界线上。"所埋的石头可以是"青石"（石灰岩），但更多的是"白石"（水晶岩），还可以埋"木炭"。只要它能够稳定存在，对款规的神圣性和长存性能够发挥见证和象征功能即可。乡民认为，这些用鸡血淋过的"石头"或"木炭"已经获得了灵性，因而是不可随意移动的，一旦触犯，肇事者必将招致败家、绝后之祸。而只有双方发生争执时，在社区的祭司、寨老，或款首的监督下，才可以挖出所埋的"石头"，或"木炭"取证，以此判决当事各方的是非曲直。因此，一旦栽下了"石头"，土地的权属关系也就得到了当事各方的一致公认。之后，侗族习惯法就获得授权，可以严厉惩处"移动界石"的不法行为。其目的是为了保护社区、家族、家户等不同层次之间的资源权属关系。这种形式的"栽岩"，其功能相当于侗族社区公认的"土地法"。

与"栽岩"的宗教仪式相对应，在他们的"款词"中，也保留着人人遵循的"款词"。"款词"的核心内容，可以意译如下："屋架都有梁柱，楼上各有川枋，地面各有宅场。田塘土地，有青石做界线，白岩作界。山间的界石，插正不许搬移。林中的界槽，为好不能乱刨。不许任何人，推界石往东，易界线偏西。这正是，让得三杯酒，让不得一寸土。山坡树林，按界管理，不许过界挖土，越界砍树。不许种上截，占下截，买坡脚土，谋山头草。你的是你的，由你做主；别人是别人的，不能夺取。屋场、园地、田塘、禾晾，家家都有，各管各业，各用各的。"另一段"款词"也可以与之相互印证："说到山头坡岭，田土相连，牛马相聚，山林地界，彼此相依。山场有界石，款区有界碑，山脚留界石，村村守界规。不许任何人，砍别人的树木，谋别人的财物。"[1] 类似的"款规""款约"，或者"唱词"流传于整个侗族社区，对所有侗族居民都具有不容争辩的约束力，[2] 以至于社区

---

① 湖南少数民族古籍办公室（杨锡光，杨锡，吴治德整理注释）：《侗款》，岳麓书社 1988 年版，第 89—90 页。

② 关于对侗族"款约"的内部约束力的理论分析，可参见杨昌嗣《侗族社会的款组织及其特点》，《民族研究》1990 年第 4 期。

的边界不仅是竖立在地上，更是竖立在他们的心中。只需剖析黄岗的实情，就可以感悟到侗族人内心深处"界石"的稳定与神圣。

在黄岗，山峦起伏，沟壑纵横，山连山，土接土，外人看不出任何的界限来，也不见任何明显的地理分野标志，但在黄岗人心目中，山与山、土与土之间的分界清楚、明晰而且准确。在他们的心目中，山、土之间布满了密密麻麻的分界线，既有与外村落的分界线，也有本村落家族之间的分界线，还有家族内各家户之间的分界线。即使是"公山"，也是具体落实到特定家族，或者某些家户。也就是说，在黄岗侗族社区，根本不存在权属不明的"公共地"。其实，在人类生存的地理单元中，本来就没有什么"公共地"，西方学者唠叨的"公共地悲剧理论"，在黄岗，其实只是一种面壁虚构而已。通过神圣的"栽岩"仪式和乡民之间的"款词"背诵、传播，最终使得这儿的每一寸土地都各有其主，称为"公山""公地""公共鱼塘"，甚至是"公田"的不动产，其实都各有其主，只不过它们的主人不是个人，而是一群具有共同权责义务的个人聚合而已。其中的个人与个人之间，在权责义务上还可以有所不同，所谓的"公山"等，事实上仅仅意味着它是多个主人按习惯法领有和使用，而绝不是任凭一切人自由进出的无主空间资源。在黄岗，它们被称为"公"，仅仅是指相关资源由多家户共同管理和分享而已。因此，在黄岗从来就不可能发生"公地的悲剧"。

为了确保"栽岩"确定的地界具有不容置疑的准确性，并能在发生地界纠纷时，兑现当事双方都能获得公认的合理性和公正性，黄岗社区的寨老们还将"栽岩"所确定的边界走向和沿途的关键地名刻在石碑上，并将石碑埋入地下，使之能够超长期保存下来。这样的仪式被称为"埋碑"。一旦有边界纠纷，经过预定的宗教仪式后，再挖土掘碑，取以为证。调查中，在寨老与社区宗教领袖的同意并带领下，我们对社区埋入地下的社区边界碑石，做了挖掘取证。结果发现，在黄岗埋有三块专门记录黄岗边界的石碑，还有七块辅助性的碑铭。在征得寨老的同意后，我们抄录了这些碑文的部分内容。

碑文一为：

"立议条规为黄岗寨齐集关合七百苗寨山场管理黄岗寨分管下山场地界之立碑"。

"黄岗寨山场管下地界：从地名光略到登交，上到光弄王，随过光纳岭，过到告起定，下到天起义，随上地油当，过到登公乐，过起述大田二丘田埂边，过到光卡守，往左下到规河口，随下河水到扒弄养，下到规贯河岔，过起托半坡，下到归密中寨，河水上到扒真为止，断落黄岗寨管下。

望我子孙万代传口线界之碑，永远遵照。

七百首人龙林、老弟、老三、老到同心立碑
道光二年七月十六日"

碑文二为：

"立议条规为黄岗齐集关合七百苗寨①山场管理，黄岗寨分管下山场地界立碑。黄岗山场管下地界：从地名光略过到登交、上到光弄王、随过杠纳岭，过到告起定，下到天起议、随上地油当，过到登公乐，过起述大田二圫田坎边，过到光卡守，往左下到规垂河口，随下河水扒弄养，下到规贯河岔，过起托半坡，下到规密、中集，河水上到扒真为止。断落黄岗寨山场管下，望我子孙万代口传，践界之碑永遵照。

七百首人：龙林、老弟、老三、老到同心立碑
道光二年七月十六日立"

碑文三为：

"立议条规为七百大小村寨齐集开会誓盟合志同心，事为因围山垅上抵自洞丈，出岑告寨，中过岭，来彭落登脉上，扒店与四寨公山，下抵自石鼓庶、上纪天，出水杂、上弄、述下、纪棚、孖过、勾留、流破，过向仑，出到勾栏，与小黄、占里交界，自公议公山之后，不得生端，七百大小村寨不拘谁人埋葬，不得买卖之，故随心随葬后，尚有谁寨私卖与别人，七百查出，罚钱五十二串，如有某名私买私卖者，一经查出，罚钱十二串，尚有别人占霸我等公山，六百小寨必要报明示众。我等七百首人务要同心协力，有福同享、有祸同当。今天天敌誓盟公议，以免后患，永保无虞，所立此碑，永垂不朽。

---

① "七百苗寨"：指从江县的桥里、邑八、占里、党口、光硕、务送、弄盆、摆娘村和黎平县的岑告、反比、黄岗村。黄岗为"七百苗寨"之首。

　　七百首人老三、老翻、老到、龙林、老第、老银众心立碑

　　　　　　　　　　　　　　　　　　　　道光二年七月初十日"

　　这三块碑文都刻于道光二年（1822），且有两块是刻于同一天（七月十六日），而另一块则在此前六天已经刻好。据此可知，这三块碑显然是当事各方在专门合款达成共识后，将确定的公认边界一次性刻成碑石，以志永远。在调查中，我们发现在这一时期，黄岗以"七百苗寨"之首的资格与所在地的"千三款"各村寨举行了庄严的"合款"仪式，而这次"合款"的目的就是专为确定相互的边界而举行的。这三块碑文就是这次"合款"中，当事各方公认边界的见证。从道光二年（1822）到1982年的160年时间里，人们一直按照这次划定的边界管理各个村寨的资源，这三块边界碑就成为黄岗与周边村落的资源"权属法"，规范着人们的行为。我们通过对这三块碑文内容的核定，并与寨老《七百深苗边界》[①] 念词做了比照，二者所指定的地界完全吻合，稍有差异者仅在于侗语汉译时的记音文字略有差别而已，但这并不妨碍村民对其边界的认同。

------

　　① 笔者笔录的《七百深苗边界》念词："我小的时候，与外公一起去放牛，外公常给我讲我们'七百生苗'的边界"，并说"日后你们要牢记，老的常谈，年轻的要常记"。"七百生苗"黄岗边界的款词如下："我们黄岗的山界从'芭沙'开始，从机受的大田下过，直到'公罗'鱼塘埂，下方为六洞五百所属，直抵独洞村尾渠埂。走过'油当'斜坡，往上才属于黄岗村的山坡。'岭高'山脊平分，直至'机丁'山梁。爬上'奔怕'山岭，来到'银沙'青杠林，山以分水岭来分，从'铜锣'坪边均分，双方同意，直至'弄蟒'为止。以上为'七百生苗'与'六洞'分界线。""从'大溪'的岭上下，沿着'登叫'的山路走，直抵'亚水'坳，下半部为小黄地界。再沿'经定'冲道路走，走出'光苗'坳，从此平半分。爬上'得归'山梁，沿着'亚令'道路行，走出'机当'棉地，即达龙门田块，直至冷水田中。爬上龙秀岭，通到'光阴'坳，约来商量，剩下引内、婢宁两地。那要黄岗的人去往，要蜡军家族的人去守山，要'钱银'头大家族的人去守候。河从邑横分，山从'机定'（地名）来隔，以下为'二千九款'，以上为'七百深苗'。""合款发誓，杀猪来分山界，杀牛来定田块，住哪山得那山，弄盆（苗寨，今20户左右）来帮守山，当苟（侗寨）来帮守鱼，占里和黄岗守江山，还剩下岑高（苗寨，现50—60户）、歹碑（侗苗杂居村寨，100户左右，侗苗各占一半），他们还得守鱼塘。田地各有主，荒山仍共有。谁人占他田，死无后，谁人强占他人山，死灭绝。'七百深山苗'，土地绝不让外人来入侵。""以下如四寨分界，分山分河，从'梦懂'深潭分，一公一半。爬上'来盆'山岭，一半分给四寨。跨过'铜虽'斜坡，直至河谷，来到'岑高'村，从它的老寨尾过，直分到岑高的山路，转回到'归节'溪边，以'岑帮'山脊为界，还要顾及'心八'岭，来到'邑敬'山头，沿着'定盆'深山头走，直抵'三岭三坳'。再说往下走，来到'贵密'中寨，从其偏坡平分，沿到'弄心'大山，直到'归埂'溪，以吴勉岩为界。直上分到'黄鳝尾'为界，再落到道路下，直抵'弄斗'溪口，转回到最初的山坳。"笔者对比2007年5月3日与2011年5月2日所记录的两次"七百生苗"边界款词，一字不差。

"岩法"与当代边界纠纷处理的有效性。我们在查阅黄岗村的档案时，发现黄岗与周边村落发生三起边界争执的记录：第一次是 1982 年与独洞村发生山林纠纷；第二次是 1985 年与从江县小黄村的纠纷；第三次是 2000 年与贵密村的纠纷。这三次纠纷的具体过程经取证后，都能做到逐项查实。在 1982 年的山林纠纷中，政府调解部门以黄岗山林面积大，而独洞山林面积少、人口多为由，将黄岗的 1000 多亩山林协调给了独洞村。由于这样的调解方式与侗族的习惯法相左，因而 1985 年再次引发了第二次纠纷。对纠纷的不断出现，邻近的村子也表达了他们的意见："上面（指出面调解的上级政府）来处理，不依据任何传统法规，而是根据当前的山林多少、人口多少为依据，能够争到土地就是好事，没有什么可怕的。"这番话成了此后更多山林纠纷的"开场白"。不久，邻村又向黄岗挑起了争夺山林事端。这次政府部门的调解，仍然是以黄岗山多人少为由，将双方争执的山林"协调"给了邻村。黄岗人对这两次山林纠纷的调解一直不满，但出于当时特定社会环境又不得不屈从。主要原因是这两次山林纠纷发生在农村山林田土实行承包责任制执行之初，国家对乡村资源的管理才开始有点松动，但国家对乡村依然执行着绝对的管理权，而乡村"寨老制"的管理权力还未恢复。正是国家权力在乡村转型的期间，一些不法分子就钻了国家政策与法律的空子，利用各种借口对国家控制下的资源进行分割。于是，这就导致了乡村之间各种山林纠纷的进一步激化。当时的地方政府面对这样的纠纷，最先想到的办法就是按照国家相关的政策与法律去处理，而不可能考虑到靠传统乡村社会的习惯法来处理类似的纠纷。在这样的背景下，黄岗村的山林就被当地政府"协调"给了周边的村落。然而，这样的协调由于是政府行为，而地方政府干部都要换届，国家的相关法律法规也在时间的推移中，会有新的法律法规出台。在这样的情况下，此前看似已经协调解决了的山林土地纠纷，不久后还会重新激化为新的事端，以至于土地管理埋下了理不清的隐患。

有鉴于此 2000 年，在处理贵密村与黄岗村发生的山林纠纷时，办法就大不相同了。发生纠纷的地点在"三岭三坳"。在处理这场山林纠纷时，政府改变了以前的做法，不再以黄岗山林面积大为由，把争执的山林协调给贵密了，而是把两个村寨的寨老集中起来，根据"款碑"的记载与"款词"的记录，让双方坐下来协商解决。在边界的"款词"和相应的款碑中，均有"三岭三坳"地方归属的明确记载。于是，政府和寨老都以这样的记载为依据，在解决纠纷的过程中，还实地踏勘当年制定款约、划定界限的"裁岩"。① 为了验证这次纠纷处理的真实性和合理性，笔者也实地踏勘了当年埋下的"裁岩"。②

2007 年、2010 年、2011 年，我们三次到黄岗进行调查时，都访问了当年与黄岗发生过山林纠纷的村落的寨老和普通乡民。他们都认为 1982 年和 1985 年的山林纠纷处理是欠妥的，是不符合传统规范的。他们还谈道，在 1982 年，独洞与黄岗发生山林纠纷时，与黄岗交界的占里、四寨、伦洞、龙图等寨的寨老都曾出来做证，按照古老的款约，都认为所争执的林地属于黄岗。然而，在 1000 多亩林地被政府判给独洞后，独洞人则反过来指责这些寨老没有帮他们说话。可是，无论怎么指责，这些寨老都说，这是"七百生苗"款约的规定，因为那里有"裁岩"做证，不是为祖护哪个村落。寨老们的秉公执"法"在其后的事态发展中，得到了所有侗族社区的认同。到 2001 年，黄岗村为了修一条通往耕作区的乡间简易公路，需要从"裁岩"处通过。经过相关村寨的村委会和寨老们讨论后，决定不能移动"裁岩"，必须绕开"裁岩"，因而只能将公路改道。最后，当事各方都支持公路改道修建，以确保"裁岩"的神圣性和权威性。在这一次改道中，连此前钻了国家转型政策空子、占过便宜的村子也深感愧疚。他们意识到如果不尊重传统，那么在他们占到便宜的同时，也就埋下了吃大亏的隐患。黄岗人没有计较自己吃亏，主动回归传统，同意和支持公路改道，维护"裁岩"的神圣与庄严。

黄岗针对社区资源边界的稳定，以"裁岩"来予以保障，体现了侗族的生存智慧。资源领有的超长期稳定是侗族社区和谐生计得以稳态延续的基础。从黄岗侗族社区对村落、家族与家户之间的边界的认同，以及社

---

① "裁岩"又叫"竖岩"。当寨里发生争执或纠纷时，寨里的老人便召集大家集合，讨论怎样解决争端。等大伙商量出结果后，便用埋石头的方法来加以记忆，这种寨民集会后来就叫作"竖岩会议"。"裁岩会议"后，并举行"裁岩"，确定地界。为了便于记忆和流传后代，侗族的歌师们就把一块块岩规的内容编成韵文来传诵。

② 黄岗与贵密发生山林纠纷而"裁岩"的地名叫"三岭三坳"，埋有一块三棱形的石头，高 75 厘米，三条边长分别为 83 厘米、52 厘米和 38 厘米，石头的三角分别指向一岭两坳，作为两寨山林的分界。

区成员对边界权责义务权威性的认同，最终使"裁岩"和"合款"所确认的资源权属关系成为一种无文字的契约，而且得到了社区成员的共同遵守，规约着社区每一个成员的行为。

"共同的惯例和传统在一个团体中的存在，将使人们能够和谐地在一起工作。"① 因此，只要一种行动体系在它的文化中具有合法性，人们就只能在"文化的网络"中"妥协"，相互都有责任遵守规范。如果人们的行为不符合这个规范，那么就会在社区、家族，或者家户内部受到排斥，甚至受到严厉的惩处。当奉行这些规范的人认为正义得到维护时，便会感到鼓舞。相反，便会感到愤怒。在这里，集体意识造就了生计资源有效配置的社区规序，同时集体意识能够不断延续和强化这种社区规序。黄岗人其实是在社区规序的荫蔽下，共享着社区之间、家族之间和家户之间三个不同层次之间的社会和谐，因而有余力从容地展开资源的人为再配置，使整个黄岗社区的资源配置服务于侗族乡民的传统生计。在高效利用资源的同时，又实现了对资源的精心维护。黄岗侗族的社区规序，虽然没有可以在各地流播的文本，但就是这种一诺千金的"款规"，同样可以营造人地关系的和谐。本个案涉及的范围虽小，但却揭示出民族文化潜力的广阔前景。

对于侗族社区的整体规序而言，个人追求什么样的具体目标并不重要，关键在于家族的整体利益是不能被损害的。② 从特定层面上讲，个人利益和个人目标，最终只能在家族整体利益和目标得到实现之后，才能得以实现。由此可见，把个人行动整合进社区成员共同凭依的社区规序，就其本质而言，并不是要彰显个人行为的自由，而是要表明个人行为必然要受该社区内部文化规序的支配和制约。社区规序的设置、执行、监督和再调整都是民族文化规约下的产物，而对人口容量、资源和民族生境的节制，又须以社区规序为调节枢纽，因而侗族社区规序的设置无论其内容、运行方式，还是运行的目标都与其他民族不同。其有效性只能立足于侗族文化去做出评估，而评估的结论又可以在不同的民族中实现沟通与共享，

---

① ［英］哈耶克：《个人主义与经济秩序》，贾湛等译，北京经济学院出版社1989年版，第23页。

② 粟丹：《传统侗款的法文化探析》，《贵州社会科学》2008年第12期，第110页。

因为任何一个民族的制度建设具体到对生态环境的维护而言，都不要求对原生生态系统做到一成不变，而是要按照民族文化运行的需求，实现对生态环境的改进，具体表现为该民族的生境。然而，任何一个民族内部的规序建设在效用上都是等同的，都是资源的高效利用与生态环境的精心维护相兼容的结果。

第五节　侗族四季律法与生计秩序安排

我国是由 56 个民族组成的大家庭，在历史长河中每一个民族皆有自己的发明和创造，都有自己特有的科学和技艺，侗族也不例外。在长期的历史发展中，侗族人民曾经创造过自己的科学和技艺体系。然而，在旧社会由于民族之间并不平等，少数民族的科学技艺往往遭到封建文人的贬斥，以至于在汉文献中很难窥见其原貌，甚至在与汉族涵化的过程中被淹没掉。历史上留下的鲜误，到今天是应当加以匡正的时候了。本文拟以侗族传统历法的复原为例，希望让大家看到侗族先民在天文律算上的卓越创造，期盼唤起学术界同人对少数民族科学技术研究的重视，并以此增强少数民族的自尊、自重、自信和自强。侗族传统历法在汉文献中没有留下完整的资料，仅在《炎檄纪闻》《黎平府志》等著作中留下一鳞半爪的记载。要恢复侗族传统历法的原貌，仅凭借这一点资料是无法达到的，必须另辟蹊径，才可望达到目的。我认为侗族传统节日在传统侗历盛行时期，肯定是按照传统侗历来进行推算的。明清两代封建王朝在直接经营侗族地区后，强令侗族人民遵循封建王朝颁布的正朔（即改用汉族农历）。这样一来，从明朝中叶开始到清朝中期，在侗族地区曾经历过一场传统侗历和汉族农历并行的时期。在这一时期中，以传统侗历推算的侗族传统节日逐渐渗入了按汉族农历推算的汉族传统节日。自清代中叶起，两套传统节日同时并行之状况一直延续至今。如果我们在现有的侗族节日中剔除了典型的汉族传统节日，凡是不遵照汉族农历编排的节日，显然是侗族的传统节日。若将这些侗族传统节日的节期推算办法归纳起来，我们就有可能勾勒出侗族传统历法的某些基本特征来。

综合比较当前侗族地区仍在流行的节日后（详见节会附表），我们很容易发现，这些节日可分为两大类：其一是完全按照汉族农历推算，节日内容也与汉族相应节日内容基本相同。比如"春节""重阳节""端午节""中元节""中秋节"等；其二是与现行汉族农历的推算办法不同，或节日内容不同。比如逢土王日举行的"歌节""赶坳节"，部分侗族地区的"尝新节"和"侗年"等。第一类节日显然是从汉族地区传入的节日，第二类节日才是真正的侗族传统节日。要勾勒出侗族的传统历法就得凭借第二类节日的节期推算办法。

当前仍在流行之中的侗族传统节日有如下一些现象值得注意。首先，同一性质的同一节日往往不在同一天举行，而是根据地区和家族的不同，选在不同的日子进行。如侗年，各地举行的时间不一。榕江七十二寨于每年农历的十月底到十一月初进行；锦屏瑶白、彦洞，剑丈河的大广、小广等地则在每年农历十一月底到十二月初举行。又如同样以青年男女对歌会友、赛歌娱乐为主要内容的歌节和坳会，各地举行的时间亦不同。天柱、锦屏、剑河三县毗邻地区的高坝歌节，在每年农历七月二十日举行；天柱平地歌场于每年农历六月初六日举行；湖南通道的大雾梁歌会和锦屏、剑河、黎平三县交界的青山界歌节，皆于每年立夏前十八天举行。流行于贵州玉屏县的坳会，各地赶坳时间也各有异。尖坡坳赶农历九月九日；冲首溪坳赶农历八月十五日；烂泥坳赶立夏日；楠木坳赶农历五月十五日，规模最大的木梨坳一年赶四次，即赶四大土王日（从立春日、立夏日、立秋日、立冬日算起，倒数的十八天）。侗族传统节日推算的另一特点是，绝大多数节日是与五有关的倍数日子。比如在初五、初十，以及十五、二十等日子，或者以这些日子为基，提前或落后两天举行。这一特征显示了侗族历法十分偏爱以五为倍数的日子。比如湖南新晃侗族的除恶节，时在正月十五日举行；盛行于剑河、锦屏、天柱毗邻地区的传统歌节高坝歌节，天柱渡马的二十坪歌节，皆在七月二十日举行；湖南通道县侗族每逢子年或午年举行一次的三容节，节期是在农历八月十五日；黎平古邦、水口、地坪、德俄、平金等地流行的赶坛节，黎平、从江两县交界的"四脚牛"一带流行的芦笙节，节期也是在农历八月十五日或十八日。

侗族传统节日的再一个特点是，以天干地支按顺序组合成甲子计年计日，并以此作为节期推算的依据，节期推算中与月相朔望完全无关。这样的节日，凡是属于社交、娱乐、休息性节日，一般以天干为推算依据；生产性和家族性节日或祭祀性节日，一般以地支为推算依据，一些历史悠久，目前流行范围较狭窄的节日，往往以地支数定年，同时以天干数定日。至今仍按天干计算的节日，如镇远报京的活路节，节期在正月上旬逢戊的第二天举行；盛行于侗族地区的社节（分春社和秋社），节期在立春和立秋后的第五个戊日举行；大雾梁歌节、青山界歌节，节期皆在立夏日前18天举行；玉屏侗族的赶坳节，木梨坳赶的就是"四大土王"日；斗鸟节，多在逢土王日进行。按地支计算的节日，如剑河沟洞寨的祭祖节，节期在六月交小暑后的第一个卯日；从江占里的香婆节，时在六月六之后的第一个巳日；锦屏寨母的林王节，时在六月辰日；黎平龙额石家的吃新节，节期在六月卯日；玉屏、新晃侗族吃新节，节期在立夏日后当月逢卯日进行；锦屏启蒙、剑河小广侗族尝新节，时在六月初卯日举行；侗族南部地区的斗牛节，节期在二月、八月逢亥日进行；剑河小广大寨的婚礼节，时在十月初卯日进行；天柱高酿的吃新节，节期在六月第一个寅日举行。按天干地支推算的节日有广西三江侗族的拉牛上树节，节期是逢子年或午年的三月三日或六月六日举行、黎平、三江、通道等地吴姓侗族的甲戌节，节期于交秋后的第一个甲戌日举行。此类节日还有通道侗族的三容节，节期在逢子年或午年的八月十五日进行。

侗族传统节日推算的第四个特点是，确定节期的终极框架是以太阳视运动为依据而确立的二十四节气，而不论具体的所属月份，也不参照月相的朔望情况。如清明节，若逢二月清明，人们便在清明日后3天扫墓；逢三月清明，则在清明日前3天上坟。俗称"二月清明在后，三月清明在前"。此外，社节是以立春、立秋为推算起点，或以春分为推算起点。以立春为依据计算的节日还有立春节，在立春日举行；三江的土王节，以谷雨为推算依据；立夏节，在立夏日举行；大雾梁歌会、青山界歌节，均以立夏日为推算起点；洗澡节也在立夏日举行。剑河沟洞寨的祭祖节，是以小暑为推算依据。综合比较后不难发现，侗族传统节日节期推算中推算的基点绝大部分都在四立和两分两至，以其他节气为推算基点的为数甚少，仅有谷雨和小暑两例。

明代贵州少数民族以甲子计年计月计日，在汉文献中有明确的记载。明人田汝成在《炎徼纪闻》一书中说，贵州少数民族虽然不知朔望，但是却能以甲子推算年月日时，并且达到很高的精度。他把这类少数民族的计日法统称为"苗甲子"。这段记载可贵之处有3点：其一是承认少数民

族有并行于汉族历法的自己特殊的历法；其二是他较为公正地指出了这类
历法已达到很高的精度，而不是加以贬斥和讪笑；其三是他严格地区分了
当时汉族农历与这些少数民族历法的重大区别，那就是是否立足于月相的
圆缺去定日。汉族历法重视月相，贵州少数民族历法完全忽视月相。

　　人类编订历法，必须依赖天文观察资料，各种天相中最容易观察到，
而且运动规律性最长的是太阳、月亮和五大行星。《炎徼纪闻》既然肯定
地报道了"苗甲子"不知朔望，那么传统侗历的天文依据，就只能是太
阳视运动轨迹或五大行星的运动规律。在侗族的口头文学中，对五大行星
运动规律的记载十分罕见，而且极为零碎，尚未达到凭借五大行星运动规
律编制历法的充要条件。因此，传统侗历编制的天文依据非太阳视运动轨
迹莫属。这一结论从侗族传统节日的安排上可以找到充足的证据。侗族传
统节日往往以两分两至和四立作为节期推算的基准点。据此可知，侗族已
形成了系统观察太阳视运动轨迹的手段方法和组织形式，其观察结果已得
到全民族的公认，否则全民族性的节日就不可能以两分两至和四立作为推
算起点。再从实物看，侗族祭祀祖母神的萨坛，在建筑上就已隐含了两分
两至和二十四节气的象征意义。萨坛中萨岁的象征物是用"十"字交叉
的木料，按南北向放置掩埋于土中。这表明了在侗族的观念中，日影的最
长点和最短点以及等分点已经形成。十字形中指向北的一端，代表日影的
最长点，即夏至点，指南的一端，代表日影的最短点，即冬至点，而指向
东西的两端，则是指春分点和秋分点的相应位置。

　　萨坛周围还需堆上 24 个石堆围成圆形，其南北东西四向的石堆又与
上文所提到的实物"十"字形木架的取向相应。如果把 24 个石堆用东西
向的平行线两端连接起来，这些连线与南北中轴线的交点，则是相应节气
的日影位置。整个萨坛结构，从宗教意义上看，显示了侗族祖神上应天
时；从科学意义上看，则是对太阳视运动观察的工具。由于传统侗历的失
传，萨坛在这方面的功能已被人们所忽视，而仅存在宗教意义。有了日影
的测量尺规，还必须有配合形成日影的测杆，才能进行观察。作为传统侗
历的日影测杆，目前已极度变形，那就是侗族村寨必具的鼓楼。鼓楼的原
型是根孤立的高杆，顶上搭盖一个小楼。这种鼓楼的原型上大下小，可以
形成清晰的日影终点。如果传统鼓楼修建的位置和萨坛处于南北的中轴线
时，鼓楼的投影在正午时就会落在萨坛上。只要观察鼓楼日影终点在萨坛

上的位置与 24 个石堆中的哪一个石堆到南北中轴线的垂线是相重合，则表明到了二十四个节气中的相应节气。有了节气的测定，并以此形成完整的历法，本民族的传统节日才能按太阳年周期合理安排。

鉴于现代仍在实行的侗族传统节日，绝大部分是以两分两至和四立为推算基点，我们有理由认为，传统侗历是以四立为框架，以两分和两至为平分点去编排月份、季节和日时。至于二十四节气的名称叫法，可能与现行的称呼完全不同。因为现在侗族地区流行的二十四节气名称并不与侗族地区的物候变换周期相吻合，这显然是一种从汉族借入的名称，原有的称法已经失传。按照传统侗历的天文测量依据，我们可以判断，传统侗历基本上是一种纯阳历，这与并行的汉农历截然不同。汉农历是标准的阴阳合历，阴阳合历需要照顾月相的变化，因而一年的天数比太阳年少 10 多天。纯阳历则可以接近一个太阳年的周期，即 365 天。至于传统侗历的实际天数，则需要从现行侗族节日在甲子日上的排布来进行推定。

通观侗族传统节日中休息、娱乐性质的节日排布，可以发现，侗历的安排办法与汉族农历节日也不相同。侗族传统节日中的同类节日，其安排办法有两大特点：其一是这类节日，全部落到天干的戊日，详情已见于上文；其二是安排在现通行的汉农历以 5 为基数的整倍数日子，如 5、15、20 等。这种节日的安排办法是现行汉族节日中所没有的特点。这一特点的具体详情，上文也已列举过。可见，这两种节日的编排办法，都是侗族传统节日的特有制度，这些节日编排所反映的情况能代表传统侗历的特征。

这类节日的内容都与"土日"有关，按照五行轮回的推算规则，天干中的戊日和癸日都属土，而这些节日的名称又往往被称为"土王日"，或称为"赶坳"和"大戊日"。可见，传统侗历中实行一种近似于古汉历的旬日制，即逢土日休息，每隔 5 天一次。又鉴于侗族传统节日中同一内容的节日，往往由于地区和家庭的不同而举行时间不同，因此，我们有理由认为，在传统侗历上并非千篇一律把逢土日都安排休息，而是每个地区或家族都有自己特征性的休息节日，或称"大戊日"。目前遍布于侗族聚居区内的大小歌场（节）场子，应当是早年各家族自己的中心大戊日节场演化而来的每逢本家或本地区的大戊日，其他家族或其他地区的人也可以前来参加，人们在逢戊日休息时，总是赶赴某一家族或某一地区的戊场。这就是侗族传统节日中至今还保留着"赶戊""赶坳"等节日名称的由来。

由于土日不论是戊日还是癸日，相距皆是 5 天，因而一个月中就可能包含有 3 个戊日和 3 个癸日都是土日，它们之间交错地每隔 5 天遇到一次，这就造成了节日大致按 5 的整数倍日子编排的特点。现在侗族地区使用的汉农历，由于是阴阳合历，每月的天数不固定，可能是 29 天，也可能是 30 天，因而天干数与实际日数没有对应关系。鉴于侗族的现有节日安排，既要照顾天干数，而实际编排又要牵合至汉族农历中与 5 为整倍数的日子，对这种表面上完全冲突的做法，解释只能是一个，那就是传统侗历没有大小月之分，每月皆是整整的 3 个天干数日子，即每月 30 天。这样一来才能造成每一个土日都是当月以 5 为整数倍的日子。这种表面冲突现象在传统侗历中却毫无冲突，随着侗历逐渐退出使用，人们仅知道这些节日的含义是逢土日休息，而不再拘泥于它是否是真正的土日，于是把汉农历中逢 5 的整数倍日子都作为土王日过节。这就是造成上述侗族传统节日与现行汉农历编排表面上矛盾现象的原因。由于传统侗历不分大小月，每月都是整整的 30 日。若用 60 甲子轮流计日，则两个月是 1 轮甲子，一年共含 6 轮甲子，共计 360 天。逢单月初一，一定是甲子；逢双月的初一，一定是甲午，而 5 的整数倍日子才能全部是逢土日。

这样计算的侗年比起实际的太阳年来说短了 5 天，经过 6 年后就会短出 1 个月，这时太阳视运动的位置与实际月份就会相差至 1 个月，必须用闰月的办法加以调整。从现有侗族的节日来看，仍有同一节日跨前后两个月实行的实例。比如前面提到的清明节，二月清明要在清明日后 3 天过清明节，逢三月清明要在清明日的前 3 天过节。由此可见，传统侗历的闰月不像现行汉农历的闰月那样，可以在任何一个月份闰月，而是集中到年末闰月。这样一来，如果闰月的甲子另算，每年正月初一和单月初一必定落到甲子日方才能得到保证，上述逢土日过节的传统规律才得以实行。此外，尚需要注意，闰月的天数在某些年份可能会是 31 天。只有这样太阳视运动的轨迹才能与实际月价相符。但是，不管闰月是 30 天还是 31 天，都由闰月的甲子另算，从甲子日起到癸巳日或甲子日止，这样闰月的天数都得标上闰月的某甲子日。闰月结束，不管轮到哪一天，接下去的侗历 1 月都得从甲子日作初一算起。

目前不少侗族地区仍在过侗年，因而传统侗历的建元比较容易确定。

鉴于当前侗年在汉农历的十月底到十一月初举行，足见传统侗历实行建子制度，即以逢地支的日子作为每年岁首，比起汉族农历的首月见寅提前了两个月，大致在立冬后的 1 天内某一天定为新春的第一天，具体天数各年不同，是以逢甲子日为依据作为侗年的正月初一。

由于传统侗历的闰月排到年末，逢闰月的年份，侗年的新春在汉农历上就必然推迟 1 个月，这乃是某些侗族地区在汉族农历十一月底到十二月初过侗年的由来，也是其他一些节日会跨汉农历月份举行的由来。传统侗历建元的提前，可能与侗族的农事生产有关。汉农历形成的地区是黄河流域，是配合农业生产的历法。黄河流域在入冬以后进入了农闲期，只有到立春时才有必要做备耕工作，因而岁首见寅是必然之举。侗族聚居区在亚热带滨水丛林，并无严冬，冬季仍可进行农事生产，特别是狩猎生产，因而以大季作物的收割完成，冬猎开始的子月建元更为适用。

传统侗历显然是以甲子轮回计日，但是鉴于上文已经说过传统侗历偏重天干，休息性节日全部以天干为准，生产性节日又以家族而不同。比如尝新节由于地区不同，各地过节时间不一，黎平龙额过卯日，天柱高酿过寅日；又比如祭祖节，剑河沟洞寨过交小暑后的第一个卯日；再比如斗牛节，南侗地区在二月和八月逢亥日举行；剑河小广的婚礼节在十月初卯日举行，等等。这一情况表明，在传统侗历中，凡全民族性节日的统一活动是以天干为准，而家性或地区性的节日是以地支为准，选定卯日、寅日或亥日等分别举行。传统侗历的形成年代，侗族农事生产是以家族为组织单位，这就造成了生产性节日日子和祭祀性节日日子必须参照相应的地支日子举行。从整个侗族的传统历法看，很明显侗族有重天干而轻地支的特点，这与汉族农历的天干地支并重不同，与苗历的重地支轻天干恰好相反。原因是汉农历是阴阳合历，侗历是纯阳历，而苗历是物候历。

弄清了传统侗历的基本轮廓后，我们感到十分惊讶！因为这种历法规律性很强，与太阳运行周期的稳合度高，与侗族地区物候变化关系密切，对规划指导侗族人民的生产生活有很高的适用性。其中全族性节日统一在土日举行，对维系本民族内部凝聚力作用十分巨大。此外，这种历法还有兼顾到各家族和各地区的特点，既有集中，又有分散，调整社会生产生活方便，具有很高的适用性和灵活性。这一切充分显示了侗族人民的创造力和科技应用水平。像侗族这样的历法在汉族中也曾有人倡导过。宋人沈括在其《梦溪笔谈》

中就提倡过纯阳历的历法原则，但是在封建时代，他的倡导遭到了冷遇，一直到辛亥革命胜利，汉族地区才正式使用纯阳历，即现代公历。但是侗族使用纯阳历的时间却大大早于汉族，其具体时间虽不可考，但参考《炎檄纪闻》上的记载可知，侗族使用纯阳历至少已超过 600 年。

附表

侗族节会简表

名称	时间（农历）	地点	范围	活动内容	推算方法	涉及的家族	备注
龙家年	正月初三	龙额	贵州黎平龙额一带	纪念祖先杀猪、打粑过节	按汉族农历推算	龙姓家族	龙额龙姓侗族的传统节日
立春节	立春日	瓢里	广西龙胜瓢里一带	举行"送春牛"等娱乐活动	按太阳视运动位置推算		瓢里一带侗族的传统节日
正月半	正月十五日		所有侗族地区	祭祖、宴会、龙灯会、请"七姐"下凡等	按汉农历推算		侗族传统节日
除恶节	正月十五日	新晃	湖南新晃县境内	举行"扫阳春"驱邪活动	按汉农历推算，原型与逢戊休息有关		新晃侗族的传统节日
老人节	正月（具体日期约定）	小黄黄岗	贵州从江小黄和黎平黄岗周围村寨	甲、乙两寨的男女老人互访，并到野外野餐	一般按天干推算，在逢戊后一日或二日举行		小黄、黄岗一带侗族老人的传统节日

名称	时间（农历）	地点	范围	活动内容	推算方法	涉及的家族	备注
活路节	正月上旬逢戊的第二天举行	报京	贵州镇远侗乡的报京、报友、白岩、龙奔、平明、奶对、高坎、巴镇、高渡沟	由公举的"活路头"带领群众举行春耕开锄仪式	按天干推算		报京侗族的传统节日
燕子节	二月初一	占里	贵州从江县占里一带	杀猪、打粑、到寨中鼓楼祭祖	按汉农历推算		占里侗族的传统节日
土地会（二月二节）	二月初二	新晃	湖南新晃县内	祭奉土地庙	按汉农历推算		新晃侗族传统节日
接龙节	二月初二	报京的稿雪寨	贵州镇远报京一带	吹芦笙、跳芦笙舞、举行接"龙"、杀"龙"仪式	按汉农历推算		每10年或12年举行一次传统祭祀节日
贺桥敬桥节	二月初二	各地不一	贵州天柱、锦屏、三穗、剑河侗族地区	久婚无子或孩子需要拜桥的夫妇、父母需请道士做法架桥或拜桥、敬桥	按汉农历推算		传统祭祀节

名称	时间（农历）	地点	范围	活动内容	推算方法	涉及的家族	备注
清明节	逢二月清明，便在清明日后三天扫墓；逢三月清明，便在清明日前三天扫墓		所有侗族地区皆盛行	祭祀祖先	按太阳视运动确定		传统祭祀节
拉牛上树节	逢子年或午年的三月三或六月六举行	苗江寨七团寨	广西三江县境侗族	举行由法师念"祭牛经"，然后由 12 名壮汉把牛倒拉上树仪式	按甲子推算		传统祭祀节
播秧节	三月初三	报京	贵州镇远报京一带	踩芦笙、对歌、走亲访友	按汉农历推算		传统农事节
楼细节	三月初三	报京	贵州镇远报京一带	有"亥票""携恳""送客"等仪式，以青年男女对歌说爱为主	按汉农历推算		传统社交节

续表

名称	时间（农历）	地点	范围	活动内容	推算方法	涉及的家族	备注
花炮节	各地举行时间不一，多在三月三	临设的炮堂	盛行于南部侗族地区	以抱"花炮"为活动主要内容，分"游炮""抢炮"两个程序，其间还有斗鸟活动	按汉农历结合干支推算		传统的体育竞技节日
白蜡坳歌节	三月三	邦洞鱼塘水库附近的白蜡坳	贵州天柱邦洞方圆20里	以青年男女对歌赛歌、谈情说爱为主	按汉农历推算		传统社交歌会
风光岩歌节	三月三	波马的风光岩	天柱兰田、白市、远口交界地区	以青年男女对歌谈情为主	按汉农历推算		传统社交歌会
岑老凸洞歌节	一年3次，即三月三、五月十五、七月二十	高酿区凸洞岑老	天柱高酿、凸洞邦寨、地坝、地凉一带	以青年男女对歌谈情为主	按汉农历推算，其原型是逢戊或逢亥举行		传统社交歌会
谷雨节	谷雨日	各自然村寨	广西三江境内	打油茶祭祖、吃油茶、青年男女串门访友、行歌坐月	按太阳视运动确定		传统的农事节日

名称	时间（农历）	地点	范围	活动内容	推算方法	涉及的家族	备注
立夏节	立夏日		侗族北部地区各村寨	吃肉、吃蛋、吃豆腐竹笋，特别是豆腐竹笋的制作特别讲究	按太阳视运动确定		传统的宗教节日
送瘟神	立夏日	河边	侗族地区	以户为单位到河边敬祭，吃立夏饭	按太阳视运动确定		
洗澡节	立夏日	村头野外的田埂溪旁	贵州锦屏平秋一带	垒灶架锅，煮草药，然后用木桶盛着，拿到田埂溪旁沐浴全身	按太阳视运动确定		
姑娘节	四月八日		湖南通道县境内	制作"乌米糍粑"	按汉农历推算	杨姓家族	后逐渐扩展到其他家属
斗鸟节	各地时间不一，有四月八日、六月六日或逢土王日		侗族南北部皆盛行	以斗鸟为主，还有相鸟、买鸟等交易活动	现按汉农历推算，原型按天干推算逢戊或逢亥日举行		传统娱乐节日

名称	时间（农历）	地点	范围	活动内容	推算方法	涉及的家族	备注
采桑节	四月四日或四月八日		贵州剑河县小广、化敖一带	男女对歌、上山采桑叶、下河戏水、下田捞鱼、共聚晚餐	按汉农历推算		传统社交节日
种棉节	四月八日		都柳江沿岸的侗族	新郎新娘双方各带一群青年伙伴，备好饭菜，共同到山上举行种棉仪式	按汉农历推算		传统社交节日
栽秧节	四月八日		贵州黎平贯洞肇兴一带	用糯米制成黑饭祭祖	按汉农历推算		农事节日
牛神节	四月八日		盛行于侗族南部地区	家家户户清扫牛圈，让牛免耕休息，用糯米制作"黑糯饭"以敬牛神，祭祀后杀鸡宰鸭共庆节日	按汉农历推算		祭祀性节日
湿粑节	小满过后择吉日进行		贵州从江县境内	由村寨的"活路头"率众举行试粑仪式。晚上家家户户杀猪杀鸭敬牛	按太阳视运动结合甲子推算，一般逢丙日举行		属农事节日

名称	时间（农历）	地点	范围	活动内容	推算方法	涉及的家族	备注
晒油坡歌节	四月八	邦洞晒油坡	贵州天柱邦洞一带侗寨	对歌、斗鸟	按汉农历推算		传统社交歌会
社节（分春秋两社）	在立春和立秋后第五个戊日举行		盛行于侗族地区，尤以黎平龙额、水口一带的古邦、地坪、岑邑、六约、东郎、南江、雷洞等侗寨最为隆重	社节分"祭社"和"赶社"两个内容。社前备酒、肉、鱼，做"社饭"祭社。祭毕，家家户户宴请宾客。社日这天，人们赶赴社场（临设在野外的放牧场或田坝上）赶社，进行贸易交换。青年男女成群结伴谈情说爱。晚上行歌坐月	按天干推算		这是一个祭祀和社交融为一体的传统节日
秧节（俗称"开秧门"）	各地时间不一，多在谷雨后择日进行		贵州从江县境侗族	吃黑米饭，吃鱼，节日早上举行"开秧门"仪式。有的晚上还要杀鸡庆贺	按太阳视运动确定		传统农事节日

续表

名称	时间（农历）	地点	范围	活动内容	推算方法	涉及的家族	备注
插秧节	春季插秧时节择日举行		贵州黎平县境	男女青年以插秧活动进行嬉戏，谈情说爱	按天干推算，一般在逢乙日子进行		传统的青年社交节日
大雾梁歌节	立夏前18天	大雾梁	流行于湖南通道播阳、独坡、牙屯堡一带	以青年男女对歌为主	按天干和太阳视运动推算		传统歌会
青山界歌节	立夏日前18天或三月逢土王日进行	锦屏的青山界	贵州锦屏、剑河、黎平三县交界地区	以青年男女对歌为主	按天干和太阳视运动推算		传统歌节
端午节	五月五日		所有侗族地区	吃粽粑喝雄黄酒	按汉农历推算		这是个外来节日
吃瓜节	五月选日进行		流行于剑河县的化敖、小广一带	青年男女吃瓜对歌	按汉农历结合甲子推算		男女双方均以姓氏为单位结伴而行
晒衣节	五月二十一日		侗族地区皆盛行	把家里的棉袄、衣服、被条床单全拿出来晒	按天干推算，原型为逢甲日进行		
禾苗节	五月选吉日进行	占里	贵州从江占里一带	杀鸭敬禾苗	按天干推算，多在逢乙日进行		传统祭祀节日

续表

名称	时间（农历）	地点	范围	活动内容	推算方法	涉及的家族	备注
祭祖节	六月交小暑后的第一个卯日	沟洞寨	贵州剑河沟洞寨	以祭祖为主要内容	按地支推算		传统祭祖节日
六月六	六月初六		侗族地区皆盛行	各地过节内容不一	按汉农历推算		传统节日
平地歌节	六月六日	邦洞坪地	贵州天柱县邦洞一带	以对歌为主	按汉农历推算，原型在戊日举行		传统歌节
粽粑节	六月六日		流行于贵州黎平、从江交界地区	各地内容不同，主要有吃粽粑，煮"百草药"洗澡，唱大歌、演侗戏	按汉农历推算		传统节日
香婆节	六月六日之后的第一个巳日	从江占里	贵州从江占里一带	白天到棉花地除草，下午杀鸡鸭以敬香婆	按地支推算		传统的祭祀节日
板跤（即摔跤）节	六月六日	平四寨	黎平县境内	板跤、斗牛、会姑娘	按农历推算，原型为逢戊日举行		体育娱乐和男性青年传统社交节日
晒谱节	六月六日		湖北省宣恩县侗族	祭祖、晒谱书（即看谱书）	按汉农历推算		祭祖性节日

名称	时间（农历）	地点	范围	活动内容	推算方法	涉及的家族	备注
洗牛节	六月六日	三宝	贵州榕江县三宝一带	把牛牵到河边洗掉牛身上的泥巴，让牛休息一天，同时杀鸡宰鸭以欢庆节日	按汉农历推算		祭祀性节日
林王节	六月辰日	寨母	贵州锦屏县寨母一带	祭明洪武年间领导侗族人民起义的英雄林宽	按地支推算	林姓家族	纪念性节日
稻花节（又称"草龙会"）	于稻田禾穗扬花时节举行		湖南新晃县境内	用稻草扎成龙以舞耍5至7天后，由寨中的"活路头"组织举行"辞送"仪式送瘟神	按物候推算		祭祀性节日
石家吃新节（又称为"石家年"）	六月卯日		贵州黎平龙额一带	祭祖	按地支推算	石姓家族	祭祀性节日和庆丰收节日
高酿吃新节	六月第一个寅日		贵州天柱高酿、石洞一带	祭祖，青年男女上山对歌	按地支推算		属祭祀性、社交活动节日

名称	时间（农历）	地点	范围	活动内容	推算方法	涉及的家族	备注
玉屏、新晃侗族尝新节	立夏后当月逢卯日		贵州玉屏和湖南新晃县境内的侗族	祭祖	按地支推算		祭祀性节日
启蒙、小广等地侗族尝新节	六月初卯日		贵州锦屏县启蒙一带和剑河县小广等地	祭祖	按地支推算		祭祀性节日
从江侗族新米节	各寨日子不一，多于七月间择日举行		贵州从江县丙梅、它里、龙图、贯洞、高增、九洞、六洞，"二千九"、邑扒寨等地	节日内容丰富多彩，各地互有不同，有的斗牛，有的演唱侗戏，有的赛芦笙，有的吃扁米，有的祭祖	按汉农历结合地支推算		隆重程度仅次于过年
榕江侗族尝新节	各地时间不同，多在七月或八月选日进行		贵州榕江县境侗族	祭祖、踩歌堂、赛芦笙、"月也"	按汉农历结合地支推算		祭祀性和娱乐性节日
三江侗族尝新节	各寨过节时间不一，多在七月间		广西三江县境侗族	祭祖、斗牛	按汉农历结合地支推算		祭祀性和娱乐性节日

续表

名称	时间（农历）	地点	范围	活动内容	推算方法	涉及的家族	备注
杀龙节	七月初四	龙额地坪	贵州黎平县龙额、地坪一带	下河闹鱼、捞鱼嬉戏	按汉农历推算		传统农事节日
吃梨节	七月梨子成熟季节选日举行	小广化敖	贵州剑河县小广、化敖一带	吃糖、吃梨、喝甜酒、对歌	按物候结合地支推算		传统社交节日
圣德山歌节	七月十五日	三穗县坦洞圣德山	集会者来自贵州三穗、天柱、镇远、玉屏、剑河和湖南新晃的侗汉青年	对歌会有，谈情说爱	按汉农历推算，原型逢戊日进行		侗族北部的传统歌场集会之一和休息性节日
七月半	七月十五日		侗族地区皆盛行	祭鬼敬祖举行"上桃园"活动	按汉农历推算		是个外来传统节日
莲花坪歌节	七月二十日	天柱渡马乡败阵坡	贵州天柱、剑河、三穗和湖南新晃、会同、靖县等地	对歌、赛歌会友	按汉农历推算，原型逢戊日进行		侗族北部地区为纪念姜映芳而形成的传统歌节
高坝歌节	七月二十日	剑河县高坝的肖家大塘	贵州剑河、锦屏、天柱毗邻地区	青年男女对歌赛歌、交结朋友	按汉农历推算，原型逢戊日进行		侗族北部地区的传统歌节

名称	时间（农历）	地点	范围	活动内容	推算方法	涉及的家族	备注
收禾节	在秋收时节选日举行		侗族南部地区	男女青年对歌交谈，在野外聚餐	按汉农历结合地支推算		侗族南部地区青年男女的传统社交节日
报秋节	八月初一	占里	贵州从江县占里一带	祭祖、对歌、吹芦笙，走亲访友	按汉农历推算		占里侗族的传统祭祀节日
斗牛节	二月、八月逢亥日进行		侗族南部地区	斗牛	按地支推算		传统游艺娱乐节日
	九月九日进行		侗族北部地区	斗牛	按汉农历推算		
中秋节	八月十五日		侗族地区皆流行	除吃月饼、赏月外，还有"偷月亮菜"，"打南瓜仗"等习俗	按汉农历推算		外来传统节日
摘禾摘棉会	秋季禾稻成熟时选日进行		贵州黎平、从江、榕江交界地带	吹芦笙、行歌坐月	按物候结合地支推算		青年男女的传统社交活动
芦笙节	八月十五至十八日	"四脚牛"	贵州黎平、从江交界的"四脚牛"一带	分若干芦笙赛场，以吹芦笙为主	按汉农历结合干支推算		"四脚牛"一带的侗族传统社交节日

名称	时间（农历）	地点	范围	活动内容	推算方法	涉及的家族	备注
赶坪节	八月十六日		贵州黎平古邦、水口、地坪、德俄、平金一带	对歌	按汉农历结合干支推算		这一地区侗族青年的社交节日
重阳节	九月九日		侗族地区皆盛行	走亲访友，青年男女对歌赏月	按汉农历推算		外来传统节日，尤以天柱、三穗、剑河等地侗族最为热闹
投掷柴头会	九月（为期一个月）	岩洞	贵州黎平岩洞一带	限于有姻亲关系的男性青年以寨子为单位，在傍晚时，隔河对峙，燃起篝火，双方互相投掷未烧尽的火柴头	按汉农历结合天干推算，原型逢丁日进行		传统的体育节会
甲戌节	交秋后的第一个甲戌日		贵州黎平、广西三江和湖南通道等地吴姓侗族	用冻鱼祭祖，吹芦笙请"萨"同乐，唱大歌	按甲子推算	吴姓家族	吴姓侗族的传统祭祖节日

名称	时间（农历）	地点	范围	活动内容	推算方法	涉及的家族	备注
婚礼节	十月初卯日进行	大寨	贵州剑河县小广大寨一带	青年男女的集体婚礼活动，其间还进行对歌、"吃气饭"等习俗	按地支推算		大寨侗族的传统婚嫁节日
石家节	十月十二日		贵州从江上皮林、塘洞、庆云一带	以酸汤鱼祭祀祖先	按汉农历推算	石姓家族	石姓侗族的传统祭祖节日
古藏节	十月十八日		贵州从江县贯洞一带	杀猪祭祖、赛芦笙、行歌坐月	按汉农历推算		贯洞侗族的传统祭祖节日
杨姓节	十一月三日	飞山庙	部分侗族地区	祭飞山庙，即到飞山庙祭列祖列宗，祭毕，大宴宾客欢度新年，演汉剧《杨家将》、《杨门女将》等	按汉农历推算	杨姓家族	佳所、顺化等地侗族的传统节日，又称为"杨姓侗年"
侗年	各地时间不一，多在十月底至十一月初或十一月底到十二月初进行		贵州黎平九层、平溪、地里一带	杀猪宰羊过年，有的地方举行"踩歌堂"，跳芦笙、斗牛等活动	原按传统侗历推算，现套用汉农历		现为部分侗族地区的传统节日，是个仅次于春节的大节会

名称	时间（农历）	地点	范围	活动内容	推算方法	涉及的家族	备注
嫁女节	在十二月初十到二十六期间举行			举行迎娶活动，其中女方的伙伴前来陪伴，并唱送行歌，这期间未婚的青年男女还要行歌坐月	按天干推算		九层、平溪、地里一带侗族的传统婚嫁节日
吃彩节	没有固定日期		侗族部分地区	祭祖、吹芦笙	按干支推算		这是侗族部分地区传统性祭祖活动，以宗族为单位进行
赶坳节	各地时间不一，规模最大的禾梨坳一年赶四次，即四大土王日赶坳	禾梨、尖坡、冲首溪、烂泥、楠木	贵州玉屏县侗族	对歌、赛歌、斗画眉、赛马、农产品交易	按干支推算		是玉屏侗族的传统社交节日

名称	时间（农历）	地点	范围	活动内容	推算方法	涉及的家族	备注
牯脏节	十年举行一次，没有固定日期		贵州剑河小广、锦屏彦洞等地	祭祖	按甲子推算		这是小广、彦洞等地侗族的传统祭祖节日
赶戊	戊日（从立春算起的戊日、戊寅、戊辰、戊午、戊申、戊戌）		侗族地区	形成许多歌节，以对歌会友为主要内容	按天干推算		侗族青年男女的传统歌节
土王节（又称"茶苞节"）	谷雨前3天举行		广西三江侗族	青年男女以吃茶苞活动为主，进行谈情对歌、多毽（即拍毽）等活动	按干支结合太阳视运动推算		青年男女的传统社交节日
春节	从腊月二十三祭灶开始至翌年正月十五结束		侗族地区	内容除与汉族相同的一般习俗外，还有许多侗族自己的习俗	按汉农历推算		外来的传统节日

第六节　侗族社区的时空规序与资源配置

侗族文化的建构是立足于对所处环境适应的结果，并表现为对特定生计资源的规序化配置。其主要内容就是从社区的"时空规序社会共识"以实现对"资源配置"的有效性，这是侗族社区社会运作的文化策略。将社区生计资源的丰沛与匮乏在制衡格局中得到有序的调控，集中体现了侗族的生存智慧。

资源的配置不仅具有空间布局的内涵，还具有时间节律上的内涵。具体到生物资源而言，时间节律的内涵具有决定性的意义。由于黄岗侗族的生计是一种复合产业，涉及的内容不仅有种植，还有家畜和水产的养殖，以及野生生物资源的采集，还包括林业和林副产品的经营，而这些产业从终极意义而言，都得接受自然物候的规约。而黄岗侗族文化的适应正好体现为通过时间规序的社会共识，去实现资源配置的优化。

侗族本来有自己传统的计时制度。早年，黄岗侗族居民也是执行这一计时制度，但随着与外界交往的频繁，外来的计时制度也逐步渗入到黄岗地区，以至于黄岗当前执行的计时制度是一种复合式的计时制度。传统的侗族计时制、汉族的农历、国家执行的公历等在实际生活中都在发挥作用。于是，为了确保对时间节律把握的有效性，对上述三种计时制度换算的有关知识就显得至关重要了。但更重要的还在于如何确保换算的结果能够在乡民之间达成共识，使之成为规约生产、生活活动的实际规序。这样的考验，黄岗人在经历了近半个世纪的磨合，才得到妥善的解决。

传统的侗族计时制度是以"侗款"的形式确认下来的区域性计时办法。当代的田野调查还能够收集到与这种传统计时制度相关的确凿资料。比如，在黄岗所处的"千三款"内，参与这个侗族款区的各主要侗族村寨都拥有属于本村寨的"专享节日"。在这样的"专享节日"里，该村不仅自己要过节，还有义务招待整个"千三款"的居民共同过节，使他们的村寨成为整个"千三款"共同过节的地点。调查表明，这样的计时制度的片段还在执行之中，详情参见表4。

表 4   侗族"千三款"地区居民节日表

月份	名称	日子	集会地点
正月	过年	初一	
	抬官人	初七、初八	鼓楼下有专门"抬官人"的路
	祭萨岁、萨桥	初七	
	祭萨堂	初一	
	春节期间的"多耶歌会",或者是"多韦歌会"	初三至初六	
二月	挂清节	择日	
	摔跤节	十五日★	坑洞
三月	下秧节	立夏以后择日	
	摔跤节	十五日★	四寨、双江
四月	下种节	清明之后择日	
五月	开秧门	下种之后四十天择吉日	
六月	粽粑节	六日	
	喊天节	十五日★	黄岗
	关秧门	初六	
七月	甲戌日	选择一个甲戌日	平天
	辛卯日	选择一个辛卯日	塘洞、伦洞、弄独、独洞、龙图各寨、岑告、金溪、金望
	七月歌会	七日	邑扒
		十五日★	高增
八月	吃新节	月初和月底	
	扁米节	吃新以后	
	己亥日	七月到九月选择己亥日	岩洞、孟洞
九月	无		
十月	无		
十一月	无		
十二月	无		

通过这一资料表明，在整个"千三款"内，一年中的 12 个月（或者 13 个月）在款约订立之时，都有一个村寨为整个"千三款"内部的居民做东，在自己的村寨招待所有的"千三款"居民。从而做到每个月的第一天，也就是每个月的望日（即表中有 ★ 号的这一天，由于与汉族农历相结合后，目前已改称为"十五"，但在侗族的传统观念中，还是将这一天看作是"初一"，也就是过节的日子），"千三款"内部的所有侗族居民都会很自然地把这个月的时间与特定村寨的空间结合起来，形成一种时空同构的制度性设置，并通过这样的设置使整个"千三款"的居民的生活节律与年周期恰好合拍。生产和生活也就在这样的节拍中获得无限循环的可持续运行，生产、生活有关的资源需求，也因此而实现了节律化。具体到黄岗寨内而言，每一个年周期的生产生活也有自己的拍节。经过调查、核实，这样的节律可以归结为表 5。在表 5 中不难发现，他们执行着一份严格的地方性计时制度。按照这个制度的规定，对寨内所有的资源确实可以做到在共享的前提下，对资源的利用也能按时间的节律进行再配置。举例说，黄岗人至今仍然以木材为燃料。木材当然是一种可再生燃料，但即使这样，其产生和形成也有自己的时间节律，过量的消费都会导致资源的短缺。但在黄岗，由于允许砍柴的时间，全寨人都得按规定时间执行，而每个家庭的劳动力和燃料需求又是一个定数，允许砍柴的时间一经固定，每家能够获得的柴薪用量也就固定下来了，这就兑现了孟子的"斧斤以时入山林，柴薪不可胜用"的治国理想。不仅对森林资源是如此，对稻田中的非稻谷资源也是如此。在表 5 中，之所以规定严格的插秧区段，其目的正在于错开稻谷插秧时的返青期间，以利于其他居民在稻田中放养鸭子。由于插秧的时间，在时间上全寨做了统一的规定，每个家在插秧结束之后，要在田头竖立一个用稻草结成的小结，高高的悬挂于竹竿之上，以此传达一个控制生产节律的信号。放鸭的人一看到这样的草标就会自觉地不往这丘田放养鸭子。等到返青后，草标就会被取掉，标示着放鸭作业就此开放执行，一直可以持续到稻谷收割为止。

正是因为有了这样的时间节律共享，"稻、鱼、鸭"的复合经营才能做到相生而不相克。同一块稻田的各种生物资源可以获得最大的产值，并且实现其价值，而这样的资源再配置正是黄岗一带劳动力投入少、产出高的原因之一。不仅插秧时通过草标节制稻田中多种生物的生长和利用，

表 5　　　　　　　　　　　　黄岗村民农事活动表

月份 (农历)	现在主要农事		以往主要农事	
	男	女	男	女
一月	将柴薪修理整齐;架空堆放	纺纱;织布	将柴薪修理整齐;架空堆放	纺纱;织布
二月	挖翻、炕冬田;用马车运肥	挖翻、炕冬田;用马车运肥;织布	挑肥;采秧青	挑肥;采秧青
三月	耙田;下秧种;疏浚田中的灌溉渠和排水沟;繁殖鱼苗(立夏开始)	种花生;种棉花;疏浚田中的灌溉渠和排水沟;采绿肥种;织布	耙田;下秧种;疏浚田中的灌溉渠和排水沟;繁殖鱼苗(立夏开始)	采秧青;种棉花;疏浚田中的灌溉渠和排水沟
四月	繁殖鱼苗;耕田(现水田最多耙两次,干田才耙两次)	除田边杂草	耙田(以前水田干田都耙三次)	除田边杂草
五月	上午耙田,下午插秧;施放鱼苗	上午扯秧,下午插秧	上午耙田,下午插秧;施放鱼苗	上午扯秧,下午插秧
六月	挖红薯地;补插秧株;看田水;薅秧	栽红薯;薅秧(每丘1—2次);开始割蓝草制靛	挖红薯地;补插秧株;看田水;薅秧(3次)	栽红薯;薅秧(每丘3次);开始割蓝草制靛
七月	割田埂;看田水	割田埂;染布	割田埂;看田水	割田埂;染布
八月	维修或建禾晾;禾仓;摘"六十天糯禾";收割籼稻	捶布;染布;摘"六十天糯禾";收割籼稻	维修或建禾晾、禾仓;摘"六十天糯禾"	捶布;染布;摘"六十天糯禾"
九月	摘禾	摘禾	摘禾	摘禾
十月	摘禾;收禾入仓	摘禾;挖红薯	摘禾;收禾入仓	摘禾
十一月	相互帮助;抬树建房	捶布;制衣;挑柴	相互帮助;抬树建房;挑柴	捶布;制衣;挑柴
十二月	维修田埂;将崩塌的土送回田里	割牛草;挑柴	维修田埂;将崩塌的土送回田里;割牛草	割牛草;挑柴

水稻收割时，也有相应的草标加以节制。在表5中可以看出，稻谷收割的时间全寨有统一的时段规定，但若考虑到不同品种，不同区位的稻田，其稻谷收割时间早迟不一。据乡民介绍，收割最迟的田块要延续到小雪和大雪。有时田中结冰了，才收割稻谷。由于稻谷收割时间持续很长，稻田中的鱼和鸭，以及其他水产的获取就很难以做到统一的规定。为此，侗族乡民像其他侗族村寨那样，用另一套草标去节制相关的生产生活活动。具体做法是，每一丘稻田收割完以后，要在稻田的中央有意识地保留三穗稻谷不予收割，让它高高地耸立在田中央，形成一种信息标示，宣告这块稻田鱼和稻谷已经收割完毕。于是，放鸭的人、放牛的人，采集水生野菜和捕捞水生动物的乡民都可以自由进入这丘稻田从事自己喜欢的生产活动。事实上，这三穗稻谷提供的信息实质是宣告第一农事活动结束，并开启第二和第三农事活动的序幕。粗略的统计表明，像这样的时间节律草标有多种，有禁止牲畜通行的，有禁止采集水生动物的，还有禁止穿行稻田的等。正是凭借这样的草标，在外人看来仅是一片普通的稻田，在这儿却可以做到在一个年周期内同时容纳十几种不同的生产项目并存，每一种生产项目都可以获得丰厚的报偿。由此可见，通过时间节律而做出的资源再配置已经成功地做到了单位面积内资源的放大，将一块稻田变成了几块稻田的空间去使用。在这儿，稻田、鱼塘、放鸡、放鸭的水面、采集场和牧场等，其实是在时间节律的规约下，共存于同一块稻田中。

除了侗族传统的计时制度外，进入20世纪以来，不仅汉族的农历渗入了黄岗，公历也来到了黄岗。致使在黄岗，这三种计时制度同时并存。这既是时代和外部社会环境所使然，黄岗人无法拒绝，但同时却必然给黄岗提出一个尖锐的难题：如何把这三种计时制度协调起来，摸清其间的换算规律，而且还要确保每一个侗族乡民都知道，并自觉地约束自己的行为。要让三套计时制度家喻户晓，不要说黄岗的普通民众，就是能写会算的知识分子恐怕也得动动脑筋才行。令人惊讶之处却在于，黄岗的寨老们为此做出了一个影响深远的决策，以化解这样的换算难题。他们公开向所有的侗族和汉族地区招募能人，谁能够换算清楚，并传达给侗族乡民就允许他在黄岗定居，成为黄岗人。优惠条件是由他选一个可心的女孩给自己做妻子，还要分给他土地，给他盖房子。条件是黄岗人遵守的一切规矩，他都得遵守。

在这一场招贤活动中，就有 2 个外乡人应募，他们的后裔至今还是黄岗人，他们一直传授着家业，为黄岗人报时。当然，这种报时是利用传统的习俗去完成的。原先黄岗在执行传统计时制度的时代，每个房族有自己的寨老，也有自己的鼓楼。上文表中提到的农事安排，在此之前都是由侗族的传统计时制度来标示，而且都是用草标，或者用特殊的符号标示在公堂之中。每个乡民来公堂参加各种活动时，都可以通过这种轻而易举的方式获知时间的进程，使整个黄岗对时间和空间的格局获得共识，从而在生产、生活中做到一致。引进人才后的变化仅在于，在公堂，或者鼓楼公布时间的方式不再是符号和草标，而是以汉字作为符号，有时还要辅以图标去公布时间节律，这样的时间节律是三套计时制度并存。三套计时制度中的月份、日子、节令、农事都得配套公布，使乡民不仅知道侗族传统的计时办法，还能与汉族的计时制度相衔接，外出时还能够查到公历的年、月、日、星期等。三套计时制度的合成，在黄岗能够做到如此炉火纯青，直到今天，还令我们这些外来的调查人由衷地感到敬佩。

正是凭借这样的时空场域整合，黄岗人不仅做到使资源的配置更加精细，而且尽可能与外界的资源配置接轨，使自己的产品实现更高的市场价值。此前将时间、空间认定与资源配置相分离的分析习惯，在黄岗这个个案中大有修正的必要，因为在这儿，时间和空间的认识也推动了资源的放大和再生。

对于侗族社区的整体规序而言，个人追求什么样的具体目标并不重要，关键在于家族的整体利益是不能被损害的。由此可见，把个人行动整合进社区成员共同凭依的社区规序，就其本质而言，并不是要彰显个人行为的自由，而是要表明个人行为必然要受该社区内部文化规序的支配和制约。社区规序的设置、执行、监督和再调整都是民族文化规约下的产物，而对人口容量、资源和民族生境的节制，又得以社区规序为调节枢纽，因而侗族社区规序的设置无论其内容、运行方式，还是运行的目标都与其他民族不同。其有效性只能立足于侗族文化去评估，而评估的结论又可以在不同的民族中实现沟通与共享。然而，任何一个民族的内部的规序建设在效用上都是等同的，都是力争达到资源的高效利用与生态环境的精心维护相兼容。

第三章　侗族传统生计的生态价值

侗族传统生计方式与生态安全—侗族传统生计与水资源的储养和利用—侗族文化与生物多样性维护—侗族传统生计方式与生存保障—侗族生态智慧对区域生态安全的维护—中国各民族农业遗产的特殊价值

第一节　侗族传统生计方式与生态安全

当前，学术界对生态安全的认识和理解还存在着重大的分歧，为了对生态安全有一个比较全面系统的认识，笔者在侗族社区长达 15 年的人类学田野调查中，注意到最理想的生态安全状况，应当是已有的各种生态系统都能得到长期的并行稳态延续。也就是说，任何一个民族都占据一定的生态位，在该生态位上，特定的文化在应对其生态环境时，呈现出高度的适应性，由此而实现了该区域的生态安全，也正是各个区域的生态获得了安全保障，人类的生态安全才能够真正实现。

人类的生态环境是否安全，直接关系到人类的生存与发展，这成为地球上每个成员共同关注和必须面对的问题。因此，人类的生计活动对生态系统的"文化干预"是无从避免也无须避免的。本文立足于侗族社区的田野调查，通过侗族农耕文化的主动调控，优化对区域资源利用的配置，依靠生物制衡构筑成对生态资源利用、储养与维护的动态系统的研究，去揭示生态安全与文化的关系问题，从而获得对人类生态安全的正确理解。

"稻—鱼—鸭"共生生计系统的生态适应。侗族先民是古百越民族中的一支，于江河中下游的宽谷河网地带，过着早年生息"饭稻羹鱼"的生活。[①] 在历史发展进程中，他们溯河而上进入半山区地带定居。经过长期的探索，侗族先民最终完成了半山区的自然环境改造。通过人工手段改变河道、挖掘鱼塘，用筑坝的方式建构浅水沼泽等等，在半山区的狭窄河谷盆地中再造了准河网坝区的次生生态环境。他们这样做当然是为了维护本民族传统文化的稳态延续，但却引发了意想不到的生态后果。这些人工建构的高山水域环境，一方面增加了山区生态系统多样化的水平，使本来仅分布于江河中下游的生物群落现在可以移到了高海拔地带，使山区有限的沼泽生态系统能够与高山森林生态系统毗邻存在。另一方面，这样建构的人工泽生生态系统使许多的喜好湿地环境的物种能够向高海拔地区转移，从而有效地增加了山区生物物种的多样化水平，使在有限的空间范围内可以密集地分布着众多的生物物种，衍生出了具有侗族特色的生态适应方式和举措。这种经过长期实践，确立起来的依靠"稻—鱼—鸭"共生和"林—粮"间作的生计系统，[②] 有效地实现了与所处生态环境的和谐共存。

侗族地区能长期维持这种生物多样性的高层次水平，不仅得力于自然环境，更得力于侗族的传统生存理念。在侗族文化的传统理念中，人类只是大自然中的一分子。大自然是主，人是大自然的客，客随主便，客靠主人提供食物。人类必须仰仗自然界中提供的其他生物为食才能得以生存。因而，人们对于生物资源的利用必须有节制，人类首先得控制自己不能使人欲无限制膨胀。侗族传统文化对生物资源的利用，一贯坚持均衡消费和多样化消费的原则。正是人地关系长期保持和谐，才使侗族地区的生物多样性水平长盛不衰。

侗族社区执行的"稻—鱼—鸭"共生的生计系统，并不是单一的农耕，而是执行多产业复合经营的和谐生计方式。每一个侗族社区，不仅经营农田、鱼塘，还要喂养各类家禽，执行稻鱼鸭复合经营方式。稻、鱼、鸭在耕地中并存的传统生计，是侗族乡民传承了数百年的多项目复合谋生艺术。侗族传统复合生计方式，使社区民众的生活物质的获取渠道更其宽阔，从而获得了抗拒自然风险的适应能力。

---

① 参见《史记·货殖列传》，中华书局 1982 年版。
② 罗康隆：《清水江流域侗族人工营林业研究》，云南大学博士学位论文，2003 年。

从"稻—鱼—鸭"的共生系统的产业项目看，农、牧、渔在这儿密不可分，是一种真正意义上的多元复合产业。从生产节律看，稻、鱼、鸭在这儿既相克又相生。通过操作节律的调整，使其间的"克"降到了最低限度，其间的"生"放大到人们最满意的程度。从物质与能量的循环看，整个生产系统构成了一个多渠道、自相循环的网络，除了为人类提供食品和其他生活原料外，人对耕作区从不过分榨取，整个生产环节不会出现任何形态的废物，可能导致的环境污染在整个循环回路中消除于未然。从整个村寨的自然布局来看，耕作区又与周边已有的各类生态系统相生相克。农田和森林兼容并存，鱼塘和稻田连通，就连整个村寨的成员，也能顺其自然地参与到这一循环之中，所有的生活废物都在耕作区降解掉。人们在获取产品的同时，又对整个耕作区加以宏观的调控，务使其比例协调，生长有序。因而，他们的耕作区从人类感观出发，就像是一首生物物种多样性并存的田园诗。从人类的调控职能出发，又是一整套韵律回旋的谋生艺术。

在侗族村寨社区，经过侗族民众的创造，就使河流、鱼塘、稻田三者之间好像一个连通器，从而为养鱼、养鸭及稻作生产所需的水源提供了保障。鱼塘和稻田这样匹配可以根据不同的季节对不同的鱼种进行交叉饲养，方便适时取用。例如，在春耕插秧之际，为防止越冬的成鱼破坏秧苗，这时有经验的侗族居民可以将这些鱼儿"赶往"鱼塘，在稻田中再放养鱼苗，而等到稻谷收割完毕后，又将鱼塘中的鲤鱼及食草的鱼儿（如草鱼）"赶往"稻田中，对残存的杂草进行清除，从而避免了来年杂草的生长对禾稻造成影响。除此之外，还方便人们适时对成鱼进行捕捞，以满足日常生活的需要，侗民形象地将这称为"水上畜牧"。①

人工水域的建构仅是满足了稻、鱼、鸭在同一耕作带和谐并存的基础，要实现三者之间相生而不至于相克，则需要仰仗和谐高超的节制艺术。众所周知，水稻是一种喜欢高温、高湿和直接日照的泽生农作物，这样的生物习性在平原坝区，随地都可以得到充分的满足，但在高海拔的山地丛林地带，就难以兼顾了。而且其间的湿、热、光三要素匹配又会出现

---

① 罗康智：《论侗族稻田养鱼传统的生态价值》，《怀化学院学报》2007 年第 4 期。

千差万别的变数，这对于水稻的稳定种植极端不利。在阳烂，稻田中就分为冷水田、向阳田、过水田、阴冷田、高榜田等等众多的类型，有的冷水田整天的阳光直接日照时间还达不到 4 小时，有些冷水田的最高水温不可能超过 25℃，最低也不会低过 11℃，对一般稻种而言，几乎无法生长。有的高榜田，保水能力极差，水稻生长季经常脱水，一般的水稻品种在这样的稻田中，产量还达不到普通稻田的一半。而这样的差异，又远远超出了人力调控范围之内，为了确保水稻的正常生长，阳烂乡民不得不另辟蹊径，从水稻特异品种的培育入手，去化解这一矛盾。

在阳烂和黄岗侗族社区，据统计原有 30 多个糯稻品种，而今尚存 10 多个品种，如永帕、永帕吧、多贝、永妙、永猛、永得冷、永帕多、曜里、卞了（以上全为侗音译）等等。这些糯稻品种的共性特征有三：一是高秆。出土秆高超过 150 厘米，最高的可以高过 200 厘米。二是耐水淹。50 厘米深的水淹，不至于窒息稻根的呼吸，15 厘米的水淹，稻种也能顺利出芽生长。三是耐阴冷。扬花季节，遇到了阴湿浓雾季节，也能扬花结实。[①]

高秆的好处在于，可以让鸭穿行于生长着的稻谷间，自由觅食却不会伤及稻穗，加上生长季很长，插秧后还可以超过 120 天，足够错位放养 3 批雏鸭，并且能够顺利产出。高秆糯稻还有利于在丛林的夹缝中争取阳光。此外，这些高秆糯稻都长有坚韧的长芒，谷壳上排列着披针状的倒刺，而且不掉粒，稻叶和稻秆都长有茸毛，深秋时节，寒露霜降都不会对糯稻构成威胁，还能免受兽雀的侵害。高秆糯稻的生长季长，对水域的庇护度高，也有利于田中鲤鱼的长时间放养，从而获得较高的收成。

耐水淹也有多重的好处，一方面可以在暴雨时节贮备尽可能多的水资源，确保耕作期水位的稳定。另一方面，田中贮备深水还能增加鱼、鸭的生活空间，扩大鱼、鸭饵料的繁殖范围，有利于提高鱼、鸭的产量，还能避免鱼、鸭之间的相克。田中贮水深，还是稳定小区域气温必备前提，这对于水稻抵御冻害也十分有利。正因为这里的糯稻耐水淹，可以蓄积较多的水，使这里的每一块稻田都是一个微型水库，这样一来，对于确保水资

---

① 笔者在侗族社区进行田野调查中所获得的资料。

源配置的稳定，乃至于在旱季补给江河水源都大有好处。

而阴冷的最大功效在于，使林粮兼容成为可能。在阳烂村，不少稻田深陷在高山丛林之中，林不妨农，农不损林。如果没有这样的特异糯稻品种，侗族和谐生计中的林粮兼营就不可能做到。糯稻耐阴冷的一个派生功能正在于，在稻田中由于稻谷生长繁茂，稻田中形成了一个自成系统的生态系，外界天气的阴晴雨雪，乃至强风等概率性的剧变都很难波及稻田内。因而稻田内的温度、湿度可以超长期保持平稳，这无异于延长了鱼鸭的生长期，使之能在开阔地域放养，获得更高的产出率。

从侗族生计方式的经验中，我们注意到最理想的生态安全状况，应当是已有的各种生态系统都能得到长期的并行稳态延续。以阳烂村为例，侗族社区实际上是在一个极其狭窄的生存空间内，密集并存延续着多种不同的生态系统。例如，亚热带季风区的常绿阔叶林、落叶常绿混交林、山地针叶林、山间草地、湿地生态系统、水域生态系统等，这些生态系统都能在一个侗族社区内同时观察到。

侗族对稻田和鱼塘的收割，也采用收种结合，分批多次收割的操作规范。稻田插秧总是被理解为耕种，但侗族的插秧作业其实也是稻田收获作业。把田翻耕的过程中，各种有用的动植物要一并加以收割，而且只收获成熟的可利用对象。在以后的整个水稻生产期，稻田中半驯化的各种动植物资源，也要实施分批的多次收割，收获的对象包括可以食用和做饮料用的各种水生动植物，如蚌、蛙类等。大致而言，平均5天就要收获一次。就是人工放送的鱼和鸭子，也是实施分期分批收割。鲤鱼放送后，发现鱼苗过于集中，随时都要加以收获控制。从二两以上的鱼苗开始，就分阶段的捞取，确保大秋时节田中的鲤鱼都能长到八两以上，能够用于制作腌鱼。对鸭群也是一样，一般而言，公鸭只要长到可供食用即开始宰杀，母鸭则留着生蛋，每50天就是一个鸭子放养和收获的周期，一年可以收获5次。水稻是主种作物，其收获期同样不明显。糯稻才开始灌浆，即开始部分采折，制作瘪米食用，其后，以品种成熟的早迟，分段、分片收割，收割期长达1个多月到两个月。收割时只是折取稻穗，秆留在田中，等牲畜需要饲料时，才陆续割取。其中，一些糯稻品种，稻穗收割后还能保持长期不枯萎，可以不断地为牲畜提供鲜嫩饲料。也就是说，连稻草的收割也是分批进行的。他们这样进行收割的目的，正在于保持稻田生态系统尽可能减少生态位空缺，确保稻田生态系统的稳定，有效地防范了病虫害的蔓延和外来物种入侵。因而，侗族稻田生态系统的生态安全，是靠人为生态改性最小化原则去加以保障的。

不仅生态背景的必须坚持改性最小改变原则，连生物物种的配置也实施最小改变原则。人工密集耕和养的稻田和鱼塘，其生物物种结构，与天然环境差异极小。除了稻、鱼、鸭需要人工种、养和收割外，其他的一切伴生物种，都保持半驯化、半野生状态，致使稻田的生物物种结构与野生状态差异极小。这才使稻田的物种结构可以超长期地保持稳定，病虫的爆发概率降到了最低限度，种养物种的退化无法被观察到。

每一种生态系统的规模虽然不大，但却能相互渗透，长期稳定并存，满足侗族乡民的各种日常所需。这样的生态系统多元并存格局，据可考的历史文献记载，至少已经稳定延续了上千年。其间从来未发生过震荡性的生态灾变，甚至在相关地区出现重大的政治变动、甚至战争时，都未受到过重大的冲击。其结果不仅满足了侗族乡民的日常所需，而且给江河下游提供了一个十分可靠的生态屏障，像这样的稳态延续格局，就可以称得上达到了追求生态安全的理想状态。

这些多元并存的生态系统能够长期稳态延续，主要得力于侗族文化对自然资源产权的特殊界定和稳定管理手段。侗族村社原则上都是家族村社，每个村寨一般都是由一个或者两个家族构成，以阳烂为例，就是由龙姓和杨姓两个家族构成。他们对村寨所处的整个流域拥有高度稳定的领有权和使用权。值得注意的是，这样的自然资源产权领有，是通过侗款的方式在整个侗族社区被固定下来，并且始终被整个侗族社区认可并尊重的产权领有规范。在通常情况下，不会发生领有权的争执和使用权的纠纷。这就使每一个侗族村寨都能够对整个流域区的所有自然资源进行全面规划，分类使用，合理配置，权责到户，确保使用与管理的高效运行和稳定延续。

这种管理的有效性，可以从社区内部习惯法规约力的强大得到印证。20世纪50年代以前，侗族村寨内对违反习惯法的乡民，甚至拥有处以极刑的权力。每一个侗族乡民，只要参与过合款，都必须对所有款约无一例外地遵照执行。因为每个家族，都拥有监控每一个乡民的职能。侗族口谚称"老树护寨，老人管寨"。老树是整个乡民的精神支柱，各家族的寨老，则是精神支柱的人间化身。① 正是这种习惯法在管理上的高效性，才使对生态系统的管护实现高效和管理到位。

"林—粮"间作生计系统的生态适应。侗族对生态管理资源的利用，一贯坚持对原有生态系统的最小改变原则，以免损伤生态系统的自我稳态延续能力。原先是森林的地带尽可能按照森林的方式加以利用，原先是河流的区域尽可能按照河流的方式加以利用，原先是草地的尽可能按照草地的方式加以利用。这里仅仅以森林为例，就可见一斑。

林农在植树造林的过程中发育出了林间套种农作物的耕作方法，俗称"林粮间作"。林农在新造林地展开林粮间作，以耕代抚，达到林粮双收。按地形、土质、日照以及距村落距离远近情况等，在林地里可以实行"林粮间作""林菜间作"和"林果间作"等间作方式。"林粮间作"主要在林地里套种小米、黄豆、玉米、红苕、荞子、洋芋等；"林菜间作"主要在林地里套种辣椒、红萝卜、白萝卜等；"林果间作"主要在林地里套种西瓜、地瓜等。也正如林农所编的民谣那样："种树又种粮，一地多用有文章，当年有收益，来年树成行。""林粮混栽好，一山出三宝，当年种小米，二年栽红苕，三年枝不密，再撒一年荞"；"种树又种粮，办法实在强，树子得钱用，粮食养肚肠"；"栽树又种粮，山上半年粮"。② 这些有关林粮间作民间谚语集中地反映了侗族社会对林粮间作的基本认识，也充分反映出林粮间作在人工营林业生产中的地位和作用。林农实行林粮间作，对树苗进行精耕细作，不仅使树苗苗壮成长，由于林农稻田少，田里的稻谷不足为济，在林地里进行套种，可以获得"山粮"赖以度日。"林粮间作"是林农在人工营林业生产过程中无法承担长周期生活压力的具体表现，通过林粮间作达到"以短养长"从而缓解林业生产长周期与日常生活之间的矛盾。

据乾隆《贵州通志·风土志》和光绪《黎平府志》记载，在清朝初年侗族林农培育杉木早期已掌握了林粮间作技术。"山多载土，树宜杉。土人云，种杉之地，必预种粟及苞谷一两年，以松土性，欲其易植也。"③

---

① 邓敏文、吴浩：《没有国王的王国——侗款研究》，中国社会科学出版社1995年版。

② 黔东南苗族侗族自治州地方志编纂委员会：《黔东南苗族侗族自治州志·林业志》，中国林业出版社1990年版；黎平县林业志办公室：《黎平县林业志》，贵州人民出版社1989年版。

③ 爱必达：《黔南识略》，清道光二十七年（1847）重刻本。

由此反映出，早在清朝初年清水江流域地区的侗族不仅开始了人工造林，而且经过长期的生产实践，成功地掌握了林粮间作的营林技术。

侗族是我国南方最大的人工林经营者。600多年来，原木外销一直是侗族获得现金的主要渠道，而外销原木中市场价格较高，最便于外运的首推杉树原木。杉树原木经济价值大，一般情况下人们会把它作为利益最大化的种植对象加以追求。但是侗族却不一样，在营林的过程中十分讲究复合型育林，树种实施多生物物种间种。据我们测量20×20样方抽样调查得知，杉树仅占70%，而其他则为自然长出的多物种乔木。这些自然长出的乔木的物种构成，包括木兰科、樟科、壳科、芸香科等科的20余种乔木。一个侗族社区，客观存在的乔木树种，就可以多达数百种。这样一来，尽管侗族经营的虽然是人工林，但他们的人工林与天然林之间，在物种结构上却极其相似。人工有意识种植的树种，也是实施半驯化半野生种植。除了控制藤蔓类植物生长外，对主种的杉树植株，都仅是管护而不包揽。即使杉树苗长不好，也不触动周边的其他乔木，而仅是把出现病害的杉树苗间伐掉。正因为他们的人工林坚持了最小改性原则，才使他们的林区，其稳定性能优于任何形式的人工用材林，绝少遭遇病虫害的袭击，而且积材量在国内外处于领先水平。

侗族传统生计中对森林资源的收获方式也十分独特，可以总称为以收代种，收种结合的农牧经营方式。一般意义上的人工林都有间伐和主伐的区别。侗族虽然被号称为林农兼营的民族，但他们的人工林经营中，并没有主伐这一概念。人工精心培育的杉树，总是长成一株间伐一株，从不剃光头。用材木的间伐，一般都使用斧头，而不使用锯子，为的是不撕离杉树树干中的形成层，确保杉树苗砍伐后能够再生。砍伐的时间选在秋后，砍伐后用糯米浆淋洗留下的树桩。来年，这些树桩都能萌生杉树苗。而且这样萌生的杉树苗生长速度极快，最快的8年就可以成材。因而，他们对木材的收和种不是两个作业程序，而是一个作业程序。最终使不可避免的收割绝不扰乱森林生态系统的原有结构，既不干扰非采伐对象一切生物的生长，又不导致地表暴露而造成的不可避免的水土流失，更不留下空缺生态位，给生物入侵留下隐患。这才使侗族的人工林区，其稳定延续性能达到了惊人的程度。持续经营数百年，生态系统均观察不到蜕化的征兆，而且人工林的生物物种结构，与天然状况的森林生态系统极为相近。

观察这里侗族林农的育林，可以明显感到他们的育林技术不仅与我国其他地区的植树造林不一样，而且与林学专著所认定的育林模式也不相同。其中的技术差别包括 5 项：（1）定植苗木时不挖深坑，仅将地表浮土拢成小丘，然后在小丘上面定植苗木，定植时还将主根切断。（2）清理林地一律采用火焚，既不翻土，也不修筑梯土，而是保持原有地貌种植。（3）定植苗木不设株距和行距，而是根据地势定植。（4）从不营建纯林，即使营建杉树林，也要混种其他的杂树。（5）对苗木实施"亮根"，苗木根部既不奎土，也不将除下的杂草堆放在树根。[①] 这 5 项操作无论放到什么地方，都会显得十分怪诞，然而却切中了当地的自然生态特点。

原来，侗族地区的宜林地土壤基质大多来源于石灰岩和页岩的风化物，土壤基质的颗粒度十分细小，因而土壤的透气透水性能都很差。长期种植杉树后，有害杉树的病菌长期滋生，很容易对定植的苗木造成损害，定植后不免损伤的根部往往成为病菌的突破口，即使定植成活也长势不旺。加上这里的林地坡陡，水土流失隐患严重。综合考虑上述情况，侗族人民的上述操作也就得到了合理的解释。举例说，他们观察到当地密集生长的杉树主根发育不好，而侧根发育旺盛，于是他们定植杉树时采用切主根浅植，同时在林地中套种各种农作物，目的是让这些作物枯萎后，原有的根系形成众多孔道，以便杉树的侧根迅速蔓延。这些技术操作恰好避开了当地土壤细密、透气透水性差的弱点，同时有效预防了有害病菌的蔓延。他们观察到自然形成的天然林各种乔木长势互有区别，形成高低不同的层次，于是，他们在定植时对主伐后留下的树墩不加清除，而是用火焚烧，来年萌发出的新树苗不仅能减少定植苗木的投资，还能使林相参差错落，郁闭速度明显提高，达到固土保水的作用。这种实生苗和再生苗并存的育林办法，加上林间农作物套种和其他乔木混种，不仅使林相构成接近于自然，而且还使地表的覆盖度不会因林地的更新而降低，既抑制了水土流失，又活化了土壤，还消除了病虫害。[②] 因而他们培养的人工林，尽管林相不整齐，但郁闭速度快，积材量高。

---

①　吕永锋：《侗族传统林业经营方式的文化逻辑探寻》，《吉首大学学报》2003 年第 1 期。

②　杨庭硕：《侗族生态智慧与技能漫谈》，《人自然》2004 年第 1 期。

我国各民族在长期的历史过程中都会积累许多行之有效的生态智慧和技能，这对今天我们提倡生态经济、强化生态保护来说都是珍贵的财富。但是，这样的智慧和技能总是具有明显的地域性，要推广使用必须高度审慎。只有当各民族的生态智慧与技能获得了科学的解释以后，才有可能进一步探讨它们的适用范围。这样的工作需要不同学科的学者相互沟通，协调努力，才能做好。

侗族传统生计方式对生态安全的价值。在侗族社区，传统生计方式的执行对其所处生态环境实施人工改性，最明显的区段仅限于河谷盆地底部的农田区。① 但这种改性依然是适应，并同样坚持最小改性原则。河流改道，仅是增加河流的弯曲度，务使水流更加平缓，而绝不将河道拉直，更不筑堤压缩滩涂的宽度。为了控制水位的暴涨暴落，主要实施挖塘储水的办法，或在上游实施分流引灌坡地和鱼塘的办法，而绝不修长高水坝拦水。而且，侗族社区的整个水域、沼泽和湿地完全实施人工联网，所有的田、塘、泽、堰都有引水渠道与天然河湖相通。在分水口都有分水闸实施高效控制，使得穿过侗族社区的流水尽可能平缓，水位控制的效率可以精确到以厘米计。他们的稻田、鱼塘区，不异是在山区建构的小规模河网平原。但是这样的建构，一直遵循着最小改性原则。所有的田、塘、泽、堰，都依地势而建。人力的适度干预，仅止于引水排水渠道的修建和管护。绝不采用大规模的土木工程，去强行扩大水域面积。修长鱼塘的动土，也实施就地分散，仅可不扰断自然背景的原有结构。这才使尽管农田的建构实施人为改性，但由于改动的幅度极小，管理又能到位，才使这些盆景工的山区河网坝区，即令是遭逢到洪水的袭击也能基本安然无恙。遭逢严重干旱，稻田都不至于脱水。流水携带的泥沙，都能在坝区就地沉降，极少进入江河下游。

值得一提的是，在这种和谐生计中，不管是森林，还是人工水域，在长期的积淀中都形成了厚厚的腐殖质层和泥炭层，它们不仅可以支持多种微生物的并存，提高对有害物质水平的降解能力，而且本身还具有超强的吸附性能，可以将有害物质吸附起来，防止有害化。由此可见，生产过程

---

① 杨庭硕、杨成：《侗族文化与生物多样性维护》，《怀化学院学报》2008 年第 6 期。

本身的生物物种多样化，乃是从根本上防范水体污染的最佳对策。而生产过程中的单一化，虽说可以提高经济效益，但却会招致无穷的生态后患，这应当是我国水资源安全问题中必须考虑的对策思路，而不能一味指责企业经营者不守法。应当记住，法律终究是最后的手段，而不是日常运行的手段，而水体污染总是和日常生产、生活中所有细节关联，等到出问题才采取法律对策，已经为时晚矣。这样的观念问题，若不提到议事日程，中国的水体污染就不可能获得根本性的缓解，这应当是黄岗侗族和谐生计给我们的一个最有价值的启示。

黄岗侗族的和谐生计对中国水资源安全可以做出的贡献还很多，上文所说仅是最为突出的三个方面而已。然而，不管什么样的传统生计，都必然是特定民族文化的有机组成部分，而且是民族文化向所处生态环境深度渗透的衍生组成部分，以至于相关的民族传统文化，一旦在外力胁迫下受损，那么和谐生计可能发挥的生态功效就肯定会连同受损。前些年，强行推行杂交稻，排干稻田种小季，甚至为了部门的利益在基本不需要农药、化肥的和谐生计中，靠经济补贴诱使，甚至派售化肥、农药，这就会打乱和谐生计的价值体系，并且直接危及水资源储养能力的发挥。因而，要解决中国的水资源匮乏问题，绝不是单一的工程技术问题，也不是教育和法制的问题，而是对民族传统文化的尊重和公平、公正对待的意识形态大问题。撇开了文化视角，中国的生态安全问题肯定找不到治根之策，其间孰轻孰重，世人自可裁夺。要知道，中国崛起后不愁买不到石油，不愁买不到粮食，但绝不可能买到够用的水资源。为了水，为了中国的可持续发展，任何人都得三思而后行。

可见，山区侗族的田、塘水域虽属人工建构，但其间生物物种多样性却因为建构得贴近自然，而得以稳定延续，并纳入了侗族乡民的利用对象。生物多样性水平的偏离程度小，乃是他们的稻、鱼、鸭三项主导产品很少遭受生物性灾害的根本原因，也是和谐生计总体特征的一个侧面，更是他们巧用自然力的生存艺术。[①] 因而，在侗族社区，即使是一块稻田，

---

① 杨庭硕：《侗乡稻鱼鸭：坎坷的命运——从"原始落后"到农业文化遗产》，《人与生物圈》2008 年第 5 期。

也是一个生物多样性并存的乐土。准确地说，稻、鱼、鸭在稻田中共生，不仅是消化自然的结晶，更是人类宏观调控的生存谋略。单种水稻产量并不理想，但是稻谷与鱼鸭的年均产出总和却远远高出平原坝区的单纯水稻种植水平，这种在不利环境下获得的高产、稳产正好是和谐生计的高额报偿。

这种隐藏在大山中传统生计方式，对生物多样性的保护具有多重功效。其一是对已有的动植物物种，尽可能确保其生存条件的稳定。其二是对人类可以利用的生物物种，仅适度放大其生存规模，并确保其规模放大不干扰其他生物物种的存在。其三是人工的适度环境控制，仅止于在有限的空间内，也就是在每一个侗寨尽可能实现多种生态系统的浓缩并存，而绝不实施纯粹人力控制的生态改性。这才使得已有的生物多样性水平长期稳定延续。最后是人类利用的生物物种也能保持较高的兼容能力，能够与野生动植物长期和睦相安。侗族社区生物物种多样化高水平的延续，不仅是大自然的恩赐，更是侗族文化能动适应于所处生态系统的成果总汇。

更有价值的是，侗族地区传统生计系统是在人为建构起的湿地生态系统上运行的。在山区建造了一个巨大的没有堤坝的"水坝"——隐形的生态坝，每一丘稻田、每一个鱼塘都是一个微型水库，这将大气降水和水平降水截留在高海拔区位，以缓解中国珠江、长江下游旱季和缺雨年份淡水资源的短缺，同时削减暴雨时节的洪峰。依靠"稻—鱼—鸭"共生系统的水域系统，它能够直接拉平自然界水资源再生的波动幅度，将丰水季节的水资源转化为储存态的水资源，从而缓解对江河下游的洪水压力；在枯水季节又可以凭借储集态的水资源缓解江河中下游地区的供水短缺。①这是一个以丰补歉的水资源配置对策，是侗族用文化重构与文化惯力的手段能动拉平中国南方淡水资源分布不均衡的自然格局，营建一个有利于高效利用淡水资源的多元文化互补的社会和谐体制，这不能不视为是侗族对人类的贡献。

维护生态安全的目的是为了人类的利用，而人类社会又客观存在着民族和文化差异。因而，对生态安全的理解如果渗入了价值判断的内容，势必要打上文化的烙印，有损于文化相对主义原则。这样去理解生态安全，

---

① 罗康隆、杨庭硕：《传统稻作农业在稳定中国南方淡水资源中的价值》，《农业考古》2008 年第 1 期。

就必然要为生态系统的人为改性张口，结果只能是局部地区生态环境可以好转，但却会诱发大面积的生态灾变。我国在一些地区强行扩大稻田，强行扩大绿洲，在干旱草原强行植树，结果都适得其反，而侗族传统文化坚持最小改性原则，不仅侗族乡民受惠，而且为江河下游各民族营建了一个长期稳定的生态屏障。就这个意义上说，确保已有生态系统的稳态延续，才是人类应当追求的生态安全。

第二节　侗族传统生计与水资源的储养和利用

当下中国乃至世界都面临严重的"水荒"，悉见的应对策略不外乎大兴水利工程和严厉实施节水这两大类。本文提供的个案，则是将水资源的储养、高效利用与水质维护三大目标融为一体，并在文化的调控下做到森林与农田的兼容，农田中动、植物种与养的兼容，畜牧与农耕的兼容，去能动地扩大水资源的再生、储养和水质净化，使这片土地虽然身处分水岭区段，却能做到水资源的供给极为丰裕，并能与周边各民族共同分享水资源。这是一个在资源利用上利己和利他兼容的生动个案，可望成为我国缓解水资源匮乏对策的有益借鉴和参考。

半个多世纪以来，中国在综合国力迅猛提升的过程中，曾遭遇过各式各样的资源短缺，而今正面临着严重的"水荒"。[①] 以往遭逢的资源短缺，由于涉及的技术和社会支持容易掌控，度荒的难度并不大。但"水荒"则不然。水资源是各类陆上生态系统稳态延续必需的自然资源，同时又是分布极不均衡的自然资源，更是一种需求量极大的资源。而水资源充满变

---

① 中国按年度人均水资源占有水平排序，在世界各国中排名第121位，是全球13个人均水资源最贫乏的国家之一（据中国发展门户网2006年数字）。中国淡水资源总量为28000亿立方米，占全球水资源的60%，中国年度人均水资源占有量只有2200立方米，世界平均水平为8800立方米，中国的水资源人均占有水平仅为世界的1/4（据中华人民共和国国家发展和改革委员会2005年数字），而且分布极不均匀，这标志着我国在水资源的结构自然格局中属于极度贫水的国度。在我国的660个建制市中有551个城市常年供水不足，110个城市严重缺水（据中华人民共和国水利部2006年数字），我国90%的城市地表水（据国家环保部2007年数字）和70%以上河流湖泊遭受不同程度污染（据国家水利部2005年数字）。此外，有2000多万农村人口饮水困难，3亿多农民饮用水不合格（据水利部2006年数字）。可见，水资源的极度缺乏已经成为我国必须面对的严峻事实。

数的特性却在于，它既是可再生资源，同时又是储存与再生最富于变幻的自然资源，这与水的理化属性直接相关。其中对水资源的维护与再生，影响最为直接的特性在于地球上的水资源可以以气、液、固三态并存，而且"三态"之间可以随气压和温度的变动而相互转化。然而，掌控水资源的技术手段和社会支持主要是针对地表液态水建构起来的，以至于在面临"水荒"时，会明显地感到技术和社会支持相对缺乏，目前已有的各种应对水荒的研究与对策也因此而感到苍白无力。不管是在国内还是在国外，人们在感受到水荒的同时，应对的手段仅限于大兴水利工程和厉行节约用水这两项简单的做法。类似的应对措施，虽然也有其价值，但只能视为应急的治标之策，而绝非治本之方。①

　　长期以来，对水资源的研究都是由气象学、水文学等自然科学去承担。然而，地球表面水资源的循环，本身是一个可以超长期稳定的常态，也是社会力量迄今为止无法加以调控的范畴。而水资源在陆上生态系统中的循环，由于要借助各类生态系统去驱动，相关的民族文化又拥有局部的调控能力，因而，民族文化可以在这一范畴内发挥积极的作用。也就是说，在这样一个范畴内，并存的各民族文化在其生计活动中，可以在很大程度内借助于相关的生态系统，推动水资源的储养和再生，从而起到缓解我国水资源匮乏的直接作用。

　　因此，为了探寻应对"水荒"的治本之策，本文将以黄岗侗族对水资源的维护与管理为个案，揭示该民族在利用水资源的同时，如何驱动了水资源的储养和再生，希望通过翔实的田野调查，能够全面地反映该民族文化与水资源运行的各种关联性，并在综合评估各种关联性的基础上，去总结黄岗人的日常生产与生活在水资源储养方面的利弊得失，在此基础上揭示黄岗侗族文化与水资源运行的综合关系，为缓解我国水资源匮乏找到可行的文化对策。

　　本文之所以将黄岗村作为田野调查点，是因为该村具有如下特点：一是在黄岗村，水的运行相对独立，周边的自然与社会环境对水资源的运行不会构成明显的干扰；二是黄岗侗族的传统文化相对完整，足以反映人地

① 罗康隆、杨庭硕：《传统稻作农业在稳定中国南方淡水资源中的价值》，《农业考古》2008年第1期，第61页。

关系中文化与水资源耦合运行的稳定状况；三是黄岗所处的区域，水资源可以以气、液、固三态存在，并且"三态"之间的转化较为明显，地上与地下水资源的转化也显而易见，而且这样的存在与转化在当地的民族文化中都有所反映；四是黄岗居民的传统生计对水资源的再生、储养、利用和维护存在着系统性的对应，并对上述四个环节中的相关内容能够做到有效的控制；五是该村的侗族村民在其日常的生产和生活中，价值取向和行为方式都与当地的水资源运行息息相关，而且能得到稳定的制度性支持。在没有现代技术和现代水资源管理介入之前，黄岗村就能做到凭借文化的正常运行，高效地影响水资源的再生、储养、利用和水质维护，使当地居民人为提高的水资源储养量不仅满足了他们的生存和发展所需，而且还能施惠下游各族居民，因而只要能够稳定甚至放大这样的传统生计和行为模式，我国的水荒就可望得到明显的缓解。

黄岗社区地处分水岭高原台地上，境内地貌南高北低，但地表崎岖不平，四条山脉自北向南延伸，将全境切分为三大深谷。境内的三大溪流均位于深谷底部，从东向西依次为平天河、黄岗河和岑秋河，而黄岗寨则位于黄岗河形成的山涧坝子上。境内的海拔最高点为1032米，黄岗寨所在位置海拔为765米，而三条河的汇流处海拔仅420米，所有河流在境内的落差都超过450米，而流程却不超过7000米。这充分表明，所有河段都布满了急流、险滩和瀑布，地表液态水资源要受到强大的重力推动才能运行，储养和利用都具有很大的难度。

在自然状况下，当地温暖多雨，降雨量超过1300毫米，年均温度15.2℃，因而能发育成茂密的亚热带和暖温带丛林生态系统，仅海拔高于850米的区段，才呈现疏树草地景观。尽管当地侗族乡民在这里连续生息了4个世纪以上，但原生植被还有大面积残存，能够为水资源的储养发挥明显的作用。但实测后表明，在侗族乡民对资源的密集利用后，水资源的储养能力不仅没有下降，反而有了明显的提高，这在我国其他地区是极为罕见的现象，因而有必要解析当地的传统生计，从中发现侗族文化在水资源再生、储养、利用和维护4个方面的积极贡献。

当代黄岗侗族的生计，与其他侗族的传统生计具有极高的同质性，都具有以"稻鱼为食"和"林木为用"的林粮兼容特征。然而黄岗的自然背景分明是一种既不利于种稻，又不利于养鱼，更不利于畜牧的丛林生态环境，这样的生态环境仅仅有利于林业经营。而实际调查的结果却表明，其生计方式恰好具有林粮兼容、稻田种养和谐兼容、农牧并举三大特征，而且这些特征，又直接或间接地影响着当地水资源的运行，并在水资源再生、储养、利用和维护四大环节中表现为高效利用与精心维护的和谐统一，因而能在看似容易缺水的山河切割区，靠人为的手段在自然储养能力的基础上，综合提升了对水资源的储养能力，致使这里的侗族居民，不仅是用水的高手，也是"造"水的能人。如果能将侗文化对水资源的这一功能加以放大，缓解水资源匮乏也将成为可能。

众所周知，水稻是一种喜欢高温、高湿和直接日照的泽生农作物，这样的生物习性在平原坝区，随地都可以得到充分的满足。而黄岗村位于高原台地上，地表起伏太大，无法建构连片的稻田，加之该地区森林茂密，零星的稻田也与茂密的森林毗邻共存，完全镶嵌在森林生态系统之中。由于受地形崎岖所限，加上这里雨季和旱季的降雨量变幅很大，导致地表截留和储集液态水极为艰难。不能有效地储集液态水，水稻种植就无法实施。

在黄岗村的传统生计中，为了有效地储集液态水，乡民人工建构起山区水域系统，而这样的人工水域系统又与当地的丛林生态系统高度兼容。这种兼容可以通过下述四个方面的相互支持得以实现。

一是黄岗侗族村寨塘、田、渠、河人工水域系统都能与天然水域联网。不管是什么样的水域，水位都能做到精确控制。最特异之处在于，所有稻田的储水深度都能够达到 0.5 米，可储集量超过了年蒸发量的 50%，超过了年降雨量的 26%，这样的稻田建构显然是应对液态水容易流失、降水波动幅度大而做出的适应。与此同时，这些人工水域系统，还能与山地丛林相匹配，在丛林和水域的衔接带都有人为培植耐水淹的树种，能确保林田两安。

二是人工水域系统的建构有充分的制度保证，也不缺乏精确管理的习惯法细则。所有人工水域都是持续推进、长期积累的产物，大到溪流改道，小到不足半亩的稻田和鱼塘，甚至是一个流量不到 0.001 立方米每秒的分水坝，都是由新建者的人名去命名的。这样的命名既是一种社会荣耀，又是定点管理的依据。每个侗族乡民，都在争取荣誉和高效管水方面自觉地孜孜以求，从而使农田的建构成了一个可持续推行的社会行动，而这样的社会行动又能够得到侗款框架内的习惯法细则的保障，能有效地排解一切有关水资源的纠纷，又能使相对有限的水源，得到公平的分享和高效的利用。

三是当地乡民种植的水稻品种琳琅满目，我们收到的糯稻品种就多达23个，这些糯稻品种与水源储养关系最直接的生物品性在于，它们都是秆高、秆硬而且不怕水淹的稻种，成熟期的秆高达到1.5米，最高的可达2.3米，水淹深度达到0.5米，持续半个月也不影响其正常发育，这显然是针对提高地表液态水储养而做出的育种努力。

四是这些品种都能耐阴冷，有的品种甚至可以在每天日照不到3小时的丛林中正常生长，绝大部分品种在当地露天撒秧，即使碰上10℃的急剧降温也不会烂秧，而且在收割时，即使田中积雪结冰，都不会导致倒伏和减产，更不要说抵御霜冻了。由于这些品种可以在不利于水稻生长的森林环境稳定产出，因而这些糯稻品种的传承和应用有利于稳定和维护过渡地带的森林生态系统。更值得注意的是，这些高秆类型的糯稻品种，不仅化解了多雾多寒露的气候风险，对当地发挥保水保土的作用，还为江河下游储备了丰富的淡水资源，错开了洪峰，使江河下游各族人民也间接受益。

由于当地的林粮生产达到了有效的兼容，有效地避免了水资源的气态流失，从而保证了液态水的正常运行。在黄岗，由于稻田普遍种植高秆糯稻，其秆高通常超过1.5米，而且插秧后稻田的郁蔽期很长，达到110天，甚至更长，而这样的郁蔽期正好处在一年之中气温最高的6—8三个月段，在这样的高温背景下，水面不暴露在阳光直射下，致使在一年蒸发量最大的季节内，人工水域表面覆盖上一层1.5—2米厚的植被，在这层植被的庇佑下，从水面向上的1.5米范围内，其空气的相对湿度接近100%，这就使这里的液态和气态水资源转换处于动态平衡状态。尽管外界蒸发较大，固定水域因蒸发而导致的水资源流失却趋近于零。[①] 水资源不仅会以气态方式流失，反过来气态水资源只要处理得当，同样可以转化为人类可以直接利用的液态水资源。在黄岗，笔者就观察注意到，稻田周边的丛林，在秋冬的浓雾季节能够汇集雾滴，以水滴的形式提高土壤和稻

---

① 罗康隆：《既是稻田，又是水库》，《人与生物圈》2008年第5期。

田水资源储备的资源再生。

特别值得注意的是，黄岗侗族人工建构的水域系统能发挥比自然生态系统更强的地表水资源储养能力。例如，黄岗村目前实有稻田5000亩，这些稻田最大储水深度可达0.5米，储水超过10天也不会影响糯稻的生长。也就是说，暴雨季节1亩地可以储水330立方米，5000亩稻田实际储水能力高达1650000立方米，这已经是一个小型水库的库容量了。黄岗村现有林地面积50000亩，大部分属于次生中幼林，蓄洪潜力每亩可达110立方米，50000亩林地总计蓄洪潜力高达550万立方米，中长期的水源储养能力可以高达200万立方米。[①] 不难看出，这是一个大型水库的有效储洪总量，对减轻江河中下游的洪涝威胁发挥了不可估量的巨大作用。相反，到了枯水季节，这些储备起来的淡水资源又将极大地缓解江河下游水资源补给短缺。[②] 由此可见，侗族传统生计的正常运行，不仅造了水而且保住了水，不仅利了己而且还利了他。此外，这种造水、补水功能还能为江河沿线的所有水电站提供丰富而有效的可利用水能资源。因而，这种传统的生计方式对缓解我国的水资源短缺，一直在默默地发挥着巨大的作用，可以为我国经济的可持续发展和社会安定做出巨大贡献。

在黄岗那样的地区，即使是在原生态系统保持得最好的时代，由于地表的落差较大，大量的液态水资源也会很快流出黄岗而无法加以利用。在当时的情况下，水资源的利用只可能有两种渠道：一是从流动着的井溪中直接取水；二是将截留下来的地下水转化为各种各样的生物产品，供人们采取利用，也就是间接地利用水资源。而黄岗侗族文化的高明之处在于，在上述基础上大幅度提高水资源的利用效益，具体做法可以从以下三个方面得以体现：一是通过人为水域的建构，将尽可能多的地表液态水储留在高海拔区位，以便滋养更多的动植物；二是在人工的控制下，使用水的渠道尽可能多样化和复杂化，随着复杂化和多样化水平的提高，通过各种生物间接用水而在总体上体现为用水效益的提高；三是强化水资源在本社区内实现半封闭循环，达到一水多用的目的。而这三方面的创新，都可以通

---

① 崔海洋：《重新认识侗族传统生计方式的生态价值》，《思想战线》2007年第6期。
② 罗康隆、杨庭硕：《传统稻作农业在稳定中国南方淡水资源中的价值》，《农业考古》2008年第1期。

过种养复合去实现水资源的高效利用。

所谓种养复合，是指在当地侗族传统生计中，农田种植、禽、畜、鱼的放养与水资源的循环融为一体。在当地不同的水资源储养环境中，农作物、半驯化野生植物的种植与管护不是孤立的存在，而是与各种家畜、家禽和鱼类的放牧与喂养相互渗透，从而形成在时空上既重合又可以分离的立体生产样式，使当地各种水资源的储养形式都得到高密度和多层次的利用，从整体上体现为水资源的高效利用，因而应当称之为种、养复合。

在黄岗，乡民的出工总是热闹非凡，除了下地干活的人群外，每个家户都要顺道携带琳琅满目的畜、禽。在前面开道的羊和牛，拖着车的马匹，车上满载着装满鸡、鸭和仔猪的竹笼，还有装满塑料桶的鱼苗，通人性的狗则在人群中前后穿梭，照应整个部队，一路上欢声笑语，牛鸣犬吠相合。看了这样的景象，我们给这里的乡民起了一个雅号叫"海陆空三军司令"。听了这样的雅号，他们不仅不感到诧异，反而觉得很自豪，点头承认这些家畜、家禽完全在他们的掌控之中，并把我们称为"司令参谋"，我们当然乐意这个新获得的身份。

村民之所以这样出工，其实正好是复合种养必备操作。不管是耕种还是收获，牛、羊都需要带到森林和稻田之间的人工浅草带放牧，鸭要带到正在耕作或种植的稻田中觅食，鱼苗则要不断地往水田和鱼塘放养，长成的鱼或在田中捕获的非放养鱼类，还有其他有价值的水生动物，又带回家中消费，这才使他们几乎天天都在放鱼和收鱼。这样的复合种养过程，其实要贯穿整个大季生产作业，但在时空位置上则需要在人的调控下错置安排：大牲畜要尽可能地放养在人为草地和季节性轮歇的耕地上；鸭需要错过撒种和插秧的短暂季节；鸡需要限制在稻田周围；鱼则需要在鱼塘和稻田之间相互调剂，以确保放养密度恰到好处，密则收获，疏则加密。水稻郁蔽后，为了提高放养强度，乡民还要将这些活着的"准家庭成员"和自己一道留宿在田间窝棚中，以至于在水稻郁蔽后的六、七、八三个月内，几乎不添加任何饲料，畜群都可以快速肥育。

从任何一块稻田看，其生产路线都可能划分为3—5个层次，上面是水稻，水面是鸭子，水中是鱼，也就是说至少是一水三用。这样一来，同一水资源的利用效益，也就意味着翻了一倍。此外，除了鱼、鸭之外，稻田中还能产出多种水生植物，可以天天获取以满足猪的青绿饲料所需，其中一部分还是供人食用的蔬菜。在稻田中还可以获取多种野生的软体类、鱼类和两栖类动物，这是他们农忙季节的动物蛋白来源。因而对水资源的利用强度还得重新评估加以调高。更特异的是他们种植的好几个糯稻品种，比如鹅血红等，生物属性十分特异，即使糯谷完全成熟收获后，也不会枯黄而保持青绿状态，这是他们的牛、羊、马在冬季也能长膘的鲜绿饲料来源，同一水面的利用价值为此还得到提升。

不仅稻田如此，鱼塘和其他水域也是如此。鱼塘中除了放养草鱼外，作为猪饲料的水葫莲、满江红和作为鸭子饲料的浮萍也能同时产出。鹅和鸭也可以在鱼塘中实施季节性放养，因而仅注意到鱼塘在水位调节方面的功能还远远不够，因为它也是一个复合种养的生产单元，鱼塘中水资源的利用强度绝不逊色于稻田。

他们的旱地也具有相似结构，那些星散在林地间的旱地，同样是多层次、多物种和复合单元。一般都要种植三个不同高低层次的农作物和野生植物，因而也是一个聚宝盆，可以综合产出各种农产品。更重要的是可以在这里成群地放养鸡，奇怪的是这里的鸡都不会损害农作物，因而乡民们认为他们的鸡很乖，很听话，但真正的原因在于，在这样的高密度种植的情况下，其间包含了大量野生动物，从软体动物到昆虫一应俱全，天性好吃的鸡在消费这些动物食品后，哪儿还顾得上偷吃庄稼，因而在这样的旱地耕作带，水资源也通过不同的渠道，在不同生物物种间不断流动交换从而使水资源获得了最大限度的利用，由于他们的人工森林与旱地的结构极为相似，森林与水资源的高效利用就不再赘述了。

在如此高强度的水资源利用的背景下，水资源利用的效益究竟如何，确实是一个值得探讨的关键问题。鉴于黄岗地区没有任何形式的来水供给，也没有从江河提水的装备，因而他们完全是凭大气降水维持正常的生产和生活，而且有丰裕的水资源节余可以确保向下游双江河供应的全年稳定。最大暴雨和最干旱季节的流出水量差不大于 3 倍，这可以从一个侧面反映用水效益的稳定，不是仰仗额外水资源补给去提高产量，而是通过就地水循环去提高水资源的利用效率。

黄岗的乡民风趣地告诉我们，他们的水稻非常能长，每天都长得很快，因而天天早上出工都要累得出汗。他们讲的是在生长旺季，所有稻田中的稻叶，清晨都要挂满露珠并不断地回落稻田中，即使连续几天不下雨，稻田水位也不会明显下降，我们的实测结果也证实了这一点。这显然不是一句玩笑话，而是对水资源液态与气态之间就地循环再生的科学事实的风趣表达。这儿的农田、牧场、旱地和森林，由于坚持的是种养复合，因而在蒸发量最大的六、七、八、九月，地表的覆盖度都达到了100%，站在田坎上，根本看不到水面的反光。在旱地也看不到表土，而且覆盖层次往往多达3—5层，最终导致了三个方面的后果：一是植物层的上方和植物层内部，温度差异很大，稻田中的水温和水稻覆盖下的底层空气，温度差距只有1℃—2℃，但水稻上方的空气却可以高出5℃—7℃；二是相对湿度也拉开了很大的差距，在植物覆盖下的底层空气，相对湿度白天都在90%以上，晚上则提升到饱和状态，因而每天都能成露；三是稻田都镶嵌在森林中，以至于不管森林上方的风速有多大，在稻田上方的风速都属于微风级别，而处于水稻郁蔽下的底层空气则处于无风状态。没有风，水蒸气就不会被带走，而保持着就地循环状况。因而，种养结合的高密度人为复合生态系统，可以理解为水资源的止回阀，液态水资源一旦进入其中，就很少发生气态流失现象。在整个复合种养中，水资源实际上是内部自相循环，生产中对水资源的消耗主要表现为以水为原料合成了生命物质和生物能，无效的蒸发浪费几乎可以忽略不计，因而说这样的复合种养是超级的节水生产范式一点也不夸张。

　　时下的水利专家和水文专家由于学科体制的局限，他们对淡水资源补给的认识，就终极意义来说只承认大气垂直降水的作用，而忽略了大气的水平降水对淡水补给也有重要贡献，原因在于当代的气象测量设备只能测量雨、雪等垂直降水的数量，而不能测量雾滴、露滴等水平降水的数量，结果水利专家仅将一个地点的水资源补给理解为两大来源：其一是当地的降雨、降雪总量；其二是上游的来水量。两项相加再减去该地区的流出水量，就算当地的淡水资源的储备总量了[①]，至于当地浓雾、露水凝结成水滴后回落土壤中而获得的水资源量则从未加以计算。从这个意义上说，有效地获取雾滴、露滴的回灌就该堪称"人造水资源"了。在黄岗田野调查中我们从黎平县、从江县气象站获知，这里的年均降雨量是1300毫米。

---

① 杨庭硕、吕永锋：《人类的根基——生态人类学视野中的水土流失》，云南大学出版社2004年版，第93—96页。

然而，在黄岗这样的山区，河水都要从谷底往北流走，单凭这 1300 毫米的降雨量是经不住流淌的。然而，在黄岗村却到处是水，除了河流外，鱼塘、稻田、泉水、井水无处不在，随处可见。据我们的粗略统计，要灌满黄岗的稻田和鱼塘，并使之终年不干涸，总需水量必须保持在 200 万立方米以上，这还不算森林、草地所需的水资源。如果没有浓雾凝结成的液态水，单凭下雨，根本无法满足鱼塘和稻田的巨额用水。

我们在调查中还发现，这里的稻田即使是开辟在接近山顶的高海拔地段，只要上方有林草，就有充足的水源供给，就可以满足水稻生长的需要。这些地段当然不会有来水，气象资料提供的降水量，减去地下渗漏和地表径流后都不可能留下明水在水田中富集起来，足证这样的稻田完全有赖水平降水，才得以形成稻田。当然要保证这样的稻田有充足的水源供养，就只能将水平降水进行就地截留。而要想做到这一点，就必须具备这样一个条件，那就是山顶上必须保持丛林密布。当太阳光照射到丛林时，能被茂密的植物通过光合作用，将热能转化为木材和牧草的生物能，致使山顶的气温不会过高，这样一来，浓雾碰到绿叶，才有条件凝结成水。也就是说，黄岗高原台地的顶上得有茂密森林的郁蔽，浓雾和露珠才不会跑掉，黄岗人和下游的居民才会有更多的水用。黄岗的山区森林和山区稻田恰好具有造水和保水两大功能。这些山区森林所处地带，都处在冷暖气流交汇的多雾带，大致从海拔 500 米到 900 米的坡面上，一年中的晨、昏浓雾天气高达 180 天到 250 天，在这样的地段从下午 5 时到次日 9 时相对湿度都高于 90%，密漫的浓雾碰到林草枝叶都会凝结为水滴回落到地面形成明水。[①] 也正因为如此，黄岗人爱树如命，不轻易砍伐山上的一草一木，每砍一棵，就要补种两棵，只能增加，不准减少。就这个意义上来说，侗族对所处生态环境的适应，确实具有造水功能。

侗族的传统生计不仅确保水资源量的问题，而且其水质也获得了优化。今天的中国，水资源极度短缺，水体污染严重，致使看到了水资源却无法利用。中国三大淡水湖的污染治理，闹腾了十几年尚未收到明显成效就是一个明显的实证。治理失败的关键原因在于，治理中没有认真利用生物手段，而是强化物质和能量多渠道循环，但黄岗村的事实却恰好与此

---

① 罗康隆：《既是稻田，又是水库》，《人与生物圈》2008 年第 5 期。

相反。

在侗族社区，所有的生产作业和生活上的物质消费，全部纳入了当地生态系统的循环网络之中，人畜粪便直接进入鱼塘，由水生动物作为一级消费，水生动物的粪便再由微生物作为二级消费，会导致富营养化的物质，再由水生被子植物消费，而被子植物的生物体又提供给人、畜消费，整个鱼塘就是一个多途径导通的循环网络，不可能产生任何形式的污染物排入江河水体。鱼塘如此，稻田也不例外。由于在稻田中生活的生物物种，除了稻、鱼、鸭三个主体外，其他生物物种多达数十种，循环回路多得不胜枚举，对水体的一切可能污染物均可以在稻田中完全被降解，实现无害化，最终使流出黄岗村的所有液态水全部是优质水。如果全国的农村都能像侗族传统村落那样，那么中国的水资源达标绝对不成问题。而遗憾之处正在于，像侗族社区这样传统的稻作农艺，在国内的各民族中为数太少，不足以保证中国水体质量的达标，这同样是关乎我国水资源安全的重大问题。在这个意义上激励侗族传统生计的复兴和推广，也是确保我国水资源安全刻不容缓的对策措施。

当前的环境科学研究普遍存在的通病在于，将生产环节与治理环节作人为的剖分，一直沿袭先污染后治理的被动思路，结果只能是生产部门片面强调产值，同时想方设法规避环保检查，以至于不得不动用法律手段，耗费大量的人力、物力去实施监管，而监管收到的成效又极其可疑。而侗族传统的生计则与此相反。在这里，生物资源的高效利用与精心维护都是生产过程中一直处于耦合的两个侧面，一个生产环节的废物，在下一个生产环节已经转化成了资源，资源与废物辩证存在于整个生产体系中，这就收到虽不精心安排治理，却可以坐收高规格的治理成效，不仅水体污染得到了妥善的解决，固体废物的降解也得到了全面的解决。而收到这一成效的基本前提在于，在这样的传统生计中，生物物种的多样性并存水平极高，并存食物链回路极其丰富，这才使在当地生产体制中不管什么样的污染源，都有备用的物质循环渠道去加以降解。

上述实例充分表明，忽视了民族文化的价值，即使再大的工程设施，再先进的技术，都无法与我国错综复杂的水土资源组成结构相兼容。正确的做法只能是，在充分地认识和发掘各民族传统文化的价值后，针对性地引进现代技术，只有在绝对必要时才动用工程手段，我们的水资源流失治理工作才能事半功倍。因此，我们力图挖掘、发扬和创新各民族的传统文化财富，以此为依据提出一条正确的水资源流失治理思路。

　　其一，总结各民族传统文化中有效利用所处地区水土资源的智慧和技能，以便提供一整套多样化的水土资源利用办法，从而和我国错综复杂的水土资源结构相衬。一是丰水区以稻作方式（包括桑基农业、稻鱼鸭方式和梯田农业等）来储存水资源；二是在华北相对缺水的旱地农耕区进行换茬轮作。然而，光有这两种办法远远不够，在我国丰水区的长江流域，也有相对干旱的季节和干旱带，而我国半干旱的华北平原也有相对湿润的丰水带。在这种情况下，借鉴其他民族的做法就显得至关重要了。举例说，金沙江安宁河河谷就处于季风气候带，季节性气候干燥十分严重，不仅耕地经常受害，人畜饮水也会出现季节性的困难。那么，上文实例中提到的办法应该是最节约、最稳妥的适应办法。同样的道理，在我国干旱的河套地区植树种草成活率极低，人工种树种草成本太高，那么生物育苗办法就可能派上用场。我们只有对水土资源的利用掌握尽可能多的办法，我国的水土资源才可能得到更加充分的利用。人畜超载对水土资源的压力才能在一定限度内得到缓解，为我们赢得可贵的水资源流失治理时间。

　　其二，我国水资源流失原因错综复杂，因而控制水资源流失的办法也必须多样化，有幸的是，我国各民族已经为我们准备了各式各样的水资源流失控制办法。举例说，西北地区的砂田从表面上看是一种节水抗旱农耕模式，但如果移植到更加干旱的黄土高原沟壑地带，却可以改造成一种抑制土壤流失的有效办法。在开始露头的侵蚀沟源头铺设固体块状堆积物，在暴雨季节可以有效地减缓地表径流的速度，有效地抑制流水切割。而在干旱季节，由于这些堆砌物能有效地抑制地表蒸发，确保在这些堆积物的缝隙中长出牧草，甚至灌木丛来。一旦植物群落定根，固体堆积物可以顺侵蚀沟下移，形成新的植物群落。这种办法若能与固体废物的处理结合起来，并赋予现代技术的成型办法，使这样的堆砌物效能得以提高，将不失为一种抑制黄土高原侵蚀沟扩大的可行方法。同样的道理，华北平原的换茬轮作如果在半干旱的农田中推广，并在作物中套种牧草，有效地提高土壤的覆盖率，那么半干旱地区的风蚀、沙漠化问题就可以得到抑制。据国外提供的资料表明，地表的覆盖率在水侵蚀地段超过40%，在风蚀地段超过 60%，水资源流失将得到有效的控制。① 按照上述做法要达到这样的指标难度并不大，只要选择好换茬的作物品种、牧草品种，不到十年，就能在沙漠化的防治中发挥积极的作用。

其三，水资源流失是一个复杂的物质与能量的运动过程，其造成的后果也具有多重性，对水资源流失留下的后遗症进行治理也不能简单化。因为灾变后的水土资源结构已经发生了变化，按照单一的办法去整治这些后遗症，肯定无法收到明显的成效，因而水资源流失的救治也需要办法的多样化，我国各民族的传统文化中也已经为我们储备了救治水资源流失创伤的多样化对策和措施。借鉴、改进这样的办法和措施，就能使我们的灾变救治工作做得更好。贵州麻山地区苗族和布依族治理石漠化的办法就是一个很好的例证。这样的思路借鉴到我国北方沙漠化的治理，肯定能够获得一种多角度的治理思路，其次还可以启迪受沙漠威胁的人们如何利用现有条件增加地表覆盖，减缓蒸发，提高水的使用效益。总之，借鉴多种民族的灾变救治传统，并辅以现代的科学技术，肯定可以收到比单一的工程技术措施更好的救治成效。

民族传统文化价值的失落，总是在不经意的情况下发生的，但这种忽视却可能扰乱我们控制水资源流失的思路，使我们在引进现代科学技术时失去了针对性。在开展具体的工程技术措施时，又难以切中当地的实际需要，有鉴于当前的水资源流失治理不尽如人意，关注民族传统文化的价值就显得更当其时。

各民族传统文化不仅体现出利用水资源的智慧和技能，在控制水资源浪费的具体操作中也能发挥不可替代的作用；不仅能够提供水资源流失救治的成熟经验，在灾变救治工程的实施中也能发挥积极的社会作用。水资源的保护与利用是一项需要长时间努力的社会活动，任何政治、法律和经济的手段都不可能发挥长久持续作用的能力。只有各民族的传统文化可以将它的成员凝结起来，形成稳定的社会动力，将控制水资源流失的社会活动持续下去，直到取得圆满的成功。如果控制水资源流失的活动与各民族传统文化脱节，相关民族的成员将只能充当旁观者和群氓，那么，对水资

① Zobich，Michael A.：《肯尼亚东部地区牧场的水土流失》，《水土保持科技情报》1995 年第 2 期。

源的保护就成为无本之源了。如果控制水资源流失各项措施植根于各民族
的传统文化之中，那么各民族成员就能够将控制水资源流失的活动与自己
的传统文化结合起来。控制水资源流失的社会活动就不愁没有持续的社会
力量去推动。

2009 年，我们在内蒙古乌审召旗调查时，乌审召大寺的两位高龄喇
嘛介绍说，20 世纪 40 年代，该地区的土地沙化现象十分严重，当时的寺
院住持就将植树种草作为僧人和信徒所必须遵守的戒律，明确规定僧俗信
众每年都得完成定量的种植任务，才算完满了该年的功德，结果在短短的
几年内绿化了大片的沙丘，而且该做法持续执行了 20 多年。① 不难看出
各民族的传统文化，不论是处于哪一个层面的文化要素，只要引导得法，
就能在水资源的控制中发挥效应，将群众凝结成可以持续生效的社会力
量。面对水资源结构错综复杂的背景，多元文化的并存是水资源流失控制
工程开展的一项社会保障。调动多元文化的协同运作，水资源流失的治理
同样可以事半功倍。

综上所述，在艰巨的水资源流失治理中，我国各民族的传统文化具有
独特的应用价值。以往不同程度地忽视民族文化的价值，已经给我国的水
资源流失治理带来了众多不利的影响。发掘、整理并有意识地利用各民族
传统文化，才能使我们的水资源流失治理工作做得更好，也更具有广泛的
群众基础，这应当是当前的水资源流失治理工作中十分紧迫的一项任务。
从我们的理解出发，对民族文化价值的认可，这是我国当前的众多水资源
维护和合理利用工作中最为缺乏的基本认识。事实上，很多人在从事水资
源维护和灾变救治时，无意中失落了中华民族文化的价值。就中国的水资
源流失治理而言，中国各民族自己的文化价值是无可替代的至宝。如不总
结并发扬我们自己的这一经验和智慧，不管是哪个国家搬来的先进技术，
都无法在中国发挥其原生地固有的实效。

控制和合理利用水资源是一项牵涉面很广的社会活动，地域跨度很
大，各地的水土资源结构互不相同，所以各地域间的相互协调至关重要。
好在不同的地域内往往都有特定的民族生息，各民族居民最熟悉和了解所

① 田野调查资料：《乌审召草原喇嘛治理草原沙化的田野调查》，存于吉首大学人类学与民
族学研究所资料室。

在地的水资源结构，也最能够承担起相关地区的控制水资源流失的责任来。因此，各民族多元文化的并存也是一笔可贵的财富。

第三节　侗族文化与生物多样性维护

今天的侗族居民和汉族居民一样，都是以固定农田的水稻种植为生。然而，侗族所经历的历史过程与汉族迥然不同，所处生态环境与汉族地区更是相去甚远，从而在侗族传统文化中形成了自己独特的生存理念，并衍生出了具有侗族特色的生态适应方式和举措。经过长期的磨合，侗族传统文化已经有效地实现了与所处生态环境的和谐共存。致使侗族传统文化在对所处地区的生物多样性维护中，有着不可替代的价值。

侗族先民是古百越民族中的一支，早年生息于江河中下游的宽谷河网地带，过着"饭稻羹鱼"的生活。在以后的历史发展进程中，侗族先民溯河而上进入半山区地带定居。与其他民族一样，侗族先民也很自然地力图维护本民族传统文化的稳态延续。但要做到这一点，就不得不付出艰辛的代价，需要将半山区的自然环境改造得与早先的河网坝区相近。侗族先民经过长期的探索，最终完成了这一艰巨的工程。通过人工手段改变河道、挖掘鱼塘，用筑坝的方式建构浅水沼泽等等，终于在半山区的狭窄河谷盆地中再造了准河网坝区的次生生态环境。他们这样做不仅维护了本民族传统文化的稳态延续，而且收到了良好的生态效果。这些人工建构的高山水域环境，一方面提高了山区生态系统多样化的水平，使本来仅分布于江河中下游的生物群落现在可以移到高海拔地带，使山区有限的沼泽生态系统能够与高山森林生态系统毗邻存在；另一方面这样建构的人工泽生生态系统也让许多的喜好湿地环境的物种能够向高海拔地区转移，从而有效地增加了山区生物物种的多样化水平，在有限的空间范围内可以密集地分布众多的生物物种。更重要的还在于，侗族先民离开了原先的宽谷河网坝区后，先后由汉族居民经营，全部开辟成了固定农田，野生动植物在沼泽地带的栖息地随之消失。这些物种由于转移到了侗族的人工泽生环境，才得以延续其物种。其中候鸟的越冬场所最为关键，很多的涉禽目、浮禽目的候鸟若不是在侗族建构的山区湿地生态系统中，就很难延续其后代，并稳定其种群规模。事实上，山区侗寨，长期以来一直是候鸟越冬难得的栖息之地。白鹭、苍鹭、鹤类、野鸭、雁一直在这种作链珠状分布的侗寨周围越冬繁殖，可以说这些侗族村寨是无须任何投资的候鸟自然保护区。

当代侗族的分布区具有十分突出的过渡性。像阳烂、黄岗、占里、高秀这样的侗族村寨正好位于南岭山区。村寨所在的位置恰好处在五岭西段南北向的山口南带，这样一来不仅南方的暖湿气流和北方的干冷气流都要从这里穿行。众多的生物物种的迁徙也把这里作为必经的走廊。这就使侗族社区物种的多样性水平本来就高于相邻的地区。不仅在阳烂，在湘黔桂三省的毗连边区，所有侗寨的动植物物种多样性水平都要高于周边地区。

侗族地区能长期维持这种生物多样性的高层次水平，不仅得益于自然环境，更是得力于侗族的传统生存理念。在侗族文化的传统理念中，人类只是大自然中的一分子，人类必须仰仗自然界中的其他生物为食才能得以生存。因而，人们对于生物资源的利用必须有节制，人类首先得控制自己不能使人欲无限制膨胀。阳烂人把自己的村寨比喻为一只腾飞的鹭鸶，不能过载，否则就不能腾飞，不允许人口无序增长。当然，其他侗族村寨还有别的比喻，大多数侗寨把自己的村寨比喻为一条航行在大海中的船，人多了船就会倾覆。因此，他们都会和阳烂人一样，自觉地控制人口。事实上，侗族居民早在几百年前，就已经有了十分严格的人口控制规范，并把这样的规范纳入了侗款的款约中去加以监督执行。在侗族地区调查，一个令人诧异的事实在于，几乎所有的侗寨其地名前照例都要标上家户数，如百五黄岗、千七款区、二千七款区等。要知道，这不是意向的抽象数字，而是必须严格控制该村寨实有家户数。实地调查表明，这些村寨直到20世纪50年代以前，基本上实现了人口的严格控制。这才会出现，像占里那样长期保持人口零增长的局面。侗族传统文化在计划生育上的这一超前意识，对侗族地区生物多样性的保护做出了无法替代的重大贡献。正是人地关系长期保持和谐，才使侗族地区的生物多样性水平长盛不衰。

侗族传统文化对生物资源的利用，一贯坚持均衡消费和多样化消费的原则。侗族传统的支柱产业，并不是单一的农耕，而是执行多产业复合经营的和谐生计方式。每一个侗族社区，不仅经营农田、鱼塘，还要经营森林和大型牲畜的饲养，还要喂养各类家禽。你可以将其定义为林粮兼营、稻鱼鸭复合经营等，但始终都未能完全概括其复合程度，因为这样的概括始终未能将大型牲畜的饲养和家禽的喂养全部概括进去。原因在于侗族传统生计方式的复合程度确实太高了。他们这样做，表面上是为了使生活物质的获取渠道更宽阔，从而获得了抗拒自然风险的适应能力。在执行的过程中却收到了生物多样性保护的明显成效。这里仅以稻田为例，就可以窥见一斑。侗族的传统稻田，事实上是一个天然泽生生态系统的缩版。他们种植的是以高秆糯稻为主的水稻。同时，稻田中，还养着鱼，放着鸭，以及螺、蚌、泥鳅、黄鳝等动物。野生的植物茭白、水芹菜、莲藕等植物也在此生息。据我们近年的调查，一块稻田中，并生的动植物多达一百多种。值得一提的是，稻田中，除了水稻、鱼、鸭归耕种者收获以外，稻田中自然长出的所有生物资源，村寨中的所有侗族乡民都有权获取和分享。由于这些半驯化的动植物都有特定的使用价值，其中有一半以上可以用作食物，另一半可以用作饲料。因而这些生物，不会像在汉族的稻田中那样，作为杂草除去，或是作为害虫清除，而是精心地维护下来，并加以利用。因而，每一块侗族稻田都是生物多样性并存的乐园。人在其间的角色，仅止于均衡地获取，适度地利用，以便确保这些生物物种都能够在稻田中繁衍生息，并长期延续，从而实现人类可持续的长期利用。

不仅稻田如此，侗族的人工林带也如此。在他们的人工林中，不仅要种植经济价值很高的杉树，并精心维护其他树种并存。豆科、壳斗科、芸香科的乔木，在侗族的人工林随处可见，并且至少要占15%的比例。除了乔木外，侗族的人工林中还拥有大量的草本植物和附生植物，他们重点控制的仅止于藤蔓植物。原因是这些藤蔓植物会危害杉树的健康成长。但侗族人民并没有对藤蔓植物斩尽杀绝，而仅是将它们割断，使其不至于缠绕杉树对杉树构成危害，就算达到控制的目的，并且还允许它们在村边地头正常生长。这些生物物种的延续，在侗族社区也有充分保证。以实现对人工林资源的适度、均衡的利用。因为在侗族的传统观念看来，这些藤蔓植物也有其使用价值，也需要保证它的物种延续。

西方学者曾经提出，人类对过熟的生态系统应当加以适度干预，才能提高其生物多样性水平。这种见解十分新颖，很快得到了学术界的认同。然而，侗族社区事实上在几百年以前就已经在实行这样的控制手段了。这里仅以控制水土流失的浅草带维护为例。在所有的侗族社区，森林与耕地的过渡地段，都人为地建构了宽窄不等的浅草带，一般是在稻田上方需要预留 5 米到 7 米不等的地带，使之长期呈现为浅草地。这样建构的草带可以发挥多重的生态功效。既可以降低地表径流的速度，使流水携带的泥沙就地沉积，又有利于监控森林中的大型食草动物侵入稻田为害，还给农家的耕牛，甚至马和羊提供放牧场所，同时增加稻田周围的通光、通气程度，有利于各种动植物的正常生长。最重要的还在于，它是确保某些草地类型生物得以物种多样性并行延续的强有力手段。众所周知，雉形目和鸠形目的禽类都需要以草本植物的种子为主食。雉形目的禽类，必须在草地安家落户。因而，他们建构的这些草带，其实际的生态维护功效正在于确保草地动物和植物可以得到多样并行延续。

由于侗族生存理念的核心正在于要将他们所认识的各种生态系统都纳入人类均衡利用和多样化利用的渠道，致使他们的生态行为准则必然表现为要在有限的空间范围内保持多样化、多种生态系统的合理配置。每个侗族村寨，在其家族按照侗款规定的那个流域范围内，尽可能地保持各种生态系统的多样并存。人类定居的村寨都一定位于贴近河谷盆地底部的山麓，村寨均面向宽阔的河谷底部，在河谷底部配置了稻田、鱼塘、河网和各种引水和保水设施。农田与鱼塘周边适度地构筑了浅草带，沿山坡而上的大面积坡面则稳定保持着茂密的森林，森林上方的山脊地段，也就是家族村社之间的地理边缘，尽可能稳定地保持宽窄不等的疏树草坡。这种模板式的村寨配置，彰显了侗族村寨建寨的共性特征，以至于侗寨与侗寨之间，都有清晰可见的界沿，但这些界沿仅是为人而设，丝毫不影响生物的迁徙和流动。整个侗族社区，不仅在地理上保持着过渡带的景观，同时也为生物的迁徙提供了一条稳定的走廊。村寨之间的交往，主要靠河流相通，人类社会的活动对动物正常迁徙的影响降到了最低程度，较少地干预了动物的流动和迁徙。这才使人类的存在，不会明显地降低作为生物过渡带的生物物种多样性水平。我们的田野工作队，在广西三江高秀、贵州黎平县黄岗、从江县的占里和小黄、湖南通道县的阳烂，所做的大范围田野调查，都亲眼目击到国家公布的多种一级、二级、三级珍稀动植物在侗族社区内频繁露脸，并保持着良好的生存样态。红豆杉、马尾树、秃杉、紫花泡桐那样的珍稀植物，在侗族社区还保留有连片的群落。更值得一提的是，这里还能找到多种珍蛙类、蛇类和鸟类的稳定栖息地。在这一地区，尽管还没有正式建立自然保护区，但作为南方珍稀生物物种基因库的生物多样性保护功能，在侗族地区一直得到了正常发挥和稳态延续。

侗族的生态适应方式，同样有利于生物多样性的保护。侗族的生态适应方式可以从他的农、林、牧品种的半驯化种植和兼容性选育得以实现。在侗族社区，除了少数农牧品种来源于外地输入外，绝大多数农、林、牧品种都是从本地已有的生物物种中选育而来。所以绝大多数农、林、牧品种，即使没有人工栽培也可以在野外自然成活。森林作物中除了主种本地杉树外，还配置种植杨梅、油桐、麻栗、山苍子等经济作物。这些经济作物的品种，都具有半驯化禀赋，可以与野生种同时并存，而且保持基因交换。除了人的有意识种植外，还能自己根据自然特征，自己寻找空缺的生态位立地存活，由此而带动整个森林生态系统的物种多样化水平，而且还能保持自我调整和修复的禀赋。在侗族村寨调查，乡民会告诉你，这些对人大有益处的生物是自然长出的，人们只是进行管护而已。管护的目的是为了利用，除了管护之外无须特殊照顾，它们也活得很好。对水生动物物种也是如此，除了鲤鱼和草鱼因为用量较大，需要人工辅助繁殖外，其他水生的软体动物、两栖动物和鱼类，都是实行半驯化放养。田里的黄鳝多了，就加强捕捉；少了，则将其他稻田中的黄鳝转放到稀缺的田块中。水蜈蚣对幼年期的鲤鱼有害，他们在放养鱼苗时，发现水蜈蚣太多，就捞捕水蜈蚣食用。但田里没有水蜈蚣时，又得人工放养。也就是说，除了鲤鱼和草鱼外，其他水生动物，既可以理解为野生的，也可以理解为人工放养的，这就是他们所说的管护的含义。就其实质而言，他们是把人为生物多样性的终极调节和制约力，只是控制其数量，并不会打乱生物的生活习性和破坏它的生存空间。这种以管护代替放牧和种植的文化适应手段，其实质是属于半驯化耕牧。人的存在可以确保已有各种生物的物种延续，长期执行这样的生计方式也不会危及任何一种生物物种在侗族社区的正常生息繁衍。而且，野生与人管护的物种并存，可以多元并存的生物物种基因复壮，人类对生物多样性的利用并不会导致这些物种独立生存能力的下降。

侗族乡民重点种养的生物物种，无一不具有可贵的兼容性，这是侗族乡民长期选育取得的成果。他们选育的糯稻品种与习见的糯稻品种迥别。

这里的各种糯稻品种，不仅可以在高温高湿和强日照的空阔平原生长，还有能够在丛林中正常生长，具备耐阴、耐低温的特殊生物秉性，致使稻田能够与茂密的森林完全兼容。他们还拥有在水温低于23℃的稻田中可以正常结实的耐低温糯稻品种，还有结实后水稻秸秆和稻叶不会枯萎的糯稻品种。这是国内罕见的农牧兼容稻种，能够在冬季草枯时，还能为牲畜提供青绿饲料。他们驯养的本地鸭，个体小、出肉率和产蛋率却都很高。这种鸭出壳时，刚刚是鲤鱼的放养季节。鱼和鸭放养可以同时进行的，鸭也不会伤害鲤鱼和草鱼。鸭和鱼同步长大，由于鸭的个体较小，可以穿行在整个稻田中，无遮无碍，更不会伤害稻秧，仅以浮游生物和昆虫、虾类为食。致使稻田中的三种优势生物，稻、鱼、鸭都能相安无事，而且围绕稻、鱼、鸭，各自形成了一个食物链网络，维系着更多的生物物种和谐并存。

侗族传统文化对生物多样性的保护，具有三重功效。对已有的动植物物种，尽可能确保其生存条件的稳定；对人类可以利用的生物物种，仅适度放大其生存规模，并确保其规模放大不干扰其他生物物种的存在；人工的适度环境控制，仅止于有限的空间内，也就是在每一个侗寨尽可能实现多种生态系统的浓缩并存，而绝不实施纯粹人力控制的生态改性。这才能满足已有的生物多样性水平长期稳定延续。同时，人类利用的生物物种也能保持较高的兼容能力，能够与野生动植物长期和睦相安。侗族社区生物物种多样化高水平的延续，不仅是大自然的恩赐，更是侗族文化能动适应于所处生态系统的成果总汇。

第四节 侗族传统生计方式与生存保障

生存保障是社会保障最基本要求，由于民族历史文化的差异，对如何理解社会成员的基本生活状况、保障手段等一系列概念上，形成了许多不同的看法。本文通过对侗族社会的田野考察，对侗族社会的生存保障系统进行了分析，资源培植、资源利用、生产与分配、社区管理等方面运行都是在特定文化下实现了对侗族社会的生存保障，提出了社会生存保障不仅是一个经济的概念，更是一个文化的概念。

社会保障最基本的就是生存保障，这是社会向社会成员提供基本生活保障。1941 年，以威廉·贝弗里奇为首的一个调查英国社会保险现状的委员会提出了报告《社会保险及有关服务》，该报告认为，社会保障就是对收入达到最低标准的保障。国家所组织的社会保险和社会救济的目的在于保证以劳动为条件获得维持生存的基本收入。[①] 从特定意义上说，在汉族地区土地制度的性质如何决定了政府对农民提供保障的程度。但在我国的少数民族地区，由于历代政府的法权并没有真正发挥作用，而是按照各少数民族的传统文化在对其社会成员进行着社会保障。只是在新中国成立后，在民族地区经过了民主改革后，没收了"富户"的土地，建立了土地公有制，为民族地区的社会稳定提供了一个"安全阀"。有人认为目前均分土地的平均主义农地制度为农村人口提供社会保障，不失为对现金型社会保障的一种有效替代。[②] 从这种理解出发，国家和地方政府在理论上承担起了对农民提供社会保障的责任。

　　然而，在我国由于农村人口过于庞大，农村的生产力水平不高，尤其是政府长期以来执行"计划经济"，选择并实行对工农业的"剪刀差"来支援城市工业化的发展战略，实际上农民成了国家现代化的奉献者。农民很少得到来自政府的土地以外的社会保障。除非灾荒年景的临时救济和对鳏寡孤独老人的"五保"制度。对于绝大多数的农民来说，他们的保障基本上是家族、家庭和社区的生产组织。

　　在侗族社会里，家庭既是生产单位又是消费单位。根据侗族家庭规模，它一开始就或多或少有某种不可减少的生存消费的需要，为了作为一个具体的单位存在下去，它就必须满足这一需求。以稳定可靠的方式满足最低限度的人的需要，是农民综合考虑种子、技术、耕作时间、林粮间作等项选择的主要标准。濒临生存边缘的失败者的代价，使得村民对安全、可靠性收入就必然优先于对长远的利润考虑。因此在实际的村民生计策略安排中，必须全家共同努力，确保全家有充足的食物供应。

　　由于劳动是农民所拥有的唯一的相对充足的生产要素，为了满足生存需要，他们可能不得不做那些利润极低的消耗劳动的事情。这可能意味着转换农作物或耕作技术，或者在农闲季节从事小手艺、小买卖等活动，虽

---

① 郑杭生：《社会学概论新修》，中国人民大学出版社 1998 年版，第 494 页。

② 刘兆发：《农村非正式结构的经济分析》，经济管理出版社 2002 年版，第 131 页。

然所得甚少，实际上却是剩余劳动力的唯一出路。一般情况是，侗族妇女在农闲时，在家里进行纺纱、织布、染布、挑绣、制侗锦、缝衣、打鞋垫等，与此同时，年长的妇女还要负责教少女们学会做这些活路。少女们大多从七八岁开始就跟着自己的母亲或姐姐学习，到十二三岁时，就基本掌握了这些基本的技术。她们掌握了基本技能以后，为了创新时，往往是姐妹们三五一伙、四五一团地在一起磋商技艺，或展示自己的创造性作品。而男子在农闲时，有的在家里打制各种装饰品，如侗族妇女头上戴的银花冠、银簪子、银簪化、银梳、银叉等；脖子上戴的项链、项圈、手上戴的手镯、钏、戒指以及耳环等。有的在家里编制草鞋、绳索、草凳等，有的则上山采集药草，当然也有的在村里收集山货到市场销售。总之，村民在尽可能地将劳力不断地投入到报酬少得可怜的各项劳作之中，这也是村民劳力的低机会成本和濒临生存线者的高边际收益效用的产物。在这种情况下，由于村民的近乎零的机会成本及其挣得足够生活费的要求，村民运用自己的劳力，直到其边际成果极少，甚至为零时，这种劳动还是有意义的。这对于我们深入了解侗族村民是如何规划自己的经济生活以及如何确保稳定的生存条件，将有助于我们懂得对生存的关注如何把村民的生活环节连接为一个整体。

我们可以将村民们的这种农闲期间所从事的各种辅助性劳动称为侗族村民的"生计退却方案"或"生计次选方案"。这种生计方式在村民遭受饥荒时可以有可喜的赚头。如村民在地方集市出售他们的纺织品、手工艺品、药材等，以此来获得一定的积蓄。一旦庄稼歉收，村民就靠这些交易所得来弥补家庭收入的亏空。侗族村民还在林业经营的多种植物的套种中获取大量的非粮食收入，这些也是村民保障生存安全的资源，可以帮助村民度过大米短缺的困难时期。在侗族社会里存在的这些生计退却方案并不是消极的，也不是外生的。而是立足于侗族社会所处的生存环境，是对生存环境积极应对的结果。村民的这类生计方案选择，即使在正常时期也是村民生计方式中确定的组成部分。村民对这类生计方式的强化不仅不会对社区生活造成干扰，而且这成为推动社区的经济发展重要动力之一，尤其是村民对林业的经营，使侗族社会经济取得了巨大的成就。因此，我们把侗族村民的这种生计方式称为"退却方案"或者"次选方案"，仅是针对他们的稻田农业生计方式相对而言的，我们并没有把这种生计方式理解为

"退却主义"。

侗族社会为了免于社区共同体处于生存水平以下，在其生计方式的建构中表现出了巨大的包容性。为了适应自然环境的海拔高度差异，稻作品种无法单一化，培育出了大批适宜冷、阴、锈田的水稻品种，如牛毛糯、融河糯、打谷糯、旱地糯、香禾糯、红糯、黑糯、白糯、长须糯等。这些糯谷都是高秆谷种，又适应了侗族稻田里常年蓄深水养鱼的习惯，侗族村民在稻田里种的水稻，一直是糯谷，有30多个品种，糯禾有秆高、穗长、粒粗、优质和芳香等特点，其中以白香禾与黑香禾最为著名。香禾质地优良，营养丰富。由于秆高稻田蓄水才深，也才便于在稻田里养鱼。侗族的鱼是与稻连在一起的，稻田里的收入是稻鱼并重。侗族民间流传的谚语："内喃眉巴，内那眉考"，意为"水里有鱼，田里有稻"，这种稻田养鱼的方法就是侗族的传统生活方式。侗族认为有鱼才有稻，养不住鱼的地方稻谷长得也不好。侗族还认为鱼是水稻的保护神，现在侗族仍把鱼当作禾魂来敬。侗族把粮食，主要是稻谷称为"苟能"（kgoux namx），意为"谷水"。稻田里蓄水较深，而且终年蓄水，主要目的就是在田中养鱼，在准备稻田时，村民要在稻田里做一个"汪"，汪就是鱼的房屋。在插秧时，要留下专门的"汪道"。侗族的稻在中耕时，是不用人力薅秧，靠的是鱼去吃水草和松动泥土，使秧苗苗壮成长。因此，鱼不仅是村民的主要食物之一，它还成为侗族稻田农作的"工具"。侗族村民在修砌的田坎都比较宽，每年农历四月初，村民便在田坎上每隔一尺左右挖一个小洞，点播黄豆，待豆苗长到五六寸时，把田埂边的肥泥扶在豆苗脚，作为对豆苗的陪蔸追肥。到秋收时，黄豆也成为村民的附加收入。

侗族社区普遍种植高秆糯稻不仅是对冷、阴、锈田和日照不足的适应，和侗族以田养鱼的需要，更主要的与侗族社会的村民生活保障体系紧密相连。村民在收割时，采用的不是割蔸在稻田里取粒的方法，而是用禾剪剪取禾穗，将禾穗捆扎成把，挑回村寨晾挂在村民特制的晾禾架上，以到用餐前才取其碓舂。收割后的稻秆继续留在田里，这对村民来说有个好处，由于是人工用禾剪剪取禾穗，这种方法哪怕再仔细，都会有遗留禾穗在田里，这就为家族或村寨贫困的家庭提供了一个"二次收割"的机会。村民把这种现象称为"放浪"。贫困的家庭尤其是孤寡老人可以在"放浪"时，到所有收割过的稻田里去收剪遗留的禾穗，这样部分地解决了村寨贫困家庭的粮食问题，由此拉近了村寨村民贫富悬殊的距离，使村民穷者不是太穷，也有所养，而富者又不是太富。但推行矮秆粘稻后，村民过去采用的剪禾法已经派不上用场，改用割莤就地取粒的方法，这种方法的引用，使过去为家庭提供"二次收割"的机会也随之消失，村里的孤寡老人的供养与生存就成了大的社会问题，于是村里出现了"五保户"的现象，靠国家政府来援助，由于社会保障体系并没有真正建立起来，而只是临时性的生活救济，以至他们的基本生活难以得到保障，而且还成为政府自己给自己套上了一个负担。

侗族的日常生活除了糯米、鱼类外，村民在各个季节采集野菜种类十分丰富，采集的食物大致有块根、叶芽、竹笋、蘑菇、花果、虫蛹六类。其中叶芽植物主要有水芹菜、香椿、酸苔菜、树番茄、莼菜、滑板菜等几十种。光竹笋类就有苦竹笋、大泡竹笋、甜竹笋、麻竹笋等十余种，蘑菇类有木耳、香菇以及鸡苁、乳浆菌、白参、牛舌头菌、大红菌、辣菌等。花果类有黄花、木瓜、白花等，经常挖掘的块根有黄山药、多毛黄薯蓣、蓑衣包、翅茎薯蓣、磨蓣等十几种。而采集的虫蛹主要有知了、油虫、蚂蚱、天牛幼虫、蟑螂、蟋蟀、蜂蛹、秧蚂拐、蚯蚓、注木虫、竹蛹。由此可见，侗族要对上百种采食动植物生长规律的认识，比我们所想象的要复杂得多。

为了弥补稻田粮食作物的不足，村民还往往在林地实行各种形式的"林粮间作"，从中获取必需的生存物质。按地形、土质、日照以及距村落距离远近情况等，在林地里可以实行"林粮间作""林油间作""林药间作""林果间作"和"林菜间作"等间作类型。"林粮间作"主要在林地里套种小米、黄豆、玉米、红苕、荞子、洋芋等；"林菜间作"主要在林地里套种辣椒、红萝卜、白萝卜等；"林果间作"主要在林地里套种西瓜、地瓜等；"林油间作"主要在林地里套种芝麻、花生、油菜等；"林药间作"主要在林地里套种烟叶、茯苓等作物。

在侗族社区里的生计安排中形成了特定的社会保障机制，为了确保村寨住户的最低限度收入，如在稻谷收割时，首先允许村寨内的孤寡老人和少田的农户到已经收割过的稻田里进行"二次收割"，山上的桐茶籽也是如此，到约定的时间，村民可以到所有的桐茶林里搜捡。通过这种方法以保证同一社区的村民获得最低的收入。除此之外，在村寨里还有各种各样的维护和保障孤寡老人以及少田少地的村民的社会安排，诸如各种"公田""公山"的安排，以及村里特殊劳动的安排，如专门有看护用于斗牛"牛王"的"牛公公"，派专人精心护理喂养，此人多为孤鳏年长者，村民称为牛王公公，生时由村民公养，死时由村民公埋。还有专门提醒村民防火防盗的"打更人"，也像"牛公公"，生前由村民公养，死后由村民公埋。除此之外，还有家族—村寨森林的护林员的生活费用也是由村民分摊。同时在侗族社会压力村寨内部也存在着某种再分配的机制：富裕村民要仁慈待人，在各种村内庆典和村际交流活动中，他们要付出较多的开销，救助暂时贫困的亲戚邻居，要慷慨地捐助当地的圣祠庙宇和各类公共设施。这也正如 M. 利普顿所指出的："许多看似古怪奇特的村庄活动，实际上具有隐藏的保险功能。"侗族村寨也正是建立在这种生存伦理的基础之上，侗族社会的生计方式也是此基础上展开的，从特定意义上说，侗族村寨的这些社会安排就是侗族生计方式中制度安排的具体体现。生存伦理就是植根于侗族社会的经济实践和社会交易之中。

　　侗族经历了近半个世纪的社会变革，侗族社区内部的再分配规范已经受到巨大的冲击，尤其在"大跃进"和"人民公社"时期。一直到了 20 世纪 80 年代以后，由于实行了分田分山到户的家庭联产承包制，使侗族社区内部的传统再分配制度得到了一定程度的恢复，但是这种恢复所体现的并没有加强对社区风险保障，而是正在使社区的保护弱化，减弱了社区机制对村民生存的贡献。这种变化主要表现在乡村在分配的强制做法仅仅对于社区内掌握的资源有效，因而乡村的保护能力，正如宗族的保护能力一样，传统上仅局限于小范围。如果社区甚至相连的多个社区在整体上连续遭受到自然灾害的打击而出现生存危机时，社区内部共享资源的能力就起不了什么作用。半个世纪的社会经济变革，使国家政权对社区的控制不断强化，但另一方面又使社区失去了对越来越多的实际财富的支配权。尤其的原来社区内部拥有大量的"公田"和"公山"。社区内部的"公田"与"公山"的收入主要是用于开销社区内部的各种活动，在社区内的家庭出现天灾人祸时，也往往能够从中得到援助，渡过难关。我在田野调查中，发现在侗族地区确实有不少的"公山"，"公山"主要包括风水林、庵堂山、庙宇山、寺院山、款山、家祠山、清明山、渡口山、桥梁山、耕牛山、学堂山、纪念林以及汉族进入侗族地区后的"同乡会山"等。每一种公山都有专门的用场和管理者，如"清明山"和"家祠山"的收入是一个家族用于在清明节扫墓和六月六"晒谱"等家族全体成员活动时的费用开支。

自古以来，侗族村民像全国的农民一样缺乏来自政府的保障，土地制度的性质决定了政府对农民提供的生存保障程度。新中国成立后，农村经过土地改革，在没收了社区内封建地主的土地的同时，也没收了家族或村寨的各种共有土地，建立了土地公有制，农村土地实现了国家和集体所有制。有人认为这就从根本上为农民提供了天然的保障，是农村社会保障的最基本的制度，为社会稳定提供了"安全阀"。甚至认为中国目前的均分土地为特征的平均主义农地制度在为农村人口提供社会保障方面，不失为对现金型社会的一种有效代替。在社会经济变革的过程中，政府将这些社区村民共享的资源要么收归国有，要么分摊到个人，取消了社区内部的共享资源制度。社区不再拥有公有资源，因而就再也不能像过去那样，为确实需要帮助的村民提供有效的援助。同时由于在社区内部没有了村民共享的资源，社区在进行各种社交活动和宗教祭祀活动时，村民们都不得不从自己的收入中扣除一部分，或者是村民在考虑他们的生计活动时就必须将这些社区习惯性开支考虑进去。这样一来，在社区内那些处于贫困的村民，有时由于不能支付这些社区习惯性开支，就不得不被抛弃到社区活动之外。这些被社区所"抛弃"的村民，不仅在人格身份感到受到屈辱，而且他们日益对社区事务变得冷漠，逐渐地变成了社区边缘人。他们有时为了生存而不得不去做一些偷鸡摸狗的越轨行为。这些村民的出现，就成为社区一个不稳定的因素。我们通过对侗族地区土地所有制变更对村民生计方式影响的分析，发现所有权的模糊与混乱也成为侗族人工营林业发展的障碍。

在侗族林地产权的历次变更中，一直没有分清经营者、获利者与法律负责者的权力与义务。在我看来每一次变更就模糊与混乱一次。在20世纪50年代初期，在延续过去"公山"作为集体所有外，其余的均为国家所有与私人所有。其实这里的"公山"归集体所有，实质上仍然归家族或家族—村寨所有，这里的"集体"是十分具体的。但后来，进入高级社、人民公社以后，确立了"三级所有，队为基础"的三级所有的制度。

在这种制度下，产权界定不清，由此带来两个方面的弊病。① 首先，三级所有就是使人民公社内部存在同一资产的产权有三个所有者主体的现象。公社可以用一级所有和一级政权组织的名义无偿使用生产大队和生产队的生产资料，大队也可以用一级所有者和上级行政组织的名义无偿调拨生产队的资金与劳动力。公社与大队两级所有的生产资料，名义上还属于该公社与大队的社员所有，但社员却无法从这两级经济组织中获取任何经济收益。其次，人民公社把生产资料的所有权、占有权、支配权和使用权都集中在集体经济组织手中，而集体经济组织又实行"政社合一"的制度，使其实际上成为国家行政机关的附属，这样就使作为基本核算单位的生产队在产权关系中基本处于无权地位。由于生产队没有自主权，有实行集中经营、集体劳动，以及对社员其他方面的种种约束，使社员群众更加处于无权的地位。森林产权虽然法律上规定为国家所有，但实际的森林资源支配权却在各级地方行政机构手中。这种现象实际上是自古以来，在中国大地上一幕幕"公共地悲剧"② 在侗族林区的再一次上演。

侗族社区的生计方式在近半个世纪的社会经济变革中，逐渐减缩了村民生存安全阀。也就是村民的生计方案选择不是越来越多，而是越来越少了，使村民的家庭经济更加脆弱了。我们在田野调查中看到的是，以往为村民们提供副业机会的地方手工艺和贸易市场都遭到了巨大的破坏，哪怕在交通十分闭塞的山区村寨也是如此。他们在面对大都市的大规模专门化的生产或进口商品，地方性的纺织品、手工艺品、家用品、农贸市场正在萎缩。生计方式选择方案减少，使侗族社区的生存安全阀也受到极大的限制，这给村民的家庭生活带来了巨大的影响。

以木换粮，历来的侗族林区村民吃饭问题的主要途径。新中国成立后，由于国家实现了对林木和粮食的统购统销，而中断了林区村民进口粮食的途径，如在只有20余万人口的锦平县每年缺粮1000万公斤，其中国家计划调入的粮食只有350万公斤。因此，村民处于"过了年关就缺粮，四处讨米去逃荒"的困苦境地。直到1980年，国家政策有所松动，林区

① 高富平：《土地使用权和用益物权：我国不动产物权体系研究》，法律出版社2001年版，第376—377页。

② 易纲：《沙尘暴与"公共地悲剧"》，《学习时报》2000年4月17日。

村民的不断向国家请求，才又获得了"以木换粮"的机会。用林木换来的粮食，每年以营林补助的方式返还给村民，这样，既解决了村民的吃饭问题，又促进了林区的林业生产，不仅如此，还基本上结束了过去由于村民缺粮而不得不在林区毁林开荒种植小米和毁林开田的历史。

因为这种致使侗族村民生计方式选择方案减少的原因来自外部的社会环境，这种社会环境的力量又是侗族社会无力抗拒的，而这种破坏力的作用又是持续的过程，这样给侗族社区造成的灾难就会比自然环境的破坏力更大。它是难以靠侗族社区原有的社会交换体系来对社区成员进行保障的。从而也将使得原有的生计制度解体，随着生计制度的解体，生计方式的改变，在文化网络中与生计相关的文化因子也将发生变化。至少有五个方面的影响：一是越来越多的村民面临新的不断变化的环境不安全性环境的威胁，在传统农业产量波动的风险之外，又增加了村民收入的变动性。二是对于大多数村民来说，它正在破坏着社区和家族分担风险的保护性功能。三是它正在减少甚至取消了许多传统的生存"安全阀"，即以往帮助村民们度过荒年的许多辅助性职业。四是从前为生存危机承担部分风险的社区"大人物"开始将自己的资源通往市场，分担社区风险的职责和义务正在消减，造成社区内贫富分化日益严重。五是政府为了在村民中获得各种税费而加强了对社区的控制。关于这一变化，我们从近50年来的林业政策的改变对侗族生计所造成的影响就可见一斑。

在这里显而易见的事实是，在政府庇护下的群体拥有巨大的权力，而政府向之索取资源的侗族村民总是处于脆弱的地位，这就促成了违反普遍公正标准的交易。如果以平等价值的交换作为公平的检应标准，那么在侗族社区近半个世纪的木材贸易是在政府的控制下有倾向性的实际交易，这当然就不能是体现出交易中的真实价格，因而也就从来没有体现公平。村民对这种现象不是不清楚，他们其实能毫不困难地分清什么是公平与公正，他们也清楚什么是他们在政府权力的作用下所必须接受的东西。问题是村民对这种现象既然有了清楚的认识与了解，为什么他们还要屈从于这种不公正的现实，这才是值得我们深思的问题。

我们认为只要价值概念并非来源于外来因素强加于交换行为的现行实际价格，那么以交换中的平等价值概念作为公正的感情基础也许是可能的。这也正像涂尔干所指出的那样，对社会所使用的各种服务的价值以及对用于交换的物品的价值，一切社会、任何时代都有一种模糊而实在的意识。然而在交易过程中一旦有权力的介入，这种真正的价值就很难与实际的价格相吻合。如果这种状况持续的时间过长，那么对拥有特定资源的共同体来说，就会出现社会的倒退甚至出现生存的危机。侗族的传统人工营林业在解放以前的近 300 年间已是走上了市场流通的正常运作渠道，但在 20 世纪 50 年代以后，经历了多次的曲折，在特定意义上是把侗族的市场经济退向到了产食经济。今天国家改革的目标是要建立社会主义的市场体制，使原有的各种经济形式向市场经济转型。问题是侗族的人工营林业在数百年来一直是面向市场的产业，在市场的流通贸易中已经形成了比较完整和完善的贸易规则和惯例，我们认为，政府只要在侗族林区建立起了一个真正的市场体制，保证进入市场各主体都拥有平等合法的经营权，木材贸易的秩序就会随之建立起来。只有这样，侗族地区的人工营林业也将得到恢复发展与更新。

因为事物的本质是这样规定的，社会生活的本身既然必须有所组织，国家就表现出一种倾向，把一切具有社会性格的组织活动全都吸收到它的身体里来。但是国家并不能有效地去组织公民的细密的日常生活。它和大多数的公民在地理上相距很远，它的活动必须限于具有一般规律性质的事务上。人和人之间积极的亲密的合作这种活生生的实体必须永远处于政治控制之外。① 事实上无论正式组织与制度怎样完善，它都难以为社区共同体成员的生计活动提供一个全方位的生活保障体系，也不可能是生计领域的唯一有效框架。相反，无论是社会成员的生计保障需求，还是经济活动的利益追求，非正式的、特殊的人际关系都将在特定共同体内部有着不可替代的功能。

如果文化提供了许多有益的生计知识，能够满足在一定生活世界中出现的理解要求和生计的成功，使社区共同体内部十分统一了，以至于在同一的生活世界中出现的生计方式合作化要求获得了满足，那么，这种社区生计方式协调的过程就使个人或家庭的生计活动具有了或从属于社会性，使这一社会性在通过社会统一过程中成了社区共同体的道德义务，在生计方式的运作中又成了文化价值的重要组成部分或核心部分。

---

① 费孝通：《费孝通译文集》（下册），群言出版社 2002 年版，第 19 页。

　　从人类的经济需要来看，人们在经济活动中为了阻止非共同体成员分享共同体所拥有的自然资源或由共同体成员所创造的财富，总需要采取特有的形式来对共同体的利用进行保护。人们最初是以血缘关系所构筑的"自然制度"或社区共同体来提供经济活动的保证条件的。随着共同体经济活动的不断扩展，使以血缘关系为核心的相连的不同共同体成为互为依存互为补充的依靠时，在不同的社区间就提出了财富生产与分配中的利益分割问题。于是早先建立在以血缘为基础上的自然共同体在经济生活中就显得不合时宜，在这种分离性的发展过程中，使人们跨越了直接的自然血缘关系，开始建构起更为广泛的地缘关系或是家族—地缘关系，通过这种间接和混合的又是更为广泛的社会关系的认同，来构筑起社区共同体及其社区共同体利益的制度体系。也正是这种社区共同体的形成及其相关社会制度的安排，为民族的认同建立了广泛的社会基础，但是这种认同的选择仍然是建立在不同社区共同体对自身经济权益的承认、保护和发展的基础上，从而使得这种认同被置于一个十分有限的利益框架内。

　　社会学的研究已经显示：一个社会秩序都是立足于一套为社会成员所共有的有关社会行为的价值观、取向或规范的基础上，它们构成了所谓的集体意识。正是借助这个集体意识，分离的个人才被社会化，才融入社区生活中去，适应着社会生活。在这其中我们也同样可以看到，人们在面对复杂的自然环境与社会环境时，可以做出各式各样的乃至千差万别的选择，并且人们在进行这种选择时总会表现出巨大的创造力，也正是这种选择的差异性与创造的独特性，使人类社会发育并形成了无以数计的制度。然而，不论这些制度有多么的不同，但对于特定文化下的共同体来说都有其存在的理由和合理性。对这种现象的认识，我们从侗族社区网络关系的建立与生计制度的安排过程中就会得到充分的说明。尽管在侗族社区内往往还有更为基层的生活单位如房族、亲族、家族甚至邻里等，但社区生活的整体性在整体上基本是通过村寨—家族的集体祭祀、集体节庆与集体互拜以及社区组织、乡规民约和互助习俗而得以实现与保持，这种村寨—家族社区生活的整体性、同一性以及社区归属感常常表现得十分突出。

　　为强化村寨内部的团聚，侗族群众创造了许多独特的制度与风俗。在侗族社区内广泛存在着"一家建屋百家帮"，在村民建房盖屋时，除了专门的木匠师傅是要付一定的现金和实物报酬外，社区内的成员都有义务前来帮忙，来帮忙的时间长短不限，这都是自愿的，凡来帮忙者还须自带劳动用具，主家只供给帮忙者的伙食而无须付额外的报酬，但主家要记住别人前来帮忙的情况，到时遇到别人有需要帮忙时，也必须以同等的劳动去帮助他人。在锦平一带的侗族村民中如有人婴儿出生，全寨的每个村民都要为新生婴儿栽上一棵杉树表示祝贺，待18年后，孩子已长大成人时，杉树也已成材，可以作为他成家立业的基础。农业生产有季节性，有很强的节令要求。同时，庄稼的栽种、灌溉和收割等劳动活动需要在短时间内同时完成，这种劳动仅靠单个家庭内的成员是很难完成的，所以在农忙季节，在社区内自然组织成换工的方式。村民间彼此帮工互助，有的是工还工，今天你帮我，明天我帮你，相对稳定；有的是以工钱作报酬，这主要是田地多少不对等的互帮户之间常用的方法；有的是供伙食，另外再给一些实物；若是贫者帮富户的，也可以以秋收时的粮食作为报酬支付。这些互助活动所给的报酬，根据季节和劳动时间、劳动性质和劳动强度等不等而有所不同。村民在人工营林中更是大规模地换工。因为营造林木和砍伐林木都必须是大面积进行，其劳动力的投入靠单个的家庭是无法完成的，因此，在村民中换工最多的就是在林业的经营中。这种劳动强度也特别大，村民们一大早就离开村寨，直到天黑才回家，午饭都是由家庭主妇送到山上。这类换工除了以工换工外，多是要付给报酬的。在村民中薅油茶山和捡油茶籽也要采取换工的方式，集中时间完成。

在侗族社区的生产性劳动表现为以换工为主的相互协作外，对资源和财富的利用与分配也是相互协调的。这主要表现在水资源的分配和各种公共设施的建造与维修上。在侗族社区由水稻种植所必需的水资源分配和管理，也构成了生计方式的重要方面。在侗族社区因为长期种植水稻的需要，各地普遍有人工挖修的水利灌溉系统。侗族地区中的有很多带"洞"或"峒""平"或"坪""溪"的地名，这些带"洞"的地名，按照侗语来解释，就是指同一水源的小灌溉区，而分享同一水源进行稻田耕作的人们大都是同一家族的成员，这种以共享同一水源组建成的村寨聚落构成一个"洞"。把"洞"多都记为"峒"。在水源比较紧张时，按照侗族社区的规则，先要满足最先开辟的老田，然后才将水供应新开的稻田；先要满足离水源最近的稻田，然后顺着稻田一丘一丘地往下供应；先要满足稻谷的水，再供应鱼塘的水。正像村民的款词所说的，讲到塘水和田水，咱们要遵照祖宗的规约办理。咱们要按照父辈的规矩办事。水共一条沟，田共一眼井。上边是上边，下边是下边。只能让上边有水下边干，不能让下边有水上边干。沟尾没有饭吃（因为干旱无收），沟头莫想养鱼。如若哪家孩子，偷水截流，破塘埂，毁沟堤。他私自开沟过山坳，他私自引水过山梁。害得上边吵，下边闹，这个人拿来手臂粗的木棒，那个人拿来碗口大的石头（指械斗）。相打抓破了耳朵，相推碰破了脑袋。这个人皮开肉绽，那个人血迹斑斑。这个人指桑骂槐，那个人点名道姓。这个人挽起衣袖，那个人卷起裤筒，人人都修起挖不平的田坎（指各方都记下了深深的冤仇）。咱们要让水往低处流，咱们要让里往尺上量（指要规矩办事）。要让他的父亲出来修平田坎（解除冤仇），要让他的母亲出来赔礼道歉。如此一来，在侗族社区的水资源分配与利用方面建构起了一套可以遵循的规则，这套规则在今天的侗族社会中仍然在发挥着功能。

由于山间坝子的稻田有限，这就导致了侗族村寨的聚落规模不可能像汉族地区那么大，人口也不可能那么密集。为了有效利用有限的水田，侗族村落一般多建在山麓，依山傍水。由于侗族按家族聚居的社会原因，内部偷盗不多，在村寨内没有防盗设施，但却有一整套惩戒偷盗行为的规则。如若哪家孩子，鼓不听槌，耳不听音。上山偷套上的鸟，下河偷钩上的鱼，进寨偷鸡，进田偷鸭。偷瓜偷茄，罚一两一（银子，下同）。偷鸡偷鸭，罚三两。偷根烟袋，罚一两二。偷桃偷李，只是挨骂。偷鸟，每只罚六钱。偷蚱蜢（蝗虫，是侗族的蛋白质主要来源之一），只需赔油盐。青年煮粥偷韭菜，小孩煮茶偷南瓜（侗族青年男女有夜间行歌坐月时共同煮粥和油茶的习俗），这是传统，不罚不骂。这条罪轻，这面罪薄，这种事情不用调查。大缸用来酿酒，小碗用来量酒（指区别对待）。这种小事，早晨发生，晚上断清。哪村崩田哪村垒，哪寨滚牛哪寨剽（指各村自行处理这类案情）。如若牛角抵下，羊角抵上，撑杆插眼，堆石拦路（指犯者不服，处罚遭到抗拒）。那就要上十三款坪，那就要上十九土坪（指交由当地款组织公开审理）。便要加倍处罚。对于那些偷粮食、偷鱼以及金银钱物者，咱们要搜寻蚂蚁的足迹，咱们要理清水獭的脚印（指要仔细侦破）。因为偷盗者抬脚必有路径，展翅也有声音。咱们要当场抓到手，当面查到赃。要用棕绳套他的脖子，要用草索捆他的手脚。拉他到十三款坪，推他进十九土坪。并且还要抄他的家翻他的仓，倒他的晾

（侗族晾晒和存放粮食的专用房子）。要让他家门破门槛断，抄家抄产，抄钱抄物。天上不许留片瓦，地上不许留块板。楼上让它破烂，楼下让它破碎。把他的屋基捣成坑，把他的房子砸成粉。让他的父亲不能住在本村，让他的儿子不能住在本寨，赶他的父亲到三天路程以远的地方，撵他的儿子到四天路程以远的地方。父亲不许回村，母亲不许回寨。去了不许回村，转来也不许进寨，这等于是对这一家人判了死刑。

也正是由于侗族社区规约的权威和执行的严正公平，使侗族社区内不少村寨至今仍保持着道不拾遗、夜不闭户的太平景象，使当地侗族村民在生产、生活、社会交往等方面都得以正常进行。在他们的社会中，锁是没有用的。山上的牛、圈的猪、笼里的鸡、河里的鸭、塘里的鱼、田里的稻、家里的财物都是各有其主，任何人也不会取其分外之物。以至于把储存粮食的禾晾架、粮仓都架在村内的鱼塘上，而无须入室。把储存粮食的禾架或禾仓建在鱼塘上，不是防偷盗，而是防老鼠或火灾。在村外则严设防御，建寨必须建立寨门，村民们对寨门是十分看重的。寨门除了能起到防御作用外，还具有深刻而重要的象征性。村民有俗话说："山有山规，寨有寨礼"，寨门习俗就是侗族寨礼的主要内容之一。过去每逢瘟疫横行，村民要在寨门上置寨标（利刀或草），表示拒绝寨外生人入寨；寨内村民举行萨坛（圣母坛）安殿与祭祀仪式或在禳灾期间，村民也要在寨门上悬挂寨标，禁止生人入内。来人一旦见到寨标，而真有要事，则必须在寨外呼叫，得到村民允许后方可进寨[①]。客人来访，也常在寨门设歌卡，唱拦路歌以表示欢迎。拦路歌常以忌寨或祭祖为由向客人盘问，歌词有"为保全寨得安宁，莫怪我们来拦路"。村民们还在村寨四周设栅栏，村民们叫"更采"，就是围寨，即在村寨周围插上木桩，缠绕刺藤，筑起一道难以逾越的栅栏。侗语中还有"更困"，就是堵路，即是在通往村寨的交通要道的关隘处，用石头和树枝做拦，作为村寨前沿的防线。这种设施也只是特定时期的产物，或是在特定时期才发挥作用。在平常只是一种村寨安全的象征。

由于侗族长期在十分有限的山间坝子从事稻作农业，为了有效地利用山区稀缺资源，侗族采取了聚族而居的生活方式，形成了家族—村寨的村

---

① 郭长生：《侗族的"打标"习俗》，《民族研究》1982 年第 6 期。

落结构，这种村落结构使得侗族社会形成了在内部极为协调统一群体意识，而对外却具有极强的竞争意识。这种社会生活方式的形成是取决于对稀缺资源的保护与利用。侗族内部协调的群体意识主要表现在重视群体，强调个体归属群体。个人的存在与所属群体休戚相关、荣辱与共，个人脱离群体是不可想象的，因此，在侗族社会中，个人被逐出村寨或被村寨村民孤立，乃是最为严厉的惩罚。侗族社会存在的"补拉"组织的终极意义就在于团聚本家族成员，要构筑一个像"鱼窝"团聚着大大小小的鱼一样的家族社会。因此，当本"补拉"的成员被外族人造成严重的人身或物质上的侵害时，所属"补拉"的任何一个成员都有集体复仇的义务，"凡是伤害个人的，便是伤害了整个氏族"[1]。

　　侗族社会的群体意识还集中体现在强调群体内部的"差序格局"，但这种"差序格局"构成的社会关系不"是逐渐从一个一个人推出去的，是私人联系的增加，社会范围是一根根私人联系所构成的网络，"[2] 而是从家族出发，往下推及一个个家庭，再到一个个具体个人，往上推及侗族的村寨组织"小款""中款""大款"。在这里，家族的核心，族内事无巨细一律由村民推选的德高望重的"寨老""族长"召集公众性的集会来商量解决。由于侗族社会中这种群体性活动比较频繁，这极大地模塑了侗族村民的群体意识。也正是由于这种集体性活动较为频繁，以至于在侗族村寨内的修建有比较完整公共设施，诸如鼓楼、风雨桥、戏楼、芦笙坪、萨堂、幽堂、飞山庙、土地庙、南岳庙等，侗族村民按照议事性质的不同分别在这些公共设施内进行。

　　侗族社会的群体意识，我们还可以从侗族民居建筑的设计与布局得以发现。侗族村民所居的都是杉木干栏式侗楼，它特有的民居结构不仅反映了侗族长于木构建筑的工巧传统，而且其工效设计还反映了侗族的群体意识。侗楼中的"厅廊"与"火塘"是最能体现侗族群体意识功能的。"厅廊"与"火塘"均设在二楼，它既是家人生活、休息的需要，也是接纳来客贵宾欢聚畅谈的场所。"厅廊"占据了二楼 1/3 的空间，宽敞通风明

---

　　① 恩格斯：《家庭、私有制、国家的起源》，《马克思恩格斯选集》第 4 卷，人民出版社 1972 年版，第 83 页。

　　② 费孝通：《乡土中国与生育制度》，北京大学出版社 1998 年版，第 30 页。

亮。"厅廊"内只配置长凳与凉水桶，别无杂物，专作待客宴宾和歇息纳凉的场所，夜间乃是青年男女谈情说爱的"月堂"。有些村寨的侗楼建筑实行连排式"厅廊"，即是全村各户的"厅廊"相互连通，形成风雨桥廊，使整个寨子成为一个居住共同体，人们不下楼就可以走门串户于全寨。平常村民在长长的"厅廊"内歇息谈心，交流生产生活经验，村寨内的老人相互照顾小孩和看管家物，每逢佳节和红白喜事，村民用长木板铺成长桌，一两百人可以同时对面举杯饮酒，气氛极为浓烈壮观。侗族社区的鼓楼在建构村寨关系中起十分重要的作用。侗族村寨的鼓楼不论在什么时代，自它形成之日起，都是侗族社区村民款组织活动的重要场所，也可以说是基层款组织的司令部。如今的侗族村寨的鼓楼，除了乡老在这里聚集村民"讲款"外，还是村民议事、交流、娱乐、迎宾和休息的场所。凡寨内有重要的事情如对偷盗的处理，是否参加某月某日的斗牛活动，或对某人的婚姻案件的判决，或是在"二月约青"和"八月约黄"对生产生活规则的修订与重申等，都要由乡老命令"管脚"（传达信息者）敲锣或击鼓，召集村民聚集于鼓楼内来共同商议。一旦由众人在鼓楼里议定后，村民毫无例外地去执行，视议定为铁律，唯命是从。

然而，侗族文化在特定区域稻作文明的模塑下，使侗族家族—村落内部社会生活高度协调一致，体现出强烈的群体意识的同时，却在家族—村落之间表现为激烈的竞争性。每一个侗族家族—村寨力图把自己在各个方面都表现得比别的家族—村寨要好要强，否则的话，是没有面子的事。因此，在侗族地区家族—村寨之间的竞赛活动也是极为频繁。关于这方面，我们从侗族家族—村寨之间的"月也""赛芦笙""斗牛"等大型活动就可以得到认识。村寨是侗族人民社区的生活的重要单位，每个村寨相对来说都是富于内聚力的。这种内聚力来自村寨祖先和村寨保护神的崇祀，来自共同的经济生活、文化行为、地缘利益和联姻网络。

侗族社会为了不误农时农事，这些大型的村际竞赛活动都安排在农闲季节。只要农忙未到或是农忙已过，就有一些人多势众或是已做好充分准备的家族或家族—村寨向其他家族或村寨发起挑战——"送约"，要到某寨"多月"（集体访问）。一般情况是"送约"与"接约"的家族或家族—村寨是有传统竞赛关系的。接到"约"的家族或村寨，是不能回绝的，必须接受对方的"挑战"。来年，"接约"了的家族或家族—村寨又要到"送约"的对方"还也"。如果不履行"还也"的义务，那么，双方的这种竞赛往来关系就会立即瓦解。这也正如莫斯（Marcel Mauss）在《礼物》中所谈到的那样"拒绝赠予、不作邀请，就像拒绝接受一样，异于宣战；因为这便是拒绝联盟与共享（communion）"。[①] "如果拒绝，就表明害怕做出回报，而不想做回报就是害怕被'压倒'。"[②] 因此，一旦某寨接到"约"以后，族长或寨老立即会召集或村民商议，如何迎接对方，便组织族人或村民做好充分准备。而发出挑战"送约"的寨子，则把到对方进行竞赛的事作为村民的头等大事，千万不可松懈。一旦到对方村寨竞赛出丑，那将影响到整个家族或村寨的声誉。因此，他们前行之前，由族长或寨老每天组织村民在本寨练习预演，把在竞赛中可能发生的事通通考虑到。参加前往竞争的主要为男女青年，组织成数十人乃至上百人不等的戏班、芦笙队、歌队、讲款队、说礼队等。全寨各家各户还要分别备食全寨聚餐，以示全心协力。在出发前，还必须经过背诵各种"款约"，祭祀萨岁女神，交代注意事项，选定各个角色，然后才能出发。

一到约定时期，接"约"的村寨就要设置路障，村民叫"拦路"或"拦门"。把守"拦路"或"拦门"的人选必须是不仅漂亮而且是能说会道的女孩或妇女，要么是长得英俊潇洒能唱能说的后生。有了他们（她们）就可以在"拦路"上以聪明才智与对方竞争，一决高低。对方来到村寨边，把守寨门的村民就要高唱"拦门歌"，设置各种理由，不让对方进寨。对方也千方百计地要进行对答，双方一问一答，一盘一应，双方难分高下，竞争十分激烈。对方获准进寨以后，双方要在芦笙坪比试吹芦笙，跳芦笙舞，相互对歌，还各派代表登台比背诵款词及侗族史诗等。村民们要显示本村富有，要杀牲设宴，隆重款待对方，要让对方酒足饭饱，有吃有剩，以对方有人大醉为快。村民为了显示自己大方、热情、殷实，还要把对方"抢"到自己家里，要把家里最珍贵的食物拿出来献给对方，同时，女的要佩戴各种银饰，穿戴最好的衣服，就是最穷的人家也要向家族成员借来穿戴，在对方面前进行展示，想方设法去胜过对方，不仅给个人，更重要的是给整个家族带来荣誉，使本家族的地位在频繁的竞赛中不

---

① ［法］马塞尔·莫斯：《礼物》，汲喆译，上海人民出版社 2002 年版，第 22 页。

② 同上书，第 73 页。

断的上升。同时使来年"还也"回礼时，对方无法比试，压倒对方。整个过程充满了"荣誉"的观念与"夸富"的色彩。经过几天的比试之后，在友好的气氛中，主寨吹笙鸣炮送客出寨。

侗族社会的寨际竞争还突出地表现在芦笙比赛和对歌比赛中。侗族村寨之间的这种竞赛，是极为频繁的，在竞赛中也是彬彬有礼的。侗族村寨的村民一到农闲时节，就自发地组织起来，到村寨的芦笙坪或鼓楼里进行训练，一旦村民觉得他们的势力可以与别的村寨比试时，就向别的村寨发出挑战，这种竞赛是以本寨为中心，朝着一个方向逐寨地进行比试，凡是没有比试过的村寨不论村寨大小，一个也不能漏掉。凡经过已赛之寨，也必须吹借路过寨曲。临近比试村寨时，于半里开外就要吹通报挑战曲，若是主寨已到别的村寨比试去了，也要派人出来道歉，可以越过此寨往前到下一个村寨进行比试。一旦听到主寨的迎战回音后，就可以吹进寨曲，主寨芦笙队和歌队在家就要立即做出迎接挑战的准备。双方先赴圣母坛，共饮祖母茶后，就要到芦笙坪进行对歌比赛，芦笙对吹，一决胜负，有的胜负难决，一连数晚都要举行比试。

在侗族地区，凡是有竞赛关系的家族或村寨具有盟约性，可以世代相沿，很少无故中断或遭到破坏，具有互惠互酬的性质，结成竞赛关系的家族或村寨，在处理民事纠纷时很少诉诸武力；在水源、山肥、水利设施、大型农具等方面的分配与使用都会相互合作；如果一方有难比如发生火灾、水灾等自然灾害，有义务进行无偿援助；这样的家族或村寨就构成了他们的婚姻圈；通常这样的家族或村寨具有更为接近的传统习俗或文化惯例；有了竞赛关系的家族或村寨往往可以化敌为友，某人若遇到非礼，只要表示与对方有竞赛关系，就可以化解其间的矛盾。而一旦受到没有建立竞赛关系的其他家族或村寨的非礼，他们则有义务对此讨回公道，甚至进行械斗。

过去不少的人写文章认为侗族家族—村寨这种频繁的竞赛活动是为了相互之间的友谊，这是值得商榷的。当然这种频繁的竞赛活动在一定程度上也可能起到联谊的效果，但是，这种家族村寨之间频繁的竞赛活动的动机绝不是为了联谊以达到友谊。而是在资源稀缺的社会背景下，各家族或村寨为了获取更多的资源或是为了保全自己已经拥有的资源不被他人侵占，以向别的家族或村寨显示自己的力量与强大，而与别的家族或村寨进行频繁的竞赛，在频繁的族际与寨际的竞赛中，达成了对有限资源利用的平衡。

侗族社会为了对有限资源在各家族或家族—村寨的合理分配与合理使用，他们除了通过竞争关系达到相互之间的平衡外，侗族社会还产生了超越家族与家族—村寨范围的控制系统——侗款组织。侗族的合款是以村寨为基础，但又超越了村寨，是一种村寨相互联合而构成的政治及习惯法的组织。在侗款制下，每个加入款约的家族—村寨，均由寨老、族长或款首主持寨内公共事务，维护寨内社会秩序，调解种种人际纠纷。一句话，就是在头人的主持下，确保本村寨的资源不被别人侵犯，同时也不侵犯别人的资源，使相关的侗族社区相安无事。所以，在侗族地区往往是根据地域范围和外界环境压力的大小，使合款的规模有大有小。在社会稳定和平时期，小款才具有真正的意义。小款是由相互比邻的三五个村寨构成，款约的主要内容包括生产的分工与协作，自然资源的配置，产品的分配，村寨防火防盗，村寨之间的婚姻关系以及村民应该遵守的各项社会义务等。凡参与合款的家族—村寨，彼此之间有急缓相援的义务和共同监督款约执行的权利。合款基本上是一种家族—村寨整合的政治手段，在一定程度上加强了家族—村寨际的民族认同与文化认同，培植起了侗族的地域社会的观念，使得侗族群众生活在家族—村寨狭隘的小地域的同时，也生活在高于家族—村寨层面的政治社区之中，从而使得各家族或家族—村寨的有限资源得到相互之间的认同，同时也获得了政治上的保护。

第五节　侗族生态智慧对区域生态安全的维护

生息在黔桂湘毗邻地区的侗族居民和汉族居民一样，都是以固定农田的水稻种植为生。然而，由于侗族所经历的历史过程与汉族迥然不同，所处生态环境也与汉族地区相去甚远，从而在侗族传统文化中形成了自己独特的生存理念，并衍生出了具有侗族特色的生态适应方式和举措。经过长期的磨合，侗族传统文化已经有效地实现了与所处生态环境的和谐共存，有效地维持了该区域的生态安全。

自20世纪90年代以来，中国南方的长江和珠江两大水系频繁遭受洪涝灾害的袭击，给中国南方广大人民群众的生命财产安全造成了重大威胁，牵制了中国经济的发展，干扰了中国南方的社会和谐与稳定。枯水季节和年份，又会造成长江干流持续断航，珠江流域持续干旱，而珠江三角洲和长江三角洲又会面临地基沉降和海水倒灌的威胁。若不稳定长江、珠江两大水系的淡水资源补给，上述各种灾变必将成为中国社会经济发展的瓶颈，给国家的生态安全也造成了巨大的威胁。

时至今日，中国的自然科学工作者，包括气象专家、水文专家、农学专家和地理专家，都把上述各种灾变不加区别的归咎于自然，而没有注意到社会文化因素对上述各类自然灾害的推波助澜作用，更不愿意从社会文化的角度寻求消灾、减灾的对策。目前，国家虽然耗费了大量的人力和物力，兴建了各种防洪工程，也严厉地实行了退耕还林政策，但这些政策只能视为应急的治标之策，而绝非治本之方。

水资源属于可再生资源，其在特定区域的再生能力受众多自然因素的综合制约，但大致呈一个相对稳定的常数，即使把全球变暖的因素考虑进去，在可以预期的时段内，除个别地区外，其变动幅度也不至于太大。显然，凭借现有的科学技术尚不足以明显改变水资源的再生能力，而不同民族在利用水资源时存在着巨大的差异。众所周知的事实在于，中国降雨量的季节分布不均衡，年季波动值更大，这是人类社会迄今仍然无法干预的客观事实。

随着我国经济的高速发展，长江、珠江下游城市日趋密集，工矿企业也日益增多，用水量也与日俱增，单凭有限天然林被动的储水、保水，绝对缓解不了江河中下游日趋严重的水荒。如果实施文化干预，尽可能地将大气降水和水平降水储集在高海拔区位，均衡缓释，特别是在旱季，持续给中下游补给淡水资源，可以缓解中国南方水资源的短缺。这种"文化干预"在黔桂湘侗族社会有着丰富的经验，这就是侗族文化与其生态环境适应过程中构筑起来的"文化—生态"坝。这种"文化—生态"坝是侗族根据其生计方式——农林牧渔等对水资源的需求与维护上的差异，通过侗族文化的主动调控，优化对水资源利用的配置，依靠生物制衡构筑的水资源动态储集系统，有效地维持了区域的生态安全。

湘黔边区的侗族村寨，犹如一个"甑酒锅"。这个"甑酒锅"制造着侗民取之不尽用之不竭的甘泉，充分利用了"甑酒锅"蒸出的"雾滴雨水"，凭着这"雾滴雨水"养育着侗乡大地上的所有生灵。

　　说来也奇怪，气象学发展了几百年，专家们习惯测降雨量，测量的仪器越来越精密化，越来越自动化。可是，一直没有人想到要测一测有多少雾滴，像黎平黄岗寨这样的地方到底有多少雾可以凝结成能够被人们直接利用的淡水资源，学者们没有直接的测量数据。县气象站的数据显示，该区域年均降雨量数据是 1300 毫米。然而，在黄岗这样的山区，河水都要从谷底往北流走，单凭这 1300 毫米的降雨量是经不住流淌的。

　　然而，该区域的侗族村落，到处是水，除了河流外，鱼塘，稻田，山泉，井水，无处不在，俯拾皆是。粗略统计要灌满黄岗的稻田和鱼塘，并使之终年不干涸，总需水量必须保持在 300 万立方米以上。这还不算森林、草地所需的水资源，如果没有浓雾凝结成的液态水，单凭下雨，是无法保证鱼塘和稻田的常年巨额用水量。由于黄岗盆地位于坡面上，液态的水资源，都会顺着河道缓慢地流到下游，也就是说，黄岗人仅仅是利用了浓雾凝结成一小半的蒸馏水，另外一大半的蒸馏水，要顺着河道馈赠给下游的各族居民使用。

　　当然，要保证海洋带来的水蒸气幻化成的浓雾，不随风飘散，而是被就地截留，这得有一个条件，那就是山顶上，必须保持丛林密布，太阳光照射到丛林时，都被植物利用掉，转化为木材和牧草的生物能，而不是转化为热能，山顶才会更清凉，浓雾碰到绿叶，才有条件凝结成水。也就是说，黄岗盆地的顶上有装凉水的天锅，浓雾才不会跑掉，黄岗人和下游的居民才会有更多的水用。也正因为如此，黄岗人人爱树如命，不轻易砍伐山上的一草一木，每砍一棵，就要补种两棵，只准增加，不准减少，这就是形成了侗族社会的"大树保寨，乡老守寨"。如果村落没有了森林，那就"地上无江河，田地变荒坡"，村民将失去赖以生存的依托。

　　整个侗族社区，不仅在地理上保持着过渡带的景观，同时也为生物的迁徙提供了一条稳定的走廊。而村寨之间的交往，则主要靠河流相通，人类社会的活动对动物正常迁徙的影响降到的最低程度，较少地干预了动物的流动和迁徙。这才使人类的存在，不会明显地降低作为生物过渡带的生物物种多样性水平。

　　从 1995 年开始，我们一直在侗族地区从事生态人类学调查和研究。调查中，我们发现尽管各级行政部门和农林部门，都在使用各种手段，甚至是强制手段，向上述地区的侗族推广杂交稻，但侗族乡民仍有相当一部分人顽强地抵制杂交稻，用尽各种办法坚持传统的糯稻种植。出于研究的需要，我们有计划地收集和鉴定了这一地区各民族尚在种植的各种糯稻品种，逐步弄清了这些糯稻品种的特异生物属性，及侗民族对这些生物属性的把握与高效利用。

侗族乡民所传承使用的糯稻品种具备如下一些特异的生物属性。其一是秆稿分蘖强、耐水淹，水田积水超过半米也不会干扰这些糯稻品种的正常生长。种植此类糯稻的各个民族都对稻田实施泡冬，终年储水 10—18 厘米深。其二是这些糯稻品种极度耐阴、耐冷，可以在海拔 300 米到 1000 米的深山密林中种植，而能保持稳产、高产。种植这样的糯稻可以有效地与森林生态系统的兼容并存。其三是这些糯稻品种都具有抗病抗虫防范鼠雀危害，谷穗能够确保在连天阴雨的高湿度环境下露天存放也不至霉变。其四是这些糯稻品种都能很好地做到稻鱼共生，每亩的年平均产量虽然比杂交稻低两成，但加上田中的水产，其经济价值可以与杂交稻持平，而且无须化肥、农药投入，即可稳产、高产。

这些糯稻最关键的长处还在于，侗民族至今还保存着极其丰富的糯稻品种资源，黎平县黄岗村的侗族至今还在稳定传承着 24 个糯稻品种，湖南平坦黄岗村历史上存在着 20 多个糯稻品种，至今还传承着 6 个糯稻品种，其中的香禾糯以其香味闻名遐迩。就我们的研究表明，无论从社会背景上看，还是从自然条件上看，进而从相关的技术技能储备着眼，我们所经历过的所有侗民族聚居地带客观存在糯稻种植潜在优势。

近来，我们的研究着眼于抢救和维护侗族传统糯稻种植这一农业文化遗产对我国水资源的储备和维护，去审视侗民族传统糯稻种植的生态价值。我们的研究结论是，由于杂交稻和传统糯稻在生物习性上很不相同，杂交稻需要充足的日照，不能忍受水淹导致的根部缺氧，又难以与稻田养鱼相兼容，同时还需要化肥农药的巨额投资，才能确保稳产与高产。因而杂交稻难以向千差万别的山区农田推广。强行推广后，单从经济着眼都会弊大于利，各民族乡民坚持糯稻种植不能简单地理解为落后与保守，而应当理解为审时度势维护文化传统的理智行为。

杂交稻的育成是人类育种科学上的创举，在杂交稻生物习性适宜的范围内，大面积推广杂交稻利国利民，功不可没，特别是为中国在 20 世纪后期度过粮食难关建立了不朽的功绩。然而，时过境迁，我们的决策也得与时俱进，随着中国粮食供应的总体宽裕，随着我国经济实力的迅猛增长，随着国际粮食价格的持续走低，中国社会经济的发展必将面对一种买粮容易、买水困难的经济窘境，如何缓解水荒，必须成为中国政府生态决策的首选目标。而做出这一决策调整的关键正在于，如何凭借文化机制将不均衡的大气降水与水平降水保持在高海拔区，以便持续稳定地给江河下游补给淡水。而落实这一目标最经济、最能持续生效、最能确保社会和谐安定的文化对策，莫过于恢复中国南方少数民族的糯稻种植传统。

推广杂交稻的社会动因，主要是立足于它的经济利益，而没有考虑到它的生态价值。杂交稻在合适的地区推广，获得稳定的经济效益，已经是毋庸置疑的事实，但中国社会的发展，不能仅仅考虑经济利益，特别是到了今天，必须生态价值与经济价值并重。中国南方少数民族的传统糯稻种植，在山地林区综合经济效益本来并不比种植杂交稻低，因而执行"一刀切"的政策，强行向山地林区推广杂交稻，不仅经济效益没有保证，生态价值也将丧失。根据我们在少数民族地区林区稻田的实测结果，这些种植传统糯稻品种的稻田，由于要实施稻田养鱼，稻田正常蓄水不低于9—18厘米，暴雨季节最大的储洪深度可以达到50厘米，以不至于影响水稻的生产。此外，为了保持稻鱼共生，上述各少数民族还需要配置深水鱼塘围堰，或实施河道分流，以便引水灌溉高海拔梯田，这些传统的人为生态改性，实质在于在高海拔的山区人为建构湿地生态系统，以利于传统生计方式的稳定延续。

以上述实测数据为依据，如下的一系列换算，可以得出另一个惊人的结论。在侗族地区，至今尚有300多万山区农村人口，以我国山区农民人均耕地2—3亩换算，目前实际的稻田耕作面积约600万亩。这600万亩稻田若种植传统糯稻，其暴雨季节的储洪能力将高达20亿立方米。其有效储洪能力，接近于修筑一个大型水库。枯水季节，这些稻田还留有10亿立方米的水资源储备，可以持续补给珠江下游的淡水资源补给。此外，种植传统糯稻，各少数民族配套建设的山塘、水库和鱼塘还可以发挥稻田本身1/4的蓄洪和储水能力。

因此，只要国家尊重民族习惯，放宽对糯稻种植和稻鱼兼营的政策限制，只要在未来的十年内，稳定恢复传统糯稻的种植，国家就可以在不花一分钱、不动用行政措施手段的前提下，不借助高新技术的背景下，建成近一个与长江三峡水库同等容量淡水储养基地。这将对缓解中国枯水季节的淡水补给，消解暴雨季节的洪峰发挥不可估量的作用。

解决问题的关键在于激励传统以糯稻为主食的中国百越、苗瑶各少数民族持续、稳妥地恢复传统糯稻种植，凭借这些民族在山区实施人为湿地生态系统的建构，将大气降水和水平降水截留在高海拔区位，以缓解中国珠江、长江下游旱季和缺雨年份淡水资源的短缺，同时削减暴雨时节的洪峰，用文化重构与文化惯力的手段能动拉平中国南方淡水资源分布不均衡的自然格局，营建一个有利于高效利用淡水资源的多元文化互补的社会和谐体制，真正实现我国南方的生态安全。

第六节　中国各民族农业遗产的特殊价值

农业遗产必然是适应于特定自然与生态系统，经历过超长时段积淀的产物，而不同国家和民族所处的自然与生态系统都具有很强的稳态延续能力，其演化、变迁的速度极为缓慢，变幅也不会太大。这就使不管是哪种农业遗产，无一不具有古今通用，甚至可以沿用至未来的禀赋，因而各民族的农业遗产即使处在快速巨变的今天，其应用价值依然有效。对农业遗产而言，关键是发掘、传承、利用和推广，并立足于其固有的自然与生态适应禀赋去有选择地推动与现代科学技术的接轨，使之能服务于当代的社会经济发展和生态维护，增进人类的身心健康。这就使得农业遗产与其他类型的非物质文化遗产迥然不同，光实施保护还远远不够，推动农业遗产实现其特殊价值更有意义。

在"非物质文化遗产"保护已经成为潮流的今天，重新审视农业遗产的价值显然具有特殊的意义。作为"非物质文化遗产"重要组成部分的我国各民族农业遗产，它与其他形态的"非物质文化遗产"相比，其特殊性在于，它是以所处的自然与生态系统为适应和加工对象，结合了我国特定的自然—社会—经济条件，[1] 并逐步健全和完善起来的知识和技术

---

① 李文华、刘某承、闵庆文：《中国生态农业的发展与展望》，《资源科学》2010 年第 32 (6) 期，第 1015—1021 页。

体系。其功能体现为既能支持社会经济的高效产出，又能维护好所处的自然与生态系统，确保相关国家和民族社会的可持续运行。这显然与其他类型的"非物质文化遗产"迥然不同。其他类型的"非物质文化遗产"的功用大多是追求人与人之间的和谐，但由于社会结构的可变性大，变迁的速度也较快，因而其他类型的"非物质文化遗产"不一定都能适应于当代社会，但对农业遗产而言则不然，因为它具有协调当今人类社会、协调人与自然的关系、促进人类社会可持续发展的禀赋。① 因此，对农业遗产而言，关键是推动其发挥应用价值，获得传承和创新的机遇。对其他"非物质文化遗产"而言，离开了有效的保护，就难以为继了。可见，我国的各民族农业遗产在当代的特殊价值既可以从农业遗产具有的长效性得到体现，也可以从它具有的生态维护禀赋而得到说明。

农业遗产的长效性。各民族农业遗产在当代仍然不失其应用价值，这既缘于农业遗产自身的特点，也与农业遗产主要体现为知识、智慧、技术、技能的组合有直接关联。为了便于揭示农业遗产在当代社会中的特殊价值，这里仅就农业遗产适应对象的可延续潜力、农业遗产应用范围的"可位移性"，以及农业遗产自身的"可嫁接组装性"去揭示农业遗产超长期有效的根源。

一般而言，不管是哪个民族的农业遗产，都有一整套自我完整的制度与技术体制，它不仅包括在各民族漫长的历史岁月中，凭借经验积累起来的本土知识和智慧，以及与之相匹配的技术和技能，而且在该民族文化中还必须获得制度性的保障，也必须获得伦理道德的认同。在漫长的历史岁月中，制度保障可能还需要不断地调整，伦理道德认同也可能需要不断地强化，当然也需要做必不可少的微调，但不管民族社会规范发生什么样的变迁，这套体制所必须适应与加工的自然与生态系统却会表现得极为稳定。致使一项农业遗产一旦定型，其有效性就不会因为时代的推移而轻易失效。只要它所适应的范围不超出原生地的自然与生态环境，那么它都可以长期传承下去，而且一直能发挥重大的经济和生态维护价值。

生态人类学研究表明，民族文化所处的生存环境存在着层次上的区

---

① 闵庆文：《全球重要农业文化遗产——一种新的世界遗产类型》，《资源科学》2006 年第 28（4）期，第 206—208 页。

分。无机自然环境稳定性最强，生态系统的稳定性次之，稳定性最差的是社会背景。① 由于农业遗产适应和加工的对象是自然与生态系统，因此农业遗产的长效性肯定比其他类型的"非物质文化遗产"要强得多，而且其应用价值要大得多。只要它所适应的那个自然与生态系统还基本完整，相应的农业遗产就具有无穷的生命力。

　　生息在我国南方沅江流域的侗族居民具有高超的营林和山林管护的技术和技能，他们围绕杉木营建的知识、技术和技能至少沿用了600余年。② 实地调查表明，这一地区的自然与生态背景直到今天仍然没有发生实质性的变化，也就是说，这套营林技术如今仍然能为当地的侗族居民创造巨大的社会经济财富，还能发挥维护沅江流域生态安全的作用。时下，这一整套农业遗产的传承受阻，其原因不是他们的本土知识、技术和技能失去了应用价值，而是因为早年产出的松树、杉树原木主要是运往汉族地区做建筑材料，③ 而今原木建材市场销量日趋萎缩，加之近年来又推行了"退耕还林"政策，不允许侗族乡民自行砍伐、更新人工林，这才使他们的此项农业遗产的应用规模越来越小。能熟练掌握这一农业遗产的个人也越来越少，很多侗族乡民不得不放弃了这项农业遗产，进城打工谋生。然而，从1997—2007年间，中国纸浆进口增长了4倍以上，从150万吨增至850万吨。④ 大规模的纸浆进口很快引起了世界的反应。外国舆论忧虑中国的大规模纸张进口会对世界很多地方的原生生态系统造成威胁。面对这一现实，我们不免要问，为何这里的松树不能充当造纸原料？而偏偏要从外国进口纸浆，或者购进原木做造纸原料。即使杉木不适合做造纸原料使用，这套农业遗产同样可以生产适合造纸的木材。以此为依据，对侗族的这项农业遗产显然不存在需要保护问题，而是如何引导它转型的问题。目的是让它重新适应于我国社会经济建设发展的紧迫需要，用于大量产出适合造纸的木材以便压低对国外原木进口的依赖。这既能为世界的生态维

---

① 杨庭硕：《生态人类学导论》，民族出版社2007年版。

② 单洪根：《木材时代——清水江林业史话》，中国林业出版社2008年版。

③ 傅安辉：《论历史上清水江木材市场繁荣的原因》，《贵州民族学院学报》2010年第1期，第166—168页。

④ 关颖：《造纸纤维原料来源的发展趋势》，《国际造纸》2010年第29（1）期，第62—68页。

护负起责任来，同时又缓解了国外舆论的压力。这在我国各民族农业遗产保护中绝不是一个孤认的个案，类似的农业遗产还有很多，因为长效性正好是各民族农业遗产的本质特征。

我国生态系统的类型很多，千姿百态的生态系统又各有相关的民族农业遗产与之相对应，因而我国的农业遗产也千姿百态。生态系统的蜕变无非是从一种生态系统变成了另一种生态系统，但无论怎样变，在我国各民族的农业遗产宝库中，肯定可以找到能用好、管好蜕变后生态系统的那种农业遗产。在实际操作中，只需要凭借信息的沟通和精准的研究，将已有的农业遗产移位到它最能够适应的生态环境中去，即使原生地的生态系统发生了蜕变，该种农业遗产同样可以在异地获得新生。

"架田"是我国长江下游汉族农民建构起来的水上农业技术体制。它是靠漂浮材料做载体，然后把淤泥浇到漂浮的载体上，使之成为漂浮于水面的耕作带，然后在上面种植各种农作物。不管是水稻，还是蔬菜，都可以按照这一技术进行种植。不仅产量高，还能旱涝保收，而且能够将原先无法利用的固定水域转化为农田使用。[1] 在国内外的少数民族中，类似的农业遗产有很多。比如台湾高山族的"曹人"在日月潭中，就拥有类似的技术体制。[2] 中美洲阿兹特克人的"奇南帕"的技术特点和效用也与"架田"相同。[3]

中国古代汉族农民发明这一体制的目的，原是为了逃避税赋的盘剥。而今，我国的社会制度发生了天翻地覆的变化，"架田"种植的早期社会功用，显然已经不复存在了，但它的生态适应价值和高效产出价值却没有消失。只要能为它找到既符合政策要求，又符合国计民生的用武之地，这项农业遗产即使不做特意保护，也可以发扬光大。

举例说，淡水湖水质的"富营养化"污染一直是久治不愈的环境灾变，巢湖和太湖水质污染治理迄今仍无计可施。[4] 与此同时，我国又在黄

---

① 桑润生：《试论"架田"的实用价值》，《农业考古》1988 年第 2 期，第 103—104 页。
② 李亦园：《田野图像：我的人类学研究生涯》，山东画报出版社 1999 年版。
③ 谢景连：《阿兹特克"奇南帕"生计方式的成功与局限》，《原生态民族文化学刊》2009 年第 3 期，第 103—111 页。
④ 毛新伟：《太湖水质及富营养化变化趋势分析》，《水资源保护》2009 年第 25（1）期，第 48—51 页。

河中上游建成了众多的大型水库。这些水库所在地区的年均蒸发量都大于
2900 毫米，个别区段的年均蒸发量甚至超过 3500 毫米。这样一来，在这
一地区所修的水库，每 1 立方米的库区水面即使在未经利用的前提下，其
无效蒸发所造成的水资源损失就高达（3—3.5）吨/（立方米·年），可
见，这些水库对水资源的浪费是一个惊人的天文数字。这显然与修水库储
养水资源的初衷背道而驰，但水利部门却无计可施。如果能借助现代浮体
材料，启用"架田"这一多民族共有的农业遗产，上述各种水资源困境
都可以迎刃而解。只需要把巢湖、太湖上的"架田"农产品移出湖区，
湖水中的富营养物质就可以逐年递降，水体维护和社会经济效益就可以做
到双赢。在黄河中上游水库的水面上，若能用同样的手段设置"架田"，
那么既能规避阳光对水面的直射，从而达到抑制蒸发的目的。同时，它还
能抑制强风将水面上的饱和水蒸气带走，那么这些水库的年均蒸发量就会
明显下降，整个黄河流域日趋缺水的困境就可望得到缓解。不仅如此，这
一对策还能为我们产出优质的绿色农产品，并使库区移民安置更简便
易行。

　　总而言之，只需要一念之转，认真发掘和利用各民族农业遗产，借助
高效的现代信息服务，为特定的农业遗产找准当代的应用对象，将农业遗
产的应用范围在空间上稍加位移，那么，不仅农业遗产获得新生，我国的
经济建设和生态维护都可以一并受益。

　　不管出自哪个民族的农业遗产，其成功的背后也可能存在某种缺陷。
这样的缺陷如果不进行多元的农业遗产横向对比，就往往隐而不显，补救
也就无从谈起。但是在现代信息社会的背景下，对不同的农业遗产做精细
的横向对比已经不是一件难事，而对比的结果肯定可以找到已有农业遗产
之间，相互"嫁接"和"组装"的可能。只要掌握好"嫁接"和"组
装"的手段，就不难提升各民族农业遗产的当代价值，还可以发现和建
构符合现代要求的创新型农、林、牧体制。

　　我国宁夏、甘肃两地流行的"砂田"种植技术有着悠久的历史，[①] 目
前还有汉族、东乡族、回族、撒拉族等居民在继续传承和应用。20 世纪
中后期这一技术曾经备受青睐，甘肃省政府还曾经出资奖励推广过砂田铺

[①]　辛秀先：《论甘肃砂田的形成及其起源》，《甘肃农业科技》1993 年第 5 期，第 5—7 页。

设。但到了 20 世纪末，随着"提黄工程"的大规模上马，不少研究者反对说，"砂田"种植无异于是"人造沙漠"。"砂田"种植会导致热辐射的猛增，给本已干旱的黄河台地造成更大的环境负荷，因而力主废弃"砂田"，全面推广"提黄"灌溉。直到黄河下游闹"水荒"时，还不知反省。其实即令对"砂田"的上述指控全部属实，要规避这些副作用，也是一件轻而易举的事情。只需要通过"嫁接"和"组装"，从其他民族的农业遗产移植一些能抑制热辐射的知识与技术，"砂田"种植就可以完美实现升级。

我国贵州省麻山地区，生息着苗族、布依族、仡佬族等众多民族。这些民族的一项优秀农业遗产就是将藤蔓类、直立类和丛生类植物，甚至是高大的乔木实施复合种植。种植的区位都是那些基岩中天然形成的岩缝，这些岩缝中都隐藏着少量的土壤，藤蔓类作物一旦成活就会沿着裸露的基岩迅速地蔓延，将这些岩石遮盖起来，使它们不会暴露在强烈的日照下，从而能够实现对整个地表的降温。

就所在地区而言，这正是治理石漠化灾变的有效手段。[①] 凭借这样的农业遗产，即使地表已经高度石漠化，这些民族的居民还能正常地生产和生活。

只要把此项农业遗产"嫁接"到"砂田"种植中，让建构起的砂田不再单种玉米、高粱一类的直立作物，而是间种和主种藤蔓类和匍匐类的粮食作物和油料作物，那么上述指控也就随之化为乌有。上述两项农业遗产都可以同时获得新生。事实上，我们在宁夏中卫市喊叫水乡看到的就是这样的结果。当地的回族乡民，凭借"砂田"能种出优质的西瓜，行销全国各地，耸人听闻的热辐射却没有泛滥成灾。可见，只要我们稍微改变一下思路，多关注一点农业遗产之间的"嫁接"和"组装"，对农业遗产的各种责难都会不攻自破。农业遗产的当代应用价值最终都可望获得举国上下的一致认同。

农业遗产的生态建设价值。由于农业遗产定型于"前工业时代"，因而每个民族在建构自己的农业遗产时，一般都不可能仰仗来自外民族的支

---

① 田红：《喀斯特石漠化灾变救治的文化思路探析——以苗族复合种养生计对环境的适应为例》，《中央民族大学学报》2009 年第 36（6）期，第 40—46 页。

持和制度保障，去满足自己生存的需要。他们都得倚仗本民族文化的正常运行，去面对各式各样的自然与生态挑战，这与工业文化下的"集约农牧业"截然不同。工业文化可以仰仗市场运行、技术装备的转让、跨文化社会组织的救助等，去应对各式各样的自然挑战。而传统的农业遗产只能把生态维护作为首要的追求目标，因而只要称得上是农业遗产，就不仅能满足"低碳经济"的各项要求，而且其传承不必依赖化石能源的补给，就能发挥社会经济效益和生态效益。可以说，各民族农业遗产的生态建设价值几乎是它们与生俱来的禀赋。在当代传承与应用好各民族农业遗产，本身就是生态建设的可靠手段，客观上就可以收到当代生态建设的成效。

我国不同类型、不同样式的农业遗产对生态系统的维护从表面上看千差万别，涉及的知识、智慧和技术技能不胜枚举。若要逐一理顺其间的结构关系，解读其生态维护的机制，这将是中国农史研究中一项跨世纪的大工程。但若就生态建设的紧迫需要而言，农业遗产的生态建设价值却不外乎如下三个方面：其一是能规避所处生态系统的脆弱环节；其二是能抵御自然与生态环境中客观存在的风险；其三是在一定限度内，可以补救所处自然环境中的资源缺环。以下仅就这三大价值分别举例说明。

不管哪种类型、哪种样式的生态系统，都是由有序组织的生态要素构成，而全部的结构要素中总有少数几种要素其自我稳定效能较差，人类凭借社会活动汇集起来的力量就能轻易地使之改性，并牵连性的导致其他结构要素的变迁，甚至使众多的结构要素一并丧失其生存能力，导致整个生态系统的总崩溃，这样的特殊结构要素可以称为该生态系统在特定文化干预下的生态脆弱环节[1]。

在漫长的历史岁月中，由于各民族农业遗产必须承担维护生态安全和民族成员生存的双重重担，因而每个民族都会很自然地通过世代的经验积累和教训的总结，去不断地调整和丰富自己的农业遗产，提高对所处自然与生态环境的适应能力。目的是巧妙地规避所处自然与生态系统的脆弱环节，以此确保生态安全和本民族的可持续发展。

我国内陆半干旱地区的黄土高原台地，其原生生态系统为疏树草原。这样的地带降雨量少，而且极不均衡，春夏几乎年年都要碰到干旱，树木

---

① 杨庭硕：《人类的根基》，云南民族出版社 2004 年版。

和草原的返青都得靠土壤中前一年储存下来的水资源,而土壤对水资源的截留与储养能力又取决于地表植物残株数量的多少和地表风化壳的完好程度。残株量大,草原风化壳较厚,而且未出现破损,草原就能充满生机。风化壳的完好和地表残株的密集不仅可以支持高效的游牧经济,必要时也可以支持旱地农耕的增产。但如果套用湿润地带的农耕技术,把地表残株全部清除,把风化壳彻底翻动,那么草原生态系统就会随即崩溃,蜕变为"荒漠草原"。在这样的情况下,掀翻草原风化壳的农耕方式,显然不适用于当地的疏树草原环境,因为这样的耕作模式必然要冲击疏树草原生态系统的脆弱环节。而草原民族的农业遗产恰好具有规避当地生态系统脆弱环节的功能。蒙古族牧民实施的"五畜"并存畜牧业生计①和古代汉族建构起来的"代田法"耕作,② 就属于这一类型的农业遗产。今天要对鄂尔多斯草原实施生态恢复,上述两项农业遗产依然能发挥不可替代的作用。针对生态恢复的需要,有序发掘和利用上述两项农业遗产,即使不追加其他形式的技术和手段,也不必增加生态建设的资金,通过一段时间的农牧业协调运行,就能使沙地逐步缩小,疏树草地随之扩大,从而收到生态建设的成效。

任何一种生态系统都会遭逢各种无机环境变数的胁迫与挑战,也必然要面对生态系统之间有机变数的挑战。如果应对失利,就会导致相关生态系统的改性,同时还会给利用该生态系统的民族造成惨重的损失。对生态系统而言,风险就像影子一样,永远也甩不掉;但对于依赖该生态系统为生的民族而言,生态系统所遭逢的风险,同时也是该民族自身的生存风险,因而任何一个民族建构起来的农业遗产,不仅可能,而且必须包容进风险抵御功能。只需证明这样的农业遗产得到顺利地传承和利用,那么该种农业遗产就必然拥有能够抵御自然与生态风险的功能。

在原生状态下,我国南方的湿地生态系统内会有上百种植物和上千种动物,以及无法统计的微生物。③ 这样的生态系统一旦开辟成稻田后,物

---

① 敖仁其、单平、宝鲁:《草原"五畜"与游牧文化》,《北方经济》2007 年第 8 期,第 78—79 页。

② 张履鹏:《论汉代推行"代田法"在农业技术改革中的作用》,《中国农史》1988 年第 1 期,第 50—53 页。

③ 蔡晓明:《生态系统生态学》,科学出版社 2002 年版。

种的单一化自然成了无法回避的客观事实。由此而建构起来的稻田生态系统，对相关民族而言，意义至关重要；但对当地生态系统自身的稳定而言，却是贻害无穷。因为这种单一种植的水稻很难规避和抵御微生物的攻击，稻瘟病的肆虐正因此而来。可是在我国云南东南部的各少数民族中，却早就建构起了一整套优秀的农业遗产。其精髓是将不同品种的稻谷分行种植，利用不同品种抗病能力的差异去控制稻瘟病的蔓延，防治效果可高达83%—98%[1]，减少因稻瘟病引起的产量损失，还可减少施用农药1—2次，降低生产成本，减轻农药对生态环境的负面影响，提高经济效益。[2]这一农业遗产经农学家发展和创新后，而今已经成了南方普遍推行的水稻种植规范。

有意识地提高农田中生物物种的多样化水平，坚持"仿生式"的耕作理念，才能做到用最小的代价免遭微生物的攻击。上述成果代表着一种全新的人地和谐理念，它们足以证明即使在人为建构的农田中，同样可以通过有意识地提高生物多样性水平就可以收到抗拒自然与生态风险的显著成效。中国众多百越民族坚持的"稻—鱼—鸭"共生模式也是具有同等抗风险价值的仿生种植模式。

不管什么样的生态系统，其物质与能量结构都会表现出某些要素的缺失，或过分富聚。如缺水、土温偏低、土地盐碱化、日照偏低等。但任何生态系统一旦实现了稳态延续，都能凭借物种的多样性和不同生物物种的群聚优势，在一定限度内缓解，甚至彻底消除这样的资源缺环。各民族建构的农业遗产出于维护所处生态系统安全的考虑，都会趋向于采用"仿生式"耕作，以便凭借生态系统的自组织能力替人类弥补资源上的结构缺环。因而对农业遗产而言，虽然永远不可能找到绝对理想的运行环境，但却可以凭借该种农业遗产所包容的知识和技术技能，去有效地弥补资源结构上的缺环，这也是当前我国生态建设中可资利用的农业遗产。

我国四川西部的高海拔地区，其原生生态系统属于寒漠草甸。生活在这一区域内的彝族和藏族同胞一直延续着农牧兼营的"仿生式"生计。

---

① 朱有勇、陈海如、范静华等：《利用水稻品种多样性控制稻瘟病研究》，《中国农业科学》2003年第36（5）期，第521—527页。

② 刘一明、朱有勇、肖放华等：《水稻品种多样性混栽持续控制稻瘟病研究》，《中国农业科学》2003年第2期，第164—168页。

下面仅以他们的圆根种植为例，揭示该农耕体制资源结构缺环的补救功能。

圆根是彝族的饲料兼粮食作物，属十字花科，是一种越冬作物。彝族乡民种植圆根，既不挖翻土地，也不开穴点种。具体的操作程序是，先在牧场上用竹篱笆围一个临时性羊圈，夜间则将羊群关在临时羊圈内。一般需要连续关羊一个星期，务使地表留下一寸厚均匀分布的羊粪，然后再选其他合适地方关羊。到了深秋，羊群下山后，关过羊的土地就很自然地成了圆根的种植带。彝族乡民只需要将羊粪与表土稍加混合后，就可以直接播种圆根的种子。也就是说，圆根的种子几乎是直接播种在羊粪堆上。

这样的羊粪堆对圆根的生长和丰收具有四重价值：肥料价值、保暖价值、控制杂草价值、防范兽害和鸟害的价值。其中保暖价值则是针对当地的资源缺环而做出的成功适应。因为当地海拔太高，地下都存在着永久冻土层，圆根偏巧又是越冬作物，地下一旦结冰，圆根就无法吸收水分，也就无法长大。但有了这一层羊粪后，地表就会在阳光下解冻，并确保在夜间不会结冰，维持了圆根根系生长带的土温稳定，圆根也才能成活，并获得丰收。当地土温偏低这一资源结构上的缺环，如果没有这层羊粪的绝热和降解释热作用，圆根在如此高的海拔区就根本无法种植。

农业遗产应用价值的实现。我国各民族地区农业遗产丰富而多彩，但传承和延续受阻是当前人类社会共同面对的挑战，并以此而成为公众争论的焦点。围绕农业遗产保护对策的争论也应运而生。诚如上文讨论的那样，农业遗产的价值无可替代，不仅在今天如此，在未来也将如此。这就意味着，保护农业遗产与保护其他类型的"非物质文化遗产"，不应当等量齐观。保护农业遗产的目的是尽快付诸直接应用，以抵消现代化进程中的各种副作用。这将直接影响到保护对策也必须改弦易辙，必须立足于当前人类社会最紧迫的公众领域难题，为农业遗产赢得一个彰显其价值的空间和机遇。这就需要我们具体审视各种农业遗产在现代化进程传承受阻的独特过程，找准其传承受阻的关键制约因素，那么，推动农业遗产复兴的生存空间也就豁然开朗了。这里仅就我国南方各少数民族油茶种植萎缩为例略加分析。

以油茶林的抚育为基础建构起来的食用茶油产业，是我国南方布依族、壮族、苗族等民族有代表性的农业遗产。① 这项食用油产业的价值任何人都不会质疑，但相关的农业遗产在今天却急剧萎缩，并因此而诱发了大量的生态副作用。油茶萎缩的经历其实并不复杂，它与 20 世纪五六十年代以来油菜籽的大规模推广有关。这就需要追问为什么产品质量高，生态维护价值大的油茶生产反而让位于品质难以保证的油菜籽种植？其间的关键因素仅在于，油茶的生长带相对狭窄，而油菜的可推广范围要大上十几倍。加之当时我们国家的决策是要割"资本主义尾巴"，而油茶种植很难纳入统一的供销管理规范，会成为资本主义经营抬头的温床。因而，在全国性的食用油短缺的情况下，政策就不得不"抑"油茶而"尊"油菜。这一决策本身并没有错，事实上，油菜的生产也是一项需要传承的农业遗产。其失误仅在于随着时间的推移，食用油的极度匮乏一旦得到缓解后，理应及时调整相关的政策，重新达成食用油种植的新平衡。

21 世纪初，随着生态维护紧迫性的一再升级，以及对食用油品质渴求的不断升温，最终使我国自然而然地进入了需要对政策做出相应调整的关键时期。仅仅因为我们的科研及行政管理和农业经营相互脱节，这才导致政策调整不及时，贻误了油茶发展的机遇。近半个世纪以前，我国的油茶产量与西方的橄榄油产量差不多持平，而今世界橄榄油产量稳步上升，从 125 万吨增加到了 300 万吨，仅欧洲的橄榄油产量已超过 200 万吨，占到世界总产量的 67%。② 然而，就在相同时期内，我国油茶产量却反而从 30 万吨萎缩到了 27 万吨左右。③ 既然油茶产业发展受阻的原因是政策调整不及时，那么只需推动政策调整，障碍因素也就可以迎刃而解。其可资借鉴的教训至少包括如下三个方面。

其一，农业遗产本身结构极其复杂，运行所需要的社会背景也极其复杂，因而农业遗产的传承受阻并不是所有因素都成问题，往往是一两项因素卡住了瓶颈。在社会背景改变后，及时排除这一两项因素并不是难事。

其二，农业遗产既然具有无可挑剔的长效性，同时又具有生态维护功

---

① 庄瑞林：《中国油茶》，中国林业出版社 1988 年版。

② 秦岭：《产量稳步上升消费区域扩大——世界橄榄油的生产与消费》，《中国油脂》2006 年第 31（6）期，第 45 页。

③ 杨曾辉、董艳琴：《我国油茶产业发展的问题与对策》，《江西农业大学学报》（社会科学版）2010 年第 9（4）期。

效,从终极意义上说,关注农业遗产几乎是出自每个人的本能。但制约农业遗产传承的社会因素还是会不断地冒出来,原因全在于政策的配合没有做到与时俱进,决策、科研、产业调整都有不同程度的脱节。在信息化的今天,只要稍加关注,发现问题并不困难,难就难在如何使人们都树立起关注农业遗产的理念。这也是本文写作的意图所在。

其三,个人与个人之间利益取向的多样化,是农业遗产传承的大敌。也就是说,即令是那些靠贩卖集约农产品获利的人,其行为取向也具有矛盾性,个人的利益追求与健康追求在他们的身上也处于相互对立状态。他们自己也渴望获得农业遗产形成的"绿色产品",然而地球生命体系的安全又是所有人的依赖,足以影响每一个人的生活质量,生态安全终究会为农业遗产复兴腾出存活的空间来。抓紧这样的机遇,就会有力地支持农业遗产的复兴。

农业遗产在当代社会的特殊价值,涉及人、社会发展和延续的根基,简单地列举事实显然不足以澄清如此复杂而重大的问题。然而,任何事情得有一个开端,都得一点一滴地去做,都得经历漫长的积累过程。农业遗产的传承与保护也如此,决不能性急,也不会一蹴而就。正是立足这一理解,笔者才有勇气将个人并不成熟的见解露出来,聊充引玉之砖。农业遗产的传承,乃至兴衰既然关系到每一个人,其最后归宿也应当是整个人类社会的共同意愿,只不过个人的参与和具体过程都不可或缺罢了。

第四章 侗族生计的文化变迁

侗族的"土著"与"外来"之辨—沅江流域的自然与人文背景—侗族的文化转型与生态改性—侗族地区的生态改性与文化再适应—明清以来统一税制的推行对百越族群传统耕作方式的影响—现代侗族文化适应能力分析—侗族现代化道路的抉择

第一节 侗族的"土著"与"外来"之辨

目前，在侗学探讨中，对侗族来源的争论较为激烈，成为侗学研究的热门话题。归结起来，不外乎"土著"与"外来"之争，在"外来"说中又有"江西"说、"梧州"说、"福州"说及"洞庭"说之别，莫衷一是，争论纷纷。本文拟对此加以探讨。在侗学界，这种"外来"与"土著"之争是一种极好的现象，活跃了侗学研究的气氛，使问题在争论中逐步明朗化，并可以在争论中解决具体的问题。但是，我们认为，任何一场科学的争论，首先要界定争论的前提和基本概念。如果这些前提和基本概念没有科学化，或是双方没有达成共识，那么，这场争论必将是"公说公有理，婆说婆有理"，无从得出令人信服的科学结论。我以为，当前侗学界的这场"外来"与"土著"之争，正是在这种无前提条件和无科学概念的条件下进行的。

侗族在历史上没有创造自己的文字，也就没有自己历史的系统记载，这为人们的研究带来了很大的麻烦。人们不得不依赖汉文献的记载或流传于侗族中的古歌、传说、迁徙歌、落寨歌及家谱、族谱等。在利用这些资料时，由于各人的文化素养、取材侧重、考证方法等方面的不同，致使得出的结论千差万别。先说汉文献的利用问题。汉民族的文献是当今世界上最连贯最完备的，但这又容易造成汉文献在研究中国历史（自然包括各少数民族的历史）中是无所不包、无所不能的错觉和误解。这种错误观念一旦传染到了侗族历史的研究中，就自然引发出侗民族历史发展的脉络可以毫不费力地在汉文献中找到可靠依据的想法。于是无论侗族在什么时候，或在什么样的历史条件下，与汉民族发生关系，都千方百计地要在汉文典籍中找到可以印证的文字依据。这些做法，客观上违反了汉族与侗族的关系是经过漫长岁月逐步推进的历史事实。同时也忽视了汉民族在不同时代所能了解的侗族社会情况，也是一个随着时代的推移、历史的进程而不断深化的历史事实。故此，汉文献对侗族历史的记载绝对不可能是无所不包的。汉文献所能提供的资料仅是当时汉族文人所接触到的部分，毫无疑问地，不同时代的汉文献中都普遍地存在对侗族情况尚未涉及的死角。汉文典籍主要是服务于中央王朝行政管辖统治需要的文字资料。在历史的发展过程中，中央王朝的势力总是不断地消长，随着行政控制力的变化，其行政机构和管理范围也处在不断变化之中。从这种不断变化的行政机构为出发点，去认定不同时代的侗族社会情况，显然是靠不住的。汉文献资料对侗族历史的记载，往往是零碎的、无系统的，缺乏可验证性的传闻居多。

单凭汉文献去研究侗族的历史肯定会出现力不从心的局面。科学的态度应该是，老老实实地承认有不少问题至今仍无法得出准确结论。然而，这样的科学态度往往难遂无所不能的研究者之意。于是，在侗学研究中，出现了不少为了掩盖自己强不知为知的漏洞，往往无可奈何地把有限的文字资料张冠李戴，削足适履，以求字面上的自圆其说。传统的汉族史学总是把历史的发端追溯到黄帝、炎帝等汉民族自认的始祖身上。这种观念传到了侗族的研究之中，不少学者竞相效尤，极力地把侗族的历史发端也千方百计地附会到黄帝、炎帝或其同时代的传说人物身上，以标榜侗族历史的悠久。这样一来，尽可能把侗族的始祖视为与汉民族的始祖同源。从实质上说，这是一种汉民族本位偏见的变态表露。这些失误在侗民族历史的研究中，往往带有极大的普遍性，如果我们在研究侗族历史过程中，不对这些错误的方法和观念进行彻底的澄清，不对汉文献的记载采取审慎的态度，去加以考辨而随意套用，就无从正确地理解侗族社会历史的发展过程，更无从得出科学的结论。

关于"古歌""迁徙歌""落寨歌"及家谱、族谱等资料的利用问题。就目前侗学界的"外来"说中，绝大部分是根据今天流传于侗族部分地区的"古歌""迁徙歌""落寨歌"及部分姓氏的家谱、族谱进行分析论证的。这些流传至今的侗族民间文学到底在多大程度上反映了侗族的历史面貌，这些口头传说是否可以当作侗族的史实加以套用，等等。这一系列尚待证实的领域，我们应该采取什么样的态度和方法加以鉴别，也是不可忽视的工作环节。

目前，就已搜集整理的有关侗族来源的资料——古歌、神话、故事、原始宗教、民俗、文学、家谱等，其差异很大，相互矛盾者甚多。加之学者们对过于简略或含混不清的具有矛盾的资料各有自己的理解或推测，这样得出的结论是不一定可靠的。口头传说，民间文学有很大的随意性，在侗族的社会历史流变中，人们在传授这些"古歌"时，歌手们可以随兴趣好恶而任意增删，更由于年代久远，各种歌词相互渗透，真伪难以分辨。也由于年代久远、历史演变，在"古歌"的翻译上也存在诸多的困难，特别关于地名的翻译，更是混乱得多。由于历代建置的变更，有些地名难于稽考，若翻译者不从当时特定的历史条件和具体的环境来考证，随自己的意向或参入某种意识，就很难保证这些"古歌"没有改变它的本来面目。

至于家谱，族谱的记载有多大的可信度也很值得怀疑。笔者到侗族地区实地调查，查看和收集了一些家谱、族谱，发现很大部分的家谱无不在其祖先们的头上冠以什么"征蛮有功""授以××官衔"等，多有标榜先祖威赫，系有功之臣，其间记述漏洞百出，自相矛盾。如湘西地区的杨氏家谱，杨芳在"自叙家谱"中就大量伪造事实，牵强附会，篡改历史，把少数民族（以侗族为主体）的"十峒首领"杨再思，说成是中原汉族的"平胡"英雄，而不得已把"献土归附"说成是匡扶帝业。像这样的家谱现象，不仅在侗族社会中普遍存在，在西南各少数民族中都是普遍现象。因此，借助于家谱族谱的记载去考证侗族的来源，显然是值得怀疑的。

从实质说，侗族的"外来"说与"土著"说之争，就是争辩侗族是外迁而来的民族，还是世居于此的土著民族。从这一基本事实出发，我们认为必须明确的一个概念就是"民族迁徙"。只有界定了"民族迁徙"这一概念后，才具备去参与侗族的"外来"与"土著"之争的条件。

众所周知，一个民族一旦形成之后，它曾是一定占有一片特定的自然空间，这片空间中所有自然特征则就是该民族的自然生境。与此同时，该民族不仅与他民族以各种不同方式共存，而且与其社会范畴诸如组织形式，以不同方式并存。围绕于该民族的全部自然、社会环境，就构成了该民族的生存环境。这一特定的生存环境既是该民族生存运作的前提，也是这一民族劳动创造的结果。可见，影响民族分布变迁的因素是多方面的。归结起来大致有以下几个方面。第一，传统文化的变化导致了文化与其生境的不相适应。第二，由于自然的因素，引起了原有有效分布区自然环境的改观，造成了传统文化适应范围的偏移。第三，该民族外部社会环境的变化，导致了该民族有效分布区的不同程度丧失。第四，该种文化在特殊情况下发生了突变，实现了文化跃迁，导致了该民族有效分布区的拓展。

在实际情况中，一个民族分布区域的变迁，可能是上述四种因素综合作用的结果，民族分布的变迁，在民族发展史中是一项重大的带根本性的运动，因为民族分布的变迁是以造成文化运作的振动，当事的民族必然要承受重大的物质和精神上的代价。

从文化与其生境的对应关系而言，民族分布的变迁，其方式是多种多样的。然而，目前学界对这一点尚未引起足够的重视，不少人往往无原则地把民族分布的变迁一律称之为民族迁徙，有的还甚至将一个民族内某些支系、某些姓氏、某些家庭在其分布范围内的位移也叫作民族迁徙，从而造成了诸多的混乱。总的来说，民族分布变迁的主要方式有两种："民族扩散"和"民族迁徙"。

"民族扩散"是指一个民族凭借其文化的正常运作，连续而稳定地散布到该民族文化所适应的整个生境的过程，这样的散布过程若不受到外力的阻碍，则必然以占有全部生境为终结。反之，若受到外来的压力时，不仅会终止漫延的活动，甚至会压缩其分布区域。这种外来压力一旦超出了该民族所能承受的能力时，一场为争夺生存空间的民族战争就无可避免地要爆发。民族扩散造成的民族分布变迁的结果，在地域上是连续的，造成的是一个连续的民族分布带。扩散过程是严肃地、稳步地改变民族分布区的过程，是一个非定时性的过程，就一般情况而言，基本上无从确定扩散的起始和结束时间。民族扩散过程不会造成该种文化的变异，也不会造成该种文化所处生境的变迁，因此，扩散过程的起始到结束，该文化的适应度均不会出现任何形式的变动。[1]

"民族迁徙"与"民族扩散"大不一样。民族迁徙是由于特殊的原因，凭借本民族在其文化运作中蓄积起来的富余能量，促使本民族在短时间内超出本民族的有效分布区的过程。这样的民族分布变迁过程才是真正的民族迁徙。根据这一概念，民族迁徙明显地具有以下几个特点。

首先是该民族迁徙前与迁徙后的实际分布不相毗邻，在绝大多数情况下，往往跨越了一个或几个不同民族的生境区域。比如历史上的吐谷浑迁徙到今天青海省的东部地区，旺达尔族迁入欧洲南部，都是这样的例证。

其次，由于民族迁徙是因为特殊的原因，是在短期内往往一次性完成，因而，民族迁徙活动必然有明确的起讫时间，甚至有明确的文字记载，汉朝北匈奴西迁欧洲是这样，哥特人越进多瑙河进入巴尔干半岛也是这样，部分以色列人东迁中国开封定居，成为中国历史文献记载的"兰帽回回"也是这样。

最后，由于民族迁徙必然伴随有跨生境的现象，这样的迁徙过程肯定会导致该民族文化与其所处环境的失调，其后果又只能以该传统文化按特殊进化的方式，重新调迁于所处环境，以达成文化与生境的重新适应而告终。[2]

我们认为只有对民族分布变迁的方式作严格的界定后，才具备探讨侗族"土著"与"外来"的必要前提。持侗族"外来"说者之所以受到人们的责难，最根本的原因就在于对民族分布的变迁方式没有作严格的界定，或者是没有具备这方面的理论素养，以致对民族迁徙的理解、使用出现了差错。

首先是由于地理学未得到充分发展以前，或是没有系统把握之前，空间定位的方法尚未完备，这直接导致了侗族"外来"说的错误。如"梧州"说认为侗族早先定居于广西梧州一带，然后沿得江而上迁到了贵州的从江、桂江、黎平等地，然后又由贵州的榕江迁到广西的三江、龙胜、湖南的通道等地，部分侗族再由湖南通道过靖州迁到贵州天柱、湖南新晃

---

[1]　杨庭硕等：《民族文化与生境》，贵州人民出版社 1992 年版。

[2]　同上。

等地①。从字面上看，侗族好像发生了特大的迁徙活动：先从广西迁到贵州，又从贵州迁到湖南，再由湖南迁到贵州。其实，只要翻开中国地图，就可发现，纵然是在湘、黔、桂三省（区）活动，但在地域上是紧密相连的。若再略追究一下这一区域的历史沿革，便可以进一步发现，目前分隶三省（区）的侗族分布区在历史上都统属"湖广行省"，清以后，因国家的政治、经济、军事的需要，才将侗族地区割裂为三，分而治之，从而造成了侗族分布的"假性迁徙"。

其次是由于人们对"民族迁徙"的载体这一民族的概念尚欠周密，对族群、民族、先民、民族所属支系乃至于民族内的家族、姓氏等往往未作严格的界限，而导致研究结果的非科学性。在"外来"说中，不论是"梧州"说、"江西"说、"福州"说，还是"古洞庭"说中都犯类似的错误。他们的论据绝大部分来源于侗族社区中某一小范围或某村落的古歌、落寨歌，或是依据某些家族姓氏的家谱、族谱的记载。

如"梧州"说、"福州"说仅仅是根据流传于从江、黎平、榕江等县内的部分侗族地区的古歌，而"江西"说也仅以某些家族的落寨歌为依据②。"古洞庭"说也仅以侗族铜鼓与中原铜鼓的相似性而断认侗族来源于中原③。

从整体看，反映侗族"外来"说的古歌、落寨歌、迁徙歌、家谱等民间资料，都没有反映侗族整体的迁徙活动，最多只是侗族社会内部的某些支系、家族、个别姓氏的位移活动，根本谈不上是什么侗族迁徙活动。

再次是由于人们尚未建立起民族文化与生存环境之间的对应关系，从而形成了一种错觉，把民族的迁徙活动视为民族内部小集团或个人意志的行为活动。在民族迁徙的实际中，对当事的民族来说是要付出极大的代价，是一个痛苦的过程，从来就没有什么随心所欲的民族迁徙活动。如汉代的匈奴人的被迫放弃河套地区，进入阴山以北的戈壁滩。尽管有些古歌传说中说到由于人口多了，要寻求新的生存空间，也有的是因为"天灾"逃荒，有的是避免"战乱"等等，似乎有充足的理由证明了"外来"说。

---

① 张民：《从〈祭祖歌〉探讨侗族的迁徙》，《贵州民族研究》1980 年第 2 期。
② 杨国仁等：《侗族祖先哪里来》，贵州人民出版社 1981 年版。
③ 唐嘉弘：《铜鼓与苗族》，《贵州民族研究》1980 年第 2 期。

但是，只要我们细究一下其中的全部内容，就可以发现，所有的理由，都并没有达到侗族被迫做出这种迁徙的痛苦选择，就其位移的沿途及终止区域看，这里早就有与自己同类的人们共同体居住，他们只是后来者而已，可见其位移的区域仍没有超越侗族的实际分布区。这种在同一生境内的位移，当然不能视为是"民族迁徙"。总之，我们在侗族"外来"说中，根本没有找到一点侗族迁徙的迹象，其民族分布变迁中，并没有造成变迁前与变迁后的实际分布区的悬隔。也没有发现侗族社会中由于特殊的原因，发生过一次性迁徙活动，更没有明确的起讫时间和文字记载。

最后从侗族的文化着眼，也没有发现侗族文化变迁后新生境的重新调适过程，没有发现侗文化为此加工的改造痕迹，而是在其固有生境内稳定延续。所以，我们有理由说侗族在历史上没有发生过迁徙活动。如果说侗族在历史上的分布有变迁的话，也只能说是有过"民族扩散"的活动。

自侗族形成之后，随着侗族势力的壮大，在历史上，使侗文化逐渐地向其所适应的生存环境渗透。在其扩散的过程中，向东由于受到中原汉文化的阻止，蔓延到湖南的城步、洞口、绥宁等地；南面由于广西壮族的强大，使侗族的实际分布区逐渐向北退缩到了龙胜、三江等地；西面由于布依族、水族的兴起，侗族文化只扩散到了都柳江中游地区；西北和北面也由于苗族、土家族的壮大，也只延伸到了雷公山麓和武陵山南沿。侗族在其蔓延扩散的过程中，由于中央王朝对西南地区的经略，使侗族的扩散过程发生歧化。

明廷开通由湘入黔抵滇的"一线道"，就插穿侗族的北沿，扰乱了侗文化的自然延续，日后特别是清代，由于大批汉移民以"一线道"为据点，向侗族地区移民，大肆开发，汉文化极力渗透，致使侗族文化内部发生了裂变，南北侗区的文化差异日益明显。

在各种"外来"说受到责难之后，人们打起了侗族"土著"说的旗号（有的是与"外来"说同时出台），这本是侗学研究中值得庆幸的大好事。但是，我们纵观"土著"说的基本观点后，也深感难以说明问题的本质。他们为了证实侗族是地地道道的"土著"民族，也进行了大量的考古活动，企图从考古材料中发现侗族的历史概貌。如以在湖南沅陵、辰溪、泸溪、新晃等发现的新石器时代的文化，洪江市等地发现的楚墓等来证实侗族自古就生息于湘、黔、桂区①。从表面上看，这种考古材料的证实似乎对侗族的"土著"说极具说服力。其实，只要我们冷静下来，就可以发现这些考古材料只能证实这一地区的"古人"活动情况，纵然考古材料中的某些残留文化因子能够在侗族文化中找到印证，但我们也不能就此断言活动于这一地区的古人就是侗族，如果硬要与侗族有关的话，最多也只能与侗族先民的某些人共同体相关，或是与侗族有某种文化渊源关系。

"土著"说的错误主要在于忽视了侗族形成于何时何地的历史事实。以至于把侗族先民的历史当作了侗族本身的历史，甚至把他族史的材料放到了侗族历史中。这样得出的结论自然似是而非，不伦不类，难以说得上是科学的结论。任何一个民族的形成都是以"族源"为标志的。

族源，对一个特定的民族来说，都是具体而完整的实体，是指同一种文化维系的人们共同体的起点。这样的起点必须具备如下一些基本要素，即它的地域分布，经济生活、语言、习俗、知识与技能、信仰与道德等方面都与我们所要确认的民族大致相同（因随着历史的进程，有些文化因子已虚化成为残留因子，而有些新的文化因子会应运而生），只有具备了这样的条件，才能算得上是该民族的真正族源。我们考察侗族是不是一个地道的土著民族，就必须从侗族的形成入手，如果能证明侗族文化与其族源有大致相同的对应性，则说明侗族是一个居于斯的土著民族。从族源的严格概念出发，以《唐书》《元和郡县志》《宋史少》《宋会要》《舆地广记》《异域志》《太平御览》《边行纪闻》《溪蛮丛笑》《老学庵笔记》等汉文献及地方史记关于侗族社会的零星记载为依据，结合民族学的实地调查材料。我们认为侗族大约形成于唐宋之交的9、10世纪。理由如下：

（1）族称：族称是作为一个单一民族最基本的标志。据汉文献记载，唐代已有侗民族的专称，称之为"峒蛮"或"峘民"。唐元和六年（891）"黔州大水，坏城郭，观察使窦群发峒蛮治城，督促太急，于是辰、叙二州蛮张伯靖等反，群讨之不能定"。（见《唐书》）唐以后的汉文典籍都将侗族载为"洞蛮""峒丁""洞人""峘人""洞家"等。侗族也有了自称"kaml"或"janl"（汉语以反切记音为"仡伶"或"仡缆"）与他称，与

---

① 　汤宗悟：《考古发掘与侗族族源》，《贵州民族研究》1982 年第 1 期。

侗族杂居相处的苗族则称侗族为"taxkuk"，意为汉语的"侗家"。与侗族周邻的壮族、水族、布依族均称其为"kamp"，瑶族则称之为"jaml tanx"。可见，侗族白洲也称与自称在唐宋之际已经稳定下来，不仅称谓一致，而且内涵相同。①

（2）共同的地域——"溪洞"地区。据《宋史·西南溪峒诸蛮下》记载："（嘉定）七年（1214），臣僚复上言：辰、沅、靖三州之地，多接溪洞，其居内地者谓之省民，熟户、山瑶、峒丁乃居外为捍蔽"，可见"溪洞"之名与"辰、沅、靖"三州的地理环境相关，逐渐成为侗族自然生境的特征载入汉族正史。其地望大致是辰（治所在今湖南沅陵县，包括湖南叙浦、辰溪、泸溪、吉首、凤凰、古丈、花垣、保靖、永顺、龙山，今湖北来凤、咸丰，贵州铜仁等地）；沅（治所在今湖南芷江，包括湖南的洪江、怀化、麻阳、新晃，贵州玉屏、镇远、岑巩等地）；靖（治所在今湖南靖州，包括湖南会同、绥宁、通道和贵州的天柱、锦屏等地）。除此以外，据《宋会要稿·蕃夷》所载，侗族人还居住在浔江（广西龙胜、三江等地）、融江（广西融水等地）、壬江（贵州从江、广西三江）流域。② 可见，唐宋时期，侗族就已分布在湘、黔、桂交界地界。

（3）经济生活。据《宋史》记载，响人所居之地"土宜五谷，多种秧稻"。说明侗人此时已经摆脱了过去那种"不以牛耕，但为畲田，每岁易"的斯威顿耕作（Swidden Cultivation）方式，进入真正的"秧稻"农业时代，掌握了农耕文化中最基本的秧稻移栽技术，对畜力的控制有了一定的水平。据《苍梧县志》载"习尚简朴，饮稻鱼羹，有披坡山泽之饶"，"艺稻富鱼"，"艺稻"就是秧稻移栽、精耕细作的写照，而且稻田"富鱼"。已与今天侗族的农业文化有着严整的对应关系，体现出侗族的经济生活特征。

（4）居住方面，居住习俗可以从某种程度上体现一个民族的自然环境、知识与技能以及经济生活等方面。据《寰宇记》所载，侗人"干栏"，但与百越族群所居"干栏"有别，已不是那种"依树为层巢而居"，而是"多依山筑寨，以高栏为居"，人栖其上，牛、羊、犬、猪蓄其下。

---

① 黄才贵：《侗族族名初探》，《贵州民族研究》1983 年第 1 期。

② 同上。

而《平乐县志》记有："楼高数丈，上覆瓦铺板，男歌唱者，夜则缘宿其上，谓之'罗汉楼'。"由此观之，侗族的建筑结构、住屋布局已与今天侗族的"干栏式住屋"相差无几。

（5）习俗、信仰与道德以及社会组织方面，我们从《贵州图经新志》中所引的《黎平府志·风俗》条所展示的"洞人"文化特征与今天侗族文化特征的相同性得以证实。"（黎平）府治所部，夷民种类非一，习尚亦异，洞人者其先，皆中无人迁。气习如蛮，语言赘舌，性恨不驯。有所争不知讼理，惟宰牲聚众。推年长者为众所服者，谓之'乡公'。男子科头，跣足或木履，出入持镖架弩，暇则吹芦笙、木叶、弹琵琶、二弦琴、牵狗臂鹰以为乐。妇女之衣，长裤短裙，作细褶裙，后加布一幅，刺绣杂文如绶，胸前又加绣布一方，用银钱贯次为饰头，髻加木梳于后，男女常浴于溪，女以水沐发，不施膏粉，好戴金银耳环，多至三五对，以线结于耳根，织花细如棉，针缝一尖于上，为盖头，脚无根草鞋。冬衣无棉絮，惟以茅花御寒。饮食炊爨以鼎罐，不食盐酱。以草木灰汁淹鱼、肉、笋、菜、酢，食之积岁不败。人死不服衰麻，但以尺布裹头，丧家未葬，不食酒肉，逆殡者，至葬所欲醉，各执火由别路而回，不设灵位，名曰'送哭'。男女婚姻，或自相悦慕，或答歌，意合而成，聘礼以茶、酒、玉帛，俱入母舅之家。为子女时，父母不禁其出入，男女或歌和于山中，或坐歌于月下，既合则防闲之，而人不敢犯。"

从上文的记载中，我们可以看到"洞人"的社会组织、乡老制度、男女服饰、饮食起居、婚姻、丧葬等习俗，都与新中国成立前的侗族社会状况和生活状况一致。"洞人"（侗族）的这些文化要素均可以在侗族社会得到一一印证。由此我们认为侗族自唐宋之交的9、10世纪形成那时起，就生息于湘、黔、桂毗邻地区，一直使用"侗文化"对该区域进行开发建设。在1000余年的历史长河中，历尽了艰辛坎坷，有某些支系或家族曾发生过定居地点的位移，但就整个侗族来说，却没有发生过"迁徙"活动，根本不存在侗族的"外来"事实，而是一个实实在在的土著民族。在历史上，侗族纵然发生过民族扩散的活动，但由于来自四面八方的阻力，其民族扩散的区域也是有限的，可以说，仍没有超出侗族的有效分布区。

第二节　沅江流域的自然与人文背景

中国的沅江流域处于云贵高原与长江中游平原之间的过渡带，境内地质地貌构成复杂多样，因此能支持起多样化的生态系统并存，而侗族则是这一地域内的世居民族。在漫长的历史岁月里，侗族传统文化发生了四次重大转型，并因此而导致对生态系统的利用发生了四次重大的调整，诱发为相关生态系统的明显改性，但每一次生态系统改性的反馈，同样引发了侗族文化的新一轮适应。文化的适应又推动了生态系统改性的扩大与稳态延续，这种互为因果的交互模塑与适应，即本文所称的耦合演替，它应当是人类社会与生态系统互动运作的基本形式。只要这样的基本形式不蒙受外来扰动，人类社会的可持续利用与生态系统的稳态延续就可望得兼。从沅江流域的生态演化史可以看出，人类对生态系统的开发利用并不一定必然导致相关生态系统的蜕变，而导致现代沅江地区生态灾变的主因则是：外在社会因素的无序干扰。那种认为只要对生态系统一旦加以利用就会导致灾变的观点，在沅江流域的生态演化史中显然难以自圆其说。

长期以来，不少学者认为：是人类超额利用生物资源才诱发为今天的全局性生态危机，要根治现代的生态灾变，必须彻底停止对相关地区的开发利用。这种观点虽然有其正确的一面，当代的生态灾变确实与人类社会的超额利用存在着一定程度的关联性，但上述结论的表述失于笼统和含混。因为当代生态灾变的成因不是一个单纯的使用量问题，它还与利用方式、利用渠道和利用对象密切相关。而人类对所处生态系统的利用方式与内容恰好是相关民族文化规约下的产物，若不澄清民族文化与所处自然生态系统的耦合演替关系，单纯地降低使用量，同样无法收到救治生态灾变的实效。本文仅以中国沅江流域的生态及侗族文化的耦合演替史为例，揭示民族文化与相关自然生态系统间的错综复杂关系，希望从中找到救治生态灾变的最佳途径与方法。

中国的沅江流域，从地质地貌的角度看，正好处于云贵高原和长江中游平原的过渡带；从人文环境看，是一个典型的多民族杂居区，也可以称为社会文化的过渡带。时下，又有不少学者认为，自然与社会的双重过渡带，其生态系统具有脆弱性，极容易诱发生态灾变。但沅江流域的生态演替史却明确告诉我们，这一地区的生态结构尽管发生过多次生态演替，但一千多年来，无论是生物多样性，还是生态系统的抗逆能力以及稳态延续能力，都未曾遭受过重大的创伤。真正的生态蜕变仅仅发生在20世纪中期以后，可见双重过渡带的生态系统并不必然具有脆弱性，生态系统脆弱性的呈现应该是生态资源利用方式不当乃至于利用方式紊乱的结果。

汉文典籍对沅江流域的记载可以上溯到两千多年前，在这段漫长的岁月中，侗族的先民以及侗族本身，其相关文化曾发生四次重大的转型，即滨水渔猎文化；低山丛林狩猎—采集文化；湿地游耕文化；山地与坝区林粮兼营农耕文化（当代侗族的形成与这一种文化的形成同步，定型时间大致在9—11世纪间）。每一次文化转型都曾诱发为相关生态系统的改性，但改性后的生态系统又必然诱发文化的新一轮适应，从而造成人类利用方式与生态系统结构的相互兼容，文化与生态系统的运行相互渗透、相互协调，致使生态系统的改性并不意味着生态系统的蜕变。然而侗族先民及其本身对所处地区自然生态系统的利用强度尽管明显递增，却没有导致生态系统的蜕变，仅仅由于侗族文化的利用方式与自然生态系统高度适应，因而相关的生态系得到了精心的维护。

不难看出，沅江流域的生态演化史是一个文化转型与生态改性交替出现并相互适应的耦合推进过程，在这里，文化与生态系统并非相互对立的，而是可以共生的两个体系。时下，有人将人类社会与生态系统截然对立起来，甚至主张人类的活动应该退居从属地位，一切以生态运行为主导的提法与看法同样不适用于沅江流域的生态演化史。

应当看到，民族文化与自然生态系统都是具有自组织能力的复杂体系，都具备能动适应与自我修复的本能。面对因利用而导致的生态改性，侗族先民以及侗族本身都能动地做出了针对性的适应，通过改变利用对象、利用渠道以及利用方式的办法，既提高了对生态系统的利用效率，又确保了相关生态系统的稳态延续。与此同时，生态系统也对人类的利用与干预做出了响应，改变了自身的物种构成、种群规模和分布状况，以求得自身生存能力的旺盛和延续能力的提高。文中仅以汉文记载翔实的南宋时期和清代为例，揭示侗族文化与相关生态系统之间的相互适应和相互支持的具体内涵。长期以来，学术界一直认定，随着人类社会的发展，人类对自然界的控制力也日益加强，而生态系统只能可悲地永远处于屈从于人类意志的地位。就沅江流域的生态演替史而言，这样的提法也欠准确，因为生态系统同样具有自我更新能力，在接受人类模塑的同时，它也会模塑相关文化的某些内容。

当代的沅江流域正面临着严峻的生态挑战：森林面积锐减，水土流失加剧，野生生物物种构成趋于简单化，生物资源产出能力明显下降，个别区段的土壤改性严重。但这绝不是侗族传统文化导致的恶果，因为在实地的田野调查当中仍然可以发现，当代的侗族文化与 19 世纪乃至更早的侗族文化有着明显的传承关系，侗族文化对所处生态系统的适应能力并未丧失。但侗族文化运行的内外社会背景却发生了明显的改变，以至于传统文化的运行处于非正常状况。因而生态恶化的成因不在于侗族文化本身。只要内外社会环境能够理顺，侗族文化所蕴含的生态智慧与技能完全可以消除已有的生态灾变，使沅江流域重新成为山清水秀的理想家园不是什么难题。

沅江流域的生态巨变虽然仅是一个区域性的生态史个案，但只要引入民族文化这一关键要素，看到人类社会与生态系统耦合演替的实质，从而认识到这是一种两大复杂体系共生互动的必然结果。那么从这个个案所形成的结论就可能获得普适性的价值，帮助我们找到解决生态危机的有效对策。

沅江流域秦汉以降通称为"五溪"，宋代开始改称为"溪峒"，元代开始在全国设置"行省"，而沅江流域正好处于湖广行省的西南边陲，明代划拨沅江中上游大片领土归隶新建的贵州省，由此至今，沅江流域一直为湖南与贵州两省的毗邻地带。当代，沅江流域的主体部分归属湖南省的怀化地区以及湘西土家族苗族自治州南部，贵州省的黔东南苗族侗族自治州的北部和东部，铜仁地区的东部和南部。沅江流域总面积 8.99 万平方公里，全长 993 公里，干流称清水江，源出贵州省云雾山，自湖南省洪江市黔城镇以下始名沅江。东北出常德市水口山，至汉寿县入洞庭湖。主要支流有㵲阳河、锦江、洪江、巫水、辰水、酉水，贵州省天柱县远口镇以下可通航。

从地貌结构看，沅江流域处于云贵高原与长江中游平原的过渡带，干流及各大支流的上游处于云贵高原台面上，水流平缓，漫滩与冲积坝众多，中游穿过高原边缘，河谷深切，水流湍急，进入低山丘陵地带后，水流重归于平缓，形成了众多的漫滩和冲积坝子，流出水口山后才成为真正的平原型河床。在空间分布上，整个沅江流域宛如一柄扇子，越往上游分布面越广阔，各大支流均在流域范围内呈扇形散开，至水口山则总汇为一条统一的河道。由于流域面广，水量丰沛，流域面积内地貌构成复杂多样，因而整个流域内并存着多种水陆配置样式，可以托生多样化的植物群落。

从地质结构上看，沅江上游流经的云贵高原台面大多属于石灰岩地层，中游穿越的地段大多为花岗岩、玄武岩一类的火成岩，下游地段则是玄武岩和花岗岩构成的低山丘陵。石灰岩成土速度慢，成土后颗粒细小，极易遭受流水侵蚀，因而上游地带一旦生态环境恶化，河水就会明显由清澈转为浑浊。中游地带的各种火成岩成土速度较快，但成土后颗粒大，不容易被江水带走，因而这一地带生态环境恶化后大量的泥石才会被江水带走，在流出山区后沉淀于河床中，从而导致流水排水不畅而形成泥石漫滩或沙洲。上述各种地质水文特征也足以导致流域范围内的生态系统更多样化。

沅江流域位于亚热带季风区，季节分明，雨量充沛，但降雨量的分布极不均衡，流域内最高降雨量可以高达 1500 毫米，最低降雨量才 800 毫米，而且降雨量的季节分布不均衡，夏季多雨，冬季降雨量偏少。雨量在时空上分布的不均衡同样是导致生态系统多样化并存的重要原因之一。加之，由于流域内常年被暖湿气流控制，因而终年多阴少晴，特别在春季，常常连续阴天达数十日之久，地表散热较为缓慢，因而气温的季节变化曲线十分平缓，致使众多不耐寒的喜温动植物也能在这一地区稳定生息。在上游的高原台面和山脊地带，由于土层薄，保水能力差，致使在干旱季节，土壤旱情十分明显，因而一些耐旱动植物也能在流域内生息。更由于地貌错综复杂，因而造成了所谓"十里不同天"的气候空间分布格局，从而导致无论是喜湿喜温还是耐寒耐旱的动植物都可以在沅江流域找到自己的生息地。遗憾之处仅在于，这样的生息地不仅规模小，而且互不连片，这就导致了在这儿能够支撑多样化的动植物物种生存，但无论是群落规模还是种群规模，都比较有限。

上述三个方面的自然环境特征造就了沅江流域生态构成的极端错综复杂。在这里，热带水生植物群落、热带常绿阔叶林、热带常绿落叶混交林、温带针叶阔叶混交林、寒温带针叶林乃至半干旱地带的疏林草地，可以说得上是一应俱全。不同生息环境、不同生活习性的动物也可以同时在这儿安家落户，一些史前冰河时代幸存的珍稀生物物种如水杉、桫椤树等，也能在这儿找到它们的踪迹，生态系统构成的无比丰富性对维护生物多样性固然是一件大好事。但对生态系统的有效利用与维护却提出了严峻的挑战，因为对生态系统而言，我们很难找到一种高效利用与精心维护都同时兼顾的利用办法。

与生态系统相对应的是沅江流域的人文背景。无论是历史上还是今天，沅江流域一直是多民族交错杂居的地带，复杂多样的生态系统构成很自然可以支撑起多样并存的民族与文化。出自氐羌族系的土家族，出自苗瑶族系的苗族和瑶族，出自百越族系的侗族、仡佬族和壮族，都是这里的世居民族，此外，汉族在这一地区稳定生息的历史也超过了两千多年。上述各民族由于文化的差异，他们在生态系统的利用上呈现出明显的差异，苗族和瑶族长于利用山地丛林和高山疏林草地；仡佬族的生态利用对象与这两个民族相近；侗族与壮族则长于利用滨水型的各种生态系统，包括水生和湿生两种生态系统，在以后的文化转型中又进而长于利用山地丛林；土家族则集中利用高山疏林草地和坝区湿润草地。正因为不同的民族对生态系统的利用互有区别，因而很容易和睦相处，在生产和生活实践中结成互补格局。但对流域南部地区的地形过渡带而言，对相关生态系统的影响最为持久者首推侗族，而且侗族先民以及侗族自身与所处自然生态系统的耦合演替在汉文典籍中记载最为翔实，演替线索也表现得十分明晰，这乃是本文集中讨论侗族文化与自然生态系统耦合演替的根本原因。

第三节 侗族的文化转型与生态改性

从"百越"到侗族，其传统文化发生了多次重大转型，并因此而导致对生态系统的利用方式发生了相应的调整，诱发出相关生态系统的明显改性，但每一次生态系统的改性，同样引发了侗族文化的新一轮适应。

"百越"族群的文化与生态适应。在上古典籍中，"百越"一名往往与"南蛮"相互渗透，概念互有重合，但"百越"一词的出现晚于"南蛮"，"百越"首见于《吕氏春秋·恃君览》，是淮河和汉水以南古代各民族的泛称，与早年所称的"南蛮"概念基本重合。自秦统一全国后，"百越"一名才成为长江以南广大地区的民族泛称，其涵盖范围包括了本文重点探讨的沅江流域各民族。例如《史记·李斯传》所引李斯《狱中上（秦）二世书》所提到的"百越"一词，就明确地包括了沅江流域各古代民族在内，这里的各古代民族显然与大禹和少康都不存在明确的关系。

以汉文典籍为主要研究资料的民族史学界，近年来对侗族的族源问题达成了共识，大抵认为侗族是"南蛮"或"百越"中某一支系的后裔。至于侗族的远祖具体是谁，由于史料告缺，无法做出明确的考定。古代"南蛮"或"百越"中的某些文化要素，在后世的侗族文化中留下了深远的影响，得到了不同程度的承传。"南蛮"或"百越"，与今天的侗族存在着文化渊源关系。

"南蛮"一名在上古典籍中启用甚早，对其文化属性做出意象性说明的典籍可以追溯到《礼记》。《礼记·王制》对当时中国境内的民族做了一个五分式的归类，并对这五个民族集合的关键文化特征做了提示性说明：

> ……东方曰夷，被发文身，有不火食者矣。南方曰蛮，雕题交趾，有不火食者矣。西方曰戎，被发衣皮，有不粒食者矣。北方曰狄，衣羽毛，穴居，有不粒食者矣。中国、夷、蛮、戎、狄皆有安居、和味、宜服、利用、备器。五方之民言语不通、嗜欲不同，达其志、通其欲。东方曰寄、南方曰象、西方曰狄、北方曰译。[①]

不难看出，这是一段极其概略的记载，记载所反映的内容若不附加说明，很难为今天的读者理解。文中说"南蛮"有"雕题"习俗，是指这里的各民族实行"文身"。文中的"题"原意是指额头。又文中对"东夷"和"西戎"都提到"被发"，对"南蛮"则不提及"南蛮人"的头发，结合后世典籍说"百越人""断发文身"，还可以看出"南蛮人"有不蓄发的习俗。至于"交趾"的含义，历代注家其说不一，考虑到上述记载行文刻意追求对举，与"南蛮"在分布上对位的"北狄"明确记载

---

① 《十三经注疏》（影印本），中华书局1980年版，第1338页。

了"穴居"习俗，可见此处所说的"交趾"也应当是针对居处习俗而言。那么这条注释比较贴近原意，"其地人卧时头外向，足在内而相交"。但这一注释今天的读者仍然不解其意，需要做进一步的说明。这一注释的本意是说，南方过于炎热，又有虫蛇困扰，难于成眠，只能结绳成网制成卧具，睡觉时将这样的睡网悬挂在树梢上，人头露出网外，两腿盘在网内，才能安然入睡。上文记载还提到"南蛮"中还有一部分人食物不经烹煮，直接生食。这一记载虽嫌粗疏，但毕竟可以向我们揭示古代"南蛮人"过着滨水的狩猎—采集生活。因而衣着、居处、饮食等在中原人看来都十分特异。上述记载可贵之处在于，不同地域内不同民族习俗的差异，完全是自然生态背景截然不同而导致的不同适应结果。

《礼记·王制》篇仅仅为我们提供了一个南方滨水狩猎—采集文化习俗的概貌，对南方地区当时自然生态环境状况的特征却只字未提。而宋玉所著《招魂》，有幸提到了包括沅江流域在内的中国南方自然生态环境状况的零星信息：

> 魂兮归来！南方不可以止些。雕题黑齿，得人肉以祀，以其骨为醢兮。蝮蛇蓁蓁，封狐千里些，往来介叠忽，吞人以益其心些。归来兮！不可吕久淫些。①

这段记载包括两个内容，前半部分是介绍当地滨水居民的生活习俗，后半部分是讲丛林地带的自然生态状况。"雕题"一词的含义上文已作交代，至于"黑齿"，则是说当地居民由于气候郁热，为了提神，经常咀嚼槟榔以消暑，因而将牙齿染成了黑红色。至于"得人肉以祀，以其骨为醢兮"的含义则需要考虑到《招魂》是一篇对死去君王的祝祷辞，用人肉祭的说法有待考证。在炎热潮湿的内陆滨水区生存，极难获得食盐，为了适应这种不利的生存背景，必须尽最大的努力从动物的骨骼中获取无机盐。所谓"以其骨为醢"指的就是这一特殊的饮食习俗，以动物骨骼发酵制作汁调味。后半部分提到的"蝮蛇蓁蓁，封狐千里些"，这是表明当时人烟稀少的南方山地丛林由于人类活动的干预未及，因而基本上保留着

---

① 洪兴祖：《楚辞补注》，中华书局 1983 年版，第 200 页。

原生的生态状况，丛林郁蔽，毒蛇猛兽出没。

早期典籍中对"百越"习俗的记载也大体与"南蛮"相同，都提到"百越"断发文身，错臂左衽，以渔猎为事，可见名称的变化是时代演进所使然，"南蛮"与"百越"并非指两个不同的民族实体。

总之，上古时代的沅江流域生息着"南蛮"或"百越"之一部，至于这部分居民在什么时代发生了第一次文化转型，定型为南方炎热潮湿地带滨水渔猎民族，则于史无证。需要指出的仅在于，上古时代沅江流域的人类活动由于受滨水渔猎文化的规约，仅是对沅江流域的固定与半固定水域加以密集利用，并在一定程度上改变其自然属性，形成次生的人文生境。具体表现为干栏式的滨水村落出现，稳定的渔场和猎场按利用的方便进行了人为加工，至于滨水区以外的山地丛林则保持着原生生态状况。

秦始皇统一全国后，派军50万征发"南越"，在当时的背景下，如此规模的用兵，后勤保障极为艰难，中央王朝不得不动用大量的人力物力开凿"灵渠"，用运河连通湘江与漓江的上游，从而形成南北贯通的水上运输干道。在以后的岁月中，虽然这条干道时断时续，但作为一个既成的事实，却被一直延续下来，其结果使得原先活动在湘江两岸的南方渔猎—采集居民，不得不退出湘江两岸的狭长地带向周围山地丛林转移，位于湘江以西的沅江流域至此成了南方渔猎—采集居民的庇护所。同时由于生息环境的巨变，这些被迫转入山地丛林的渔猎居民为了适应新的生态环境，不得不改变其固有文化，从而发育出了一种新的文化类型，即湿地游耕类型，并因此而造成了对所处生态环境利用方式的改变，诱发了沅江流域生态环境的新一轮改性。原先很少加以利用的山地丛林至此开始被密集利用，也被赋予了众多人为的生物性因素。

关于秦代用兵"南越"诱发的民族关系振荡，《淮南子》一书留下了较为翔实的记载。《淮南子·人间》篇有如下记载：

> （秦始皇）利越之犀角、象齿、翡翠、珠玑。乃使尉屠睢发卒五十万，为五军：一军塞镡城之岭，一军守九嶷之塞，一军处番禺之都，一军守南野之界，一军结余干之水。三年不解甲弛弩。使监禄无以转饷，又以卒凿渠而通粮道，以与越人战，杀西呕君译吁宋。而越人皆入丛薄中，与禽兽处，莫肯为秦虏。相置桀骏以为将，而夜攻秦

人，大破之，杀尉屠唯，伏尸流血数十万。乃发适戍以备之。当此之时，男子不得修农田，妇人不得刻麻考缕；羸弱服格于道，大夫箕会于衢；病者不得养，死者不得葬。①

这次空前的征战不仅使越人，而且包括秦人，都付出了惨重的代价。战事平息后，水上交通干线被牢牢地控制在古汉族居民手中，这些居民的生存与定居必须有充足的粮食供应，而"百越"各族传统渔猎—采集生活提供的产品无法被定居下来的汉族居民所利用，这种文化上的相互隔绝状态无法保证民族间关系的稳定。于是"百越"各族不得不改变资源利用方式，在山区的滨水河滩地，用游耕的方式生产水稻，以便生产出能与汉族居民交换的批量产品，以换取对"百越"各族来说同样必需的金属和其他手工制品。在这种背景下，"百越"各族传统文化的转型才得以完成。于是进入西汉后，汉文典籍中有关"越人"生产稻米的记载开始出现：

> 楚地……有江汉川泽山林之饶，江南地广，或火耕水薅，民食鱼稻，以鱼獵山伐为业。果臝蛤食物常足，故此耐生而亡积聚，饮食还给不忧冻饿，亦亡千金之家。信巫鬼重淫祀。②

这段文字在叙述时时间跨度拉得很长，起于春秋战国之交，止于西汉末年，但上文引出部分的楚地越人的生产生活状况却是汉代才普遍化的社会文化事实。它展示的是一个温暖潮湿滨水地带游耕文化的特点。文中提到的"火耕水薅"乃是沅江流域特有的湿地游耕样式，其具体做法是初春时趁季节性的气候干燥，用火将河滩地上头一年的作物秆稿焚毁，引水浸润后播下稻种，让禾苗与旱生杂草一道生长，等禾苗长到一定程度后，随着雨季的到来，任由河水淹没河滩，危害稻秧的旱生杂草被水淹死而达到中耕的目的。不难看出，这样的耕作办法仅仅适用于季节性洪泛区的河滩地，耕作时既不营建固定农田，又不使用畜力翻耕，仅仅通过改变河流

① （西汉）刘安：《淮南子全译》，许匡一译注，贵州人民出版社1993年版，第1105页。
② 《二十五史·汉书》（影印本），上海古籍出版社、上海书店1986年版，第523页。

流向的办法实现对耕种地块的控制。因而它与真正意义上的农耕截然不同，而是一种典型的湿地游耕样式。文中又特意强调在沅江流域"民食鱼稻，以渔獵山伐为业"，所谓"食鱼稻"是指他们的稻田，不仅能产出水稻，而且还是获取各种水产的捕捞场，没有明确稳定的主种作物，耕地上同时产出不同种类的动植物产品，这也是游耕类型文化的重要标志性特征之一。

至于说"以渔獵山伐为业"，则与当时的外部社会环境有关联。不言而喻的事实是：山伐的产品显然与水稻一样，有相当一部分要输出到汉族地区，而这种输出又会拖动游耕和采伐规模的扩大，并从而巩固湿地游耕经营规模的持续扩大。说他们以渔猎为业，这也是游耕类型文化常见的伴生特征，由于实行游耕，耕地在生产季节要相对稳定，因而渔猎所及的范围会相对缩小，而不会像真正的狩猎—采集那样，必须实行大范围的游动生计作业。

文中所说的"果蠃蛤食物常足，故此窳媮生而亡积聚，饮食还给不忧冻饿，亦亡千金之家"，也是文化转型造就的生产生活特点。其含义是指，在这一文化状况下的居民，广泛地采食种植的以及野生的多种动植物，食物的供给随各种动植物的产出而呈周期性的变动。就总体而言，可供作食物的产品种类繁多，但每一种产品的产出批量却极为有限。因而在这样的社会中贫富差异不大，不可能产生腰缠万贯的富豪，而一般居民的生活供给却相对富足。广泛采食野生动植物产品也是游耕文化的标志性特征之一。

这一文化转型导致的生态后果大有澄清的必要。围绕这一问题，目前存在着两种很不相同的观点。一种观点认为，粗放的耕作如文中提到的"火耕水薅"，那就意味着毁坏大面积的原始森林，因而认定这样的转型会对生态环境造成严重的威胁。另一种观点认为，如此粗放的耕作制度，不可能获得充足的产品，一旦人口增加，势必无节制地扩大种植面积，肯定会诱发为严重的生态灾变。然而从西汉开始直到唐末的千余年间，整个沅江流域的生态环境并未出现明显的恶化。答案在于，这一地带的古代民族其生产活动要受到种种自然条件的限制。举例说，能周期性用于水稻种植的地段，在沅江流域所占比例极小，在更大面积的丘陵山区，一则距水源远，二则地表起伏大，在当时的技术条件下，不可能实施"水薅"操作。因而，所谓"火耕"并不是漫山放火，而是一种有严格控制的生产用火，不会对大面积的生态环境造成威胁，加之在游耕类型文化中，耕地还要做周期性的轮歇休耕，这也有利于生态环境的恢复。值得注意的是，在这种生产范式下，不必要也不可能触动固定水域，因而对水生生物群落的冲击也极为有限。

诚如引文中指出的那样，当时可供古代沅江流域的各族居民取食的动植物种类极为繁多，食物供给十分富足，其人口承载能力由于有了粮食的储备，大大地超过单纯的狩猎—采集生计。加之与周边汉族地区还存在着稳定的物质交换和人员交流，可以大大缓解人口压力，因而由于人口的增加而导致的生态恶化也很难发生。事实上，直到唐朝末年，整个沅江地区都还处于地广人稀的状况，整个地区的生态环境一直良好。

文化转型并不意味着将原有的文化传统彻底推倒重来。汉唐千余年间的记载一再揭示，"古百越人"的众多文化特征在沅江流域完成文化转型后，仍然得到了很好的传承和延续。如宗教信仰中的"信巫鬼，好淫祀"，起居习俗中的"干栏式"住屋，饮食习俗中"鼻饮"和嗜食水生动物，装饰习俗中的"断发文身"，都一直得到传承与延续。而这些文化要素的传承与延续反过来又规约着当地居民的生息空间，使之长期稳定在滨水的周边地带，在一定程度上节制了人类活动对生态环境的压力。

在这千余年间，随着人类的活动，当地的固有生态系统也发生了一定程度的改性。主要内容包括滨水地带人工控制的耕作带出现了；滨水地带的旱生植物群落由于人类按照价值的取向有选择地采伐利用，甚至实施人工管护，因而生息其间的部分生物物种不再处于自生自灭状况，而是在人工的控制下扩大或缩小种群规模。但就总体而言，人类的活动并没有对生态系统造成直接而持续的创伤，生物多样性也未蒙受明显的损害，这得力于当时的生计方式遵循均衡取食的原则，不可能造成对某种生物资源的单向超额利用。因而这样的生态系统改性不仅是局部的，而且是可以自然恢复的。那种认为人类一经利用就肯定会对生态系统造成危害的观点，在这里显然站不住脚。

"僚"族群的文化样态与生态适应。随着时间的推移，沅江流域各民族的族称在汉文典籍中也发生了相应的变动。汉代以后，除了原有的"蛮"与"越"两个族称外，又兴起了"僚""诸左"和"夷蜒"等族称。这些新族称的出现仅是命名的角度和翻译的差异导致的结果，并不反映该区民族构成有实质性的变化。

"僚"这个族名集中出现在《魏书·僚传》，由于魏政权的统治地域仅涉及沅江下游地带，因而该篇所称的"僚"显然不包括沅江上游"古越人"的后裔，仅是反映进入山地丛林"古越人"后裔文化再适应后的面貌。该书的如下记载可以代表这一文化再适应后的新情况。

"撩者盖南蛮之别种。自汉中达于邛笮，川洞之间所在皆有。种类甚多，散居山谷。略无氏族之别，又无名字。所生男女唯以长幼次第呼之。其丈夫称阿暮阿段，妇人阿夷阿等之类，皆语之次第称谓也。依树积木，以居其上，名曰干栏。干栏大小随其家口之数。往往推一长者为王。亦不能远相统摄。父死则子继，若中国之贵族也。獠王各有鼓角一双，使其子弟自吹击之。好相杀害，多不敢远行。能卧水底持刀刺鱼。其口嚼食并鼻饮。死者竖棺而埋之。……准执盾持矛，不识弓矢。用竹为簧，群聚鼓之，以为音节。能为细布，色至鲜净。大狗一头买一生口。其俗畏鬼神，尤尚淫祀。所杀之人美须髯者，必剥其面皮，笼之于竹，及燥号之，曰鬼。鼓舞祀之，以求福利。至有卖其昆季妻奴尽者，乃自卖以供祭焉。铸铜为器，大口宽腹，名曰铜爨。既薄且轻，易于熟食。"①

在这段文字中，所揭示的"僚"文化特征有不少内容明显地承袭自"古越人"文化，例如鼻饮、干栏式住房、以野生纤维制造精美的纺织品，还有猎人头的习俗等等。但同时也应当看到，文化已发生了重大的变化。如干栏式的住房已经不再是临水而居，而是依树而居了。再如为了适应山地丛林狩猎的需要，发展起了靠投枪获取猎物的新做法。以往用网捕鱼的技能被弱化，而潜水刺杀鱼类的技能却进一步被强化。这是因为在山区激流中，大型的网会被河底挂住而失效，因而潜水刺鱼更具实用价值。总之，《魏书》所说的"僚人"是一批迁徙到山地丛林后高度适应于山区狩猎—采集生活方式的群体，他们与后世所称的"仡佬"在文化传承上关系更直接。和其他狩猎—采集文化一样，由于是均衡地获取自然长出的动植物资源，因而当时"僚人"的生产活动同样不会对沅江上游的自然生态系统造成明显的冲击和损害。

---

① 《二十五史·魏书》（影印本），上海古籍出版社、上海书店1986年版，第2427页。

历经数百年的战乱后，6世纪末，隋朝统一了全国，在此基础上对沅江流域的民族构成和文化特点获得了较为全面的认识。《隋书·地理志》的如下记载可以反映这种新获得的认识。

（长沙等）诸郡多杂蛮左。其与夏人杂居者，则与诸华不别。其僻处山谷者，则言语不通。嗜好居处金异颇与巴渝同俗。诸蛮本其所出承盘瓠之后，故服章多以班布为饰。其相呼以蛮则为深忌。自晋氏南迁之后，南郡襄阳皆为重镇，四方凑会，故益多衣冠之绪，稍向礼仪经籍焉。九江襟带所在江夏、竟陵、安陆各置名州为藩镇，重寄人物乃与诸郡不同。大抵荆州率敬鬼，尤重祠祀之事。昔屈原为制九歌，盖由此也。屈原以五月望日赴汨罗，土人追至洞庭不见，湖大船小莫得济者，乃歌曰何由得渡湖。因尔鼓棹争归竟会亭上，习以相传，为竞渡之戏。其迅揖、其弛掉。歌乱，响喧振，水陆观者如云。诸郡率然，而南郡襄阳尤甚。二郡又有牵钩之戏，云从讲武所出。楚将伐吴，以为教战，流迁不改，习以相传。钩初发动皆有鼓节，群噪歌谣振惊远近。俗云，以此厌胜，用致丰攘。其事亦传于他郡。梁简文之临雍部，教发禁之，由是颇息。其死丧之祀，虽无被发袒踊，亦知号叫哭泣。始死，即出尸于中庭，不留室内。敛毕送至山中，以十三年为限。先择吉日，改入小棺，谓之拾骨。拾骨必须女婿，蛮重女婿，故以委之。拾骨者除肉取骨，弃小取大。当葬之夕，女婿或三数十人集会于宗长之宅，着芒心接摧，名曰茅绥。各执竹竿，长一丈许，上三四尺许尤带枝叶。其行伍前却，皆有节奏。歌吟叫呼，亦有章曲。传云盘抓初死，置之于树，乃以竹木刺而下之，故相承至今以为风俗。隐讳其事谓之刺北斗。既葬设祭，则亲疏咸哭。哭毕，家人既至，但欢饮而归，无复祭哭也。其左人则又不同，无衰服，不复魄。始死，置尸馆舍。邻里少年各持弓箭绕尸而歌。以箭扣弓为节。其歌词说平生乐事，以至终卒。大抵亦犹今之挽歌，歌数十阕。乃衣铃棺敛，送往山林，别为庐舍安置棺枢。亦有于村侧瘗之，待二三十丧总葬石窟。长沙郡又杂有夷蜒，名曰莫瑶。自云其先祖有功，常免摇役，故以为名。其男子但着白布衫，更无巾垮。其女子青布衫布裙。通无鞋。婚嫁用铁钴为聘财。武陵、巴陵、零陵、桂阳、澧阳、衡山、熙平皆同焉。其丧葬之节颇同于诸左云。①

　　需要注意的是，这段记载是作者对来源于不同地区的资料拼合加工写成的。以至于今天的读者看来会觉得杂乱无章、不得要领，但若辅以文化人类学结构功能分析的办法，可以发现，这些文字记载事实上是综合介绍了沅江流域多个民族的社会文化状况。文章的前半部分重点介绍了古代"巴人"后裔，其社会文化与今天的土家族文化有着直接关系。有关葬习的前半部分是介绍当时沅江地区苗族的丧葬习俗，这一习俗与今天苗族的"吃鼓脏"习俗有着直接的传承关系。葬习的后半部分说的则是"古越人"后裔的葬习，这种葬习与后世侗族普遍实行的停枢待葬是同一种葬习的先后形式。文中最后所讲的"莫瑶"则是指沅江地区的古瑶族，书中将侗族的前身称为"蛮左""诸左"和"夷蜒"，这是当时族名使用欠规范所导致的混用（有关"夷蜒"那句话在今本《隋书》中次序有错乱，其正确的次序应置于介绍的第二种葬习之前，因为"夷蜒"一名出自古苗瑶民族对古百越民族称谓的反切音译，它与"莫瑶"一名不相干）。

　　对比《魏书》所称的"僚人"和此处所称的"诸左"，尽管他们都出自"古越人"，但文化已经拉开了很大的差距。举例说，这里的"诸左"在葬习中使用弓箭而不是使用投枪，显然是因为这里所讲的"诸左"生息在滨水的开阔地带，因而在狩猎中弓箭可以发挥更大的效率。文化适应方向的变异，这应当是一个很具说服力的实例。再如《魏书》提到的"僚人"实行"竖棺而葬"，这显然是因为实行连续刀耕火种后丛林被局部清理干净后才可能兴起的葬习特点。而这里所称的"诸左"则实行林中停枢待葬，或者实行崖葬则可以看出生息在这里的"古越"人后裔实行的是滨水稻作游耕，因而没有大规模触动原生丛林才可能有的葬习。据此可知，文化再适应方向的改变可能造成的生态后果会很不一样。

　　值得一提的是，《隋书》所称"诸左"的这一葬习对后世侗族人工林业的定型具有重大的社会意义。侗族人工林业发展的基础是宜林地的家族共有，而家族共有宜林地是由家族墓地所在丛林演化而来的。后世的典籍

---

① 《二十五史·隋书》（影印本），上海古籍出版社、上海书店1986年版，第3363页。

中多次提到，侗族伐卖的原木采自各个家族的"坟山"。这一时期，由于原生丛林在习惯法上已经归属于具体家族作为"坟山"，因而各家族在崇敬祖宗安息地的同时，原生的生态系统也得到了精心的维护。进而需要指出，把原生丛林视为祖宗安息地的背景下，并不排除在其间实施有控制的狩猎采集活动。这是因为在这种文化的观念中，祖宗的灵魂与后辈儿孙之间，同样可以建立起礼物的互赠关系，从这些丛林中获取狩猎采集产品犹如从祖宗手中获取馈赠一样。因此生态系统是否能得到有效的维护，同样与相关文化的信仰、伦理等观念休戚相关。脱离了具体的文化去讨论抽象的、泛化的生态维护显然是没有意义的事情。

从"百越"到侗族的文化转型与生态适应。唐承隋制，因而在整个李唐王朝统治时期，沅江流域的民族构成格局并无实质性的变动。《旧唐书》与《新唐书》对这一地区的记载，其准确性与认识的精细程度都有了很大提高，但反映的文化内容却与前代基本一致。唐末的"藩镇割据"与农民战争却诱发了新一轮的冲击，割据一方的军阀势力为了扩大军事力量，开始渗透进沅江中游，而不再把沅江中游的少数民族地区视为"羁縻"统治的地带。随着人员和生产方式的输入，原先的游耕水稻种植随之诱发出新的文化转型，发展为固定的连片农田，这一转型到宋朝南迁后才最后定型。侗族也在这样的背景下发展成单一的民族，与其他"古越人"的后裔划分出文化上的边界。

标志着侗族形成的第三次文化转型其内容是最终实现了定居稻作农耕。南宋时成书的《溪蛮丛笑》对此有较为全面的记载，该书《十庄院》一条有如下记载："数十年前，瑶僚侵占虾蟆行寨。省地土人申请招致靖州仡佬防。托借田买屋以居。名十庄院。"①

撇开本条中有关宋廷与少数民族之间军事对垒的内容外，本条明确地揭示了侗族（仡佬）居民可以在同一个地点数代人连续定居，并因此而建立了定型的村寨。若不是以定居稻田农作为生存基础，这样的村寨肯定无法建立起来。

对当时侗族的固定耕地规模该书"平坝"条也有生动的说明。"巢穴外虽峭险，中极宽广。且以一处言之，仡佬有鸟落平，言鸟不能尽也。周

---

① （宋）朱辅：《溪蛮丛笑》，《说郛》本第六十七，清顺治四年刻本，贵州省图书馆藏。

数十里，皆腴田。凡平地名曰平坝。"

出现如此大规模的固定农田，意味着将原有的山间盆地自然生态系统完全改性，形成了人工的浅水湿地，才有利于种植水稻。这对自然生态系统的冲击显然十分巨大，很多天然的野生动植物种群也随之明显缩小。这一情况在对比唐代和宋代的相关记载后可以得到间接的说明。唐代刘恂的《岭表录异》中有如下记载："南道之酋豪，多选鹅之细毛，夹以布帛絮而为被，复纵横钠之，其温柔不下于挟扩也。俗云鹅毛柔暖而性冷，偏宜覆婴儿、辟惊痫也。"①《溪蛮丛笑》对同一地区的被褥用絮的记载却截然不同，该书"茅花被"条载："仡佬无绵。揉茅花絮布被，一被数幅，连贯以成。山徭皆卧板，夜然以火。仡佬视摇，则为富矣。"

两段记载内容的强烈反差来源于随着固定农田的扩大化，众多的天然水域消失，以至于冬季南迁的候鸟失去了栖所而导致种群缩小，人类无法获取足够的候鸟羽毛充当絮料。与此同时，为了满足定居生活燃料所需，农田周围丘陵地段的丛林被次第砍伐而蜕变为次生茅草坡，人们才可能用茅草种子的絮茸充当絮料。可以说，这次文化转型直接导致了山间盆地生态系统的连片人为改性，对生态系统的冲击远盛于前代。不过，高山区的山地丛林仍然得到完好的保护。

这一时期的侗族由于经营的是连片稻田，因而可以支撑起较大的军事集结，这乃是宋廷可以将青年男子编为"峒丁"替宋廷成边的社会文化基础，而一旦双方关系交恶，又可能成为宋廷的巨大威胁。陆游《老学庵笔记》的忠告正是针对这一情况而提出的。"诸蛮惟仡伶颇强，习战斗，他时或能为边患。"文中所说的"仡伶"出自侗族自称"更"的反切音译，这个名称的使用标志着侗族已经形成了单一民族。

侗族的定居农耕经营的是水稻种植，这与当时汉族主种稻米相一致，因而汉族居民进入侗族地区比前代变得更加容易，围绕水田占有的纠纷也随之加剧。这乃是元代对沅江流域频繁移民与用兵的社会原因，也是生态系统受到重大冲击的发端。进入明代后，随着汉族地区木材供应的短缺，以及沅江流域天然原木储备的衰减，诱发了侗族文化的再次转型。由固定

---

① （唐）刘恂：《岭表录异》（丛书集成初编本第三一二三号卷上），中华书局1985年版，第5页。

稻田农耕类型文化发展成"林粮兼营"的农耕类型文化。这次转型使沅江流域变成了我国南方最大的商品木材供应基地，侗族人民也随之而变得十分富有。《百苗图》一书的相关记载可以反映这次转型的某些结果。《百苗图》的"清江苗"条和"黑仲家"条对这一内容有着翔实的记载：男人以"红"布束发，项有银圈，大耳环，宽裤子。男女皆跣足。广种树木。与汉人同商往来，称曰"同年"。喜著戏箱锦袍，汉人多买旧袍卖之，以获倍利。未婚男子称曰"罗汉"，女子称曰"老倍"。春日晴和，携酒食于高岗。男歌女和，悦爱之，以牛角饮之，而苟合焉。[①] 在清江所属，以种树为业，其寨多富。汉人"与之往来"熟识，可以富户作保，出树木合伙生理。或借贷经商，不能如期纳还，不妨直告以故。即致亏折，可以再行添借。倘被掣骗，不能出外追讨。则访原保祖坟，"夜执火"，掘取骨骸，"将红旗书掣骗姓名，插于坟前"而去，谓之"扯白放黑"。如原保子孙追赏，仍还其骨。"邻近野墓多受其害，今则设有连环保。"此风近亦息矣。[②]

从这些记载可以看出，经营人工林的侗族居民十分富有，单围绕着利润丰厚的原木贸易，他们与汉族客商之间也频繁发生激烈的冲突与纠纷。在冲突中，他们往往处于劣势，但就总体而言，经济得到了发展，所处的自然生态系统也得到了高效的利用。

需要指出的是，通过这次转型，沅江流域的生态系统比转型前得到了较好的维护。原因在于，随着木材外销量的扩大，粮食生产在经济上所占的比重反而缩小，仅是为了满足当地居民的食用需要，强行扩大稻田种植的势头得到了缓解。与此同时，兴起的人工林业强化了对山区资源的管护，原木生产成为一种稳定运行的产业，尽管山地丛林已经按照人为的需要进行改性，由多物种并行生长的状况改变为主要种植山木，山地丛林物种的多样化受到了一定程度的损失，但山地丛林的稳定存在却成了可持续的事实。这种状况从20世纪初的调查资料中可以得到证实，当时的清水江、洪江、潕阳河、锦江等沅江的干支流山区的植被常年超过70%。

同样是执行农耕类型文化，生态维护的后果也呈现出不同的差异来，

---

① （宋）陆游：《老学庵笔记》，远东出版社1996年版，第165页。

② 李汉林：《百苗图校释》，贵州民族出版社2001年版。

自然成了需要深究的重大问题。我们认为这种差异来源于文化的再适应以及外部环境的稳定性，为此需要对近千年来侗族文化的适应和生态反馈做进一步的探讨。

第四节　侗族地区的生态改性与文化再适应

侗族完成向定居农耕文化转型对所处自然生态系统的冲击，并不仅仅局限于固定农田的建构。随着固定农田的扩大，所处地区的自然生态系统必然发生牵连性的演替，以至于相关的民族文化必须再调适才能适应已变化的自然生态系统。对沅江流域自然生态系统的牵连演替史料缺载，但对完成转型后的侗族文化，史籍则言之确凿。其中最有代表性的典籍是宋人朱辅所著的《溪蛮丛笑》，该书所记载的对象正好以沅江流域为限，而且取材于作者本人的实地调查，所载内容十分可信。加之该书记载所涉及的范围甚广，沅江流域各民族的生活习尚、经济生产、社会组织、与汉族官府的关系等，均简明扼要地囊括其中。这里仅以该书的记载为例，剖析侗族文化的再适应以及由此而导致的生态改性内容。

未发生文化转型之前，侗族先民由于受所属文化类型的制约，衣着材料主要取自于野生动植物资源。完成文化转型后，衣着材料中的人工种植原料开始稳步增加。《溪蛮丛笑》中，共有五个条目记载了侗族居民的衣着习尚，它们是"茅花被""顺水斑""娘子布""圈布""点蜡幔"，从这五条反映的内容中可以看出，人工种植的衣着原料明显增加，"汉记载阑干。阑干僚言纻。今有绩织细白苎麻，以旬月而成，名娘子布"。[1] "蚕事少桑多柘，茧薄小不可缲，可缉为绅。或以五色间染布为伪，名顺水斑。"[2]

"娘子布"条明确记载了当地侗族居民连片种植苎麻，用以织造细白麻布。考虑到苎麻是一种多年生的宿根纤维植物，必须在排水良好、土地肥沃的固定麻园中种植。这就意味着侗族人民改穿麻布衣，必须连片开辟

---

① （宋）朱辅：《溪蛮丛笑》，出自《说郛》本第六十七，清顺治四年刻本，贵州省图书馆藏。

② 同上。

丘陵山地建构固定麻园。因而这一习俗的新适应意味着必须改变伴生的丘陵山地原生植被，由此必然导致丘陵山地自然生态系统的改性。

另一种需要连片种植的衣着原料植物是蓝靛草，从这种植物中可以提取天然的蓝色染料，用以制作"点蜡幔"。《溪蛮丛笑》"点蜡幔"条记载如下："溪洞爱铜鼓，甚于金玉。模取鼓文，以蜡刻板印布，入靛缸渍染，名点蜡幔。"① 凭借这一记载可以看出，当时的侗族居民已经开始批量制作蜡染蓝花布。这就意味着蓝靛草的种植和固定农田的垦殖都有相当规模。丘陵山地原生植被的改性也是不言而喻的事实。

"顺水斑"条则提到当地侗族居民用柘蚕丝纺纱织绸，这一习俗的兴起也导致了对自然生态系统的冲击，尽管在当地野生的柘树很多，但要规模性生产柘蚕丝，则必须连片种植柘树，按季节放养柘蚕。鉴于当时饲养柘蚕，大多实行野放，为此必须防范鸟害。这就意味着需要连片的改变天然植被的物种结构，将多树种的混交林改变为主要种植柘树的半纯林，同时还需要驱赶甚至控制危害柘蚕的鸟类。需要着重指出的仅在于，当时侗族文化的再适应所导致的生态改性其规模并不大，仅限于农田和住宅周围的低山缓丘。

《溪蛮丛笑》的作者在这两条记载中，出现了一个明显的推断失误，错误地将当时用苎麻织成的"娘子布"误指为《后汉书》中提到的"阑干"②布。但《后汉书》中明确记载，织"阑干"布所用的纤维取自一种类似于桐树的乔木，纤维来自附生在种子上的茸毛，而绝不是用麻类的纤维。对此后人已有研究，指出《后汉书》中所称的"阑干"布，其实是后世所称的"吉贝布"或者"木棉布"。③ 由于木棉纤维中空，质地很轻，织成的布料可以在水上漂浮，因而在当时被称为"顺水斑"。《溪蛮丛笑》的作者指出"五色间染布"不是"顺水斑"是对的，但说"柘蚕绸"是"顺水斑"则错了。其实，"顺水斑"条所说的"五色间染布"乃是《岭外代答》一书中所称的"吉贝"和《桂海虞衡志》中所说的

---

① （宋）朱辅：《溪蛮丛笑》，出自《说郛》本第六十七，清顺治四年刻本，贵州省图书馆藏。

② 《后汉书》：《二十五史》（影印本），第一一六卷，第 1051 页。

③ （宋）范成大：《桂海虞衡志辑佚校注》，胡起望、覃光广校注，四川民族出版社 1986 年版，"黎单"条第 72 页。

"黎单",也就是今天我们所习见的棉布。宋代时草棉尚未普及,仅南方少数民族中有种植,由于功用与木棉相同,因而误用了"吉贝"这个翻译名。凭借周去非在《岭外代答》中的描述,可知他所说的"吉贝"是草棉而不是木棉树(吉贝木)。

朱辅的推断虽然有误,但却提供了一个非常重要的信息,那就是宋代的侗族居民仍在一定程度上沿袭其先民的做法,收集野生的木棉纤维织布,同时也开始种植草棉。利用木棉纤维织布需要开辟种植园,对生态环境的冲击较小。但在沅江流域,由于冬季气温偏低,木棉纤维的质量不如岭南所产的好。至于种植草棉,则需要建立固定农田,对生态系统的冲击与种麻相似。

当时的侗族除了沿袭前代收集野生的木棉纤维织布外,还沿袭前代析取桑科植物树皮纤维织布,对此,《溪蛮丛笑》的"圈布"条有明确记载。"桑叶苦,叶小,分三叉,蚕所不食。仡佬取皮绩布。系之于腰以代机。红纬回环通不过丈余。名圈布。"① 文中虽然没有具体交代是用哪种树的树皮织布,但后世典籍和今天的田野调查都表明,他们是用构树皮织布。析取野生植物纤维织布可以间接说明,此类野生植物的生长在当时良好,人类这种利用方式对自然生态环境的冲击较小。

低山丘陵原生植被的蜕变不仅与固定农田的开辟有关,还与农田的随意弃耕相关。不管是麻园还是蓝靛园、棉田,一旦弃耕后,都会蜕变为茅草坡。"茅花被"条所说的"以茅花为絮",就是取自此类蜕变后的次生草坡。

不仅衣着原料的生产需要建构旱地农田,饮食习尚的改变也需要建构旱地农田。转型前的侗族居民是采集野生动植物做菜肴,这种做法可以使食物种类多样化,天然动植物在利用过程中所受压力均衡。完成文化转型后,食品的来源都集中到了农田中,要保证水产品的供应就必须建构鱼塘或在稻田中养鱼,要保证蔬菜供应就得建构菜园。《溪蛮丛笑》"马王菜"条就记载了沅江流域的侗族居民引种了蔓青一类的蔬菜,在改变饮食结构的同时,也改变了周边的生态结构。不过就总体而言,蔬菜引种的规模很

---

① (宋)朱辅:《溪蛮丛笑》,出自《说郛》本第六十七,清顺治四年刻本,贵州省图书馆藏。

小，由此引发的生态改性极为有限。

　　文化的转型也带来了居处习俗的变迁。文化转型前，侗族先民总是滨水而居，居住在位于洪水的季节性泛滥区，其干栏式住房底层的高低需要与洪水的涨落幅度相一致，而且居住点会随农田的轮休而迁移。完成文化转型后，由于固定稻田需要连片开垦，滨水平缓地带的土地使用价值急剧提升，在滨水地带建构固定村寨并不合算，于是固定村寨的寨子必须调适到固定农田周边的丘陵山麓，防范洪水的季节性泛滥的适应失去了意义，于是住的虽然是干栏式住房，但底层的高度却比之以前降低了。《溪蛮丛笑》"羊栖条"就明确的记载了这种变化。干栏式住房的底层高度不仅划一，而且降低了距地数尺。"仡佬以鬼禁，所居不着地。虽酋长之富，屋宇之多，亦皆去地数尺。以巨木排比，如省民羊栅。杉叶覆屋者，名说羊栖。"① 凭借这一记载我们可以看出，当时侗族的村寨已经随着农田一道高度固定化了。文中所提到的住宅如此规模宏大，显然不可能随意抛弃而迁徙。

　　遗憾的是，侗族村寨的另外两个适应性特点该书缺载。其一是侗族村寨中要人工开掘鱼塘，用于放养家鱼和调节稻田水位；其二是需要建构储备粮食的"禾晾"以及储备"腌鱼"大木桶。这两种适应办法在今天的田野调查中均可获得实证。据考察，不少类似结构的侗族村寨已经延续了数百年之久。

　　从表面上看，固定村寨的建设对周边生态系统的冲击并不大，但仔细分析后发现，还是引发了一些值得注意的生态改性。丘陵山麓地段必然是不同生态系统的过渡带，大型的野生动物都要频繁穿越这个过渡带觅食和饮水，过渡带的植物群落以其物种构成的多样性对维护坝区和山区的生态平衡也至关重要。随着山麓地带固定村寨的建设，过渡带的生态功能受到了抑制，好在侗族文化采取了一种积极的适应办法，有力地缓解了村寨固定化对生态环境的压力。其做法是在未建村寨的山麓地带尽可能预留宽窄不等的草坡带，这些草坡带的显性功能是用作牧场放牧牛马，又兼备放火隔离带的作用。其隐性的功能则在于，维护山麓地带的生态过渡功能，支

---

① （宋）朱辅：《溪蛮丛笑》，出自《说郛》本第六十七，清顺治四年刻本，贵州省图书馆藏。

持这一地带的生物物种多样性，特别是小型动物物种的多样性，这对维护坝区和山区的生态安全至关重要。

侗族地区的交通在农田固定化以后变化不大，村寨之间主要靠水上运输。《溪蛮丛笑》"独木船"条专载其事。穿越山地丛林的往来则只能靠步行，即使是笨重的木材和石料运输，都得靠肩扛背背。《溪蛮丛笑》"背笼"条有如下记载："负物不以肩。用木为半枷之状，钳其项，以布带或皮系之额上。名背笼。"① 有趣的是，将负重的布带系于额上，这种做法是中国西南地区众多山地民族共有的习俗，这样做的好处是使背负的重物与人融为一体，利于在山地行走中保持平衡。不消说，这样的山地运输是一项极其艰苦的体力劳动。也正因为如此，对山地资源的利用强度也受到了很大的限制，对生态环境的损害也十分有限。

固定农田的建设必然导致土地使用权的专属化。一切可以按先后顺序使用的土地和生态资源，在文化转型后都随之而专属化、固定化，于是围绕着土地（特别是适宜开辟稻田的土地）的固定占有和使用，各侗族村寨展开了持续不断的争夺，各村寨之间逐步形成了明确的界缘，村寨界缘的要害地段需要层层设防。《溪蛮丛笑》"隘口条"作了如下描述："凡众山环锁，盘纡崒郁，绝顶贯大木数十百，穴一门来去。此古人因谷为寨，因山为嶂之意。名曰隘口。"②

在层层设防的村寨内部为了确保土地的占有，在社会组织的范围内也得进行文化的再适应，这就是出现了明显的阶层分化。《溪蛮丛笑》"左右押衙""对小""奴狗""入地""卖首"这五条集中介绍了侗族村寨内部阶层分化的实情。这样做的目的，是为了形成较大的武力集结以对付相应村社的挑战。然而这样的阶层分化是植根于血缘关系，因而处于较高阶层的个人社会地位是靠辈分和能力来支持的，阶层之间的对立并没有绝对化和世袭化，而是可以相互转化的。但对外来人员则有排他性，严格上不接纳其他村社的成员，若因特殊情况必须接纳时，也需经过较长的时间和繁复的仪式及手续，"入地""奴狗"以及"卖首"这三条讲的就是这一

---

① （宋）朱辅：《溪蛮丛笑》，出自《说郛》本第六十七，清顺治四年刻本，贵州省图书馆藏。

② 同上。

事实。

为了节制和缓解家族村社之间的对立，侗族文化也作了相应的再适应，即通过"合款"的方式建立一套各村社共同遵守的习惯法，以维护侗族地区的相对安宁和稳定。《溪蛮丛笑》"门款"条对此作了如下记载："彼此歃血誓约，缓急相援，名门款。"① 在这段记载中，仅注意到"缓急相援"这一外在功能，却忽视了家族村社之间化解矛盾，协调权责义务的内在功能。应当看到，这种内在功能至关重要，没有这样的功能，村社之间的安宁就失去了保障。事实上，为了融洽各村社之间的关系，文化的再适应也作了有效的安排。《溪蛮丛笑》中的"大设""吃乡""大十五""富贵坊"等条目就生动地再现了村社之间节日融洽欢乐的情景。

侗族文化在社会组织范围内的再适应，对生态改性的影响具有多重性。一方面，随着村社间空间界缘的稳定，各村社在利用生态资源的同时，也得对自己村社内的生态维护负起责任来，而不像文化转型前那样，人人有权用，但维护却没有专责，这应当是具有积极意义的利用。另一方面，家族村社的这种内向性和对外封闭性，又能确保侗族地区少受来自外民族的经济和政治冲击，使人类对生态资源的利用控制在一个低水平上。当然，负面效应也客观存在，村社间的矛盾冲突与友好往来频繁交替，必然会以牺牲生态效益为代价。有幸的是，侗族社会特有的"合款"制度在一定程度上节制了这种负面作用。

侗族文化在精神领域的再适应也具有多重性。在这里，文化的能动作用表现得十分突出，文化转型前适用于滨水生活的断发文身、鼻饮和凿齿等习俗到这时逐步演化成礼仪性的文化事项，仅发挥有限的精神认同作用。这里仅以早年村寨周期性迁徙的习俗演化为例，对这种变化作一些提示性的说明。《溪蛮丛笑》"走鬼"条介绍说，侗族居民在一定的季节要搬迁到山上暂住，把村寨留给祖宗的灵魂享用，据说这样做可以消灾祈福。其实，这一文化现象虽然打上了宗教信仰的烙印，但就本质而言，它仅是原先村寨周期性迁徙的仪式化而已。

精神领域内的这种再适应对文化演替而言，具有潜在的储存功能。已

---

① （宋）朱辅：《溪蛮丛笑》，出自《说郛》本第六十七，清顺治四年刻本，贵州省图书馆藏。

经仪式化、信仰化和虚化成了精神文化要素的内容，在今后的适当背景下，还可能激活，重新成为有重大实用功能的文化事项。侗族传统葬习的曲折演化过程就是一例，关于侗族先民实行的"停柩待葬"，上文已有介绍。早年的停柩处所没有专属性，也不具有神圣性，但家族村社的界缘稳定后，村社的集体墓地就只能在村社的范围内划定，而且无限期地固定下来。同时，这些处所的神圣性也在宗教信仰中生根，人间的祸福都和这样的公共墓地的存在联系起来，墓地所在的山地丛林由此而获得了专属性，成为家族村社一个不可分割的重要组成部分。这种精神理念一经定型，就会转化为保卫祖宗墓地的社会冲动，正如以下我们将要看到的那样。在下一次转型后，各家族村社界定宜林地就是以保卫坟山为口实而付诸操作的。在这样的情况下，精神理念活化为具有实用功能的文化要素。

总之，在这一阶段的侗族文化再适应与相关生态系统的改性表现为多层次的复合牵连运动。但就整体而言，侗族文化在利用生态资源的过程中，总表现出一定程度的偏离，所导致的生态改性对人类而言，也总是得失参半。而文化的再适应总能够将所得控制在一个比较合理的范围内，对明显的所失总是尽力加以补救，使其不至于酿变成灾，偏离始终没有扩大化，文化对所处生态系统的寄生性共存一直得到了稳态延续。这应当视为人与自然协调远近的合理模式。

这一时期沅江流域的生态严重改性并不发生在侗族文化内部，而是发生在与汉族地区的调适与磨合过程中，特别是汉族与侗族之间波动性较大的社会领域。一般而言，侗族与汉族互动关系中所涉及的物质形态，若在侗族文化属于原先已有的内容，那么对相关生态系统的冲击就极其有限。相反，对生态系统的冲击就十分明显。前一种情况如《溪蛮丛笑》中"鸭衔草""鸡骨香""茝""三脊茅"以及"九肋鳖"等条目所提到的输往汉地的土特产，这样的土特产在侗族先民的狩猎—采集时代就已经成了常规的产品。文化转型后仍然是农耕之一的副业产品，生产的办法又是沿袭传统的采集方式，其生态后果仅止于消费天然产品的自然生长量，因而只要采集量不超过限度，就不会对生态系统造成损害。后一种情况在《溪蛮丛笑》中也有很多条目涉及，有的是矿产资源，有的是生物产品。侗族文化在消费此类产品时，先前是有节制的，但当汉族地区的需求量剧增或交换价值太高时，就会导致侗族文化自身的失控，相应的生态灾变也就露头了。

　　侗族人民与汉族之间的贸易往来，给沅江流域的山地丛林生态系统造成重大冲击正是上述第二种情况的集中表现。侗族地区多的是矿产资源和生物资源，少的却是食盐和金属工具。为了输入金属工具满足农田开垦的需要，同时为了提高生活质量，又必须输入食盐和日用品。为此，侗族人民只能开采矿产资源和输出林木产品，其后果是造成了山地丛林植被的耗损。《溪蛮丛笑》"野鸡斑"条有如下记载："枋板，皆杉也。木身为枋，枝梢为板。又分等则：曰出等甲头、曰长行、曰刀斧，皆枋也。曰水路，曰笏削、曰中杠，皆板也。脑子香以文如雉者为最佳，名野鸡斑。"①

　　这一记载可以提供多层次的生态信息，凭借对杉木枋材和板材等级的严格划分，可以看出从沅江流域输出的优质杉木数量很大，贸易十分频繁，这就意味着当时山地丛林中的巨型杉树遭到了大面积砍伐。凭借记载中提到的质量品节名称，可以看出当时砍伐出售的杉树其直径超过一米，这样的杉树在纯杉林中不可能长得如此高大，只有在混交林中才能保持数百年不会枯萎。足见当时的山地丛林植被尽管杉树被大量砍伐，但原生植被的树种结构尚未发生不可逆改性。文中还提到了"脑子香"和"野鸡斑"两个顶尖级枋材的名称，这两个名称所指的枋材出自所谓的"阴沉杉"，这是杉树在生长过程中树干被泥土埋住，但杉树并未死去，只能缓慢生长而形成的特殊杉材，据说木质致密，重得可以沉入水底。至于"野鸡斑"则是树干多次被泥土填埋而长成的顶尖级杉材。② 有这种优质杉材产出，意味着杉木生长地段的上方已经发生了频繁的人为水土流失，这是山地丛林原生植被受到损害的间接佐证。

　　林副产品的输出也会导致山地丛林另一种形式的改性。《溪蛮丛笑》"光面蜡"条记载了侗族居民向汉族地区输出虫蜡，可惜语焉不详，兹引《南中纪闻》的相关记载加以补充。"楚地产白蜡，而湖北尤多。取蜡之法，于四月内，将蜡虫置女贞树上，虫吸树脂，两三月后，渐长如蚕，遂蜡卷抱树脂，莹白成片。九月间采取，煎熬作饼。各夷洞惯畜蜡虫，县民

　　① （宋）朱辅：《溪蛮丛笑》，出自《说郛》本第六十七，清顺治四年刻本，贵州省图书馆藏。

　　② 符太浩：《溪蛮丛笑研究》，贵州民族出版社2003年版，第123页。

但取蜡，不解畜虫，每二三月，进洞收买虫。凡一斗，常价用银一两四五钱，贵至二两外，贱极亦一两。"①

　　大量出售白蜡必须连片种植女贞树，这就标志着当时沅江流域的侗族居民已经开始了人工更新植被营建单一树种的纯女贞树林。而这一加工改造的结果会使原有的植被结构变得简单化，对生物物种的多样并存会造成严重的影响。应当看到，这是日后侗族居民连片营建纯杉林的技术准备。同时也应当看到，侗族和其他少数民族居民在驯化白蜡上做出了卓越的贡献，而未生产白蜡连片种植的女贞树林对水土保持有较好的作用。可见对山地丛林的利用方式不同、利用取向不同，对生态系统的冲击会表现得很不一样。因而对生态系统的利用并不一定意味着都会给生态系统造成不可修复的创伤，关键在于找到最适宜的利用方式，就可以做到生产性的利用和生态维护可以兼顾。

　　当时对山地丛林最大最直接的损害是矿产资源的开采。沅江地区有储量丰富的优质汞矿，附产白银的铅锌矿，此外还有金矿。《溪蛮丛笑》一书中，如下一些条目介绍了当地各民族的采矿和冶金活动，这些条目是"辰砂""粉红水银""砂床""水秀铁""金系带""出山银""丝金"等。开凿矿井需要大量的木材做坑道木，冶炼金属也需要大量的木材做燃料，这里仅以开采汞矿为例揭示矿产开采对原生植被的损害。《溪蛮丛笑》"辰砂"条载："辰锦砂最良。麻阳即古锦州，旧隶辰郡。砂自折二，至折十，皆颗块。佳者为箭镞。结不实者为肺砂。碎则为越趄。末则有药砂。砂出万山之崖为最。仡佬以火攻取。"②

　　文中对辰砂的品节划分极为明细，足见辰砂的开采不仅规模大，而且不同辰砂的售价差异悬殊，最好的做装饰品用，一般的做原料和药材用，最差的才用于炼汞。开采辰砂除了要耗费大量的坑道木，开凿矿井还需要耗费大量的木材做燃料。李时珍《本草纲目·石部》载："辰砂多出蛮峒锦州界仡僚峒老鸦井。其井深广数十丈，先聚薪于井焚之。其青石壁迸裂处，即有小龛。龛中自有白石床，其石如玉。床上乃生砂，小者如箭镞，

　　① （明）包汝辑：《南中纪闻》（丛书集成初编本第三一一四号），中华书局1985年版，第8页。

　　② （宋）朱辅：《溪蛮丛笑》，出自《说郛》本第六十七，清顺治四年刻本，贵州省图书馆藏。

大者如芙蓉，光明可鉴，研之鲜红。"① 要将几十丈深的大矿井加热到岩石迸裂的程度，耗费燃料之大可想而知，起码得有数十万斤以上，开采辰砂要毁损大片森林由此可见一斑。

通过上文的分析可以看出，民族间互动关系的不稳定因素往往是诱发生态毁损的直接导因。沅江流域侗族定居农耕文化转型以及随之而发生的对外交易规模化，致使这一地区非农田区的天然植被也受到了不同程度的毁损。有幸之处仅在于，当时的运输条件极其艰难，基本上是靠肩扛背驮，《溪蛮丛笑》"背笼"条对此有明确的记载。加之唐宋两朝对少数民族地区的统治实行"羁縻"制度，在这种制度下，汉族官吏和客商不允许深入少数民族地区，只能在少数民族分布的边缘地带设置榷场，与少数民族互市贸易，交换各自的产品。汉族客商直接投资乃至控制少数民族地区的森林采伐和矿产开采，因受到政治因素的限制而不可能做到。因而，侗族地区非农田地带的天然植被在利用过程中受到的损害虽然严重，但总体的利用规模仍然是有限度的，还不至于酿成生态灾变。

侗族文化的第四次文化转型是内外因素复合作用的结果。从外因看，13 世纪末，元朝统一了全国，随之废除了"羁縻"制度，试行"土司"制度，直接任用各民族头领为各级世袭"土司"，代表朝廷实施间接统治。为了加强对民族地区的控制，又向民族地区直接委派官吏和派驻军队，这就为汉族官吏和客商直接深入侗族社区铺平了道路，致使侗族社会中家族村社之间的相互隔离被突破，必须进一步提高民族的整合力。就内部而言，侗族所处的自然生态背景有其局限性，建构连片的稻田要受到地理环境的制约。家族村社的隔膜被突破后，由于受自然条件的限制，不可能依靠规模性农田经营去提高民族的整合力。这就迫使侗族文化向广阔的山地丛林地带寻求发展，其结果是导致了侗族文化在转型后形成了林粮兼营的农业类型文化。

侗族文化的这次转型成功的关键在于：要将定居农业生产的智慧与技能移植到生产背景很不相同的山地丛林地带，种的是树，收获的是木材。然而山地的自然背景比平坦的农田复杂多了，树木生长期也比农作物长多了，加之森林的用地范围比农田大得多，管护森林所需应对的挑战也比经

---

① （明）李时珍：《本草纲目》（校点本）第一册，人民卫生出版社 1975 年版，第 518 页。

营农田复杂得多。因此侗族文化完成的这次转型具有很大的创新意义。

这次转型最成功之处有三：其一，妥善化解了山地丛林规模性经营与维护生态环境之间的矛盾，做到了提高经济效益的同时，对所处自然生态系统没有造成重大损伤，保持了沅江流域生态环境的良性运行；其二，化解了林业与农田双轨经营的矛盾。既稳定了农田，又拓展了林业的发展空间，确保林业和农业的发展相辅相成，这一成功带来了所处生态系统在人工控制下稳态延续，使沅江流域这一脆弱的过渡带远离生态灾变的威胁；其三，削减了外部社会冲击的波动。人工林业是一种市场化的产业，政治和市场的波动都足以损害其经营效益。侗族文化在这一轮的转型中稳定了家族村社对土地资源的领有和使用，强化了"合款"制度，从而增强了抵御市场风险的能力。600多年间，国内政局曾发生过多次巨变，但均未对侗族的林业构成致命的损害，正是得力于这种制度的保证。

第五节　明清以来统一税制的推行对百越
族群传统耕作方式的影响

明清以来，在云贵高原少数民族地区，尤其在百越族群中推行统一税制，对其传统耕作方式造成了巨大的冲击与影响。随着统一税制推行的深入，区域性的生态问题在清代后期开始露头，在国家统一税制推行中，强制改变百越族群的水稻种植品种为例，以便揭示统一税收制度的推行导致耕作制度的改变，而最终酿成生态问题三者之间的联动关系。

一个民族在求及生存发展的过程，总是在积极地应对其生存环境（自然环境与社会环境），建构起一个民族生境①，从而建构起独特的民族文化传统，耕作方式就是这种传统文化的一种表达。在历史过程中其耕作方式的变迁与其自然环境和社会环境的变迁紧密相关，但一个民族所处的自然环境其演变的速度十分缓慢，一旦其耕作方式形成后，就与其自然环境相契合而获得稳定的延续。但社会环境则不同，其可变系数很大，往往在百年甚至几十年间就会发生剧烈的变化，这种变化对民族传统文化有着深刻的影响，而作为传统文化载体之一的传统耕作方式也不例外。由于社

---

① 杨庭硕、罗康隆、潘盛之：《民族·文化与生境》，贵州人民出版社1992年版。

会环境的变化所引发的民族传统文化变迁，由于其文化调适的外部环境与内部条件达成协调，该民族就获得了发展的机会，实现了有效的调适而适应于变更了的新型社会环境，使民族传统文化获得了新生与发展。但与此相反，有的民族在其调适过程中，由于外部压力过大或与内部的需求背离，这就导致了该民族的经济发展紊乱、文化变迁失控，甚至生态环境恶化。这在人类历史上不乏其例。本文拟就明清以来统一税制这一外来社会力量的介入，对侗族传统耕作方式的影响而引发的生态后果展开讨论。

中央集权国家在西南民族地区推行统一税制的背景。云贵高原的生态结构极其错综复杂，致使居住在这里的民族种类甚多。自然生态环境是人类经济生产的主要物质基础，地区经济开发，生产方式和民族文化习俗，均须依赖一定的生态环境并接受自然环境的模塑。但由于历史过程的差异，更由于不同民族所处的生态环境的差异，使各民族的生计方式一直存在明显的差异，这种由于自然环境与历史过程作用的差异格局是不容忽视的。元代以前，中央王朝在西南地区推行羁縻制度，将百越族群地区纳入羁縻之中，中央王朝的羁縻制度正是基于西南各民族在耕作方式上与中原汉族的耕作制度存在着难以逾越的差异，惯用诸葛亮提出的"不留兵、不运粮，而纲纪粗定，汉夷粗安"的治边策略，使"修齐教不易其俗，齐其政不易其宜"的施政原则，长期得到稳定的延续。由于羁縻政策不需要直接驻军设官，因而也无须推行统一的税收制度，这就使侗族可以在长达千余年的时间内，在名分上接受中央王朝的统治，而实质上百越族群的传统生计方式得以延续，几乎未受过来自中央王朝的干扰和冲击。宋朝在"溪洞"边界还执行了极富创造性的羁縻管理办法，在徽州、诚州地区建立粮库，国家用盐铁等专卖物质向侗族群众交换粮食，囤积边境，充作军粮，以备有战事就近调用[①]。并通过榷场的和平贸易，驻军与侗族群众交换粮食，这样可以起到囤积粮食于边境以备有战事就近调用的作用[②]。这一做法既有利于侗族获取所必需的中原汉区所产物资，积极诱导了侗族文化的调适，推动了侗族社会经济发展，同时又节省了宋廷的军事开支和军粮筹措转运的繁难，还使宋廷始终处于主动地位。

---

① 符太浩：《溪蛮丛笑研究》，贵州民族出版社 2003 年版，第 330—333 页。

② （宋）周去非：《岭外代答·宜州买马》，中华书局 1999 年版。

　　元代为了巩固西南边疆的国防安全，不断强化对云贵高原各民族的统治。从此开始了对云贵高原治边国防安全政策的调整。国防安全政策的调整直接表现为羁縻制度的终结和土司制度的兴起。在这一系列政策波动的背后，在云贵高原推行统一的税收制度也就势在必行了。

　　明代为了强化对西南各民族的统治，不仅强化了元代开创的土司制度，永乐十一年（1413）还在云贵高原增设了贵州行省①，将云贵高原的各民族首领先后委任为各级土司②。为了稳定西南地区，明代大规模向云贵高原驻军。根据明史提供的资料，明代仅在贵州行省设置的卫所就多达18个，卫所军人及其家属的总人数接近50万③。为了供养这批庞大的移民，明廷先后出台了一系列特殊的政策，比如邻省协济、盐引开中、移民实边、责令卫所军人屯田自给等政策。但最终都无法彻底稳定这支庞大的常驻戍边部队。于是，不得不统一税制的强制推行，这便成了云贵高原得以稳定统治的基础。侗族地区处于云贵高原东端，成为中央王朝联系云贵的主要通道，成为中央王朝力量入主西南的主要通道④，这里就不仅成为军队驻守的主要区域，也成为外来移民开发的第一站。终明一代，在云贵高原上常驻的100多万屯军及其家属，朝廷既然命令他们屯田自给，并不要求他们交税，其结果必然导致如下两个方面的实质性变迁。其一是朝廷必须划拨土地给他们屯田自种。而这些汉族屯军，乐于消费大米，而且也会种植大米，因而划拨给他们的屯田大多取自具有稻田种植传统的各民族领有的土地，主要是布依族和侗族的稻田，或者取自彝族、白族和土家族零星开辟的稻田。这就使云贵高原上各民族在承担屯田土地的划拨时，比例不均衡。其二是这些屯军的农田耕作技术原则上都照搬于内地。其实质意味着在云贵高原上移植了一套全新的农耕技术。这样的农耕技术在规模不大时，一般不会诱发出明显的生态副作用来。

　　如此大规模的汉族移民长期定居云贵高原，他们自身也会避开朝廷的规定，扩大生存空间，因而这样的屯田规模，从官方统计的数据看呈萎缩态势，但实质上却在无限膨胀，因为这些屯军一旦住下来其世代繁衍后，

① （明）沈庠等（弘治）：《贵州图经新志》，贵州省图书馆藏复印本。
② 翟玉前、孙俊编著：《明史贵州土司转考证》，贵州人民出版社2008年版。
③ 《黔南识略·黔南职方纪略》，贵州人民出版社1992年版。
④ 马国君：《论雍正朝开辟黔东南苗疆政策的演变》，《清史研究》2007年第4期。

就很可能凭借朝廷所赋予他们的政治势力向周边的少数民族巧取豪夺，争夺土地。这正是明代后期，云贵两省主要方志在"贡赋"栏内都记载了税赋数额的由来。不言而喻的事实在于，屯军们新购置的土地，显然是按照中原的耕作方式去加以耕作。主种作物主要是大米，特别是籼米，这一状况也是汉族居民长期积累演化的结果。于是，在侗族分布区内自然形成了两大类型资源利用模式并存。其一是有汉族屯军和汉族移民带入的籼稻农耕种植模式；其二是世居于此的侗族的传统耕作模式。这一并存格局在整个明代以后者为主，前者为次，前者仅分布在卫所及交通沿线。

清廷接管云贵高原之初，其直接施政目标指向了南明残余势力和土司势力①。整个政策的执行几乎全部委任于吴三桂代理。其中主要体现在撤卫置县、例行改土为流和大规模调军驻防等。随着驻防军人的增加，财政开支必然猛增。单靠将明代的卫所屯军和流入难民的安置所能提供的税源毕竟极其有限。而打击土司，则意味着连原先的认纳税额就变得不稳定，接管土司领地，短期内仍然无法增加财政收入。这正是清初吴三桂盘踞西南时期军费浩繁，财政入不敷出的真实原因。而这一政策执行的结果，反而是吴三桂的势力坐大，终于酿成了乱阶。

为了对付吴三桂的叛乱，清廷不得不转而结好于云贵高原的各民族土司。水西安坤、安重胜两次罢废、两次胜任就因此而造成②。朝廷亲贵如卫既齐等人也因为鉴于实施改土归流反而惨遭罢黜。但不管如何稳住土司，财政短缺始终是治理西南的心病。为了摆脱财政困难，不得不放任内地汉民前往云贵高原开矿，以便增加税收。由此而导致的森林生态系统的破坏，也就成为整个清廷无法救治的顽症。

清代在云贵高原"改土为流"，驻军增加了，但接管的领地并没有明显地增加税收。特别是在黔东南地区新开的苗疆，不仅税收不能提升，反而派驻近20万的军队才能勉强镇服，财政短缺不仅没有解决，反而加剧了。最后不得已的措施则是把四川、湖南、广西三个邻省的众多土地划归云南和贵州，目的是增加云贵两省的财政势力，减轻这两省的财政压力。

---

① 马国君：《雍正朝"改土归流"的动因发微》，《平苗纪略研究》，贵州人民出版社 2008 年版。

② （清）田雯等著：《黔书·续黔书·黔记·黔语》（合订本），罗书勤等点校，贵州人民出版社 1992 年版。

除此之外，就别无他策了。以至于直到清朝灭亡，还依然存在着严重的财政压力。清代推行统一税制的努力，不仅见效甚微，而且推行的阻力很大。

尽管如此，清代统一税制的推行，由于其规模大于明代，直接涉及的少数民族也更多，因而，生态问题在清代后期开始露头，这里仅以水稻种植品种的强制改变为例，揭示统一税收制度的推行，导致耕作制度改变，而最终酿成生态问题三者之间的联动关系。

统一税制推行对百越族群传统耕作方式的影响。云贵高原上，居住有仰仗于水稻种植为传统生计的侗族、布依族、傣族、水族、仫佬族、毛南族等。但这些民族所种稻谷属于糯谷，这与汉族的种植籼谷很不相同，除此之外，土家族和白族早年也种植稻谷，但所种植品种也是籼稻与糯稻并存，与百越民族也有别。明清两代，由于要在西南地区派驻大量的军队，军粮的供应成了开发西南成败的关键，以至于从明代划拨卫所屯田起，就致力于征用沿途百越民族的原有耕地充作屯田用地。而屯田执行的后果直接表现为扩大籼稻种植，压缩糯稻种植，并因此而酿成了日后的生态困境。只不过这一进程推进速度很慢，执行的时间很长，以至于问题的最终暴露直到清朝灭亡后才引起世人的关注。

生息在云贵高原的百越民族普遍种植糯稻，并执行稻—鱼—鸭共生的稻田经营模式，还实行林粮间作或者经济林木与粮食并重的经营模式，这并不是一个纯粹的生活习惯问题，而是一个能动适应于所处生态环境的产物。然而，为了供应屯军的粮食，其统一推进的税收制度就不得不改变这一传统耕作方式。改变这一传统耕作方式后，国家统一的税收制度又不能找到合适的替代办法。因而，就整个历史进程来看，最终酿成生态灾变几乎是无法避免的结果。

百越民族种植糯稻，并采用稻—鱼—鸭共生模式经营稻田，是所处自然环境综合作用后的适应产物。从地理环境看，百越族群所处地区处于云贵高原向湖广丘陵过渡的斜坡地带，云贵高原位于长江、珠江两大水系众多支流的上游，东南端为低山丘陵，间有大面积的河谷坝子，平均海拔低于 600 米，西北端以中山为主，海拔在 600—1000 米之间，属于中亚热带典型季风区，气候温热，年均气温在 14℃—18℃左右，雨量充沛，年均降雨量在 1300 毫米以上，山高谷深，地表崎岖不平，山地立体气候复杂，云雾缭绕，动植物资源丰富①。这一生态环境特征造成了水资源补给极不稳定。在这样的地带开辟农田种植水稻，都必须面对水资源补给不稳定的难题。百越民族采取以稻田自身来储水的方法来应对这一难题。即加高加厚田埂，实施冬季泡田。执行这一对策，就必然选育耐水淹的稻谷品种。百越民族在这样的自然环境中，不断地受到自然坏境的洗礼与模塑，而建构起了丰富多彩的侗族文化。就其耕作方式而言，形成了"稻—鱼—鸭"的农业经营模式②。这种农业生计模式是一个典型的社会—经济—自然复合生态系统，体现出百越诸民族社会中自然与文化的耦合制衡作用。在这一地区种植水稻，除了水资源补给不稳定外，山高谷深，丛林密布，对水稻种植也极为不利；气温波动无常，日照不足，土温和水温偏低，也是水稻种植的大忌。这些自然因素也会最终制约着水稻产量的提高，不可能达到平原地区的水平。为此，上述各民族的文化适应内容还得加上培育耐阴耐冷的糯稻品种，贯以稻—鱼—鸭共生模式，以便提高单位面积的综合产出水平。在这两方面的适应过程中，各民族同样取得了可行的进展，他们不仅选育出了耐阴、耐冷的品种，而且建构起了稻—鱼—鸭共生模式，使单位面积的综合产出能力可以达到甚至超过坝区的水平。

云贵高原上的稻作区，都是山多田少的深山区，如何利用好森林资源，也是这些民族传统生计中必须考虑的适应内容。于是，凡具有水利之便的云贵高原东南边缘，主要是侗族分布区，也包括水族、毛南族、仫佬族等也发展出了人工林业③。而在无水利之便的云贵高原腹地的布依族和壮族则发展起了经济林产业。与此同时，在森林中的狩猎和采集，一直是这些民族传统生计中的有机组成部分。

面对百越各民族固有的传统生计，明清两代要在百越民族分布区推行统一的税收体制，必然会面临重重困难。首先是税收获得的粮食主要用于屯军的消费，而屯田军都是内地前来的汉人，不习惯食用糯米，以至于税收所获与所需完全错位。其次是因为百越民族对糯稻的收获方式是摘除稻

---

① 杨昌润、罗康隆、欧阳贤主编：《黔东南苗族侗族自治州志·地理志》，贵州人民出版社1990年版。

② 《"侗乡稻鱼鸭"——坎坷的命运：从"原始落后"到农业文化遗产》，《人与生物圈》专辑2008年第5期。

③ 单洪根：《木材时代：清水江林业史话》，中国林业出版社2008年版，第132—133页。

穗后，捆成捆晾在禾晾上晾干，需要取用时随时取用。这样操作的原因在于糯稻不容易脱粒，而且谷尖都长有长芒，脱粒后也不便于装袋运输，这就会造成统一税收后的一连串困难，如打包、运输、称量等都无法按税收规范执行。难怪明末"平播"之后，江进之哀叹道："绝壁烧痕随雨缘，隔年禾穗入春香。民间蓄积尚如此，哪得公家咏积食。"征集军粮几乎无计可施。最后是这些民族的产品不仅糯稻品种复杂多样，同时产出的鱼和鸭，既无法规范收取，收到后又无法分类储备与运输，同样会给统一的税收管理造成难题。要逾越上述三重困难，以便推行统一税制，唯一可行的办法只能是责令这些乡民放弃种植糯稻，改种籼稻。

在明代，官方要求改革这种耕作制度，由于需求的规模不大，加上当时的土司势力还十分强大，因而还不能通过税收体制强制执行。而只能通过集市贸易的手段，抬高籼米价格，抑制糯米价格的办法去缓慢推进。结果到了明代中期以后，在驿道沿线和卫所附近的布依族首先改变了传统，逐步实现了糯稻自用，籼稻专供出售的双轨经营格局。但其他地区的百越各民族却依然坚持种植糯稻。

清代改土归流后，由于税收体制已经改行为"地丁银制"，税粮的征收、打包和储运困难，虽然获得了妥善的解决，但饮食习惯的差异仍然无法解决。为此，清廷不得不沿用明代的惯例，通过集市贸易刺激籼稻的生产，但这一做法收效甚微。上述各民族宁愿低价销售糯稻换银子缴税，也不愿改种籼稻。这使清廷十分恼火，其中表现得最突出的是黔东南苗疆地区，清廷为了巩固新开辟的苗疆，先后派驻了 20 万军队守驻苗疆，这些守军虽然手中有饷银，但却买不到籼米食用[1]。在这样的形势下，政府就不得不出面鼓励种植籼稻，甚至以行政命令强行改种籼稻。百越各民族宁可买籼稻供军粮，也不愿意改种籼稻。因为政府的需求与民间的习惯一直存在着难以调和的冲突，而且一直找不到合适的解决方案。

进入民国后的抗战时期，历史上积淀下来的这一冲突再次激化。当时的云贵高原成了抗战的后方，国民政府的数百万军队云集云贵高原，军队的主体依然是内地的汉族居民。他们都不习惯于食用糯稻，而且糯稻在军粮运输上也极为不便，这令云贵高原的各级行政当局不得不以行政命令的

---

[1] 马国君：《论雍正朝开辟黔东南苗疆政策的演变》，《清史研究》2007 年第 4 期。

方式，下令改种籼稻，甚至规定糯米的销售价格不得高于籼米，在市场上如果发现高于籼米出售糯米，一经查实后，买卖双方都要受到重处。抗战一结束，政府和乡民便都各行其是了。于是，糯稻种植面积再次反弹扩大。

最终制约糯稻生产是在20世纪末才告完成。政府的籼稻推广措施，在做法上与前朝并无实质性的区别。但却打上了科学的印迹，认定糯稻产量低，种植糯稻落后，不利于经济发展和生活改善，但上述各民族的抵制仍然十分强烈，以至于联产承包制执行初期，糯稻种植面积又再次扩大。但不久后，杂交水稻的推广却很快取得成功。糯稻种植仅以残存方式零星存在。而取得成功的关键，不是税收制度，也不是国家的强制推行，而是因为糯稻种植需要大量的劳动力。与此同时，我国东南沿海地区兴起的打工潮，将青壮年劳动力吸引到城市打工，传统的糯稻种植由于失去了劳动力而自然衰退。

百越各民族坚持种植糯稻，本意是适应当地的特殊自然环境，坚持这一传统生计有利于生态维护，而中央王朝600多年来，一直在推行籼稻，目的则是为了应对国防安全的紧迫需要，当然无法顾及生态的需要，但因为国防需要总具有临时性，这才导致政府与百越民族的生计对峙变成"拉锯战"。而最终获胜的既不是中央的政策，也不是乡民的传统，而是现代浪潮中都市化进程，最终制约了侗族传统的糯稻种植和稻—鱼—鸭共生模式的延续。

然而，生态问题始终是区域或人类能否可持续发展的终极制约因素。由于杂交水稻不耐水淹，又不耐阴冷，在水多时，稻田的储水必须往江河排放；在干旱时，又必须截留上游河水灌田。此外，这样的耕作方式还必须控制森林，以免遮阴，这更加剧了上游储水能力的下降。随着杂交稻大面积无节制地推广，各方面共同作用的结果，必然打乱江河下游水资源供应的均衡。雨季时，洪涝越来越严重；旱季时，缺水和海水倒灌又会成为严峻的灾难。这一系列作用的后果，最终都会制约下游平原地区的都市化规模与进程。而这一制约因素的排除，最终还得回到原点上，百越各民族的传统生计如不能得到一定程度的恢复，江河下游的都市规模必然在水资源供给这一环节上走上自我否定的绝路。

自20世纪90年代以来，我国南方的长江和珠江两大水系频繁遭受洪涝灾害的袭击，给南方广大人民群众的生命财产安全造成了重大威胁，牵制了我国经济的发展，干扰了南方的社会和谐和稳定。枯水季节和年份，又会造成长江干流持续断航，珠江流域持续干旱，而珠江三角洲和长江三角洲又会面临地基沉降和海水倒灌的威胁。若不稳定长江、珠江两大水系的淡水资源补给，上述各种灾变必将成为我国社会经济发展的瓶颈。

时至今日，我国的自然科学工作者，包括气象专家、水文专家、农学专家和地理专家，都把上述各种灾变不加区别地归咎于自然，而没有注意到社会文化因素对上述各类自然灾害的推波助澜作用，更不愿意从社会文化的角度寻求消灾、减灾的对策。目前，国家虽然耗费了大量的人力和物力，兴建了各种防洪工程，也严厉地实行了退耕还林政策，但这些政策只能视为应急的治标之策，而绝非治本之方。

众所周知，我国降雨量的季节分布不均衡，年季波动值更大，这是人类社会迄今仍然无法干预的客观事实。随着我国经济的高速发展，长江、珠江下游城市日趋密集，工矿企业也日益增多，用水量也与日俱增，单凭有限天然林被动的储水、保水，绝对缓解不了中下游日趋严重的水荒。实施文化干预，尽可能地将大气降水和水平降水储集在高海拔区位，均衡缓释，特别是在旱季，持续给中下游补给淡水资源，可以缓解我国南方水资源的短缺。

解决问题的关键在于激励传统以糯稻为主食的百越、苗瑶各少数民族持续、稳妥地恢复传统糯稻种植，凭借这些民族在山区实施人为湿地生态系统的建构，将大气降水和水平降水截留在高海拔区位，以缓解珠江、长江下游旱季和缺雨年份淡水资源的短缺，同时削减暴雨时节的洪峰，用文化重构与文化惯力的手段能动拉平南方淡水资源分布不均衡的自然格局，营建一个有利于高效利用淡水资源的多元文化互补的社会和谐体制。

种植传统糯稻，各少数民族配套建设的山塘、水库和鱼塘还可以发挥稻田本身1/4的蓄洪和储水能力。因此，只要国家尊重民族习惯，放宽对糯稻种植和稻鱼兼营的政策限制，只要在未来的十年内，稳定恢复传统糯稻的种植，国家就可以在不花一分钱、不动用行政措施手段的前提下，不借助高新技术的背景下，建成近两个与长江三峡水库同等容量的淡水储养基地。这将对缓解我国枯水季节的淡水补给，消解暴雨季节的洪峰发挥不估量的作用。

　　我们在贵州黎平县黄岗村进行田野调查时，发现这里的人工立体鱼塘体系最重要的功能之一是在地表崎岖不平的山区，将整个村落的鱼塘连接成一片水域网络，从而有效地将水资源进行储养、再生和再利用，将水资源的功能发挥到极致。在整个黄岗村寨，无论从寨头到寨尾，还是寨子的最高点或最低处，都可以看到鱼塘的分布，这一鱼塘网络体系很好地对液态水进行了截留、储养，使寨子的水资源得到了保证。从田野调查获知，黄岗村寨内部有大大小小300余口鱼塘。这些鱼塘主要分布于9大片区，以下对"班独"片区鱼塘大小进行统计。

　　全村寨内人工开辟的鱼塘面积约100亩。以最高蓄水量计算，一亩鱼塘可蓄水约514立方米，以此类推，全村的鱼塘可储水量达51400立方米。寨老吴政国向我们讲述，70年代以前，村里到处是鱼塘，一半以上面积都是水域。1978年，填了很多鱼塘用来修路，现在的很多房子都是在填了鱼塘之后而修建的。最近几年，省里又要搞旅游开发，要把黄岗打造成为生态文化旅游村。要搞旅游，通公路，村里的鱼塘再次被填埋，差不多都埋了将近一半（见表6）。

表6　　　　　　　　　　　鱼塘面积、蓄水量统计表[①]

鱼塘名称	面积/平方米	水深/米	堤高/米	水量/立方米	最高蓄水量/立方米
吴银来	约67	约0.32	约0.72	约21.44	约48.24
吴家松	约100	约0.3	约0.5	约30	约50
吴孝卡	约134	约0.35	约0.63	约46.9	约84.42
吴小南	约67	约0.35	约0.65	约23.45	约43.55
吴老银	约100	约0.33	约0.66	约33	约66
吴求该	约67	约0.31	约0.62	约20.77	约41.54
吴兴好	约67	约0.28	约0.5	约18.76	约38.86
吴要林	约100	约0.4	约0.8	约40	约80
吴有金	约134	约0.35	约0.78	约46.9	约104.52
吴光祥	约100	约0.37	约0.6	约37	约69
吴贵银	约100	约0.35	约0.81	约35	约81

　　鱼塘本身就是原生生态系统中能发挥分洪功能的一个构成单元。当洪汛到来时，可以截留洪水，不仅保护了农田和山林，而且为江河下游构筑了一道坚固的防洪堤坝。在暴风季雨时节，可以截留洪水，不但保护了农田和山林，而且防止了洪水下泄淹没整个村寨。黄岗的人工立体鱼塘体系，使整个村落被水所包裹，发挥了重要的储水功能。在我国西南喀斯特山区面临水资源匮乏的背景下，黄岗的立体水域环境能够正常经营与运行，这充分证明了人工创建的立体鱼塘体系的功劳。那就是人工建构起来的鱼塘完善了该侗族村落的水循环，对这里的水资源进行了再配置，达到了对资源的高效利用与生态环境维护相兼容的目的①。

　　百越各民族之所以能在自己的生息地长期和谐地生存，是因为他们以尊重自然为终极发展目标，当地群众在生计资源配置中所采取的多种特殊举措及文化策略，既做到了资源的高效利用，又实现了生态环境的精心维护。稻、鱼、鸭农业体系建构不是游离在民族文化之外，而是当地各民族传统文化的有机构成部分，它必然能够在民族文化的呵护下，社会制度的保障下稳态延续和运行。因此，这样的稻、鱼、鸭农业体系的建构，反映的不仅仅是当地的生产效益，其背后隐藏着的却是民族、文化与生境，三者之间的互动耦合运行体系。

　　当前的环境科学研究普遍存在的通病在于，将生产环节与治理环节作人为的剖分，一直沿袭先污染后治理的被动思路，结果只能是生产部门片面强调产值，同时想方设法规避环保检查，以至于不得不动用法律手段，耗费大量的人力、物力去实施监管，而监管收到的成效又极其可疑，而侗族传统的生计则与此相反。在这里，生物资源的高效利用与精心维护都是生产过程中一直处于耦合的两个侧面，一个生产环节的废物，在下一个生产环节已经转化成了资源，资源与废物辩证存在于整个生产体系中，这就收到虽不精心安排治理，却可以坐收高规格的治理成效，不仅水体污染得到了妥善的解决，固体废物的降解也得到全面的解决。而收到这一成效的基本前提在于，在这样的传统生计中，生物物种的多样性并存水平极高，并存食物链回路极其丰富，这才使在当地生产体制中的不管什么样的污染

---

　　①　罗康隆、彭书佳：《时空规序的节律与资源配置的有效性——来自贵州省黄岗侗族村落的田野调查》，《中南民族大学学报》（人文社会科学版）2012 年第 1 期。

源，都有备用的物质循环渠道去加以降解。

第六节 现代侗族文化适应能力分析

经过漫长岁月的适应与重构，当代的侗族文化已经定型为温湿山地丛林区林粮兼营式定居农耕类型文化。近 5 个世纪以来，侗族的这一文化样式已经高度适应于其所处的自然生态环境。具体表现为：劳动力投入小而产出高，同时所处自然生态环境也能得到高效维护。侗族人民能做到这一点的关键原因在于，他们在长期的适应过程中，形成了一套与所处自然生态系统相适应的生态智慧，以及能有效利用当地自然资源特点的专门技能。这样的生态智慧与技能在当代的田野调查中可以找到不胜枚举的例证。这些实例不仅侗族人民认为理所当然，即使从今天的科学技术角度看来，也表现出了明显的合理性。

入清以后，侗族的市场化人工林得到了长足发展。据《清实录》记载，张广泗开辟"新疆六厅"时，为了筹集军饷，特许清水江沿岸的卦治、茅坪和远口等三个木材集散地，轮值经管大宗木材批发贸易，以便官府可以收取相应的贸易税充作军用。张广泗开辟"新疆六厅"前后历时 20 余年，军用浩繁，而中央朝廷所提供的经费极其有限。不难看出，侗族地区的原木贸易税在保证军用上做出了重要贡献。其后，《黔记》《黔语》《百苗图》等书，都从不同角度提到，清水江一带的侗族居民由于长于经营人工林业，因而这里的侗族村寨十分富有。此外，《黎平府志》还提到了众多侗族居民经营人工林业的技术环节，可以使我们看到侗族居民在人工林经营中的特殊智慧与技能。若再辅以当代的田野调查资料，我们完全可以较为全面地复原当前的侗族文化，以及该文化有关林粮兼营的生态智慧与技能。

当代的田野调查表明，侗族人民的生态理念与周边各民族均存在明显的差异。这些差异集中体现了侗族人民的生态智慧。归纳起来大致包括如下三个方面：一是人类的生产生活尽可能与自然生态环境的结构保持一致。二是因地制宜地均衡利用自然生态系统所产出的各种生物产品。三是对自然资源的领有和使用尽可能地保持相对完整，并以合款协议的方式，使这种领有和使用长期稳定下去。

　　侗族生息的地带素有"九山半水半分田"之说，耕地严重不足，且无法建构连片的稻田。具体到每一个侗族宗族村社，情况又会互有区别：有的村社河流湍急，平旷耕地严重不足；有的村社河湖水域过宽，宜林山地偏少。在侗族的观念中，最佳的人居环境应该是山、水、田各有其份。为了补救自然背景的不足，他们针对具体情况采取了相应的修整措施。每个村寨根据需要建构鼓楼、风雨桥和凉亭等人工建筑，并合理地配置林、田、房舍、水域、草地，以补救自然环境的不足。这些补救办法虽然是依托于所谓的风水龙脉信仰，但它所要达到的目的是求得人居环境的理想化，务使每个村社均做到有山有水有田有林有草，并维持一定的相互比例。在实际操作中，对于河流湍急的村寨，他们采用人工分流改道，依据地势建构河、塘、田、寨交错分布的格局。黎平县永从乡九龙、三龙两个村寨就是如此，并因分别拥有9个和3个龙塘而得名。九龙寨在使河流人工改道的情况下，挖掘了9口大塘，并与河流相通。稻田位于塘、河下方，村寨则建在塘河之间，寨头建有凉亭，寨尾有风雨桥，寨中则有鼓楼，从而形成了参差错落、随地势起伏的理想人居环境。其理想之处在于，村寨建构与周围的山、水、林木、草地融为一体，人工建筑仅是模仿自然环境已有的内容，加以整齐和规格化。这样既便于人们利用，又不至于与周围的自然背景发生冲突与偏离。这种人工建成的半水上村寨，在整个侗族地区早年曾普遍流行。只是近年来，由于盲目搞农田建设的关系才被废除，从而背离了侗族原有的理想人居模式。

　　由于侗族所处的自然生态背景气候温湿，地表起伏大，生物群落的构成极其丰富多样，但任何一种生物产品都不能形成大规模的批量产出。为了适应这一生态环境特点，侗族居民逐步养成了均衡取用不同生物物种产品的生态适应办法。稻田本该主要用于水稻种植，但在他们观念中，单一种植水稻产出并不高，因而他们种植水稻，却不完全依赖水稻的产出为生。他们在稻田中开辟深沟甚至挖深塘放养家鱼，让鱼同水稻一同产出。为了防止鱼类逃走，稻田出水口装了鱼栅栏，他们甚至在农田中修建了鱼舍，既保证鱼类在冬天继续生长，来年又能在田中顺利产子，实现鱼类的自然繁殖。

　　稻田的水位由人工开设的池塘和改道后的河流控制，务使整个村社的水域互通，连成一体。除了喂养鱼类，对于稻田中产出的其他动植物，他们也采用均衡利用的办法加以利用。稻田中的广菜、茭白、莲藕以及若干种软体动物和两栖动物,都是他们加以取食的对象。这里,仅以他们控制螟虫危害的做法为例,体现他们均衡利用生物资源的生态智慧。

侗族地区气候温热,二化螟、三化螟是水稻的主要虫害。但侗族居民并不采用农药加以控制,而是将螟虫从稻秆中剥出,作为美味佳肴食用。他们认为只需将螟虫的危害控制在一定范围即可,无须根除,因为这些害虫也是他们所理解的稻田产品之一。

对山地生物物种资源的多样化利用,他们也是如法炮制。尽管森林实施人工更新和主伐,与农田种植水稻无异,但他们所建构的人工林并非单一林。在林地更新中会有意识地培育经济价值并不大的阔叶树,且比率不低于15%。目的在于形成人工混交林,支持多种动植物的生长与繁殖。这样做的好处在于,在森林主伐前,他们可以有充足的天然动植物产品,可供狩猎与采集,实现以短养长,均衡获取。此外,在人工林郁蔽前,他们还混合种植多种旱地农作物,务在保持山地生物群落的物种多样性,确保他们在不同时段均能获取一定的生物产品。

不了解内情的人总是认为,既然种植人工林,就不应当间作粮食作物,那样只会妨害人工林的生长。调查后发现,侗族的做法是对的。间作粮食作物不仅不会妨害人工林的成林,还能防范人工林的各种病虫害,改造林地土壤结构,提高人工林积材量。侗族地区有名的"八年杉"从定植到主伐只需8年,正是依靠这种取法于自然的生态智慧,才获得的成功。

与周边民族不同,侗族村社在土地资源领有和使用上,并不强调等次优劣,而进行平等的分割。他们总是尽可能保存自然环境结构的完整性,并在此基础上,去协议规划土地资源的领有和使用。

侗族各村社之间大多是以山脊为界,利用山脊地段土层较薄,不利于乔木生长的特点,将其培育成浅草带,使之成为各村社之间的天然分界。同时,这些草带具有兼做牧场和防火带的功能。村寨多建在山麓滨水处,进入村寨的通道也沿河岸而建。从而形成了一个小流域就是一个宗族村社生息区的格局。各村社的生产和生活活动当然会产生纠纷和摩擦,但在侗族社会中很少出现为此动用武力的情况。原因在于,他们通过"合款"的方式,按款约去规范各宗族成员的活动,使各村社长期保持和睦相处的格局。与此同时，各宗族村社间频繁的"吃乡""游野"和"月地瓦"等活动，也密切了各村社间的关系。这些制度对保障人工林业的健康发展至为关键。众所周知，人工林业是一项需要长周期、大规模、全封闭、综合经营的长线产业。而上述各项制度保障都能恰当处理好土地资源占有上的摩擦和纠纷，确保人工林业发展的四大前提得以满足。

由于是按小流域划定宗族村社的界缘，因而各侗族村社所处的自然环境中山地、平坝、水域、森林、草地和稻田等各种自然背景要素都能基本齐备，既能保证基本生活用品的产出均衡，又能保证有大片宜林地供发展林业使用。可以毫不夸张地说，每一个侗族村社都是一个多种自然生态背景整合而成的生存空间。在此基础上发展起来的是一种"双轨制"的经济生活，这是一种"以粮为食，以林为用"的经济模式。其特点是经济生活明显划分为两个板块，稻田、水域和林间采集所获取的产品，主要满足村社成员的自给消费，而林业产出的原木及副产品则主要满足市场需要，换取现金。这样的双轨制经营模式虽然脱胎于自给自足的经济模式，但却为市场化产品的产出提供了广阔的生存空间。侗族社会自14世纪就发育出了期货贸易、典当抵押、整体批发等现代市场因素绝非偶然，因为这种双轨制的经济模式本身就能兼容市场因素的渗入。

侗族人民的这三种生存智慧形成的时间很早，在形成时他们当然不知道何谓"生态智慧"和"生态维护"，但其中所体现的实质却具有普适性，它符合当今倡导的生态经济和可持续发展的理念。

在侗族村社中，很少出现所谓的"三废"排放。在一些其他民族看来，毫无意义的废物也被侗族居民加以有效利用。举例说，杉木主伐时修剪下的枝叶，其他民族几乎无一例外地都作为废物集中焚烧。但他们则将其作为屋顶的覆盖材料，或者作为稻秧或树苗的庇荫材料，或者作为稻田中鱼舍的覆盖材料。再如，人粪尿的处理也十分别致。他们将厕所修建在稻田和水塘上方，人畜粪便变成了水生动物的饵料或植物的养料，因而不会污染环境。再如，燃烧木材留下的草木灰，也是作为肥料或是食品加工的佐料使用，而不轻易抛撒。

总之，在侗族村社中，生物产品的使用和废物处理都有严密的规范，使之自然循环，完全符合今天生态经济的经营理念。侗族村社对生物产品的取用也很有节制，他们并不依赖囤积和储藏去抵御歉收风险，而是依靠从多种生物产品中，分季节均衡获取去实现供求关系的平衡。因而，在村社中的各种生物资源都可以正常生长繁殖，很少出现被过分榨取的情况。

侗族村社的自然资源利用严格遵循因地制宜的原则，他们食用的生物产品种类虽然很多，但却很少不是出自当地的原生物种。农田中放养的家鱼由河流原产的鱼类驯化而成；水稻中的好几种糯稻品种也是仅适于当地生长的品种；家畜、家禽也经常与野生动物自然交配，从而保持家养畜禽品种的长盛不衰；森林中的乔木种类尽管实行人工控制，但当地的原产乔木在其林区中仍然保有一定的生存空间。因而，人类的经济活动并没有改变生物多样性的并存格局，仅仅改变了生物物种间的比例。侗族的这种经济生活方式妥善地解决了生物多样性并存的难题，是一种可持续发展的经济模式。

侗族村社生息背景的相对完整性也具有积极意义。这样的土地资源领有和使用办法，既有利于整体的规划利用，又能将利用与维护融为一体，落实到具体的个人，从而做到利用和维护同时兼顾。因此，坡地能长期保持有稳定森林庇护，草地在满足牲畜放养的同时，也能保持较高的地表覆盖率，稻田与水域在人工控制下，也能长期保持稳定。尽管这一地带的地表起伏甚大，土壤的重力侵蚀隐患严重，同时由于较高的降雨量，地表径流侵蚀也很厉害，但数百年来，灾难性的水土流失，在侗族地区从未发生过。

当前，我国的水土流失控制举步维艰，土地资源的利用纠纷和摩擦不断。不少学者因此提议按小流域承包土地，统一规划水土流失治理。若借鉴侗族的这一传统土地资源利用模式，显然可以支撑这些学者的正确见解，使我国的水土流失治理更为有效。

如果说侗族的生态智慧具有普适性的话，那么由这样的智慧引导出来的生态技能则具有明显的专属性。因为它是针对侗族生息的自然生态系统建构起来的，离开这样的生态背景，就不能发挥应有的效用。这里仅以侗族传统的水土保持和育林技术为例略加说明。

通过对清水江流域人工林业的民族学田野调查证实，侗族的传统文化对清水江流域的水土流失治理起着至关重要的作用，因为他们所有的林业生产环节都与水土保持息息相关，只有在认真透析侗族的所有林业生产环节后，我们才有依据对他们的林业生产作业做出正确的评估，并进而揭示这些林业生产方式在水土流失治理中的利弊得失。然而遗憾的是，长期以来我们的自然科学工作者较多地熟悉国外现代林业的经营规范，而较少关注我国的林业生产经营的人文背景，更不屑于认真分析研究少数民族的传统生产方式和具体的生产细节。就在清水江流域，我们目睹了生搬硬套国外营林经验所造成的弊端和隐患。以此为出发点，我们又对照了当地侗族林农的营林、护林、采伐作业，发现他们的很多做法对水土保持更为有利，林业生产实效也明显高于某些林学家指导下的实验林场。

清水江流域上的锦屏县三江镇卦治村和菜园村是传统木材集散地之一，在这里我们做了较长时间的定点调查和各类林场林木的长势实测，从中得到的某些结论令我们感到十分意外。由于这两个村是专业的林业村，自新中国成立以来，几乎所有的南方林业经营和体制改革在这里都设有试验点，致使这两个村的林业呈现出多种体制相拼合的生产格局。就在这两个村的范围内，既有国家投资经营的国有林场，也有在林学家们指导下运作的实验林场，还有乡镇、行政村、自然村、个人合股甚至家户经营的私人林场。因此，这两个村自然成了我们综合比较不同营林方式下水土保持实效的理想缩版。

在这两个行政村范围内的国有林场，其林地承袭于新中国成立初土地改革时所没收的地主所占林地。20世纪50年代"大跃进"时，这里的林木被采伐一空，极大地支持了国家建设，但也造成了本地木材资源的严重匮乏。目前所看到的国有林场林木是在其后重新营林的结果，少数营造于五六十年代，绝大部分是营造于80年代以后。这些林地的林相由于是按照规范营林，因而一望便可认出，其特点是行株距极为整齐划一，活立木的胸径和树高也较为一致。与这些林地相毗邻的乡镇林场其林相则大不一样，活立木的行株距参差不齐，树径和树高在同一块林地内也不一致。但奇怪的是，在单位面积内其总积材量却比国有林场要高出1—2成。与当地的侗族林农交谈后，我们才逐步澄清了事情的由来和林农对此的认识和理解。

原来，这些国有林虽说按规范操作，但还是雇用当地林农营建的。据说，营建国有林地按专家的指导，每株树苗都要开挖1米见方、深60厘米的树穴，穴底填埋规定数量的农家肥和化肥，而且开穴挖出的土还得按原先层次填埋，然后再定植杉树苗。而乡村林场或私人林场的杉树苗定植则迥然不同，当地的侗族居民在主伐后，大多采用传统的整地办法，即将残存的枝叶和杂草一并就地焚毁，来年春天定植杉树苗时根本不挖树穴，也不整地翻土，而是将火焚后的表土按地形地貌相机堆成土堆，就在这些土堆上直接定植杉树苗。特殊的操作仅在于，在每一个陡坡段的杉树苗上方，都用木料横放加木桩锚定制成土障防止来年水土下泻冲毁新定植的杉树苗。据林农估计，定植一株杉树苗的成本仅及国有林场的 1/4，而这仅是就用工而言，如果再加上设计费、用料费以及监管施工用费，国有林场定植杉树苗的成本远高出林农的 12 倍以上。

从水土流失防治的角度看，林农的传统做法也要比国有林场强得多。第一，由于没有全面翻土和深挖洞穴，地表的土层结构没有遭到破坏，特别是主伐后残存的树墩没有被清除，树墩仍具有生命力，尚活着的树根能较好地扣住表土，足以抵御地面径流冲刷。第二，土障的设置减缓了地表径流的下泄速度，也较好地收到水土保持的实效。第三，定植杉树苗的位置是根据地形地貌而定的，并不是机械得一定要拉直，这就可以根据山体的结构沿等高线定植树苗，层层地减缓地表径流的速度，有效地抑制了水土流失。第四，林农们营造杉树林时还按 15% 的比率定植了其他树种，如杨梅、麻栎、清柑、樟树、油茶树等等。主伐后，这些杂生树种一般都不加采伐，而是任其生长以增加地表的草木覆盖率，从而降低直接降水对地表的冲刷。正因为具有这四重功效，故林农的传统林地的水土流失量远远低于国有林场。

然而如此粗放的定植模式是否会影响以后的苗木成活率和积材量呢？对此我们也十分关心，但实测的结果却打消了我们的忧虑。实测后发现，国有林场的杉树苗在定植后的前 5 年长势明显好于传统林场，但 5 年后，传统林场的长势可以在两三年内明显的反超过国有林场，并将这种趋势一直延续到主伐期，致使传统林场的出材总量要比同龄的国有林场高出 1—2 成。对这种差异，林农们作了一个形象的比喻，他们认为国有林场是造一个花盆种树，5 年后花盆的养料耗尽，就再也长不快了。至于成活率，传统定植办法的优势更明显。由于这一带的土壤极为致密，透水透气性能差，挖深穴栽树容易积水而造成死苗，致使凡遇地下水位较高的地段，国有林场都会出现带状或片状的杉树苗死亡，而传统林场绝无这种情况，偶尔的死苗也大多因人为原因而起，因而死苗率极低。考虑到这两个行政村的林地大多为 25°以上陡坡，个别地段甚至是 50°—60°的陡坡，传统定植方式显然高度适应于这一特定的地域特点，而翻地开穴种树，显然只适应于平缓而干旱贫瘠的地区。由此看来，对于水土保持至关重要的清水江流域，林农的传统定植方式的价值不容低估。

此外，从治理水土流失的角度看，加大地表的覆盖率固然十分重要，特别是在对付降水的直接淋蚀时，覆盖率越高，直接淋蚀程度就越低。然而，抑制水土流失还有另一个重要的层面，就是要控制地表径流的冲刷。控制地表径流不能全部依赖覆盖率，关键还在于增加地表的粗糙程度，沿等高线逐级减缓地表径流的加速度。减缓地表径流速度的有效措施莫过于在幼林地上培育杂草和灌木丛生的群落，依靠植物的茎叶削减地表径流的加速度，同时依靠盘根错节的群落根系扣留表层肥土。在传统操作办法中，林农都实行林粮间作，即在幼杉林中套种玉米、黄豆、洋芋及番薯等非缠绕性植物，人为增加幼林地上的地表覆盖率，从而有效地抑制了幼林区地表暴露出的土壤流失。而国有林场的做法与此相反，它不允许在幼林地上套种任何作物，所有野生杂草、灌木也需一律清除。据说这样做可以加速表土的熟化，有利于杉树的后期生长，至于因此而带来的水土流失则不加考虑。其原因在于作为商品林，一切都得为了杉树的快速生长，水土流失的控制是到了 20 世纪 80 年代后期才引起林业工作者普遍关注的新问题。此外，传统育林办法还可以在 3 年内稳定地产出粮食作物，实现林业经营中的"以短扬长"，提高林农的短期收入。而国有林场的做法，只考虑原木的产出率，而忽视了水土流失治理的紧迫性，以至于从长期的总体效果上看，得不偿失。

幼林中耕期间，国有林场采用的中耕措施有三大特点。其一是实行"壅根"，即将芟除的杂草、灌木丛堆放在杉树苗的根部，据说是为了提高土壤肥力，促进杉木生长。其二是实行"锄翻"，彻底清除一切杂草灌木。其三是对杉树苗追加施肥。林农的传统中耕办法，则针锋相对。一是采取"亮耕"，即在杉树苗周围 1—2 尺见方内不放置任何树叶草根，就地清除的杂草也需移开根部，确保阳光能够直射到杉树苗所着生的地点。二是除对生长过于快速旺盛的恶性杂草，如螃蟹草、丝茅草等实施深挖清除外，其他杂草或灌木只用拌刀齐根斩断，就地散放。即使对缠绕性藤蔓植物也仅仅是将其割断而已，并不除根。三是由于这种中耕是在套种粮食作物中进行的，因而整个中耕操作只是对作物根部培土，而无须另行施肥。据他们解释说，野生植物清除后的茎叶腐烂后的养分还土，已经足够杉树苗和农作物生长了，施肥完全没有必要。同样的，农作物收割时留在地上的秆稿腐烂后的养分还土也足够来年杉树苗生长所需养分，对杉树苗直接施肥完全没有必要。因而他们的这种做法对于水土流失的控制收效极为明显：中耕后的林地不仅有农作物，而且有一层均匀覆盖的浅草，能被地面径流冲走的表土极其有限。

对于中耕时是否会造成地表板结而造成树苗生长不好的疑问，他们是这样解释的：这一地带肥沃的表土层很薄，而底土又十分致密，透气性能很差，杉树苗的主根入土艰难，而且深入不久就会碰到基岩，杉树苗生长所需的养分主要依赖浅层侧根吸收。若要杉树苗长得好，必须爱惜杉树苗的每一条侧根，因而刚刚定植的幼杉周围 1—2 尺见方不宜动土。其他地面在一二年内则可以动土，套种粮食作物对杉树苗的生长有益无害。这样做土壤并不会板结，因为套种的粮食作物和野生杂草灌木的根系可以充当未来杉树苗根系发育的开路先锋，因为这些农作物和灌木杂草腐烂后，会在土壤中留下密如蛛网的空隙，提高了土壤的透水透气性能，可以帮助杉树苗的根系茁壮发育。

杉树主伐后残留在土中的树墩，具有很强的再生能力，可以从树墩中分裂出新的支干，长成新的杉树植株。国有林场的相关操作办法是在更新林地时一律挖出这些树墩，非常费工费时。而当地林农的传统做法，则是保留这些树墩，不仅起到保水固土的作用，还利用了其再生能力，培育出新的杉树植株来。林农们对自己的做法有如下认识：一、这样培育杉树可以使更新的杉树林郁蔽速度加快，减缓水土流失。二、这样形成的新的杉树植株，虽然不能够长成大规格木材，但却可以收获不少的小规格材，可以获得很大一笔收入。三、可以大大提高杉树定植的成活率，如果实生的杉木苗出现死苗，可以利用这些再生植株，解决补苗的困难。即使过密，要砍除这些树苗在操作上也十分简便。但他们不解的是，这样形成的植株很难长成大规格的植株，他们唯一的解释就是，养分耗尽了，所以无法长成大规格材。但如下三个事实，与他们的解释不尽吻合。其一，在杉树与其他落叶阔叶树种形成的混交林中，杉树砍伐后的树墩长成的新植株同样可以长成大规格的木材。这一事实显然表明与养分的多少无关。其二，经林农按传统做法进行火焚处理的林地，残存树墩形成的杉木新植株，其长势远比不经火焚的林地要好得多。其中不乏个别植株可以长成胸径达30厘米的大规格木材。从这点来看，养分缺乏显然不是主要问题。其三，我们在踏勘当地乡镇林场还发现，靠树墩分裂形成的植株长到三龄时，老树墩的腐朽程度与杉树苗的长势密切相关，老树墩腐朽程度严重的，从该树墩长出的杉树苗生长肯定不好。由此看来，再生形成的杉树苗长势好坏与病菌蔓延有密切关系，因而对待林农的这一传统做法应当一分为二：一方面，必须肯定保留树墩形成再生植株对水土保持具有重大作用，应当加以充分肯定。另一方面，对这样形成的新植株后期长势不旺应当深究其原因，应当借助现代抑制病菌感染和蔓延的相关科学技术对传统进行创新，务使这种做法为水土保持发挥作用，同时也能提高木材产出的质量。

杉树封林到主伐期的水土保持措施，传统做法与国有林场的做法也存在明显分歧。其一，基本封林后，传统做法是不再进行中耕了，但需割断缠绕性野生攀缘植物，以免这些植物缠绕杉树后，形成害虫栖身的庇护所。而国有林场则要继续进行中耕，对耐阴的林下蕨类植物也加以铲除，这样的做法不能起到缓减地表径流的作用，林农的传统做法值得我们借鉴。

其二，间伐作业中，传统的做法是伐大留小，而国有林场的做法恰恰相反，是伐小留大。从表面上看，两者的操作差异对水土保持似乎没有直接影响。但仔细观察分析后可以发现，传统做法的水土保持功效仍略胜一筹。因为传统林农的做法可以在间伐后留下一些林间透光空地，足以滋生一些不太耐阴的野生植物，从而改变林区的群落结构，增加地表浅层的物种构成，有效地减缓地表径流的冲刷。而且，这些野生植物的残株还要过相当长的时间才能完全腐朽，可以较长时间地发挥缓冲作用，直到主伐为止。

其三，主伐中的原木运输，国有林场的做法是开辟林间公路，而传统林农的做法则是架设凌空的栈道拖运原木，当地林农把这种做法称作"架箱"。对此，有三个方面的问题需要探讨。第一方面，无论开辟任何形式的林间简易公路，在陡坡地段都会造成大规模水土流失的隐患，而传统的做法则可以有效地消解这一隐患。第二方面，开辟林间公路虽说可以减轻体力劳动，但使用一次以后，却要在十几年以后才能重新使用，在经济上并不划算，特别是占用林木用地更不值得。第三方面，开辟公路留下来的残存物会形成破坏林区生态环境的废物，而且公路本身的地表径流会加剧水土流失。总之，林区原木的运输采用简易公路办法害多利少。传统的做法害虽少但利也不大，两者都需改进。

其四，林地更新的整地作业，国有林场的做法不仅要清除树墩，而且要全面翻挖。传统林农的做法则是，既不挖树墩，也不全面翻土，而是采用火焚的办法清理林地。清除树墩和翻挖林地对水土保持的危害上面已有提及，这里不再赘述。至于火焚对水土保持的功效则需进一步的讨论。火焚处理林地的办法，是从苗、瑶民族中借入的生产作业手段，这种作业办法有许多潜在的好处，至今尚未引起学术界的足够关注。原来杉树林郁蔽后形成的植物群落，与主伐后即将长成的植物群落性质很不一样，前者由耐阴植物构成，后者则是由喜光植物构成，进行火焚后，原有的林下植物被清除掉，为喜光植物群落的形成创造了良好的条件。因为在以后的几年间要靠喜光植物增加地表的覆盖率和粗糙程度去缓减水土流失。如果不进行火焚，原有的林下植物虽然可以继续生长，但永远也长不好，因而不能有效地抑制水土流失。还有，火焚的办法可以对残存的杉树墩进行消毒，有效地抑制有害杉树的微生物群落的蔓延，确保这些树墩长出茁壮的再生植株来。

最后，火焚的办法可以加速林下腐殖质的降解，确保幼林及间作农作物生长所需的养分，自然也就加快了地表覆盖植被的形成，使之在来年雨季发挥抑制水土流失的功效。总而言之，传统林业在封林后的护理和主伐作业中同样有许多值得借鉴的水土保持措施，当然，也需要在现代科学技术的指导下进行创新和换代。

侗族传统文化中的生态技能极其丰富，上面所列举的内容仅是九鼎一脔而已。但仅从这有限的实例已经足以反映侗族文化对所处地带生态环境的高度适应能力，把侗族文化的生态智慧与技能比喻为生态维护的珍贵知识库藏一点也不过分。

于此，虽然仅仅是以侗族文化与所处生态系统的耦合演替为例，但揭示的内容却具有普适性。不管是哪个民族，都必须倚赖于其所处的生态系统才能得到延续与发展，而该民族的文化则是在确保本民族延续与发展的前提下，建构起整套的社会规范去有选择地加工和利用所处生态系统的相关部分。因而民族及其文化并不是所处生态系统的必然对立物，而是寄生于所处生态系统的社会生命形态。这种关系决定了任何一个民族及其文化都不能以毁灭所处生态系统为代价去换取生存，因为寄生体的这种超然生存在人类历史上从来没有出现过，未来也不可能出现。

民族及其文化出于维护群体内社会凝聚力的需要，必须将错综复杂的自然生态系统按文化运行的需要加以人为化简。这就导致了民族及其文化对所处自然生态系统而言，总会造成内容不同、程度各异的偏离。但因为民族及其文化仅是加工和利用所处自然生态系统的一个有限部分，因而这样的偏离是有节制的和可调控的。民族及其文化密集加工的这个有限部分，乃是该民族人为加工而成的次生生态系统，这种次生生态系统就是该民族的民族生境。民族生境的功能犹如连接寄生体与寄主之间的脐带，民族及其文化与它们所建构的生境总是处于相互制约、相互依存的耦合演替中，文化的适应与生境的改性则是耦合演替中对立统一的两个侧面。民族及其文化对所处自然生态系统的偏离总会在该民族的生境中集中表现出来，因这种偏离而造成的自然生态系统损伤就本质而言，只能靠自然生态系统本身去加以修复。如果这种修复失败，受害最重的将是该民族的生境。面对生境的受损，相关的民族及其文化别无选择，只能启动新的适应机制进行新一轮的调适，否则只能走向灭亡。因而不管是哪种民族及其文化，最终都不可能毁掉其所处的自然生态系统，所处自然生态系统受损到一定程度时，最先毁灭的将会是相关的民族与文化。

文化的适应能力具有无可估量的潜力，能够应对各种不同的自然生态系统恶化。但外来文化的冲击却不具备这种潜力，这是因为任何外来文化都没有与这里的生态系统结成耦合演替关系。因而外来文化的冲击下，最先受损的将是当地的原生文化。原生文化受损后，耦合演替关系随之失控，原有的偏离必然扩大化，终至于相关的自然生态系统出现不可自我恢复的严重受损。近半个世纪以来，沅江流域的自然生态系统严重受损，其根源正在于此。因而维护生态安全对具体的生态系统而言，关键在于尊重当地的原生文化，珍视该种文化所拥有的地方性知识与积累。对全局而言，则是要确保文化的多样并存的稳态延续，这应当是消除已有生态危机，维护全局生态安全的根本性准则。

第七节　侗族现代化道路的抉择

　　迄今为止的任何一门学科都显示出同样的一个结论：人类所能抵达的甚至人类所能证实的宇宙范围内，只有一个可供人类正常生存的星球，这就是地球。地球提供给人类生存的环境并不统一，而是呈现出千差万别的状况。这种差异的客观存在，使人类只能在特定的背景下进行有效的加工改造和利用，不能根本性地对其划一。人类生存环境的多样化，必然致使各民族现代化途径的多样性，笔者不揣浅陋，对此试拟探讨，并力图以生息于湘、黔、桂交结带的侗族为例案加以分析。

　　人类生存环境的多样化，从本质上规约了各地区人们的生活很难划一，即使强行划一，所要付出的代价又往往高得令人类无法承担。因此，人类生活的多样化，既是一个客观的事实，又是一个必然的结果。加上人类是地球上唯一有智能的动物，唯一能够进行智能系统传递的生物。人类为谋求自身的生存和发展，就得凭借其智能和智能传递构建千姿百态的文化，以对付千差万别的生存环境，求得人类的生存延续和发展，求得人类的共同繁荣。文化的多样化既是人类对付自然的结果，又是人类主观能动创造发明的产物，也是人类成为地球上生物界主宰者的根本依靠。就这个意义上说，没有文化的多样性，没有多样文化规约下的多样化社会性，也就没有人类的今天和人类世界的繁荣。

　　人类是必须依赖文化而求得生存延续的动物。文化要得到发展和繁荣，就必须要求文化自身具有多样性，单一的没有内部差异的文化是不能指望它向前发展和更新的。从人类发展的历史来看，任何时代的发达文化无一不是在异种文化的冲突中繁荣昌盛起来的，无一不是在兼容了异种文化的优秀成分后产生出来的新型文化，天生优秀的文化从来没有过。也就是说，没有文化的多样性就不会有文化的发展，没有多样化文化的冲突和互动，就绝对造就不了新型的发达文化。任何一种文化不管它强大还是弱小，也不论从表面上看它有多少缺陷和不足，但它毕竟是人类的创造，都有其可取之处和存在的价值，在构建新型文化时，它肯定能够提供有益的借鉴。因此，文化的多样化，不仅不是累赘，反而是人类的珍宝，是人类智慧的总库存。抛弃了文化的多样化，无异于去毁掉人类的智能宝库，使人类的创造发明失去凭借，没有文化的多样性，人类自然就失去了可贵的创造力和能动性。

文化的多样性造就了人类千姿百态的生活方式，使人类在资源的利用上呈现出千姿百态的不同取向和千差万别的利用方式及利用层次。文化的多样性是人类缓解资源危机、合理利用地球资源最具根本性的凭借。没有文化多样性的资源利用，就会导致资源利用的单向倾斜，导致全球性的资源危机。生态危机，说到底就是推行文化单一化的结果。文化的单一化，致使在不适应其文化的生存生境下靠代偿力低效运作其相应的文化，目前全球已经出现了严重的生态危机。随着单向拓展，代偿力分布区的剧增，生态危机愈演愈烈，要解救生态危机，保持全球生态环境的良性循环，没有文化的多样性，是绝对做不到的。

当今世界上，人口问题日益严重，造成这种局面的直接原因，是某些处于一般进化较高阶段的民族无限制地扩大代偿分布区，挤掉了发展中民族的有效分布区，从而在世界上造成了大批人口多达数千万甚至上亿的巨型民族。说到底当今世界的人口危机，正是少数几个民族人口膨胀的综合表现，也是文化趋于单一化的综合表现。是对文化多样化凭借势力践踏的直接恶果，要彻底解决人口问题，就得保证文化的多样化，并将有关民族的分布面尽可能地控制在其有效分布区内。只有这样，才能让所有的民族都负起责任来，相互制约，自我节制，相互协调，共同缓解人口压力。

世界和平问题也是一个文化多样化问题，凡是有民族要凭借其势力人为改变文化运作外部生境，扩充代偿分布面，就必然导致民族间的冲突和战争，文化的稳定互动就会遭到破坏，而且这样的做法，正是破坏文化多样性的直接表现，维护文化的多样性，没有千姿百态的多种文化并存、协调、互动，就不可能有真正的世界和平。

文化的多样化是人类赖以生存和发展的基础，但是，这个基础往往被人类自身的活动毁掉，造成这一悲剧的原因有三个方面：一、文化进化的基本特点；二、异种文化的不相容性；三、文化在运作中短期宽松与长期利益的矛盾。

文化的进化包容两个方面：一般进化和特殊进化。一切文化的发展和进化，都是这两种进化复合发展的结果。但是，这两种进化所造成的后果

是相互对立的。一般进化阶段的提高，由于造成了控驭能量的增加，因而
必然造成能凭借大量富积的代偿力进行跨生境分布，造成巨大的代偿分布
区，并由于能够造成较大的代偿力富积，往往使这些民族在民族关系中处
于主导地位；特殊进化则造成在其有效生境中，文化运作效益提高，对其
生境处于高度适应状态。但是对其生境外的自然和社会环境的适应度则急
剧下降，形成了对其生境高度专门化的种类，这样的文化种类固然具有强
大的抵抗力，可以防止外来民族的干扰。但是它始终处于被动地位，因而
没有在其有效生境外进行反击的能力，因此，这样的文化种类在对付外部
环境有形的暴力侵扰时，显得较为有力，足够制约发达民族的强行干扰。
但是，在对付无形的经济渗透时，则显得无能为力。两相作用的结果，往
往造成一些弱小民族丧失自己的文化被同化掉，从而破坏了世界上文化多
样性并存的局面。

　　由于文化具有相对性，两种文化之间，若要使其充分发挥效率，就必
须保持各自文化的完整性，绝不可能有两种或两种以上文化在一个民族中
相互混合而长期稳定地存在。在这样的情况下，往往会形成新型的文化，
出现文化的相互融合。这样一来，原先异种文化并存势必遭到破坏，从而
损坏了文化多样性的合理局面。

　　任何一种文化在外部生境宽松时，总是力图对外部生境实行最大限度
的利用，而不愿在提高其文化效率上做出积极的创造性发展。这样一来，
往往在短期效益上表现得很有生命力，但却损害了该种文化的根本利益。
当外部环境严峻时，该种文化则必然挖掘内部潜力，按照特殊进化的方式
提高其运作效率，从而造成该文化长期的持续和稳定且具有生命力。但短
期利益与长期利益往往不得兼，争取短期利益，避难就简，往往是当事民
族最便捷的选择。因而凡是有力量的民族，总不可避免地争取外部环境的
宽松，甚至不惜损及其他民族的利益。

　　以求得本民族文化运作的短期宽松，最终的结果必然导致一些弱小民
族被同化，破坏了地球上文化多样化并存的局面。同时也限制了本民族文
化运作的生命力，最终使本民族文化衰弱。历史上若干强大民族在打败一
连串敌手后，到头来自己终至于土崩瓦解，正是这种文化互动影响中以自
恃强大者终至自取灭亡的生动写照。

　　实现各民族现代化是世界各民族共同的目标。民族要实现现代化，从

本质上说就是要实现各民族的文化跃迁，提高人均的控驭能量水平。鉴于前文所说，民族文化的多样性是人类赖以生存发展的根本保证。因此，不管任何形式的现代化，都不得以损害文化多样性为前提。因为损害了文化的多样性，也就损害了文化跃迁得以实现的新文化构建素材，文化的跃迁也就无法实现。可见，实现民族现代化必须遵循的第一个原则，就是应当充分利用已有的异种文化，吸其精华，而不是损害异种文化的并存。那么，在实现文化跃迁过程中，如何确保多种文化在跃迁过程中的相互调适，则成了最终能否实现现代化的根本保证。

要做到文化跃迁中多种文化的相互调适，就必然要求我们找到各民族相互沟通的物化形式，以便通过这种物化形式的相互交流，达成各民族间长期稳定的文化互动运作，为孕育"盒子"文化准备充要条件。

在历史上，沟通异民族文化运作的物化形式是多种多样的。大致说来，处于狩猎—采集阶段的民族，往往是以能长期贮存多次转移的珍贵物品作为沟通各民族文化调适的物化形式。对斯威顿耕作民族来说，往往以产品的相互循环、馈赠为协调族际关系的基本物化形式。

对畜牧民族来说，则以畜产品和活牧畜的转让贸易和馈赠具有重大意义，而农业民族则以农产品和手工业产品的互市贸易为基本物化形式。当然，除了这些基本形式外，还有其他的物化形式，以保证各民族文化协调的最终实现。

当今世界上的民族文化构成，比之于历史上曾经有过的文化构成，呈现出一系列特有的状况。首先是当今的世界上具有从狩猎—采集类型到工业类型的五大文化类型的并存，各类型的文化又呈现出千姿百态的样式差。这是当今世界上一切民族构成自己新型文化，实现文化跃迁时取之不尽、用之不竭的文化素材。只要有关各民族改变被动接受异种文化的状况，发挥主观能动性，自觉地在民族学有关理论指导下，有选择地吸收异种文化精华，实现民族现代化的文化背景，比之于前代更为有利。

其次是由于当代各民族间已有了优于前代的族际沟通手段，吸收异种文化精华的外部环境已变得十分有利了。中介语的大面积推广及中介语覆盖面的交错，为各民族间语言的沟通创造了难得的良机。跨民族金融机构的形成，跨文化货币兑换的经常化，为族际间交流的物化形式提供了便捷准确的计量体制，足以促进各民族在文化不同层面不同层级的文化交流，吸收任何一种异文化精华，其障碍比之于前代要小得多。跨国组织在"二战"以后得到很大的发展，异民族间正常对话的渠道比以往任何时代都来得稳定和可靠，尤其是越来越多的民族加入国际贸易议定后，各民族表达自己立场的国际环境比以往任何时代都更为宽松和可靠，异民族文化交流的手段不再单纯凭借行政力量和势力冲突为后盾了，这也是前代企望已久而始终没有实现的奋斗目标，但是在今天却都变成了现实。

最后是当代各民族在其文化运作中，都分别积累了足够的代偿力，各民族实现文化变迁的物质条件比前代大为充裕。国际援助机构的形成和发展，对支持后进民族度过跃迁时期文化振动所带来的困厄也将起到极其重要的作用。总之，各民族完成文化跃迁，实现现代化的外部条件均比前代有利，剩下的问题就在于如何去做及怎样做好了。

我们认为各民族要实现现代化，在思想上必须具备如下有别于前人的基本认识。

第一，各民族实现现代化必须是多途径的，互不雷同的立足于自身文化特点的行动，抄袭照搬无助于现代化的实现。

第二，现代化的实现必须立足于对自身文化的全面认识，立足于对并存其他文化的有选择的系统认识，从中找到自身文化与并存文化联运动作的切入点，以此作为实现本民族现代化的突破口，这一工作，必须由各民族自己去完成，必须借助于民族学的有关理论去完成，任何其他民族不论如何先进，均无力越俎代庖。

第三，科学是第一生产力。实现本民族现代化，当然得借助于人类已有的科学知识（注意并不指习惯上所说的现代技术），但是，科学具有相对性，任何科学知识都必须通过本土地和民族化的创造性改造，才能为实现本民族的现代化做出具体的贡献。那种企图单凭一两项技术、一两项成功的自然科学理论去拯救一个民族的传统观念必须抛弃。每一个民族实现其现代化，必须树立足够的自尊和自信，坚信自己既能接受先进，又能消化先进，改造先进为自己所用，自然科学的成功理论才会为民族的现代化发挥效率。

第四，各民族的现代化是全人类的事业，任何损人利己的现代化手段在今天都不足取。为此，世界上的各民族不计大小与强弱、先进与落后，都必须公正地承认异民族所付出的劳动价值，否则必然会导致损人害己的悲剧结局。

然而不幸的是，当代的民族特别是发达民族的实权人物，迄今未认识到这一干系全人类共同繁荣的基本原则，当前世界上各种国际协议条约，无法达成相互谅解的症结正在于此。某些发达民族如美利坚族与大和族往往以自身的经济效益为口实，拒绝承担生态保护、自然资源上的责任；无理地要求其他民族为自己的文化运作创造前提，这是一种只承认自己的劳动价值，去掩盖自己的利己行为的本质。这种状况若不改变，受害的将是全人类，包括发达民族自身。因此，发展中民族不拘属于哪个国家，不论与发达民族出于何种关系，出面抵制发达民族的势力干扰都是正当的，是对全人类负责的表现，都应该得到公正的肯定和支持。

为了使这种认识更加具体化，我们准备以生息于湘、黔、桂交结带的侗族实现现代化的途径为例作意向性的说明。

总的来说，侗族可称得上是一个亚热带季风区缓丘丛林农业民族。在侗族的有效生境内，局部坝子地区开辟为稳产稻田，但其余绝大部分地区均为宜林地区。侗族的传统文化主要建立在稳定的稻田耕作和林木的培植管理及放排贸易上。侗族地区要实现现代化面临的重大课题，就是如何深化林业经营层次，以及水力资源的开发。

侗族的有效生境位于云贵高原向长江、珠江中下游过渡的谷地，有都柳江、清水江、潕阳河三条大河在其有效生境区内，有显著的落差和足够的水量。目前侗族传统文化的水力利用多停留在木材放排及短途航运上。在未来的发展中，木材放排仍将占有重要地位，但是却无法以此为出发点增加侗族的人均控驭水平。在木材放排上，目前尚需拓展的控能领域包括两个方面：其一，从林产地到主要河道木材单放的天然河道整治，以扩大放排范围和集材面。其二，苗族地区的木材过境放排经营。这两项均不能大幅度提高侗族的人均控能水平。

河道航运方面，需要扩大的领域还包括通往上游苗族地区河道的整治，以及吃水量较浅的船舶研制，同时还需解决吃水量较浅的上游专用船只与大型船舶联运的手段问题。这一问题的解决将改善侗族地区的交通状况，对提高侗族的人均控驭能量水平有深远影响。因为这能避免地形多变所造成的陆路交通的投资和施工困难，又可能降低运输成本。加上侗族居民一般是沿江分布，按照这一途径，完善交通设施，可以有效地加强侗族人民的凝聚力。

水力资源开发的另一个渠道，是水力电站的建设。在侗族有效分布区内，低水头大流量的水电站建设能够大幅度地提高侗族人民的人均控驭能量水平，同时还要辅以高水头低流量的山区小电站建设，才能实现水力资源的充分利用。

上述三个渠道都需要充分认识侗族有效分布水力资源的总体特征，走与汉族有别的水力资源开发利用渠道，全面综合治理天然运河和人工运河的系统工程，才能奏效。这项工程单纯依靠汉族技术人员是无法实现的，必须建立本民族自己的水力资源开发科技和工程队伍。例如，在电网建设中就不能走汉族地区建设的道路。侗族居民沿河分散分布，无法像汉族地区集中地长距离供电，若人为地提高侗族人民的集中居住水平，必将破坏侗族人民的传统林业经营的优化模式。为了保证侗族文化在林业经营上的优势，电网建设就得考虑可靠的分散供电，立足于沿河铺设。这类规划办法在汉族地区可能被视为失着，但在侗族地区则是必然和有效的。水力资源的深化开发和利用，最多只能保证侗族实现现代化人均控驭能量水平的1/3，其余的控能水平的提高得仰仗于对侗族传统文化林业经营的深化。

侗族传统文化对森林资源的利用主要包括三大渠道：其一，原木生产；其二，本民族燃料及建筑用材的提供；其三，林副产品的初级加工。这三个方面均有深化的必要。

原木贸易上，由于贸易渠道的消费一方控制在其他民族手中，因而林产品的部分价不能在本民族内实现，如果完成就地深加工，或直接把消费者的贸易渠道控制在本民族手中，将能大幅度地提高原木生产的实际收益。要解决这一问题并联到木材加工系统工程的配套建立，这方面在北欧的芬兰族有成功的经验可以选择引用。

随着世界林业资源的枯竭，木材价格与石油价格日益拉大，因而按照侗族的传统消费木材方式越来越不经济，但是由于侗族地区有良好的水上交通渠道，石油化工能源的输入不存在直接的障碍，只要保证合理的贸易价格，凭借大宗的木材出口，侗族人民就获取了现代化必需的能源和手段。侗族地区居民人均估计占有宜林地1.2公顷，年人均积材量可达2个立方米，若进行林业的信约经营，按照国际木材与石油折价，人均可达1.8吨石油，这一数字已接近了当代发达国家的控能水平。可见，木材出

口已有可能保证侗族人民实现现代化必需的能量的获取。若再考虑到森林
资源除原木外，还存在深加工的可能，比如原木采伐后剩的大型枝条，可
供低级造纸原料。则实际的能量控驭水平将会提高，如果加工层次再深一
层，提高林化产品的回收，侗族人均控能水量同样会提高。总之，侗族只
需在现有状况下深化林业经营的加工层次，完成实现现代化的能量保证是
绝对可靠的。

　　侗族的传统文化对林副产品的加工一般停留在直接收集直接使用阶
段，除桐油和茶油外，无大宗产品出口。目前，桐油和茶油的出口尚停留
在初级产品阶段。侗族人民中目前尚未有精品食用茶油加工企业，也没有
成套的桐油制漆工业。这两项技术依赖性不高，侗族现有科技人员是能够
完成这些科技项目的，只需要妥善地组织和引导，使用侗族科技人员按民
族特征去规划上述两项企业生产，就能收到显著的经济成效。

　　林副产品的利用，在现有基础上，还有一个极大的开拓领域，那就是
野生动植物资源的汇集加工，比如药材、天然香料、食用天然色素、土特
食品以及鲜果生产，只需保证贸易渠道由侗族人民自己控制，也可在短期
内收到经济效益。在这个项目中，最值得注意的是配合野生动植物的保
护，按照斯洛伐克族狩猎管理的成功经验，侗族林区将成为国内的野生珍
稀动物资饵提供基地，这是一项技术性不高、行政管理工作量不大、但工
作效益极大的经营项目，只要能确保民族区域自治法在侗族地区的切实执
行，这一经营项目将会成为侗族地区稳定获益的拳头项目，对侗族地区现
代化具有长远的稳定价值。

　　木构建筑是侗族传统文化的一大特色，保持这一特色对提高侗族地区
的旅游价值意义深远，当世界上都是一体化的红砖平顶房时，这里却是一
幢幢木瓦结构的精工住屋，人类回归自然的愿望或许在这里得到寄托。但
是该项文化传统需要引入现代科学技术，提高木构建筑的防腐防虫防火能
力，就能收到既节约木材使用，增加出口，又保证侗族地区旅游人文长期
生效这样的双重效果。

　　侗族地区的粮食生产，在目前和近期内是保证自给，在侗族现代化的
进程中，应力图稳定粮食自给，而不应盲目地追求产量，特别值得注意的
是绝不能牺牲掉侗族传统的优质稻米如香糯、红糯、黑糯等去盲目追求单
产量提高。随着国内国际现代化的推进，人们追求的不仅是吃饱，更重要

的是需求优质品种的粮食产品。因而侗族人民驯化的优质品种绝对不能在"杂交"运动中提高产量而淘汰。侗族的农学家应该注意，如果我们真要放眼世界的话，尤其是中国在不久的将来加入国际关贸协定后，这种优质品的粮食售价，就会高于杂交稻的五六倍乃至上十倍，即使杂交稻产量翻了一番，也仍是一笔蚀本的生意。单纯追求产量并不是现代化的唯一有效途径。

这里，有一个问题必须正面提出：那就是我国各民族间交易实行的是全国由中央统一划定的人为价格，而不是按实际投入劳动力价值作为贸易的计价标准，这一状况导致了从事初级农业生产的民族（或人们）在贸易中处于舍本吃亏境况。极大地窒息了这些民族代偿力积累和技术更新能力，使类似侗族的不少少数民族原有的商业队伍萎缩，比如侗族的林业贸易从业人员、桐油加工和贸易从业人员，比新中国成立前还有所下降。这种状况是侗族之类少数民族实现现代化道路上的一大障碍，必须配合改革开放政策加以调整和放开，迅速恢复发展侗族人民自己的工业、商业、文教科研从业队伍，否则侗族地区的现代化步履艰难。

综上所述，各民族要实现现代化，在确保各民族文化多样化并存的前提下，还必须坚持以下四个原则。

首先，整体性开发原则。即把一个民族视为有系统的整体，并按照民族学的有关理论全面把握民族特征及直接相关的异民族文化特征，立足于自身特点去规划自己的现代化道路。

其次，均衡推进原则。各民族的现代化都是一个完整的系统工程，各民族的现代化必须考虑本民族内部组成部分的关联互动网络的良性运作。那种幻想用单项或几项技术输入或靠外部条件人为因素冲击的办法去搞扶贫或规划少数民族现代化都注定要失败，因为这些做法违反了迄今为止已知的民族学基础理论，是大民族主义思维方式的变态反应。

再次，必须坚持产品按劳动力价值等量对等进出的原则。每个民族在其文化运作中都有能力积累代偿力，都能完善本民族实现现代化的物质条件。问题在于迄今为止的族际贸易关系，往往是根据实力地位去左右市场的价格，短期内吃亏的一方永远是弱小民族，吃亏的直接表现是代偿力积累的受阻，从长远来看，也会导致实力地位高的民族的市场萎缩，文化良性运作受阻，其原因正在于此。我国的现行民族关系中，既然实现了法律地位的平等，劳动计价的平等应当是顺理成章的事情。在这个问题上，我国有了优越的社会主义制度，应当很容易地解决这一问题。但是，要在观念上改变则不是一件很容易的事。作为观念改变的起点，我国各少数民族理应在民族区域自治法的保护下，自行控制产品进出的劳动力价值凝结量。否则，盲目进出口现存产品会损失自己实现现代化的代偿力积累。就这个意义上说，维护各民族传统生活用品的生产和实现本民族现代化直接相关，不能掉以轻心。

最后，自我更新原则。各民族实现现代化是各民族自己的事情，其他民族虽然可以给予有效的配合和支持，但不能代替本民族的努力和创造。当代民族学的全套理论对于发展中民族来说，其价值就在于教育他们自立、自尊、自强、自信，勇敢地承担起实现本民族现代化的使命，既不能等待，又不能依靠，这才是各民族能够跻身于世界先进民族之林的最根本的前提。忽视了这一点，就只能永远落后下去，永远处于被动挨打的境遇。

参考文献

［1］爱必达：《黔南识略》，清道光二十七年（1847）重刻本。

［2］敖仁其、单平、宝鲁：《草原"五畜"与游牧文化》，《北方经济》2007 年第 8 期。

［3］（明）包汝辑：《南中纪闻》（丛书集成初编本第三一一四号），中华书局 1985 年版。

［4］侗族简史编写组：《侗族简史》，贵州民族出版社 1985 年版。

［5］蔡晓明：《生态系统生态学》，科学出版社 2002 年版。

［6］陈迪、徐晓光：《款词与讲款》，《贵州社会科学》2010 年第 3 期。

［7］崔海洋：《从混种、换种制度看侗族传统生计的抗自然风险功效——以黎平县黄岗村侗族糯稻种植生计为例》，《思想战线》2009 年第 2 期。

［8］崔海洋：《从糯稻品种的多样并存看侗族传统文化的生态适应成效》，《学术探索》2009 年第 4 期。

［9］崔海洋：《论侗族制度文化对传统生计的维护——以黄岗侗族的糯稻保种、育种、传种机制为例》，《广西民族大学学报》（哲学社会科学版）2009 年第 5 期。

［10］崔海洋：《人与稻田——贵州黎平黄岗侗族传统生计研究》，云南人民出版社 2009 年版。

［11］崔海洋：《重新认识侗族传统生计方式的生态价值》，《思想战线》2007 年第 6 期。

［12］单洪根：《木材时代——清水江林业史话》，中国林业出版社 2008 年版。

［13］邓敏文、吴浩:《没有国王的王国——侗款的研究》,中国社会科学出版社 1995 年版。

［14］杜荣民:《稻作为主的耕作制下土壤管理的物理学问题》,刘心禹译,*Soil Physiesand Rice* 1989 年第 1 期。

［15］杜文铎等点校:《黔南识略·黔南职方纪略》,贵州人民出版社 1992 年版。

［16］恩格斯:《家庭、私有制、国家的起源》,《马克思恩格斯选集》第 4 卷,人民出版社 1972 年版。

［17］《二十五史·汉书》(影印本),上海古籍出版社、上海书店 1986 年版。

［18］《二十五史·后汉书》(影印本)第一一六卷,上海书店 1986 年版。

［19］《二十五史·隋书》(影印本),上海古籍出版社、上海书店 1986 年版。

［20］《二十五史·魏书》(影印本),上海古籍出版社、上海书店 1986 年版。

［21］(宋)范成大,胡起望、覃光广校注:《桂海虞衡志辑佚校注》,《黎单》,四川民族出版社 1986 年版。

［22］费孝通:《费孝通译文集》(下册),群言出版社 2002 年版。

［23］费孝通:《乡土中国与生育制度》,北京大学出版社 1998 年版。

［24］符太浩:《溪蛮丛笑研究》,贵州民族出版社 2003 年版。

［25］傅安辉:《论历史上清水江木材市场繁荣的原因》,《贵州民族学院学报》2010 年第 1 期。

［26］傅志强、秦淑萍等:《灌水方式对湘南丘岗区水稻生长发育及产量的影响》,《湖南农业科学》2010 年第 21 期。

［27］高富平:《土地使用权和用益物权:我国不动产物权体系研究》,法律出版社 2001 年版。

［28］关颖:《造纸纤维原料来源的发展趋势》,《国际造纸》2010 年第 29 (1) 期。

［29］郭长生:《侗族的"打标"习俗》,《民族研究》1982 年第 6 期。

［30］［英］哈耶克:《个人主义与经济秩序》,贾湛等译,北京经济学院出版社 1989 年版。

［31］贺天博:《对梯田抵御气候风险习惯性认证的质疑》,《原生态民族文化学刊》2010 年第 4 期。

［32］洪兴祖:《楚辞补注》,中华书局 1983 年版。

［33］湖南少数民族古籍办公室:《侗款》,杨锡光、杨锡、吴治德整理注释,岳麓书社 1988 年版。

［34］湖南省少数民族古籍办公室:《侗垒》,杨锡光、张家祯整理注校,岳麓书社 1989 年版。

［35］黄才贵:《侗族族名初探》,《贵州民族研究》1983 年第 1 期。

［36］［美］吉利斯等:《发展经济学》,黄卫平等译,中国人民大学出版社 1998 年版。

［37］赖纯佳、千怀遂等:《基于数据处理及图件的小麦——水稻种植制度的气候风险评估》,《农业工程学报》2011 年第 2 期。

［38］黎平县林业志办公室:《黎平县林业志》,贵州人民出版社 1989 年版。

［39］黎平县志编纂委员会:《黎平县志·民族》,巴蜀书社 1989 年版。

［40］李汉林:《百苗图校释》,贵州民族出版社 2001 年版。

［41］(明)李时珍:《本草纲目》(校点本)第一册,人民卫生出版社 1975 年版。

［42］李文华、刘某承、闵庆文:《中国生态农业的发展与展望》,《资源科学》2010 年第 32 (6) 期。

［43］李亦园:《田野图像:我的人类学研究生涯》,山东画报出版社 1999 年版。

［44］梁治平:《清代习惯法:社会与国家》,中国政法大学出版社 1996 年版。

［45］(西汉)刘安:《淮南子全译》,许匡一译注,贵州人民出版社 1993 年版。

［46］刘景慧、范小青:《侗族传统文化的变迁——以杂交水稻的传入所引发的文化变迁为例》,《怀化学院学报》2004 年第 6 期。

［47］（唐）刘恂：《岭表录异》（丛书集成初编本第三一二三号卷上），中华书局1985年版。

［48］刘一明、朱有勇、肖放华等：《水稻品种多样性混栽持续控制稻瘟病研究》，《中国农业科学》2003年第2期。

［49］刘兆发：《农村非正式结构的经济分析》，经济管理出版社2002年版。

［50］（宋）陆游：《老学庵笔记》，远东出版社1996年版。

［51］罗伯特·F.墨菲：《文化与社会人类学引论》，商务印书馆1991年版。

［52］罗康隆、彭书佳：《时空规序的节律与资源配置的有效性——来自贵州省黄岗侗族村落的田野调查》，《中南民族大学学报》（人文社会科学版）2012年第1期。

［53］罗康隆、王秀：《论侗族民间生态智慧对维护区域生态安全的价值》，《广西民族研究》2008年第4期。

［54］罗康隆、杨曾辉：《生计资源配置与生态环境保护——以贵州黎平黄岗侗族社区为例》，《民族研究》2011年第5期。

［55］罗康隆、杨庭硕：《传统稻作农业在稳定中国南方淡水资源中的价值》，《农业考古》2008年第1期。

［56］罗康隆：《既是稻田，又是水库》，《人与生物圈》2008年第5期。

［57］罗康隆：《清水江流域侗族人工营林业研究》，云南大学博士学位论文，2003年。

［58］罗康隆：《这是一个最爱他人的民族》，《中国国家地理杂志》2011年第5期。

［59］罗康智、罗康隆：《传统文化中的生计策略：以侗族为例案》，民族出版社2010年版。

［60］罗康智：《侗族美丽生存中的稻鱼鸭共生模式——以贵州黎平黄岗侗族为例》，《湖北民族学院学报》（哲学社会科学版）2011年第1期。

［61］罗康智：《论侗族稻田养鱼传统的生态价值——以湖南通道阳烂村为例》，《怀化学院学报》2007年第1期。

［62］吕永锋：《侗族传统林业经营方式的文化逻辑探寻》，《吉首大学学报》2003 年第 1 期。

［63］马国君：《论雍正朝开辟黔东南苗疆政策的演变》，《清史研究》2007 年第 4 期。

［64］马国君：《平苗纪略研究·雍正朝"改土归流"的动因发微》，贵州人民出版社 2008 年版。

［65］马戎、周星：《二十一世纪：文化自觉与跨文化对话》（一），北京大学出版社 2001 年版。

［66］［法］马塞尔·莫斯：《礼物》，汲喆译，上海人民出版社 2002 年版。

［67］毛新伟：《太湖水质及富营养化变化趋势分析》，《水资源保护》2009 年第 25（1）期。

［68］闵庆文：《全球重要农业文化遗产——一种新的世界遗产类型》，《资源科学》2006 年第 28（4）期。

［69］潘年英：《民间民俗民族》，贵州民族出版社 1994 年版。

［70］黔东南苗族侗族自治州地方志编纂委员会：《黔东南苗族侗族自治州志·林业志》，中国林业出版社 1990 年版。

［71］秦岭：《产量稳步上升消费区域扩大——世界橄榄油的生产与消费》，《中国油脂》2006 年第 31（6）期。

［72］任翔、翁清妹等：《水稻分蘗能力 QTL 的定位》，《武汉大学学报》（理学版）2003 年第 4 期。

［73］桑润生：《试论"架田"的实用价值》，《农业考古》1988 年第 2 期。

［74］（明）沈痒等：《（弘治）贵州图经新志》，贵州省图书馆藏复印本。

［75］《十三经注疏》（影印本），中华书局 1980 年版。

［76］石佳能：《侗族节日文化简论》，《中南民族学院学报》1992 年第 3 期。

［77］石佳能：《侗族文化研究笔记》，华夏文化艺术出版社 2000 年版。

［78］石开忠：《侗族习惯法的文本及内容、语言特点》，《贵州民族

学院学报》2001年第1期。

[79]《史记·货殖列传》，中华书局1982年版。

[80] 粟丹：《传统侗款的法文化探析》，《贵州社会科学》2008年第12期。

[81] 汤宗悟：《考古发掘与侗族族源》，《贵州民族研究》1982年第1期。

[82] 唐嘉弘：《铜鼓与苗族》，《贵州民族研究》1980年第2期。

[83] 田红：《喀斯特石漠化灾变救治的文化思路探析——以苗族复合种养生计对环境的适应为例》，《中央民族大学学报》2009年第36（6）期。

[84]（清）田雯等：《黔书·续黔书·黔记·黔语》（合订本），罗书勤等点校，贵州人民出版社1992年版。

[85] 通道侗族自治县少数民族古籍整理办公室：《侗款》（第一集）1985年版。

[86] 韦明耀、郑光松：《侗乡风情录》，杨通山、蒙光朝、过伟、郑光松、周东培编，《多标》，四川民族出版社1983年版。

[87] 闻一多：《闻一多全集》，《说鱼》，湖南人民出版社1993年版。

[88] 吴浩：《侗族通览（洗光位）》，《善良的民族、和蔼的社会》，广西人民出版社1995年版。

[89] 夏如兵：《中国近代水稻育种科技发展研究》，南京农业大学出版社2009年版。

[90] 肖尊田：《乡鱼俗趣闻》，《风》1987年第1期。

[91] 谢景连：《阿兹特克"奇南帕"生计方式的成功与局限》，《原生态民族文化学刊》2009年第3期。

[92] 辛秀先：《论甘肃砂田的形成及其起源》，《甘肃农业科技》1993年第5期。

[93] 徐旺生：《从间作套种到稻田养鱼、养鸭——中国环境历史演变过程中两个不计成本下的生态应对》，《农业考古》2007年第4期。

[94] 杨曾辉、董艳琴：《我国油茶产业发展的问题与对策》，《江西农业大学学报》（社会科学版）2010年第9（4）期。

[95] 杨昌润、罗康隆、欧阳贤：《黔东南苗族侗族自治州志·地理

志》，贵州人民出版社 1990 年版。

[96] 杨昌嗣：《侗族社会的款组织及其特点》，《民族研究》1990 年第 4 期。

[97] 杨国仁等：《侗族祖先哪里来》，贵州人民出版社 1981 年版。

[98] 杨海龙等：《稻鱼共生系统与水稻单作系统的能值对比——以贵州省从江县小黄村为例》，《资源科学》2009 年第 1 期。

[99] 杨庭硕、罗康隆、潘盛之：《民族·文化与生境》，贵州人民出版社 1992 年版。

[100] 杨庭硕、吕永锋：《人类的根基——生态人类学视野中的水土流失》，云南大学出版社 2004 年版。

[101] 杨庭硕、王楠：《民族文化与生态环境之间的水资源供求优化》，《吉首大学学报》（社会科学版）2011 年第 1 期。

[102] 杨庭硕、杨成：《侗族文化与生物多样性维护》，《怀化学院学报》2008 年第 6 期。

[103] 杨庭硕：《侗乡稻鱼鸭：坎坷的命运——从"原始落后"到农业文化遗产》，《人与生物圈》2008 年第 5 期。

[104] 杨庭硕：《侗族生态智慧与技能漫谈》，《大自然》2004 年第 1 期。

[105] 杨庭硕：《人类的根基》，云南民族出版社 2004 年版。

[106] 杨庭硕：《生态人类学导论》，民族出版社 2007 年版。

[107] 杨玉林：《侗乡风情》，贵州民族出版社 2005 年版。

[108] 杨正功：《侗族青年月地瓦活动及其源流试述》，《中南民族学院学报》（哲学社会科学版）1989 年第 2 期。

[109]［美］伊曼纽尔·沃勒斯坦：《现代世界体系》（第 2 卷），吕丹等译，高等教育出版社 1998 年版。

[110] 易纲：《沙尘暴与"公共地悲剧"》，《学习时报》2000 年 4 月 17 日。

[111] 翟玉前、孙俊：《明史贵州土司转考证》，贵州人民出版社 2008 年版。

[112] 张履鹏：《论汉代推行"代田法"在农业技术改革中的作用》，《中国农史》1988 年第 1 期。

［113］张民：《从〈祭祖歌〉探讨侗族的迁徙》，《贵州民族研究》1980 年第 2 期。

［114］郑杭生：《社会学概论新修》，中国人民大学出版社 1998 年版。

［115］钟立跃：《试论侗族农村社区老人协会与村民自治的关系——以通道侗族自治县阳烂村为例》，内部调查报告。

［116］（宋）周去非：《岭外代答·宜州买马》，中华书局 1999 年版。

［117］周曙东、朱红根：《气候变化对中国南方水稻产量的经济影响及其适应策略》，《中国人口·资源与环境》2010 年第 10 期。

［118］（宋）朱辅：《说郛》（第六十七），《溪蛮丛笑》，清顺治四年刻本，贵州省图书馆藏。

［119］朱有勇、陈海如、范静华等：《利用水稻品种多样性控制稻瘟病研究》，《中国农业科学》2003 年第 36（5）期。

［120］朱志成、吴素琴等：《直播稻田病虫草鼠害的发生特点及药控措施》，《上海农业科技》2009 年第 5 期。

［121］庄瑞林：《中国油茶》，中国林业出版社 1988 年版。

［122］Zobich，Michael A.：《肯尼亚东部地区牧场的水土流失》，《水土保持科技情报》1995 年第 2 期。

［123］Berman，Harold J.：*Law and Revolution*：*The Formation of the Western Legal Tradition*，Cambridge，Mass：Harvard University Press，1983.

［124］Julian H. Steward：*The Theory of Cultural Change*：*The Methodology of Multilinear Evolution*，Ur‐bana：University of Illinois Press，1955.

［125］Fermand Brandel：*On History*，Chicago：University of Chicago Press，1980.

［126］《关于保护森林发展林业若干问题的决定》（1981/03/12）。资料来源：http：//www.people.com.cn/item/flfgk/gwy/zyhb/zy810312.html.

后　记

　　《侗族生态文化与生计方式研究》是我多年对侗族研究的成果之一。我对侗族是情有独钟的。早在 1984 年暑假得到贵州民族学院民族研究所的资助，我组织同学的暑期考察活动就是在侗族地区。这也是我第一次进入所谓的田野，这次进入到侗族的田野，确实让我震撼并休克。

　　当时的情景至今不忘，时常浮现在我的眼前。记得从省城贵阳出发，在州府凯里停住一晚，次日赶到从江县城，到县城时已是夜幕了。第二天坐车到停洞，再走 30 公里的山路才来到我们选定的田野点——当时的信地村。

　　进入信地，我恍惚进入到另外一个世界。乡民说着我们一句也听不懂的侗语，我们一下傻了，但从他们的脸部表情和眼神判断，不但对我们没有一点恶意，而是充满了好奇，我感觉到了他们的同情与友情（在后来我应《中国国家地理》杂志，专门写了一篇《赞美他人的民族——侗族》）。就在我们的彷徨中，村里有位到外地当兵退伍回村的青年——当时村里唯一熟悉汉语的村民来到我们中间，他主动介绍了他的经历。我们相互寒暄之后，我把我们这次来调查的动机与计划告诉他，他便把我们带到村主任家里。由于天色已黑，我记不起是如何走到村主任家里的。他用侗语与村主任交流后，村主任就吩咐他的妻子准备夜饭。她很快就准备了饭菜。村主任并招呼我们吃饭。我十分纳闷，我没有看到主人烧火，怎么就准备好了饭菜。摆在桌上的饭菜都是"冷"与"酸"的。至今记得当时的饭是糯米饭，菜都是从坛子里拿出来的"腌菜"，荤菜有猪肉、鲤鱼、草鱼、鸭子，还有未长毛的小鸟，素菜有生姜、广菜、白菜、长豆荚等。这些都是酸的。在餐桌上还摆放了一把剪刀，没有碗筷。我真不知道如何下手，只好静静观望房东怎么操作。但一天的行走，实在是饥饿不堪了。我也不顾了那么多，拿起剪刀把猪肉、鱼、鸭子剪成小块，往嘴里送，素菜就更不用说了。我第一次尝到了侗族的饭菜，感受到了侗家饮食的特点。这次的饭菜，成为我以后与同事、朋友、同学谈话的"资本"。每每遇到自己不熟悉的饮食时，我都会想起这次的饮食经历，都会给在座的谈论这次饮食的情况。

第二天一大早，我就来到村落里的风雨桥上，对乡民的活动进行观察。有三件事让我至今不忘。第一件事是一位村里的老人通过那位退伍军人问我"今朝的天子是谁？"这里难道真是陶渊明的"世外桃源"，不知秦汉，也不知魏晋，难道连胡耀邦总书记也不知道？第二件是村里的老人在孜孜不倦地教小孩抽烟，我十分不解，并多次请教乡民，想获得答案，村民的回答很简单，就是说我老了动不了了，有这些小孩去种烟，我们老人才有烟抽了。第三件是村里的男人都坐在鼓楼里或者风雨桥上带小孩乘凉玩耍，而妇女都出门到田间地头进行劳作。村民告诉我本来就是这样的，没有什么大惊小怪的。后来我查阅古代的文献和当代的民族志，这样的习俗与"产翁制"有关。当然，村落里的其他文化事项，我也十分惊叹，比如他们的鼓楼、风雨桥、戏楼、吊脚楼、寨门、鱼塘等也是使我恋恋不舍的。这次调查无法对侗族文化做深入调查，只是集中在侗款方面。

由此开启了我对侗族文化的兴趣与好感。要深入理解侗族文化，学会侗语是关键，为此我回到家乡时，特地到会讲侗语的朋友、亲戚家做客，跟他们学习侗语。几年下来，我能够说简单的侗语，也能听懂日常的侗语。这为我以后进入侗族地区有很大的帮助。

如果说真正意义上对侗族文化的田野调查应该是 1995 年。那年，我应《山茶》杂志之邀撰写一篇关于侗族的家庭纪实，当时要求是要以记者的眼光、散文的笔调、学者的思想来对一个侗族家庭的忠实记录。为了完成这一任务，我走进湖南通道县阳烂村的杨校生家。经过不下 10 次的深入调查，于 2001 年出版《桃园深处一侗家》。随后，我便把这个村作为我对侗族文化长期观察的田野点。以阳烂村为中心将调查范围扩大到平坦河流域的 50 多个村落。

从 1995 年开始，我每年的寒暑假都要到这个村落进行田野调查，或是安排我的研究生到这个村落进行调查研究，我也培训一些乡民，以日志的方式去记录村落里发生的事，也去书写他们记忆中的历史。在这样的基础上，以阳烂为中心完成8篇硕士论文和两部专著。但这仍然还不能对该村的侗族文化进行总结，目前还在深入调查与研究之中。2014年暑假我获得了该村的荣誉村民，村里给我发了证书。证书不大，但这是我目前最值得骄傲的荣誉证书。

2000年开始博士学位论文的田野调查，主要集中在贵州清水江流域的苗族侗族数百年的人工营林业，该研究工作不仅需要深入的田野调查，也需要对该区域的历史文献，包括民间文献如族谱、林业契约、碑文、宗教科仪书等的收集与考订，是一项历时态与共时态相结合的研究，也是一个"大历史（国家历史）"与"小历史（区域史）"相结合的研究。在连续8个月田野调查的基础上写成学位论文，获得了博士学位。但其研究成果还在进一步的修订中。在这样的研究中深觉侗族文化的博大精深。

从2007年以后，我对侗族的研究重心放到了都柳江流域的侗族地区，聚焦在从江县的高增、平秋、小黄、岜扒和占里，黎平的黄岗、肇兴、安堂等地，当然也涉及了广西三江侗族自治的高友、高秀、林溪、平铺和程阳八寨等侗族村落。在这些侗族村落的调查中，我们聚焦在"稻—鱼—鸭"农业生计体系。对这一问题的研究也产生了十来篇硕士论文和四五部学术专著。其后续的研究成果还在不断地形成。在其研究中，我们深感到地方性生态知识的重要性，在乡村重建中如何进行以"家"为中心的社区总体营造是最为关键的，我进而认为这就是当代乡村社会发展的方向。

从上面所述的研究经历来看，该著作应该是我们团队共同的研究成果。我们在课堂上讨论，在田野里调查，在会场上争辩，相互启发，相互支持，相互贡献。其实，从某种意义上说这些成果都不是我们师生的，而是侗族乡民的。侗族乡民是知识的创造者与传承者，我们只是收集者与整理者。就这个意义上说，我们的学术研究不只在学科建设、知识累积和建构，而且还要为"历史小传统"真正创造者侗族普通劳动大众以公正的评价，以消除强加社会进化阶段上把侗族视为"落后民族"的偏见与歧视，必须还侗族乡民以尊严。该著作如果能够在这些方面有点启示或提示作用，也算是对侗族乡民的一点回报，也算是我们团队迈向人民的人类学的一点行动。

罗康隆

2016 年 12 月 18 日